中国法治现代化报告

（2019）

主编／公丕祥

副主编／李力　眭鸿明　庞正

CHINESE LEGAL MODERNIZATION REPORT (2019)

社会科学文献出版社

SOCIAL SCIENCES ACADEMIC PRESS (CHINA)

中国法治现代化报告
编辑委员会

中国法治现代化报告（2019）

主　　　编：公丕祥

副　主　编：李　力　睦鸿明　庞　正

策　　　划：中国法治现代化研究院蓝皮书工作室

工 作 室 主 任：庞　正

工作室副主任：丰　霏　吴　欢　张　鹏

工 作 室 成 员（按姓氏笔画排序）：

王丽惠　尹培培　杜维超　孟星宇　韩玉亭
强　卉

撰 写 人 员（按姓氏笔画排序）：

于文霖　马太建　丰　霏　王丽惠　王彦强
王腊生　公丕祥　尹培培　刘旭东　汤善鹏
杜维超　李　飞　杨大为　杨明凤　杨　建
吴　欢　沈明磊　张洪鲁　张　鹏　张　镭
陈天翔　侍军宁　庞　正　孟星宇　周　恒
倪　斐　韩玉亭　童春纲　谢新竹　强　卉
潘　溪

主编简介

公丕祥，山东蒙阴人，法学博士，南京师范大学法学院教授，博士研究生导师，中国法治现代化研究院院长，江苏高校区域法治发展协同创新中心研究员，全国首届"十大杰出青年法学家"之一，国家有突出贡献的中青年专家。兼任中国法学会法理学研究会副会长、国际法律哲学与社会哲学协会中国分会副主席、中国法学教育研究会副会长。主要研究领域：法哲学与法治现代化。先后主持科研项目多项，出版《马克思的法哲学革命》（1987年）、《马克思法哲学思想述论》（1992年）、《法制现代化的理论逻辑》（1999年）、《东方法律文化的历史逻辑》（2002年）、《权利现象的逻辑》（2002年）、《中国的法制现代化》（2004年）、《法制现代化的挑战》（2006年）、《公丕祥自选集》（2010年）、《大变革时代的中国法治现代化》（2017年）等个人专著多部，主编《全球化与中国法制现代化》等著作多部。在《中国社会科学》《中国法学》《法学研究》等专业刊物上发表论文100余篇，多项成果荣获教育部和江苏省人民政府优秀科研成果奖。

总　序

纵观世界法治现代化的历史进程，我们可以清晰地看到，现代化与法治内在联系，相互依存，不可分割。习近平总书记指出："法治和人治问题是人类政治文明史上的一个基本问题，也是各国在实现现代化过程中必须面对和解决的一个重大问题。"① 近代以来，伴随着民族国家的建构，现代化与法治化成为国家和社会生活变革与发展的主旋律。然而，这一进程在不同的国家往往具有不同的历史特点，形成各具特质的法治发展及现代化道路。中国法治现代化是在中国的具体国情条件下所展开的法治变革过程，体现了独特的内在逻辑。在当代中国，中国共产党人以高度的历史主动性，深刻认识法治这个治国理政最大最重要的规矩在国家现代化进程中的重要作用，坚定不移地厉行法治，深入推进广泛而深刻的社会与法治变革，中国的法治现代化显示出旺盛的活力与强大的生命力，充分表达了法治现代化的中国经验。

法律是以社会为基础的。法治革命是社会革命的历史产物，也是社会革命的法治样式。中国共产党成立 90 多年来，领导中国人民坚定推进气壮山河的伟大社会革命，完成了新民主主义革命和社会主义革命，进行了改革开放新的伟大社会革命，"创造了一个又一个彪炳史册的人间奇迹"。② 这一进程中的两次前后相继的法治革命，首先都是一场社会革命。1949 年至 1956 年的当代中国第一次社会革命，在中国大地上创建了社会基本制度及国家制度体系。"五四宪法"以国家根本法的形式确证了人民民主与社会主义这两大原则，创设了社会主义中国的国体与政体的宪制基础，由此形成了当代中国第一次法治革命。1978 年开启的改革开放新的伟大革命，乃是1949 年之后中国第二次社会革命，开辟了中国特色社会主义道路。"八二宪

---

① 参见《习近平关于全面依法治国论述摘编》，中央文献出版社 2015 年版，第 12 页。
② 参见《中国共产党第十九次全国代表大会文件汇编》，人民出版社 2017 年版，第 12 页。

法"及其四个宪法修正案在改革开放的社会变革进程中第一次确立了发展社会主义市场经济、建设社会主义法治国家的国家根本法基础，进而形成了当代中国第二次法治革命。党的十八大以来，法治领域发生了历史性变革，取得了历史性成就，中国法治现代化进入了新时代。习近平总书记强调，"新时代中国特色社会主义是我们党领导人民进行伟大社会革命的成果，也是我们党领导人民进行伟大社会革命的继续，必须一以贯之进行下去"。① 适应坚持和发展中国特色社会主义这一新时代伟大社会革命的需要，以习近平同志为核心的党中央从确保党和国家长治久安的战略高度，加强中国法治发展的战略谋划，在党的十八届三中全会作出的"推进法治中国建设"重大战略抉择的基础上，召开党的十八届四中全会对全面推进依法治国若干重大问题作出了专门系统的战略部署，成为新时代中国法治现代化进程中的一个重要里程碑。党的十九届二中全会是继十八届四中全会之后我们党对新时代坚持全面依法治国作出的又一重大战略谋划，在我们党的历史上第一次以全会形式专题研究宪法修改问题，审议通过了《中共中央关于修改宪法部分内容的建议》，旨在为新时代坚持和发展中国特色社会主义这一伟大革命提供坚强的宪法保障。十三届全国人大一次会议审议通过的宪法修正案，充实完善了现行宪法有关制度规定。这些集中体现了新时代中国国家发展及现代化的内在需要，明确表达了新时代伟大社会革命的宪法逻辑，充分体现了中国法治现代化的时代价值。

中国共产党人在领导中国人民进行艰苦卓绝的伟大社会革命的过程中，坚持把马克思主义法治思想与中国具体法治实际相结合，努力走出一条具有鲜明中国特色的社会主义法治道路。习近平总书记指出："各国国情不同，每个国家的政治制度都是独特的。"② "走什么样的法治道路，建设什么样的法治体系，是由一个国家的基本国情决定的。"③ 中国社会经济、政治、

---

① 参见《以时不我待只争朝夕的精神投入工作 开创新时代中国特色社会主义事业新局面》，《人民日报》2018 年 1 月 6 日第 1 版。

② 参见习近平《在庆祝全国人民代表大会成立 60 周年大会上的讲话》，人民出版社 2014 年版，第 16 页。

③ 参见习近平《加快建设社会主义法治国家》，载《习近平谈治国理政》第 2 卷，外文出版社 2017 年版，第 117 页。

文化、历史与地理环境诸方面的条件或因素，决定或制约着中国法治现代化进程的基本取向和运动方向。

新中国成立 70 年以来特别是改革开放 40 多年来探索中国法治现代化道路的艰辛实践，历史性地生成了法治现代化的中国道路的总体性特征。这些特征主要如下。①在当代中国，作为国家最高政治领导力量，中国共产党在整个国家和社会生活中处于领导地位，必须坚持和加强党对依法治国的全面领导，这是中国法治现代化的根本政治保证。②法治现代化与国家治理现代化之间有着密切的关系，推进当代中国法治现代化，就是要促进从人治型的国家治理体制向法治型的国家治理体制的历史性转变，这是中国法治现代化的方略选择。③全面推进依法治国，加快建设法治中国，必须坚持以人民为中心的法治准则，这是中国法治现代化进程最深厚的动因基础。④人民日益增长的美好生活需要和不平衡不充分的发展之间的矛盾这一新时代我国社会主要矛盾，准确反映了当代中国社会发展的阶段性特征，对全面依法治国进程产生了深刻影响，这是推进中国法治现代化的客观依据。⑤在新的时代条件下，推进中国法治现代化的宏伟大业，必须把新发展理念融入全面依法治国领域，充分展示法治对于保障当代中国发展的时代价值，这是中国法治现代化的战略引领。⑥处于转型期的当代中国，必须始终高度关注和重视解决社会公平正义问题。全面依法治国要围绕保障和促进社会公平正义来进行，这是中国法治现代化的价值取向。⑦在中国这样一个幅员辽阔的东方大国，东中西部各个区域之间的经济社会发展水平存在明显的差异性，必然影响或制约着各个区域法治发展的进程与实际效果，必须在坚持国家法制统一性的前提下认真对待区域法治发展，这是中国法治现代化的现实路径。⑧全面依法治国是一个宏大的系统工程，必须加强整体谋划，统筹兼顾，坚持依法治国和以德治国相结合，依法治国和依规治党有机统一，这是中国法治现代化的统筹机制。⑨在当代中国，"改革和法治如鸟之两翼，车之两轮"①，必须立足法治国情条件，渐进有序地推进法治领域改革，坚持在法治中推进改革，在改革中完善法治。⑩在

---

① 参见习近平《在庆祝中国共产党成立 95 周年大会上的讲话》，人民出版社 2016 年版，第 17 页。

全球治理变革深入推进的历史条件下，国内法治与国际法治彼此互动、协调发展，以期推动构建人类命运共同体，这是中国法治现代化建设的全球方位。

很显然，在当代中国伟大社会革命进程中逐步形成的法治现代化道路，有着自身独特的历史个性和鲜明的中国特征。只有从中国的实际情况出发，才能走出一条自主型的中国法治现代化道路。越是民族的，越具有世界性。根植于法律文化传统创造性转换基础上的中华法治文明价值体系，并不是脱离世界法治文明发展大道的孤立的法治现象，而是基于对本国法治国情特点的悉心把握，"坚持以我为主、为我所用，认真鉴别、合理吸收"，"学习借鉴世界上优秀的法治文明成果"。[①] 因此，法治现代化的中国方案，不仅记载深厚的中国经验，融入丰富的中国元素，体现鲜明的中国精神，而且注重把握世界法治文明发展大势，积极参与世界法治经验对话交流，辩证吸收世界法治发展有益成果，因而与世界法治文明的普遍准则沟通协调，具有普遍性的世界意义。

当代中国正处在从大国走向强国的新的历史发展阶段。伴随着中国特色社会主义进入新时代的铿锵步履，"近代以来久经磨难的中华民族迎来了从站起来、富起来到强起来的伟大飞跃"。[②] 实现中华民族"强起来"的宏伟愿景，离不开法治的坚强保障。在中国这样一个幅员辽阔、人口数量庞大、民族众多、国情复杂的发展中的社会主义大国，作为执政党的中国共产党要跳出"历史周期率"，实现长期执政，确保党和国家的长治久安，就必须在习近平总书记全面依法治国新理念新思想新战略的指引下，悉心做好为民族复兴筹、为子孙后代计、为长远发展谋的战略筹划，全面推进法治中国建设，进而为新时代中华民族"强起来"的伟大飞跃提供根本性、全局性、长期性的制度保障。法治现代化的中国方案，有力体现了新时代从大国走向强国的中国的法治使命和责任。

中国特色社会主义进入新时代，标志着当代中国现代化运动站在了一个新的起点上，当代中国法治现代化迈进了一个新的社会历史阶段。党的

---

① 参见《习近平关于全面依法治国论述摘编》，中央文献出版社 2015 年版，第 32 页。
② 参见《中国共产党第十九次全国代表大会文件汇编》，人民出版社 2017 年版，第 10 页。

十九大报告的一个重要理论贡献，就是清晰阐述了以习近平同志为核心的党中央关于从全面建成小康社会到基本实现现代化再到全面建成社会主义现代化强国的重大战略谋划。这是"新时代中国特色社会主义发展的战略安排"。这一战略安排蕴含着丰富的法治意义，具有鲜明的法治发展指向，实际上提出了推进新时代中国法治现代化的新的"三步走"战略构想，从而昭示着新时代中国法治现代化的宏伟愿景。第一步，按照十六大、十七大、十八大提出的全面建成小康社会各项要求，到 2020 年全面建成小康社会。到那时，各方面制度更加成熟更加定型，国家治理体系和治理能力现代化取得重大进展，各领域基础性制度体系基本形成；人民民主更加健全，法治政府基本建成，司法公信力明显提高，人权得到切实保障，产权得到有效保护。第二步，从 2020 年到 2035 年基本实现现代化，比原先的设想提前了 15 年。到那时，在政治建设与法治发展领域，人民平等参与、平等发展权利得到充分保障，法治国家、法治政府、法治社会基本建成，各方面制度更加完善，国家治理体系和治理能力现代化基本实现。第三步，从 2035年到 21 世纪中叶全面建成富强民主文明和谐美丽的社会主义现代化强国。到那时，在政治与法治发展领域，我国社会主义文明将全面提升，实现国家治理体系和治理能力现代化。我国政治文明的全面提升，必然意味着在这一进程中我国法治文明历时地得到全面提升。法治现代化是国家治理现代化的有机组成部分，二者内在联系、不可分割，处于同一个历史过程之中。中国国家治理现代化的实现，同样表明中国法治现代化的全面实现。这无疑是一幅新时代推进中国法治现代化的恢宏画卷。

从全面建成小康社会到基本实现现代化再到全面建成现代化强国的历史进程，赋予法治现代化的中国方案以全新的时代使命。在中央全面依法治国委员会第一次会议上的重要讲话中，习近平总书记系统阐述了以"十个坚持"为主要内容的全面依法治国新理念新思想新战略，提出了全面推进依法治国的七项重点任务，为深入推动新时代中国法治现代化的历史进程提供了根本遵循，指明了中国法治现代化理论研究、实践探索和智库建设的前进方向。中国法治现代化研究院是经中共江苏省委宣传部批准、设立在南京师范大学的一所法治智库。中国法治现代化研究院立足江苏、面向全国、放眼世界，致力于为党和国家以及地方党委政府全面推进依法治国、深化法治江苏建设提供决策咨询，注重把握应用性和对策性研究的工作主轴，坚持宏观层面研究和微观层面研究的有机结合，侧重中国法治现代化领域的战略层面研究，着力提出具有长远考量和全局意义的中国法治现代化进程的战略性预测和发展战略建议，为党和国家以及地方党委政府提供思想和行动方案选择，努力建设成为全省领先、国内一流、国际知名的中国法治现代化领域的新型高端法治智库。《中国法治现代化报告》是由中国法治现代化研究院组织编撰的专注于新时代中国法治现代化领域重要问题的连续性的年度研究报告，旨在坚持以习近平总书记全面依法治国新理念新思想新战略为指导，面向新时代全面推进依法治国、加快建设法治中国的伟大实践，紧扣"建设中国特色社会主义法治体系、建设社会主义法治国家"的全面依法治国总目标，重点围绕法治中国发展战略、全面贯彻实施宪法、推进科学民主立法、加强法治政府建设、深化司法体制改革、加快法治社会建设、推动区域法治发展、加强法治工作队伍建设、中国法治国情调研等领域，推出中国法治现代化领域年度专题研究报告与法治智库产品，突出理论思考，突出问题导向，突出实证分析，突出咨政建言，努力在新时代中国法治现代化理论建设、战略研究、社会引领、政策建言等方面取得新的研究成果，以期为新时代中国法治现代化事业奉献绵薄之力。

《中国法治现代化报告》的编辑出版，得到了中共江苏省委宣传部、江苏省哲学社会科学规划办公室、社会科学文献出版社和南京师范大学的大力支持，得到了全国法学界和法律实务界的热情指导。在此，谨深致谢忱！

南京师范大学中国法治现代化研究院院长

公丕祥

2019 年 5 月于南京

前　言

2018 年是贯彻党的十九大精神的开局之年，是决胜全面建成小康社会的关键一年，是改革开放 40 周年，也是在新时代中国法治现代化建设承前启后、继往开来的历史节点。正如习近平总书记所说："40 年来，我们始终坚持中国特色社会主义政治发展道路，不断深化政治体制改革，发展社会主义民主政治，党和国家领导体制日益完善，全面依法治国深入推进，中国特色社会主义法律体系日益健全，人民当家作主的制度保障和法治保障更加有力，人权事业全面发展，爱国统一战线更加巩固，人民依法享有和行使民主权利的内容更加丰富、渠道更加便捷、形式更加多样，掌握着自己命运的中国人民焕发出前所未有的积极性、主动性、创造性，在改革开放和社会主义现代化建设中展现出气吞山河的强大力量！"[1] 40 年改革开放的实践充分证明，中国发展为广大发展中国家走向现代化提供了成功经验、展现了光明前景，是中华民族对人类文明进步作出的重大贡献。作为坚持和发展中国特色社会主义的本质要求和重要保障，作为国家治理体系和治理能力的重要依托，中国的法治建设同样取得了举世瞩目的成就。在总结中国法治现代化建设成就与经验的基础上，在领导法治中国建设的伟大实践中，习近平总书记从坚持和发展中国特色社会主义的全局出发，作出一系列重大决策、提出一系列重要思想，创造性地发展了中国特色社会主义法治理论，形成了习近平全面依法治国新理念新思想新战略。作为新时代全面依法治国的根本遵循，习近平总书记全面依法治国新理念新思想新战略引领中国法治现代化建设不断前进，促成了中国法治现代化建设在 2018 年取得新飞跃。

在这一年，《中共中央关于深化党和国家机构改革的决定》正式发布，

---

[1]　习近平：《在庆祝改革开放 40 周年大会上的讲话》，人民出版社 2018 年版，第 13 页。

对党和国家机构进行了系统性、整体性、重构性的改革，推出 100 多项重要改革举措；在这一年，《中华人民共和国宪法修正案》正式通过，进一步促进了中国特色社会主义法律体系和党内法规制度体系共同完善发展，在法治轨道上再一次推进了国家治理体系和治理能力现代化；在这一年，《中华人民共和国监察法》公布施行，《中国共产党纪律处分条例》修订更新，通过立法方式保障了依规治党与依法治国、党内监督与国家监察有机统一，将党内监督同国家机关监督、民主监督、司法监督、群众监督、舆论监督贯通起来，极大提高了党和国家的监督效能；在这一年，《国家统一法律职业资格考试实施办法》印发，首次国家统一法律职业资格考试顺利进行，47 万余人参加首场考试，完成了推进全面依法治国选拔储备高素质社会主义法治工作队伍的重要基础性、源头性工作；在这一年，中央全面依法治国委员会第一次会议在北京隆重召开，对全面依法治国作出一系列重大决策和崭新部署；在这一年，民法典各分编草案公开征求意见并获得初次审议，草案对我国现行民法通则、物权法、合同法、担保法、婚姻法、收养法、继承法、侵权责任法和人格权方面的民事法律规范进行全面系统的编订纂修，进一步完善以公平为核心原则的产权保护制度，完善促进财产和要素自由流动的公平交易制度，完善增进家庭和睦的婚姻家庭和继承制度，完善自然人和其他民事主体人身权、财产权、人格权的保护救济制度；在这一年，《中华人民共和国人民陪审员法》颁布实施，《刑事诉讼法》完成第三次修改，《国际刑事司法协助法》成功制定，《关于为实施乡村振兴战略提供司法服务和保障的意见》《关于进一步全面落实司法责任制的实施意见》印制发布，司法改革成效显著；在这一年，我们纪念马克思诞辰 200 周年、回顾总结马克思主义法学思想的伟大光辉，纪念毛泽东同志批示学习推广"枫桥经验"55 周年、概括凝练法治社会建设的成功经验，纪念《世界人权宣言》发表 70 周年、坚持走符合国情的人权发展道路，纪念改革开放 40 周年，庆祝中国法治现代化建设的伟大成就。

在中国法治现代化进程中，2018 年将是一个值得铭记的年份。作为《中国法治现代化报告》蓝皮书的第一本，本报告从法律规范体系、法治实施体系、法治监督体系、法治保障体系、党内法规体系等中国特色社会主义法治体系的五大方面纵向总览了中国法治现代化年度建设的总体进程，并从立法发展、法治政府、司法改革、法治社会、区域法治发展、法治影响力事件六个方面横向展现了中国法治现代化建设的实践样貌。本报告逐年选择不同省份进行法治现代化建设的细节观察，2018 年度择选江苏、广东两省与京津冀地区作为调研对象，既是借以展现 40 年法治建设之成就，也是期以展望新时代法治建设之前沿。同时，附以中国法治现代化 2018 年大事记，以求见证中国法治现代化的年度足迹。

本报告的撰写汇集了中国法治现代化研究院的骨干力量，并得到了江苏省人大常委会法制工作委员会、江苏省高级人民法院、江苏省人民检察院、江苏省司法厅的大力支持。策划编辑过程中获得了社会科学文献出版社刘骁军编审的鼎力协助。在此，谨致以诚挚的感谢！

目 录

Ⅰ 总报告

General Report

B.1
中国法治现代化年度总报告

公丕祥　韩玉亭*

摘　要：　中国法治现代化实现的过程就是建立和完善中国特色社会主
义法治体系的过程。这一进程不仅涉及静态的法律规范体系，
也涉及动态的法治运行体系；不仅包含对具有国家强制力保
障的法律规范体系化的要求，也关乎对执政党制定的带有政
治领导性质的党内法规体系化的期待；既对法治监督体系提
出了更高的要求，同时也对法治保障体系给予了高度的关注。
因之，推进中国法治现代化是一个不同法治要素、不同法治
环节及过程有机联系、辩证统一的社会系统工程。加快建立
完备的法律规范体系、高效的法治实施体系、严密的法治监
督体系、有力的法治保障体系和完善的党内法规体系，才能

---

* 公丕祥，中国法治现代化研究院院长，南京师范大学法学院教授，江苏高校区域法治发展
协同创新中心研究员，法学博士；韩玉亭，中国法治现代化研究院研究员，南京师范大学
法学院讲师，江苏高校区域法治发展协同创新中心研究员，法学博士。

早日实现中国法治现代化的宏伟愿景。

关键词： 法治现代化；法治体系；法律规范体系；法治实施体系；法治监督体系；法治保障体系；党内法规体系

一　引言

在当代中国，法治现代化是一个从传统型法制向现代型法治的历史变革过程，在很大程度上亦是一个从中国特色主义法律体系向中国特色社会主义法治体系的创新发展过程。自从党的十一届三中全会提出应当把立法工作摆在国家立法机关的重要议程以来，加强立法工作，逐步形成中国特色社会主义法律体系，便成为国家法治化进程中的一件大事。建设法律体系，必须立足中国的国情，从中国的实际出发，走中国特色的法律体系形成之路。在党中央的领导下，全国人大及其常委会大规模地展开国家立法的进程。1997 年 9 月召开的党的十五大第一次提出到 2010 年形成有中国特色社会主义法律体系的历史性任务。在依法治国、建设社会主义法治国家的总体战略下，提出形成中国特色社会主义法律体系的明确的历史时段的目标要求。这深刻反映了中国共产党对中国特色社会主义法治事业发展规律的理性自觉，从而极大地推动了当代中国的法治与立法进程。经过各方面的不懈努力，2011 年 3 月 10 日，十一届全国人大四次会议正式宣布：党的十五大提出到 2010 年形成中国特色社会主义法律体系立法目标如期完成。① 党的十八大以来，以习近平同志为核心的党中央从坚持"四个全面"的重大战略思想出发，统筹谋划全面推进依法治国的战略蓝图。党的十八届四中全会提出全面推进依法治国的总目标，是建设中国特色社会主义法治体系，建设社会主义法治国家。习近平将建设中国特色社会主义法治体系称为"全面推进依法治国的总抓手"，强调"依法治国各项工作都要围绕

---

①　参见《中华人民共和国全国人民代表大会常务委员会公报》2011 年第 3 号，第 333 页。

这个总抓手来谋划、来推进"。① 这就为全面推进依法治国、加快实现中国法治现代化指明了前进的方向。中国特色社会主义法治体系更是一个内涵丰富、外延广泛的法治概念，主要是指在从传统社会向现代社会的转型过程中，由法律规范体系、法治实施体系、法治监督体系、法治保障体系和党内法规体系组成的、反映国家法治运行状况的法治共同体系统，它们之间有机联系，形成一个法律制度与法治价值内在统一的和谐整体。因之，在当代中国，从形成中国特色社会主义法律体系，到建设中国特色社会主义法治体系，不仅表明我们党对中国特色社会主义法治发展规律认识的新飞跃，而且反映了当代中国法治现代化进程的运动方向。党的十九大将建设中国特色社会主义法治体系纳入新时代坚持全面依法治国的基本方略之中。② 党的十九大以来，在习近平总书记全面依法治国新理念新思想新战略的指导下，中国特色社会主义法治体系建设深入推进，法律规范体系、法治实施体系、法治监督体系、法治保障体系和党内法规体系诸法治体系要素之间相互作用、协同发展，展现了一幅新时代中国法治现代化进程的崭新图景。应当看到，法治体系建设之路漫长而复杂，急需持续不懈地扎实工作。本报告力图从总体上概括反映深入贯彻党的十九大精神的开局之年建设中国特色社会主义法治体系所取得的阶段性进展情况，分析这一进程中有待着力解决的突出问题，展望 2019 年建设法治体系、推进法治现代化的基本走向与工作重点。

二 法律规范体系建设

法律是治国之重器，良法是善治之前提。法律规范体系构成了法治体系建构的基础。完备的法律规范体系是建设中国特色社会主义法治体系的前提。推进新时代的中国法治现代化，必须加快形成完备的法律规范体系。而要形成完备的法律规范体系，必须坚持立法先行，发挥立法的引领和推动作用，抓住提高立法质量这个关键。要恪守以民为本、立法为民理念，

---

① 参见《中国共产党第十八届中央委员会第四次会议文件汇编》，人民出版社 2014 年版，第81 页。

② 参见《中国共产党第十九次全国代表大会文件汇编》，人民出版社 2017 年版，第 18 页。

贯彻社会主义核心价值观，使每一项立法都符合宪法精神、反映人民意志、得到人民拥护。要把公正、公平、公开原则贯穿立法全过程，完善立法体制机制，坚持立改废释并举，增强法律法规的及时性、系统性、针对性、有效性。①

（一）2018年法律规范体系建设工作概况

全国人大及其常委会坚持改革与法治相统一，认真编制立法规划，及时部署立法工作。2018 年十三届全国人大及其常委会审议通过宪法修正案 1 件，制定法律 8 件，修改法律 47 件（次），通过有关法律问题和重大问题的决定 9 件（见图 1）。这些立法项目主要分为三种类型：一是围绕党和国家工作大局，通过立法推动和保障重大决策部署的落实；二是围绕全面深化改革，通过立法、修法确保重大改革于法有据；三是围绕加快建设社会主义法治体系和社会主义法治国家，完成好重点领域立法任务。② 2018 年国务院积极推进法治政府建设，提请全国人大常委会审议法律议案 18 件，制定修订行政法规 37 件。③

2018 年最高人民法院进一步加强对全国法院审判工作的监督指导，先后出台了《最高人民法院关于适用〈中华人民共和国行政诉讼法〉的解释》《最高人民法院关于适用〈中华人民共和国民法总则〉诉讼时效制度若干问题的解释》等司法解释 22 件，分两批发布了 13 个涉产权刑事申诉案件的典型案例。④ 最高人民检察院 2018 年主动服务打好三大攻坚战，积极参与四大专项活动（见图 2）。积极参与了互联网金融风险专项整治，会同有关部门制定了司法解释，严惩破坏金融秩序犯罪。与国务院扶贫办共同制定司法救助支持脱贫攻坚实施意见，推广山东、广西、四川、甘肃等地的做法，

---

① 《中共十八届四中全会在京举行 中央政治局主持会议 中央委员会总书记习近平作重要讲话》，《人民日报》2014 年 10 月 24 日第 1 版。
② 《全国人民代表大会常务委员会工作报告——2019 年 3 月 8 日在第十三届全国人民代表大会第二次会议上》，《人民日报》2019 年 3 月 19 日第 6 版。
③ 《政府工作报告——2019 年 3 月 5 日在第十三届全国人民代表大会第二次会议上》，《人民日报》2019 年 3 月 17 日第 2 版。
④ 《最高人民法院工作报告——2019 年 3 月 12 日在第十三届全国人民代表大会第二次会议上》，《人民日报》2019 年 3 月 20 日第 2 版。

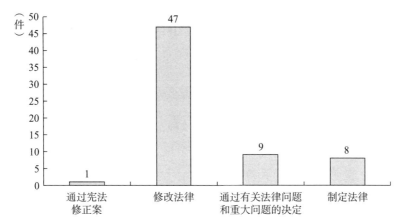

图1　2018年十三届全国人大及其常委会制定和修改法律规范情况

资料来源：《全国人民代表大会常务委员会工作报告——2019年3月8日在第十三届全国人民代表大会第二次会议上》，《人民日报》2019年3月19日第6版。

会同最高法、公安部制定《关于办理非法集资刑事案件若干问题的意见》	会同最高法制定《关于办理非法从事资金支付结算业务、非法买卖外汇刑事案件适用法律若干问题的解释》	会同最高法修改《关于办理妨害信用卡管理刑事案件具体应用法律若干问题的解释》
会同国务院扶贫办发布《关于检察机关国家司法救助工作支持脱贫攻坚的实施意见》	会同生态环境部等9部门发布《关于在检察公益诉讼中加强协作配合依法打好污染防治攻坚战的意见》	会同最高法、公安部等5部门发布《关于办理环境污染刑事案件有关问题座谈会纪要》

图2　2018年最高人民检察院主动服务打好三大攻坚战

资料来源：《2019年最高人民检察院工作报告（文字实录）》，载最高人民检察院官网，http://www.spp.gov.cn/spp/tt/201903/t20190312_411422.shtml，最后访问日期：2019年3月19日。

将因案致贫返贫纳入司法救助。贯彻全国人大常委会决议，积极参与污染防治攻坚战，牵头制定办理环境污染刑事案件规范。① 2018年，地方法规以及自治条例和单行条例制定机关共向全国人大常委会报送备案行政法规、地方性法规1220件，其中行政法规40件，省级地方性法规640件，设区的市地方性法规483件，自治条例和单行条例33件，经济特区法规

---

① 《最高人民检察院工作报告——2019年3月12日在第十三届全国人民代表大会第二次会议上》，《人民日报》2019年3月20日第2版。

24 件，基本实现了有件必备。收到公民、组织各类来信来函涉及规范性文件、可明确为审查建议的有 1229 件，其中属于全国人大常委会备案审查范围的有 112 件。①

（二）宪法修正案的基本内容及重要意义

宪法是国家的根本大法，在国家法律规范体系中具有最高的法律效力。为实现宪法的与时俱进，2018 年十三届全国人民代表大会第一次会议高票通过了宪法修正案。修改后的宪法，为建设中国特色社会主义法治体系，推进新时代的中国法治现代化提供了有力的保障。宪法修正案共 21 条，主要内容包括 12 个方面。①确立科学发展观、习近平新时代中国特色社会主义思想在国家政治和社会生活中的指导地位。②调整充实中国特色社会主义事业总体布局和第二个百年奋斗目标的内容。③完善依法治国和宪法实施举措。④充实完善我国革命和建设发展历程的内容。⑤充实完善爱国统一战线和民族关系的内容。⑥充实和平外交政策方面的内容。⑦充实坚持和加强中国共产党全面领导的内容。⑧增加倡导社会主义核心价值观的内容。⑨修改国家主席任职方面的有关规定。⑩增加设区的市制定地方性法规的规定。⑪增加有关监察委员会的各项规定。⑫修改全国人大专门委员会的有关规定。宪法修正案在以下五个方面具有重要意义：第一，为在国家政治和社会生活中贯彻习近平新时代中国特色社会主义思想提供了宪法保障；第二，为全面贯彻实施宪法确立的国家根本任务、发展道路、奋斗目标提供了宪法保障；第三，为确保党的长期执政和国家长治久安提供了宪法保障；第四，为进一步全面推进依法治国提供了宪法保障；第五，为支持和健全人民当家作主提供了宪法保障。②

（三）2018年法律规范体系建设工作亮点

立法机关深刻把握中国特色社会主义进入新时代和我国社会主要矛盾

---

① 林平：《全国人大：去年修法 47 件次，备案审查基本实现"有件必备"》，载搜狐网，http：//www. sohu. com/a/294973577_260616，最后访问日期：2019 年 2 月 21 日。

② 信春鹰：《我国宪法修改的重点内容及其重大历史意义》，载司法部官网，http：//www. moj. gov. cn/news/content/2018 - 05/15/bnyw_19498. html，最后访问日期：2019 年 3 月 19 日。

变化对深化依法治国实践的要求，严格遵循和把握社会主义立法规律，以提高立法质量，充分发挥立法的引领、规范和推动作用为目标，2018年在法律规范体系建设方面亮点频出。

其一，经济领域立法提速，对多部法律作出修改，及时解决了法律规定与实践发展不相适应的问题。电子商务法的制定，对于促进电子商务健康发展、维护消费者合法权益和市场公平意义重大。农村土地承包法的修改，深化了农村土地制度改革，从法律上稳定和完善了农村土地承包关系，给广大土地承包者和经营者吃下了"定心丸"，对促进农业农村发展具有重要意义。此外还制定了耕地占用税法、车辆购置税法，修改了公司法、民用航空法、电力法、港口法、企业所得税法等，促进了这些领域的改革发展。①

其二，通过修改法律、作出决定等多种方式，国家机构组织法律制度进一步得到完善。为顺利推进国家机构改革，就国务院机构改革涉及法律规定的行政机关职责调整问题作出决定，统筹修改机构改革涉及的国境卫生检疫法等32部法律的316个条款，作出中国海警局行使海上维权执法职权的决定，制定消防救援衔条例，及时跟进机构改革对法律调整提出的要求，保证了改革有序承接，工作连续稳定。修订公务员法，把职务与职级并行的改革实践写进法律，加快推进公务员分类体制改革。修改人民法院组织法、人民检察院组织法、刑事诉讼法，制定人民陪审员法、国际刑事司法协助法，作出关于设立上海金融法院、专利等知识产权案件诉讼程序若干问题的决定，巩固和深化司法体制改革成果。修改村民委员会组织法、城市居民委员会组织法，完善了基层治理体系。②

其三，贯彻以人民为中心的思想，加快社会建设、保障改善民生领域的立法进度。修改个人所得税法，推进税制改革，优化税负结构，目前已有约8000万人的工薪所得依法免缴个人所得税。修改社会保险法，将生育保险和职工基本医疗保险合并实施在全国推开。对疫苗管理法草案进行了

---

① 《全国人民代表大会常务委员会工作报告——2019年3月8日在第十三届全国人民代表大会第二次会议上》，《人民日报》2019年3月19日第6版。

② 《全国人民代表大会常务委员会工作报告——2019年3月8日在第十三届全国人民代表大会第二次会议上》，《人民日报》2019年3月19日第6版。

初审，通过建立覆盖研制、生产、流通、预防接种全过程全链条的疫苗监管法律制度，切实保障人民群众生命健康安全。①

其四，加快生态文明建设立法步伐，构建立体管控的生态环保法治网。制定土壤污染防治法，修改环境影响评价法、环境噪声污染防治法等，完善严格保护生态环境的法律制度。土壤污染防治法为推进净土保卫战提供有力法治保障，与大气污染防治法、水污染防治法一起，构建起"三位一体"、立体管控的生态环保法治网。②

其五，把维护国家安全放在立法工作的重要位置，制定英雄烈士保护法，修改反恐怖主义法、国家情报法，推动社会主义核心价值观融入立法。英雄烈士保护法的制定和实施，促进了英雄烈士事迹和爱国主义精神的传承弘扬，有力地抵制了历史虚无主义，为打击各类歪曲、丑化、亵渎、诋毁英雄烈士的行为，维护国家安全特别是意识形态安全提供了法律保障，在社会各界产生积极反响。③

其六，通过多种方式促进立法宣传与立法队伍建设。2018年立法宣传工作紧紧围绕改革开放40周年的历史关键节点，通过新闻发布会、专题采访、微信公众号信息推送等多种形式宣传了我国法治建设特别是立法工作的巨大成就和宝贵经验。通过电视、报纸、网络等媒体，进一步加强了法律草案起草、审议阶段和通过后的宣传工作，增强了宣传效果，拓宽了社会民众参与立法的途径。④立法工作队伍建设中坚持以习近平新时代中国特色社会主义思想为指导，以党的政治建设为统领，以加强思想、组织、作风、纪律建设为抓手，通过完善立法人才培养机制，多渠道选拔优秀立法人才，注重培养严谨细致的工匠精神，坚持新时期好干部的标准，不断提高专业人员的立法能力，打造了一支政治素质过硬、业务能力过硬、职业

---

① 《全国人民代表大会常务委员会工作报告——2019年3月8日在第十三届全国人民代表大会第二次会议上》，《人民日报》2019年3月19日第6版。
② 《全国人民代表大会常务委员会工作报告——2019年3月8日在第十三届全国人民代表大会第二次会议上》，《人民日报》2019年3月19日第6版。
③ 《全国人民代表大会常务委员会工作报告——2019年3月8日在第十三届全国人民代表大会第二次会议上》，《人民日报》2019年3月19日第6版。
④ 《全国人大常委会2018年立法工作计划》，载全国人民代表大会官网，http://www.npc.gov.cn/npc/xinwen/2018-04/27/content_2053820.htm，最后访问日期：2018年12月6日。

操守过硬、道德作风过硬的立法干部队伍和人才队伍。①

综上所述，建立完备的法律规范体系是实现中国法治现代化的基础。建立完备的法律规范体系就是要提高法律法规的及时性、系统性、针对性、有效性，增强法律法规的可执行性、可操作性。我们相信，在以习近平同志为核心的党中央坚强领导下，新时代的立法工作在引领、推动、规范、保障中国法治现代化方面将发挥越来越显著的作用。②

三 法治实施体系建设

建设中国特色社会主义法治体系的过程同时也是法律得以高效实施的过程。"法律的生命力在于实施，法律的权威也在于实施。""如果有了法律而不实施、束之高阁，或者实施不力、做表面文章，那制定再多法律也无济于事。"③ 有法律不实行，法治就会成为空谈。有法律实行得不好，法治就会打折扣。高效的法治实施体系，对于依法治国、依法执政、依法行政的共同推进，法治国家、法治政府、法治社会的一体建设至为关键。建立高效的法治实施体系，要求法治实施不仅有效果，也要有效率。④ 当下中国法治现代化进程中最关键的问题就是如何促进法律有序运行，形成高效的法治实施体系。其中，宪法实施是法治实施体系的一个重要组成部分，扎实推进党和国家机构改革是建设法治实施体系的重要保障。唯有建立起严格执法、公正司法、全民守法三者间的良性运行机制才能真正建立高效的法治实施体系。⑤

---

① 《全国人大常委会 2018 年立法工作计划》，载全国人民代表大会官网，http://www.npc.gov.cn/npc/xinwen/2018 - 04/27/content_2053820.htm，最后访问日期：2018 年 12 月 6 日。
② 王比学：《我国立法工作与时俱进——为改革开放提供法治动力》，《人民日报》2018 年 11 月 20 日第 10 版。
③ 《中共中央关于全面推进依法治国若干重大问题的决定》（辅导读本），人民出版社 2014 年版，第 15 页。
④ 陈惊天：《全面推进依法治国的五个体系——习近平新时代法治思想体会之五》，《人民法治》2018 年第 7 期。
⑤ 姜明安：《"建设高效法治实施体系"论坛发言节选》，《法制日报》2015 年 3 月 4 日第 11 版。

（一）2018年宪法实施领域的工作进展

宪法实施是法治实施体系建设的一个重要组成部分。习近平多次强调：坚持依法治国首先要坚持依宪治国，坚持依法执政首先要坚持依宪执政。我国现行宪法是在党的领导下，在深刻总结我国社会主义革命、建设、改革实践经验基础上制定和不断完善的，实现了党的主张和人民意志的高度统一，具有强大生命力，为改革开放和社会主义现代化建设提供了根本法治保障。党领导人民制定和完善宪法，就是要发挥宪法在治国理政中的重要作用。要用科学有效、系统完备的制度体系保证宪法实施，加强宪法监督①，积极稳妥推进合宪性审查工作，加强备案审查制度和能力建设②，把实施宪法提高到新水平。要在全党全社会深入开展尊崇宪法、学习宪法、遵守宪法、维护宪法、运用宪法的宣传教育活动，弘扬宪法精神，树立宪法权威，使全体人民都成为社会主义法治的忠实崇尚者、自觉遵守者、坚定捍卫者。③

2018年学习宣传和贯彻实施宪法迈出了新步伐。全国各地、各部门积极落实党中央部署，把全面学习宣传和贯彻实施新修改的宪法作为重大政治任务来抓，通过举办学习宣传和贯彻实施宪法座谈会、组织专题记者会、举办宣讲报告会、撰写理论文章等多种形式开展宪法宣传教育活动，弘扬宪法精神、树立宪法权威、增强宪法意识，使宪法精神深入人心，得到人民的真诚信仰和拥护。全国人大常委会带头贯彻宪法并强化对宪法实施的监督。按照新修改的宪法，对调整设立的宪法和法律委员会职责作出决定，增加宪法实施和监督、宪法解释等工作职责，加强了宪法实施的工作力量和组织保障。坚持有件必备、有备必审、有错必纠，加强合宪性审查，保证宪法确立的制度、原则、规则得到全面实施。2018年全国人大常委会认真审查报送备案的行政法规40件、地方性法规1180件、司法解释18件，

① 《弘扬宪法精神 树立宪法权威 使全体人民都成为社会主义法治的忠实崇尚者自觉遵守者坚定捍卫者》，《人民日报》2018年12月5日第1版。
② 《习近平在中共中央政治局第四次集体学习时强调 更加注重发挥宪法重要作用 把实施宪法提高到新的水平》，《人民日报》2018年2月26日第1版。
③ 《弘扬宪法精神 树立宪法权威 使全体人民都成为社会主义法治的忠实崇尚者自觉遵守者坚定捍卫者》，《人民日报》2018年12月5日第1版。

认真研究公民、组织提出的审查建议 1229 件，督促有关方面依法撤销和纠正与宪法法律相抵触的规范性文件（见图 3）。认真组织宪法宣誓，增强国家工作人员宪法意识，带头做宪法的忠实崇尚者、自觉遵守者、坚定捍卫者，宪法的法律地位、法律权威、法律效力得到了彰显。①

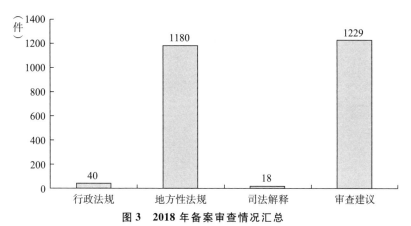

图 3　2018 年备案审查情况汇总

资料来源：《全国人民代表大会常务委员会工作报告——2019 年 3 月 8 日在第十三届全国人民代表大会第二次会议上》，《人民日报》2019 年 3 月 19 日第 6 版。

（二）2018年党和国家机构改革的工作进展

2018 年扎实推进党和国家机构改革，为法治实施体系建设提供了重要保障。党的十九届三中全会通过的《中共中央关于深化党和国家机构改革的决定》《深化党和国家机构改革方案》（以下简称《决定》《方案》）以及 2018 年中央全面深化改革委员会第二次会议审议通过的《关于地方机构改革有关问题的指导意见》，对深化党和国家机构改革提出明确要求，为推进改革提供了遵循。② 进一步明确了深化党和国家机构改革的指导思想和目标，强调改革必须贯彻坚持党的全面领导、坚持以人民为中心、坚持优化协同高效、坚持全面依法治国的基本原则。③ 党的十九届三中全会对深化党

① 《全国人民代表大会常务委员会工作报告——2019 年 3 月 8 日在第十三届全国人民代表大会第二次会议上》，《人民日报》2019 年 3 月 19 日第 6 版。
② 中央编办三局：《扎实推进综合行政执法改革》，《中国机构改革与管理》2019 年第 2 期。
③ 《牢牢把握深化党和国家机构改革的原则——二论学习贯彻党的十九届三中全会精神》，《人民日报》2018 年 3 月 2 日第 3 版。

和国家机构改革作出了四个方面的部署：完善坚持党的全面领导的制度；优化政府机构设置和职能配置；统筹党政军群机构改革；合理设置地方机构。这四个方面的改革部署，瞄准的是那些不适应新时代中国特色社会主义发展要求的领域、环节和方面，既立足实现第一个百年奋斗目标，针对突出矛盾，抓重点、补短板、强弱项、防风险，从党和国家机构职能上为决胜全面建成小康社会提供保障，又着眼于实现第二个百年奋斗目标，注重解决事关长远的体制机制问题，打基础、立支柱、定架构，为形成更加完善的中国特色社会主义制度创造有利条件[1]，同时也为法治实施体系的建设提供了重要保障。

十三届全国人大一次会议表决通过了关于国务院机构改革方案的决定。2018年3月19日，十三届全国人大一次会议举行第七次全体会议，任命了国务院26个组成部门"一把手"。2018年3月21日，《深化党和国家机构改革方案》全文公布。2018年3月27日至5月31日，国务院新组建部门和单位全部挂牌亮相。2018年9月10～11日，中央编办首次集中公布改革后16个部门"三定"方案。2018年9～11月，海南率先、上海压轴，全国31个省份（不含港澳台）的省级机构改革方案全部获中央批复同意。其后，各省份改革后的新机构陆续挂牌成立，开展工作。值得注意的是，在全国各地推进机构改革的过程中，一些颇具地方特色的机构纷纷登场。例如，辽宁省组建了省营商环境建设局、山东省设置了省委海洋发展委员会和省海洋局、广东省组建了推进粤港澳大湾区建设领导小组。此外，省级之下，市县级机构改革陆续推进。据《四川日报》报道，2018年11月，全国首个市县机构改革的总体意见——《四川省委关于市县机构改革的总体意见》经中央正式备案同意。全国其他市县的机构改革方案也陆续出台。全国机构改革已稳步推进至市县层级。[2]

---

[1] 《全面落实深化党和国家机构改革各项部署——三论学习贯彻党的十九届三中全会精神》，《人民日报》2018年3月3日第3版。

[2] 《机构改革推开近一年 已推进至市县层级》，载民主与法治网，http://www.mzyfz.com/html/1291/2019-03-05/content-1386025.html，最后访问日期：2019年3月19日。

（三）2018年在依法行政、严格执法领域的工作进展

2018 年依法行政、严格执法领域工作成效显著。国务院及地方政府机构改革顺利实施。重点领域改革迈出新的步伐，市场准入负面清单制度全面实行，简政放权、放管结合、优化服务改革力度加大，大幅减少了对微观事务的管理，充分发挥了市场在资源配置中的基础性作用、更好地发挥了社会力量在管理社会事务中的积极作用，营商环境国际排名大幅上升。2018 年 7 月《国务院办公厅关于成立国务院推进政府职能转变和"放管服"改革协调小组的通知》发布，决定将国务院推进职能转变协调小组的名称改为国务院推进政府职能转变和"放管服"改革协调小组，作为国务院议事协调机构。协调小组下设精简行政审批组、优化营商环境组、激励创业创新组、深化商事制度改革组、改善社会服务组 5 个专题组和综合组、法治组、督查组、专家组 4 个保障组。① 中央有部署，地方有行动。全国各地通过"互联网＋政务服务"等举措，将行政审批制度改革向更深层次、更高水平推进。浙江在"四张清单一张网"改革的基础上，推行"最多跑一次"改革，取得了显著成效；江苏全面推进"不见面审批"改革，推动形成"网上办、集中批、联合审、区域评、代办制、不见面"的办事模式；湖北武汉深入实施审批服务"马上办、网上办、一次办"改革；天津市滨海新区"一枚印章管审批"，大幅提高审批服务效率；广东佛山以"互联网＋"技术为支撑，实现进一个门可办各种事、上一张网可享受全程服务的"一门式一网式"政务服务新模式。② 深入开展国务院大督查，推动改革发展政策和部署落实。改革完善城乡基层治理。创新信访工作方式。改革和加强应急管理，及时有效应对重大自然灾害，生产安全事故总量和重特大事故数量继续下降。加强食品药品安全监管，严厉查处长春长生公司等问题疫苗案件。健全国家安全体系。强化社会治安综合治理，开展扫黑除恶专项

---

① 《国务院办公厅关于成立国务院推进政府职能转变 和 "放管服"改革协调小组的通知》（国办发〔2018〕65 号）。

② 陈晨：《行政审批制度改革：小切口取得大成效》，《光明日报》2019 年 1 月 5 日第 1 版。

斗争，依法打击各类违法犯罪，平安中国建设取得新进展。①

（四）2018年公正司法领域的工作进展

2018 年公正司法成效显著。2018 年最高人民法院共受理案件 34794 件，审结 31883 件，同比分别上升 22.1% 和 23.5%，制定司法解释 22 件，加强对全国法院审判工作的监督指导；地方各级人民法院受理案件 2800 万件，审结、执结 2516.8 万件，结案标的额 5.5 万亿元，同比分别上升 8.8%、10.6% 和 7.6%。依法惩罚犯罪、保护人民，坚决维护国家安全和社会稳定。各级法院认真落实总体国家安全观，积极推进平安中国建设，审结一审刑事案件 119.8 万件，判处罪犯 142.9 万人。深入开展扫黑除恶专项斗争。坚决贯彻党中央决策，会同最高人民检察院、公安部等发布通告、制定意见，严惩各类涉黑涉恶犯罪。坚持依法严惩方针，审结黑恶势力犯罪案件 5489 件，涉及 2.9 万人，维护了社会安宁。依法服务三大攻坚战。审结民间借贷案件 223.6 万件，妥善处理网络借贷、金融不良债权转让等纠纷，促进防范化解金融风险。出台服务乡村振兴战略 45 条意见。依法审理涉农纠纷案件，服务"三农"工作发展。严惩污染环境犯罪，审结相关案件 2204 件。制定服务新时代生态环境保护意见，审结环境资源案件 25.1 万件。依法平等保护民营企业和企业家合法权益。坚决贯彻习近平总书记在民营企业座谈会上的重要讲话精神，依法服务民营经济发展。加大涉产权刑事申诉案件清理力度，依法甄别纠正涉产权冤错案件，发布两批 13 个典型案例。全面建设智慧法院。发挥司法大数据管理和服务平台作用，为群众诉讼提供服务，为科学决策提供参考。上线"类案智能推送""法信（智答版）"等系统，建设智能语音云平台，为法官办案提供智能辅助。推进电子诉讼应用，逐步实现网上阅卷、证据交换、网上开庭和电子送达。制定互联网法院审理案件司法解释，增设北京、广州互联网法院，杭州互联网法院依法审理涉"小猪佩奇"著作权跨国纠纷等案件，率先在国际上探索互联网司法新模式。"基本解决执行难"这一阶段性目标如期实现，具有中

---

① 《政府工作报告——2019 年 3 月 5 日在第十三届全国人民代表大会第二次会议上》，《人民日报》2019 年 3 月 17 日第 2 版。

国特色的执行制度、机制和模式基本形成。①

全国检察机关忠实履行宪法法律赋予的法律监督职责，2018年共批准逮捕各类犯罪嫌疑人1056616人，提起公诉1692846人，同比分别下降2.3%和0.8%；对刑事、民事和行政诉讼活动中的违法情形监督447940件（次），同比上升22.4%；立案办理公益诉讼案件113160件。坚决维护国家政治安全和社会秩序。全国检察机关起诉抢劫、抢夺、盗窃等多发性侵财犯罪361478人，同比下降6.9%。以高度的责任感投入扫黑除恶专项斗争。会同有关部门发布通告，制定指导意见，明确11类打击重点，对69起重大涉黑案件挂牌督办。批捕涉黑犯罪嫌疑人11183人，已起诉10361人；批捕涉恶犯罪嫌疑人62202人，已起诉50827人。主动服务打好三大攻坚战。与中国银保监会、国务院扶贫办和生态环境部会商，研究制定"8条意见"。积极参与互联网金融风险专项整治，会同有关部门制定司法解释，严惩非法集资和涉地下钱庄等破坏金融秩序犯罪。起诉非法吸收公众存款、集资诈骗、传销等涉众型经济犯罪26974人，同比上升10.9%。严惩扶贫领域腐败，起诉侵吞、私分扶贫资金等犯罪1160人。贯彻全国人大常委会决议，积极参与污染防治攻坚战，牵头制定办理环境污染刑事案件规范，起诉破坏环境资源保护犯罪42195人，同比上升21%。平等保护各类企业合法权益。认真学习贯彻习近平总书记在民营企业座谈会上的重要讲话精神，严格区分正当融资与非法集资、产权纠纷与恶意侵占、个人财产与企业法人财产等界限，直接督办涉产权刑事申诉68件。积极配合国家监察体制改革。会同国家监察委员会制定办理职务犯罪案件工作衔接、证据收集审查等规范。受理各级监委移送职务犯罪16092人，已起诉9802人，不起诉250人，退回补充调查1869人次，不起诉率、退查率同比分别下降9.5个和37个百分点。②

（五）2018年全民守法领域的工作进展

2018年全民守法领域成效显著。法治文化环境培育初见成效。法治文

---

① 《最高人民法院工作报告——2019年3月12日在第十三届全国人民代表大会第二次会议上》，《人民日报》2019年3月20日第2版。

② 《最高人民检察院工作报告——2019年3月12日在第十三届全国人民代表大会第二次会议上》，《人民日报》2019年3月20日第2版。

化环境的培育为全民守法提供了重要的前提保障。伴随"七五"普法力度的进一步加大，社会主义法治文化得到了广泛宣传，宪法法律至上、法律面前人人平等的法治理念得到了广泛认同，广大党员干部带头学法守法的意识进一步增强，全民的法治思维、法治信仰逐步得到提升，人人尊法守法的法治环境培育初见成效。①

　　法治宣传和普法活动持续推进。2018 年司法部、全国普法办深入开展"七五"普法教育，全国普法办制定法治宣传教育考核评估指标体系，推动全国法治宣传教育考核评估体系化、科学化，完成首批 10 个联席会议成员单位普法责任清单。各地加大人财物投入，打造公共法律服务实体平台，推动更多法律资源入驻其中。全国共建成 2900 多个县级公共法律服务中心、3.9 万多个乡镇（街道）公共法律服务工作站，覆盖率分别达到 99.97% 和 96.79%，65 万个村（居）配备法律顾问，初步形成了遍布城乡的公共法律服务网络。全国所有省份均已建成"12348"公共法律服务热线平台，2018 年全国共接听热线电话 347.9 万通。截至 2018 年底，中国法律服务网累计服务网民 9500 万人次。2018 年全国设立律师调解工作室（中心）2300 多个，达成调解协议近 1.7 万件。各级司法行政机关坚持和发展"枫桥经验"，充分发挥了人民调解维护社会和谐稳定"第一道防线"的作用。②

　　社会道德建设和诚信建设有序开展。广泛开展社会诚信建设和公民道德教育，进一步完善了守法诚信褒奖机制和违法失信行为联动惩戒机制，进一步提升了公民的道德意识和规则意识，引导人们自觉履行法定义务。③最高人民法院会同国家发改委等 60 家单位推进失信惩戒机制建设，采取 11 类 150 项惩戒措施完善联合惩戒体系，让失信被执行人"一处失信、处处受限"，366 万人迫于压力自动履行义务。全国法院以拒不执行判决裁定罪判处罪犯 1.3 万人，拘留失信被执行人 50.6 万人次，限制出境 3.4 万人次，

①　陈惊天：《全面推进依法治国的五个体系——习近平新时代法治思想体会之五》，《人民法治》2018 年第 7 期。
②　《站在新起点承担新使命展现新作为——写在司法部重组一周年之际》，《法制日报》2019 年 3 月 21 日第 4 版。
③　罗志先：《建立高效的法治实施体系》，《中共杭州市委党校学报》2015 年第 1 期。

同比分别上升 416.3%、135.4% 和 54.6%。[1]

综上所述，实现中国法治现代化是一个从立法到执法、司法再到守法，从理论到制度机制再到实践的伟大系统工程，需要付出长期艰苦努力。因此，建设高效的法治实施体系，无疑是其中的重中之重。正是基于此，中国法治现代化进程中必须紧紧抓住法治实施这个重点难点，加强法治实施能力建设，不断完善法治实施制度机制建设。[2]

四 法治监督体系建设

严密的法治监督体系不仅是中国特色社会主义法治体系的内在目标，同时又是实现中国法治现代化的必然要求。没有监督的权力必然导致腐败，因此必须推动监督工作走向规范化、程序化、制度化，形成职责明确、协调有力、运行顺畅、覆盖法治运行全过程全方位的法治化监督体系，督促科学立法、严格执法、公正司法、全民守法的实现，确保党和国家机关及其工作人员按照法定权限和程序正确行使权力。[3]

（一）2018年宪法实施监督领域的工作进展

第十三届全国人民代表大会第一次会议决定设立全国人民代表大会宪法和法律委员会，并进一步明确宪法和法律委员会在推动宪法实施、开展宪法解释、推进合宪性审查、加强宪法监督、配合宪法宣传等方面的工作职责。在全国人大常委会的领导下，法制工作委员会与全国人大宪法和法律委员会协同配合，按照党中央提出的"有件必备、有备必审、有错必纠"的要求，积极开展备案审查工作，加大监督纠正力度，加强备案审查制度和能力建设，备案审查工作取得了新进展。2018 年以来，制定机关共向全国人大常委会报送备案行政法规、地方性法规、司法解释1238件，其中行

---

① 《最高人民法院工作报告——2019 年 3 月 12 日在第十三届全国人民代表大会第二次会议上》，《人民日报》2019 年 3 月 20 日第 2 版。
② 周强：《形成高效的法治实施体系》，《求是》2014 年第 22 期。
③ 张文显：《建设中国特色社会主义法治体系》，《法学研究》2014 年第 6 期。

政法规 40 件，省级地方性法规 640 件，设区的市地方性法规 483 件，自治条例和单行条例 33 件，经济特区法规 24 件，司法解释 18 件。2018 年，法制工作委员会共收到公民、组织涉及规范性文件的各类来信来函 4578 件，可以明确为审查建议的有 1229 件，其中属于全国人大常委会备案审查范围的有 112 件，占 9.1%。112 件审查建议中，建议对行政法规进行审查的 5 件，占 4.5%；建议对地方性法规进行审查的 63 件，占 56.3%；建议对司法解释进行审查的 44 件，占 39.2%。2018 年北京、天津、上海、重庆四个直辖市和深圳、珠海、汕头、厦门四个经济特区市共梳理出现行有效的政府规章 1235 件。①

（二）2018年国家监察领域的工作进展

2018 年 3 月 20 日，第十三届全国人大一次会议表决通过了《中华人民共和国监察法》，意味着国家监察体制改革成果进一步固化为法律制度，成为建立国家监察体系总体框架、深化国家监察体制改革的重要里程碑。深化国家监察体制改革是贯彻党的十九大精神、健全党和国家监督体系的重要部署，是推进国家治理体系和治理能力现代化的一项重要改革。在新的起点上深化党的纪律检查体制和国家监察体制改革，促进执纪执法贯通，有效衔接司法，推进反腐败工作法治化、规范化，为新时代完善和发展中国特色社会主义制度、推进全面从严治党提供了重要的制度保障。②2018 年全面完成了省、市、县监察组建和人员转隶，共划转编制 6.1 万个、转隶干部 4.5 万人。顺利完成了检察机关移交的涉嫌职务犯罪案件线索交接工作，并建立档案。依照监察法的相关规定，依法组建了国家监察委员会，各级纪委监委全面贯彻合署办公的要求，逐步建立了集中统一、权威高效的监察体系。2018 年国家监察成效显著。中央纪委国家监委立案审查调查中管干部 68 人，涉嫌犯罪移送司法机关 15 人；全国纪检监察机关共对 52.6 万

---

① 《全国人民代表大会常务委员会法制工作委员会关于 2018 年备案审查工作情况的报告——2018 年 12 月 24 日在第十三届全国人民代表大会常务委员会第七次会议上》，载全国人大官网，http://www.npc.gov.cn/npc/xinwen/2018-12/29/content_2068147.htm，最后访问日期：2019 年 3 月 21 日。
② 习近平：《在新的起点上深化国家监察体制改革》，《求是》2019 年第 5 期。

名党员作出党纪处分，对 13.5 万名公职人员作出政务处分。中央纪委国家监委全面贯彻落实《中共中央关于深化党和国家机构改革的决定》，按照《关于深化中央纪委国家监委派驻机构改革的意见》，进一步改革派驻监督体制机制，调整了派驻机构设置，统一设立 46 家派驻纪检监察组，监督中央一级党和国家机关 129 家单位。①

（三）2018年人大监督领域的工作进展

2018 年全国人大常委会坚持依照法定职责、限于法定范围、遵守法定程序开展监督工作，在做好经常性法定监督的同时，突出了深化供给侧结构性改革、助力三大攻坚战、司法民生领域热点问题、预算和国有资产监督等重点。2018 年共听取审议国务院、最高人民法院、最高人民检察院工作报告 24 个，检查 6 部法律实施情况，进行 3 次专题询问，开展 5 项专题调研，努力做到既确保宪法法律有效实施，又确实帮助"一府一委两院"改进工作。2018 年全国人大常委会听取审议了计划、预算、决算、审计、环保等工作报告，听取审议了科技、农业、教育、医疗卫生、海洋经济、华侨权益等专项工作报告。常委会开展专题调研，首次审议国务院关于国有资产管理情况的年度综合报告和金融企业国有资产的专项报告，全国 31 个省级人大常委会均已建立国有资产管理情况报告制度。常委会对大气污染防治法、海洋环境保护法、传染病防治法、防震减灾法、农产品质量安全法、统计法等 6 部法律的实施情况进行检查。常委会专门加开一次会议，听取审议大气污染防治法执法检查报告，对执法检查中发现的涉及 22 家企业的 38 个问题点名曝光。在海洋环境保护法执法检查中，重点监督 11 个沿海省份的入海排污口设置和管理、陆源污染防治等突出问题。常委会结合审议大气污染防治法执法检查报告，人民法院解决"执行难"工作情况的报告、人民检察院加强对民事诉讼和执行活动法律监督工作情况的报告，财政医疗卫生资金分配和使用情况的报告，组织开展了 3 次专题询问，这是

① 《忠实履行党章和宪法赋予的职责 努力实现新时代纪检监察工作高质量发展——在中国共产党第十九届中央纪律检查委员会第三次全体会议上的工作报告（2019 年 1 月 11 日）》，《人民日报》2019 年 2 月 21 日第 4 版。

第一次对"两高"工作开展专题询问。①

2018 年地方各级人大的监督工作也取得了显著成效。如江西省人大常委会共听取和审议专项工作报告 12 项，审查和批准决算，听取和审议计划、预算执行情况和审计工作等报告 5 项，听取和审议专项监督报告 1 项，检查 6 部法律法规实施情况，开展满意度测评 1 次。② 陕西省人大常委会共听取审议工作报告 23 个，开展专题询问 3 次、专题调研 40 多项、立法调研 56 项，对 10 件法律法规进行执法检查。③ 江苏省人大常委会听取审议"一府两院"14 个专项工作报告和计划、预算、审计报告，开展 4 次执法检查、3 次专题询问，对 73 件规范性文件进行备案审查，作出 5 件决议决定，人大工作取得新成绩。④

（四）2018年司法监督领域的工作进展

2018 年人民检察院进一步强化了诉讼活动法律监督，维护司法公正公信。就刑事诉讼监督而言，贯彻宽严相济刑事政策。对涉嫌犯罪但无须逮捕的决定不批捕 116452 人，对犯罪情节轻微、依法可不判处刑罚的决定不起诉 102572 人，同比分别上升 4.5% 和 25.5%。在办理认罪认罚从宽案件中充分发挥主导作用，检察机关建议适用该程序审理的占 98.3%，量刑建议采纳率 96%。坚持不懈纠防冤错案件。对不构成犯罪或证据不足的决定不批捕 168458 人、不起诉 34398 人，同比分别上升 15.9% 和 14.1%。加强对刑事立案、侦查、审判活动的监督。紧盯有案不立、有罪未究和不当立案、越权管辖等问题，督促侦查机关立案 22215 件、撤案 18385 件，同比分别上升 19.5% 和 32%；对侦查机关违法取证、适用强制措施不当等提出书面纠正意见 58744 件（次），同比上升 22.8%。对认为确有错误的刑事裁判

---

① 《全国人民代表大会常务委员会工作报告——2019 年 3 月 8 日在第十三届全国人民代表大会第二次会议上》，《人民日报》2019 年 3 月 19 日第 6 版。

② 《江西省人民代表大会常务委员会工作报告——2019 年 1 月 29 日在江西省第十三届人民代表大会第三次会议上》，《江西日报》2019 年 2 月 20 日第 7 版。

③ 耿薇：《强化使命担当 依法履职尽责——省十三届人大常委会 2018 年亮点工作回眸》，《陕西日报》2019 年 1 月 27 日第 1 版。

④ 《江苏省人民代表大会常务委员会工作报告——2019 年 1 月 16 日在江苏省第十三届人民代表大会第二次会议上》，《新华日报》2019 年 1 月 30 日第 3 版。

提出抗诉 8504 件，法院已改判、发回重审 5244 件，同比分别上升 7.2% 和 8.4%。加强刑事执行监督。监督纠正减刑、假释、暂予监外执行不当 39287 人次，同比上升 38.9%。[①]

就民事诉讼监督而言，2018 年人民检察院共提出民事抗诉 3933 件，同比上升 25.1%，法院已审结 1982 件，其中改判、发回重审、调解、和解撤诉 1499 件；提出再审检察建议 4087 件，同比上升 32.1%，法院已启动再审程序 2132 件。严惩虚假诉讼。会同最高人民法院制定相关司法解释，监督纠正 1484 件"假官司"，同比上升 48.4%；对涉嫌犯罪的起诉 500 人，同比上升 55.3%。监督、支持法院依法执行。对选择性执行、超范围查封扣押等违法情形提出检察建议 23814 件，同比上升 12.7%；对拒不执行判决、裁定情节严重的，批捕 2376 人，同比上升 36.9%。[②]

就行政诉讼监督而言，2018 年人民检察院对认为确有错误的行政判决、裁定提出抗诉 117 件，同比下降 15.8%；提出再审检察建议 90 件，同比上升 50%。重点监督征地拆迁、社会保障等领域的案件。开展行政非诉执行专项监督，督促行政机关依法申请强制执行，监督法院依法审查办理，提出检察建议 6528 件，已采纳 5117 件。依法查办司法工作人员职务犯罪。最高人民检察院发布指导意见，促进规范履职，已有 20 个省区市检察机关立案侦查 71 人。[③]

就法院行政审判而言，2018 年人民法院审结一审行政案件 25.1 万件，出台贯彻执行新修改的行政诉讼法司法解释，发布行政审判白皮书，服务保障"放管服"改革。山西、河南、甘肃等地的法院开展行政案件集中管辖试点，军事法院推进军事行政审判试点，取得良好效果。依法审理房屋拆迁、劳动保障等行政案件，维护行政相对人的合法权益。[④]

---

① 《最高人民检察院工作报告——2019 年 3 月 12 日在第十三届全国人民代表大会第二次会议上》，《人民日报》2019 年 3 月 20 日第 2 版。

② 《最高人民检察院工作报告——2019 年 3 月 12 日在第十三届全国人民代表大会第二次会议上》，《人民日报》2019 年 3 月 20 日第 2 版。

③ 《最高人民检察院工作报告——2019 年 3 月 12 日在第十三届全国人民代表大会第二次会议上》，《人民日报》2019 年 3 月 20 日第 2 版。

④ 《最高人民法院工作报告——2019 年 3 月 12 日在第十三届全国人民代表大会第二次会议上》，《人民日报》2019 年 3 月 20 日第 2 版。

（五）2018年审计监督领域的工作进展

2018 年 5 月 23 日召开了中央审计委员会第一次会议，组建了中央审计委员会，从而进一步加强全国审计工作统筹，优化了审计资源配置，做到应审尽审、凡审必严、严肃问责，努力构建起了集中统一、全面覆盖、权威高效的审计监督体系，更好发挥审计在党和国家监督体系中的重要作用。会议审议通过了《中央审计委员会工作规则》《中央审计委员会办公室工作细则》《2017 年度中央预算执行和其他财政支出情况审计报告》《2018 年省部级党政主要领导干部和中央企业领导人员经济责任审计及自然资源资产离任（任中）审计计划》等文件。① 2018 年审计工作紧紧围绕中央审计委员会第一次会议的工作部署，扎实开展政策落实跟踪审计，围绕深化供给侧结构性改革，重点关注"三去一降一补"任务完成、"放管服"改革深化、新旧动能转换等情况，聚焦落后产能退出、行政审批制度改革、国有企业兼并重组、房地产去库存等精准发力。扎实开展了各专项审计。深化财政审计，加强预算执行和决算草案、转移支付、资金统筹整合等审计，推动建立权责清晰、财力协调、区域均衡的中央和地方财政关系；深化金融审计，重点关注信贷流向、信贷资产质量、金融创新、互联网金融、跨境资本流动等，推动提升金融服务实体经济能力。审计署围绕打好"三大攻坚战"，进一步聚焦审计重点，在推动打好"三大攻坚战"中发挥了积极作用。②

（六）2018年社会监督领域的工作进展

依靠人民群众的支持和参与，进一步加强社会监督是有效防止和惩治腐败的重要经验。切实保障群众知情权、参与权、表达权、监督权，不仅为人民群众进行有效监督提供了前提条件，同时有利于消除监督死角、盲区，及时发现、解决社会治理中的突出问题，进一步提高党的执政能力和

---

① 《习近平主持召开中央审计委员会第一次会议强调 加强党对审计工作的领导 更好发挥审计在党和国家监督体系中的重要作用》，《人民日报》2018 年 5 月 24 日第 1 版。

② 刘坤：《2018 年审计"利剑"主攻这些方向》，载凤凰财经网，http://finance.ifeng.com/a/20180110/15918700_0.shtml，最后访问日期：2019 年 3 月 22 日。

领导水平，提高拒腐防变和抵御风险能力。加强社会监督对于保证人民当家作主，保证权力正确行使，防止和纠正损害人民群众利益的行为，确保党始终做到立党为公、执政为民，意义重大。① 2018 年全国纪检监察机关共接受信访举报 344 万件（次），处置问题线索 166.7 万件，谈话函询 34.1 万件（次），立案审查存在违反政治纪律行为案件 2.7 万件，处分 2.5 万人，其中中管干部 29 人。② 2018 年全国纪检监察机关通过不断完善人民群众举报线索和监督意见的受理、核查、反馈、落实程序，让人民群众感受到了处置过程的及时性、公正性，确保了社会监督事事有回应、件件有着落。通过科技革命与社会监督创新的深度融合，实现了监督理念的转变、监督机制的创新、监督效果的优化。通过建立健全网络舆情收集、研判、处置机制，对人民群众和媒体反映的重要信息和线索及时跟进，不断聚集和提升网络监督正能量，逐步形成人人要监督、人人愿监督、人人敢监督的良好氛围。通过将大数据研究方法在社会监督领域深度应用，推动权力运行全程电子化、处处留痕迹，增强监督工作预见性、精确性、高效性，增强监督结果可信度、说服力。通过建立情况明、数据准、可监控的数据库，推动各类监督信息跨地区、跨部门互通共享，预防减少举报线索重复受理现象，切实提高监督工作效率。③

综上所述，形成严密的法治监督体系是实现中国法治现代化的必然要求，内在地要求各级国家机关的权力要受到有效监督和制约、人民享有的各项权利得到切实的保障。要想实现这一目标就必须发挥多种监督的协同作用，形成监督合力，尤其是要针对法律实施的薄弱环节和监督盲点、难点，构建常态化的实时监督和日常监督，从而让法治监督"全天候"在线，提高法治监督的实效，进而形成职责明确、协调有力、运行顺畅的权力制约和监督体系。④

---

① 孟建柱：《坚持党内监督和人民群众监督相结合》，《人民日报》2016 年 11 月 11 日 第 6 版。
② 《忠实履行党章和宪法赋予的职责 努力实现新时代纪检监察工作高质量发展——在中国共产党第十九届中央纪律检查委员会第三次全体会议上的工作报告（2019 年 1 月 11 日）》，《人民日报》2019 年 2 月 21 日 第 4 版。
③ 孟建柱：《坚持党内监督和人民群众监督相结合》，《人民日报》2016 年 11 月 11 日 第 6 版。
④ 陈惊天：《全面推进依法治国的五个体系——习近平新时代法治思想体会之五》，《人民法治》2018 年第 7 期。

五　法治保障体系建设

"徒善不足以为政，徒法不能以自行。"法治保障体系是中国特色社会主义法治沿着正确道路前进的重要保障，是确保法律体系形成、法治高效实施、监督有效落实的重要支撑，为实现中国法治现代化提供了不竭的动力。法治保障体系不仅关系到全面推进依法治国总目标的实现，同时也关系到"四个全面"战略布局的协调推进。① 因此，要建设中国法治体系、实现中国法治现代化就必须构建有力的法治保障体系。

（一）政治保障进一步加强

中共十九届三中全会审议通过了《中共中央关于深化党和国家机构改革的决定》和《深化党和国家机构改革方案》，提出组建中央全面依法治国委员会。2018 年 8 月 24 日习近平主持召开中央全面依法治国委员会第一次会议，标志着中央全面依法治国委员会各项工作正式全面启动。在中央全面依法治国委员会第一次会议上习近平强调：全面依法治国具有基础性、保障性作用，在统筹推进伟大斗争、伟大工程、伟大事业、伟大梦想，全面建设社会主义现代化国家的新征程上，要加强党对全面依法治国的集中统一领导，坚持以全面依法治国新理念新思想新战略为指导，坚定不移走中国特色社会主义法治道路，更好发挥法治固根本、稳预期、利长远的保障作用。② 党中央决定组建中央全面依法治国委员会，这是我们党历史上第一次设立这样的机构，目的就是加强党对全面依法治国的集中统一领导，统筹推进全面依法治国工作。成立这个委员会，就是要健全党领导全面依法治国的制度和工作机制，强化党中央在科学立法、严格执法、公正司法、全民守法等方面的领导，更加有力地推动党中央决策部署贯彻落实。坚持加强党对依法治国的领导。党的领导是社会主义法治最根本的保证。全面

---

① 付子堂：《形成有力的法治保障体系》，《求是》2015 年第 8 期。
② 《主持召开中央全面依法治国委员会第一次会议　习近平：发挥法治固根本稳预期利长远作用》，《人民日报》（海外版）2018 年 8 月 25 日第 1 版。

依法治国绝不是要削弱党的领导，而是要加强和改善党的领导，不断提高党领导依法治国的能力和水平，巩固党的执政地位。必须坚持实现党领导立法、保证执法、支持司法、带头守法，健全党领导全面依法治国的制度和工作机制，通过法定程序使党的主张成为国家意志、形成法律，通过法律保障党的政策有效实施，确保全面依法治国正确方向。[①] 总之，在依法治国实践不断推进的过程中，党的领导进一步得到强化从而为形成有力的法治保障体系提供了重要的政治保障。

（二）思想保障同步推进

2018 年国家的指导思想进一步完善，法学理论体系进一步繁荣，从而为建设中国法治体系、实现中国法治现代化奠定了重要的思想保障。

第一，国家的指导思想进一步完善。2018 年 3 月 11 日第十三届全国人民代表大会第一次会议通过了《中华人民共和国宪法修正案》，国家的指导思想有了进一步的完善。宪法承担着对国家根本制度和根本任务、领导核心和指导思想、发展道路和奋斗目标等事关全国人民根本利益的重大全局性问题作出规定的主要任务。改革开放以来我国各方面事业发展取得的巨大成就，都离不开宪法的保证和推动；我国社会主义民主法治建设的巨大成就，也无不闪耀着宪法精神的光辉。通过修改宪法及时把党的指导思想确立为国家的指导思想，实现党的主张、国家意志、人民意愿的高度统一，对于党和国家事业发展至关重要。习近平新时代中国特色社会主义思想，是马克思主义中国化的最新成果，是党和人民实践经验和集体智慧的结晶，是全党全国人民为实现中华民族伟大复兴而奋斗的行动指南。通过修改宪法，以国家根本法的形式确立习近平新时代中国特色社会主义思想在国家政治和社会生活中的指导地位，实现国家指导思想与时俱进，对确保党和国家事业始终沿着正确方向前进，意义重大而深远。[②] 为当今中国的法治现代化建设提供了重要的理论支持。

---

① 习近平：《加强党对全面依法治国的领导》，《求是》2019 年第 4 期。
② 《把党的指导思想转化为国家指导思想》，载新华网，http：//news.eastday.com/c/20180226/u1a13698230.html，最后访问日期：2018 年 12 月 13 日。

第二，法学理论体系进一步繁荣。2018年8月，中央全面依法治国委员会召开第一次会议，习近平指出："要更好地发挥法学教育的基础性、先导性作用。"该讲话为法学理论体系的繁荣指明了方向。以此为基础，中国法学理论界积极组织开展法学教育改革，积极参与法学学科体系、法学教材体系建设，组织编写了交叉学科、新兴学科领域高校教材和重要法治领域培训教材，推动中国特色社会主义法治理论成果进高校、进教材、进课堂。组织专家学者开展了"法治人才培养和法学教育领导体制和管理体制"专题调研，组织"法学家下基层调研"专题调研活动，为推进法治人才培养、法学体系建设和法学教育改革提供了重要的改革建议和咨询意见。① 通过开展一系列的专题活动，真正实现了"坚持用马克思主义法学思想和中国特色社会主义法治理论全方位占领高校、科研机构法学教育和法学研究阵地，加强了法学基础理论研究，逐步形成了完善的中国特色社会主义法学理论体系、学科体系、课程体系"，在推动法学理论体系繁荣方面取得了显著成效。②

（三）组织保障逐步完善

领导干部是全面依法治国的关键，因此必须抓住领导干部这个"关键少数"。唯有领导干部带头尊崇法治、敬畏法律，了解法律、掌握法律，遵纪守法、捍卫法治，厉行法治、依法办事，不断提高运用法治思维和法治方式深化改革、推动发展、化解矛盾、维护稳定的能力，做尊法学法守法用法的模范，才能以实际行动带动全社会尊法学法守法用法。③ 为保证法治建设落到实处，必须健全依法决策机制，深化行政执法体制改革，完善党政主要负责人履行推进法治建设第一责任人职责的约束机制。④ 为此，中办和国办联合颁布了《党政主要负责人履行推进法治建设第一责任人职责规

---

① 《中国法学会2018年工作要点》，载中国法学会官网，https://www.chinalaw.org.cn/Column/Column_View.aspx? ColumnID = 784&InfoID = 26756，最后访问日期：2018年12月13日。

② 徐汉明：《创新法治人才培养机制》，《学习时报》2017年3月29日第9版。

③ 习近平：《加强党对全面依法治国的领导》，《求是》2019年第4期。

④ 《主持召开中央全面依法治国委员会第一次会议 习近平：发挥法治固根本稳预期利长远作用》，《人民日报》（海外版）2018年8月25日第1版。

定》，全国各省纷纷制定了实施细则。2018 年 3 月 15 日，中共浙江省委办公厅和浙江省人民政府办公厅联合印发了《浙江省党政主要负责人履行推进法治建设第一责任人职责实施办法》。将法治政府建设纳入省政府部门目标责任制考核内容，组织开展法治政府建设考核评价，推动各项工作任务落实。① 江苏省为进一步履行党政主要负责人履行推进法治建设第一责任人职责的相关规定，省、13 个设区市、96 个县（市、区）政府全部向同级党委、人大常委会和上一级政府报告上一年度法治政府建设情况，并向社会公开，各级政府部门也同步高质量落实依法行政情况年度报告制度。南京市领导干部法治政府建设专题培训班范围已扩大到市委、市人大、市法院、市检察院。苏州市仅 2018 年就组织了 4 场拟任县处职领导干部任前法律法规知识考试，共计 67 名拟提拔任用的县处职领导干部参加。南通市政府自 2018 年起，创新建立季度督察制度，对全市 9 个县级政府和 39 个市级部门落实中央、省、市年度重点法治工作任务情况进行实时跟进，实现了督察与指导有机衔接、热点难点问题全面把握、督察结果运用更有实效。②

为全面推进依法治国各项任务的细化和落实，完善党政主要负责人履行推进法治建设第一责任人职责的约束机制，全国各地陆续开始了法治建设指标体系和考核标准的探索。2018 年 5 月全国普法办批复江苏省法宣办，同意在江苏试行《法治社会建设指标体系（试行）》。该指标体系设置了"推动全社会树立法治意识"、"推进多层次多领域依法治理"、"建设完备的法律服务体系"、"健全依法维权和化解纠纷机制"和"法治社会建设的社会评价"5 个一级指标。正是得益于法治建设指标体系的相继建立，法治建设成效逐渐成为衡量各级领导班子和领导干部工作实绩的重要内容，并逐步纳入政绩考核指标体系当中，把能不能遵守法律、依法办事作为考察干部的重要内容。③

---

① 《浙江省 2018 年法治政府建设情况》，载浙江省人民政府官网，http://www.zhejiang. gov.cn/art/2019/3/13/art_1545696_31011996.html，最后访问日期：2019 年 3 月 23 日。
② 丁国锋：《让法治成为江苏核心竞争力的重要标志——江苏法治政府建设全面提级加速》，《法制日报》2019 年 2 月 22 日第 9 版。
③ 蔡长春：《江苏试行〈法治社会建设指标体系（试行）〉》，《法制日报》2018 年 5 月 21 日第 7 版。

（四）人才保障有序推进

人才资源是建设中国法治体系、实现中国法治现代化的有生力量，因此建设一支德才兼备的高素质法治工作队伍就显得尤为重要。

第一，坚持建设德才兼备的高素质法治工作队伍。2018年8月，中央全面依法治国委员会召开第一次会议，习近平指出：全面推进依法治国，必须着力建设一支忠于党、忠于国家、忠于人民、忠于法律的社会主义法治工作队伍。要加强理想信念教育，深入开展社会主义核心价值观和社会主义法治理念教育，推进法治专门队伍正规化、专业化、职业化，提高职业素养和专业水平。要坚持立德树人，德法兼修，创新法治人才培养机制，努力培养造就一大批高素质法治人才及后备力量。①

第二，法治人才队伍进一步优化。2018年4月27日全国人大常委会颁布实施《中华人民共和国人民陪审员法》，对人民陪审员制度作出重大改革，这标志着富有中国特色的人民陪审员制度正式施行。"七人合议庭""随机抽选"等一系列新规得到了落实。② 2018年10月26日十三届全国人大常委会第六次会议审议通过了新修订的人民法院组织法和人民检察院组织法。新修订的人民法院组织法和人民检察院组织法确认和巩固了多年来的司法改革成果，对于法治人才队伍建设意义重大。两部法律通过扁平化的管理，以审判为中心，优化法院、检察院的内部机构设置，完善了司法权的运行机制以及法院、检察院内部机构设置，建立起符合司法机关特点和司法运行规律的内设机构体系，推动了法治人才队伍进一步正规化、专业化、职业化。③

第三，法治人才培养模式进一步优化。2018年4月28日司法部公布了《国家统一法律职业资格考试实施办法》，该办法进一步明确了法律职业资格考试的报名条件、组织实施、违纪处理、资格授予管理等内容，进一步

---

① 习近平：《加强党对全面依法治国的领导》，《求是》2019年第4期。
② 徐隽：《人民陪审员法施行满三月 新规接地气 履职更积极》，《人民日报》2018年7月27日第15版。
③ 彭波：《全国人大常委会审议通过"两院"组织法 为深化司改提供法律支撑》，《人民日报》2018年10月31日第21版。

完善了法治人才的职业准入制度，规范了法律职业资格考试制度。① 此外，还探索建立了从符合条件的律师、法学专家中招录立法工作者、法官、检察官的相应制度，完善了诸如法律职业保障体系以及法官、检察官逐级遴选制度等一系列符合法律职业特点的法治工作人员管理制度。进一步加强了法律服务队伍建设，提高了律师队伍的业务素质，完善了律师执业保障机制，规范了律师的执业行为，逐步构建起了社会律师、公职律师、公司律师等优势互补、结构合理的律师队伍。②

（五）物质保障逐步优化

要建设中国法治体系、实现中国法治现代化必然会牵涉诸多方面的问题，其中物质保障是一个重要方面。物质保障是任何组织有效运行的基础，各类政法机关同样不例外。如果缺乏物质领域的科学保障机制和配套支撑，司法改革的预期效果以及法治现代化的建设成效均会受到影响。因此要建设中国法治体系、实现中国法治现代化必须进一步优化各类政法机关的物质保障系统。③ 正是意识到物质保障对于建设中国法治体系的重要性，无论是中央层面还是地方层面各政法机关的物质保障均逐步得到优化。以 2018 年中央与地方层面政法类机关一般公共预算情况为例，最高人民检察院 2018 年一般公共预算为 67387.81 万元，最高人民法院为 95265.51 万元，公安部为 1263044.16 万元。④ 西部的四川省司法厅 2018 年一般公共预算为 13381.44 万元，四川省公安厅为 70459.71 万元，四川省高级人民法院为 26977.96 万，四川省人民检察院为 21969.03 万元。⑤ 中部的河南省公安厅 2018 年一

---

① 《司法部负责同志就〈国家统一法律职业资格考试实施办法〉答记者问》，载司法部官网，http：//www. moj. gov. cn/news/content/2018 - 04/29/zcjd_ 18766. html，最后访问日期：2018年 12 月 13 日。

② 罗志先：《建立高效的法治实施体系》，《中共杭州市委党校学报》2015 年第 1 期。

③ 谢登科：《司法机关人财物"省级统管"的理论问题》，《昆明理工大学学报》（社会科学版）2018 年第 5 期。

④ 数据来源于中央预决算公开统一平台，http：//www. mof. gov. cn/zyyjsgkpt/zybmyjs/bmys/bum-enyusuan/index_ 2. html，最后访问日期：2019 年 3 月 23 日。

⑤ 数据来源于四川省级部门预算公开平台，http：//czt. sc. gov. cn/yjs/2019/yusuan/scys2019. jsp，最后访问日期：2019 年 3 月 23 日。

般公共预算 93707.6 万元，河南省高级人民法院为 29531.4 万元，河南省人民检察院为 29104.1 万元，河南省司法厅为 331082.7 万元。[①] 东部的江苏省高级人民法院 2018 年一般公共预算为 33172.15 万元，江苏省人民检察院为 21940.96 万元，江苏省公安厅为 156031.04 万元，江苏省司法厅为 9421.71 万元[②]（见表 1）。

表 1　2018 年中央与地方层面政法类机关一般公共预算情况

单位：万元

		法院系统	检察院系统	公安系统	司法行政系统
中央层面		95265.51	67387.81	1263044.16	—
地方层面	四川	26977.96	21969.03	70459.71	13381.44
	河南	29531.4	29104.1	93707.6	331082.7
	江苏	33172.15	21940.96	156031.04	9421.71

资料来源：统计数据由课题组根据 2018 年预算公开数据制作完成。

综上所述，有力的法治保障体系要求在法律制定、实施和监督的全过程形成结构完整、机制健全、资源充分、富于成效的保障要素系统。[③] 2018 年全国上下通过体制机制改革，探索建立了一整套涵盖政治保障、思想保障、组织保障、人才保障、物质保障等多个方面的法治保障体系，成为确保建设中国法治体系、实现中国法治现代化的关键性举措。[④]

六　党内法规体系建设

治国必先治党，治党务必从严，从严必依法度，而从严的法度便是党内法规体系。而所谓党内法规制度体系，是以党章为根本，以民主集中制

---

① 数据来源于河南省财政厅官网，http：//www.hncz.gov.cn/2018sjbmys/，最后访问日期：2019 年 3 月 23 日。
② 数据来源于江苏省预决算公开统一平台，http：//www.jszwfw.gov.cn/yjsgk/list.do，最后访问日期：2019 年 3 月 23 日。
③ 付子堂：《形成有力的法治保障体系》，《求是》2015 年第 8 期。
④ 付子堂：《形成有力的法治保障体系》，《求是》2015 年第 8 期。

为核心，以准则、条例等中央党内法规为主干，由各领域各层级党内法规制度组成的有机统一整体。① 因此，党内法规体系建设事关党长期执政和国家长治久安，是全面从严治党、依规治党的必然要求，同时也是建设中国法治体系、实现中国法治现代化的逻辑使然。因此，我们必须加强党内法规制度建设，完善党内法规制定体制机制，加大党内法规备案审查和解释力度，形成配套完备的党内法规制度体系。而形成完善的党内法规体系的重要标志就是要形成一套内容健全、机制合理、配套完备的制度保障体系。②

（一）2018年党内法规建设的基本情况

2018 年，党中央以制定出台基础主干党内法规为牵引，加紧推进"立柱架梁"工作，党内法规制度体系建设步伐进一步加快，2018 年共印发中央党内法规 74 部。梳理 2018 年党内法规制度建设脉络可知，立规工作不仅数量大，而且质量高，亮点迭出。③

第一，党内法规顶层设计稳步推进。2018 年 2 月，中共中央印发了《中央党内法规制定工作第二个五年规划（2018—2022 年）》，对党内法规制度建设进行顶层设计，提出了指导思想、目标要求、重点项目和落实要求，是推进新时代党内法规制度建设的重要指导性文件。规划的出台对于贯彻落实新时代党的建设总要求，坚持依法治国和依规治党有机统一，坚持思想建党和制度治党同向发力，以改革创新精神加快补齐党内法规制度短板，使党的各方面制度更加成熟、更加定型，增强依法执政本领，提高管党治党水平，确保党在新时代中国特色社会主义的伟大实践中始终成为坚强领导核心等多个方面意义重大。④

第二，准则条例修订完善工作有序开展。准则条例集中体现党章精神，地位仅次于党章，对于构建党内法规制度体系具有重要作用。准则、条例

---

①　宋功德：《全方位推进党内法规制度体系建设》，《人民日报》2018 年 9 月 27 日第 7 版。

②　陈惊天：《全面推进依法治国的五个体系——习近平新时代法治思想体会之五》，《人民法治》2018 年第 7 期。

③　盛若蔚、孟祥夫：《党内法规制度建设成果丰硕——2018 年共印发中央党内法规 74 部》，《人民日报》2019 年 1 月 8 日第 6 版。

④　《中共中央印发〈中央党内法规制定工作第二个五年规划（2018—2022 年）〉》，《人民日报》2018 年 2 月 24 日第 1 版。

等党内法规是党内法规的基础主干，党中央一直将制定准则条例作为构建党内法规制度体系的主体工程。2018 年党中央共印发中央党内法规 74 部①，2018 年 8 月印发了《中国共产党纪律处分条例》、2018 年 11 月印发了《中国共产党支部工作条例（试行）》和《干部人事档案工作条例》等一系列准则条例，为规范党组织工作活动和党员行为提供了基本遵循，有效推动了党内政治生态好转，体现了党中央全面从严治党的坚强决心和科学部署，为贯彻落实新时代党的建设总要求提供了可靠制度保障。②

第三，党内法规配套机制逐步完善。2018 年，党中央启动了第二次党内法规和规范性文件集中清理工作，并于 2019 年 6 月前完成。③ 当前的党内法规制度体系已初步形成了若干个以准则条例为龙头，以配套性的规则、规定、办法、细则为细化补充的制度群。由此不难发现，党内法规制度体系的完善不仅需要修订完善党章，制定若干部准则条例等基础主干法规，同时更需要出台完善一大批的规则、规定、办法、细则等配套性党内法规④，按照"规范主体、规范行为、规范监督"相统筹相协调原则，切实加强对党组织和党员干部的监督、奖惩、保障，建立健全相关党内法规制度，形成有权必有责、有责要担当、用权受监督、失责必追究的激励约束机制，确保行使好党和人民赋予的权力。⑤

（二）2018年以政治建设为统领的党内法规建设情况

党的政治建设是党的根本性建设，决定党的建设的方向和效果。要把党的政治建设摆在首位，以党的政治建设为统领全面推进党的各方面建设。在党内法规制度建设中，同样要体现和贯彻政治建设的要求。其对于推动全党牢固树立"四个意识"，坚决做到"两个维护"，具有重要意义。2018

---

① 盛若蔚、孟祥夫：《党内法规制度建设成果丰硕——2018 年共印发中央党内法规 74 部》，《人民日报》2019 年 1 月 8 日第 6 版。

② 宋功德：《全方位推进党内法规制度体系建设》，《人民日报》2018 年 9 月 27 日第 7 版。

③ 盛若蔚、孟祥夫：《党内法规制度建设成果丰硕——2018 年共印发中央党内法规 74 部》，《人民日报》2019 年 1 月 8 日第 6 版。

④ 宋功德：《全方位推进党内法规制度体系建设》，《人民日报》2018 年 9 月 27 日第 7 版。

⑤ 《中共中央印发〈中央党内法规制定工作第二个五年规划（2018—2022 年）〉》，《人民日报》2018 年 2 月 24 日第 1 版。

年 8 月党中央新修订的《中国共产党纪律处分条例》，第六章"对违反政治纪律行为的处分"就增加了多条内容，旨在增强政治意识，严明政治纪律，强化政治监督。2018 年 5 月修订印发的《中央企业领导人员管理规定》强调，领导人员必须旗帜鲜明讲政治，选人用人必须突出政治标准和专业能力。2018 年 10 月中共中央办公厅印发的《关于深化中央纪委国家监委派驻机构改革的意见》明确指出，坚守派驻机构作为党的政治机构、派驻监督作为政治监督的职能定位，加强政治建设，强化政治担当。可以清晰地看出，把政治建设贯穿党内法规制度建设各个环节各个方面，确保全党在政治立场、政治方向、政治原则、政治道路上同党中央保持高度一致，是 2018 年党内法规制度建设的一个鲜明特点。[①] 2018 年各级纪检监察机关共立案审查存在违反政治纪律行为案件 2.7 万件，处分 2.5 万人，其中中管干部 29 人。整体把握党内政治生态状况，动态分析研判领导班子、领导干部廉政情况，认真落实"纪检监察机关意见必听，线索具体的信访举报必查"要求，中央纪委共回复党风廉政意见 1291 人次。[②]

（三）2018 年党内法规执行力建设情况

党内法规执行力建设与建设中国法治体系、实现中国法治现代化密切相关。2018 年党内法规执行力建设取得了显著成效。

第一，持之以恒落实中央八项规定精神。2018 年 8 月，党中央印发了新修订的《中国共产党纪律处分条例》，新条例结合新时代新使命进行了修改、完善、补充，着力提高了纪律建设的政治性、时代性、针对性。[③] 2018 年各级党政机关认真学习新条例的基本精神，严格按照中央八项规定的要求，把日常检查和集中督查结合起来。紧盯隐形变异新动向，严肃查处以学习培训、调研考察等为名进行的公款旅游等问题，整治领导干部利用名

---

① 盛若蔚、孟祥夫：《党内法规制度建设成果丰硕——2018 年共印发中央党内法规 74 部》，《人民日报》2019 年 1 月 8 日第 6 版。

② 《忠实履行党章和宪法赋予的职责 努力实现新时代纪检监察工作高质量发展 ——在中国共产党第十九届中央纪律检查委员会第三次全体会议上的工作报告（2019 年 1 月 11 日）》，《人民日报》2019 年 2 月 21 日第 4 版。

③ 孙在丽：《加强党内法规建设夯实依规治党制度基石》，《党建》2018 年第 11 期。

贵特产类特殊资源谋取私利行为。完善重要节点值班报告督办制度，中央纪委国家监委派出督查调研组深入开展督导。健全作风建设长效机制，督促推动中央有关职能部门完善公务接待、公务差旅、公务用车、中央企业商务接待等规定。2018 年中央纪委国家监委公开通报曝光 7 批 50 起典型案例，全国共查处相关问题 6.5 万起，处理党员干部 9.2 万人，坚决防止"四风"反弹回潮。①

第二，巡视巡察工作扎实推进。2018 年党中央颁布了《中央巡视工作规划（2018—2022 年）》，确定十九届中央巡视工作路线图和任务书。中央巡视工作领导小组召开了 3 次贯彻规划推进会、14 次领导小组会议，及时研究部署巡视工作。中央巡视组开展 1 轮常规巡视、1 轮脱贫攻坚专项巡视，共巡视 27 个省区市、18 个中央部门、8 家中管企业和 2 家中管金融企业党组织，首次将 10 个副省级城市四套班子主要负责人纳入巡视范围。各省区市党委和中央有关单位党组（党委）修订完善本地区本单位巡视巡察工作规划，对 200 个市 1040 个县 1416 家企事业单位党组织开展巡视，有序推进巡视巡察全覆盖。2018 年中央巡视组共受理群众信访举报 49 万件（次）。以巡视带动巡察工作发展，全国市、县两级共巡察 12.6 万个党组织，发现各类问题 97.5 万个，涉及党员干部违规违纪问题线索 19 万件，推动查处 3.6 万人。建立完善书记专题会听取巡视巡察汇报情况和巡视巡察工作规划、年度计划报备等制度，积极探索提级巡察、交叉巡察，推动市县巡察向基层延伸。规范中央单位巡视工作，已有 140 个中央和国家机关部门、中管企业和中管金融企业党组（党委）建立巡视制度，23 所党委书记和校长列入中央管理的高校党委建立巡察制度。探索建立巡视巡察数据管理平台，推进巡视巡察信息化建设。②

第三，改革派驻监督体制机制。2018 年中央纪委按照《关于深化中央

---

① 《忠实履行党章和宪法赋予的职责 努力实现新时代纪检监察工作高质量发展 ——在中国共产党第十九届中央纪律检查委员会第三次全体会议上的工作报告（2019 年 1 月 11 日）》，《人民日报》2019 年 2 月 21 日第 4 版。

② 《忠实履行党章和宪法赋予的职责 努力实现新时代纪检监察工作高质量发展 ——在中国共产党第十九届中央纪律检查委员会第三次全体会议上的工作报告（2019 年 1 月 11 日）》，《人民日报》2019 年 2 月 21 日第 4 版。

纪委国家监委派驻机构改革的意见》，完善了派驻工作领导体制和运行机制。中央纪委国家监委调整派驻机构设置，统一设立46家派驻纪检监察组，监督中央一级党和国家机关129家单位。推进中管企业纪检监察体制改革，设立企业纪检监察组或者监察专员办公室，由国家监委赋予监察权；将中管金融企业纪委改设为中央纪委国家监委派驻纪检监察组，受中央纪委国家监委直接领导；明确党委书记和校长列入中央管理的高校纪委接受高校党委和党组织关系所在地地方纪委双重领导，切实发挥主管部门党组政治作用。推进驻相应主管部门纪检监察组协助中央纪委国家监委对高校纪委书记进行考核，会同地方纪委加强对高校纪委工作的指导、检查、监督。各省区市纪委监委深化派驻机构改革，完成向机构改革后的省级党和国家机关全面派驻纪检监察组工作，派驻监督体系日益完善。①

第四，保持惩治腐败高压态势。2018年党中央进一步加强了党对反腐败工作的集中统一领导，发挥中央和省级反腐败协调（领导）小组作用，强化党委全过程、常态化领导，构建权威高效的反腐败工作体制机制。坚持无禁区、全覆盖、零容忍，坚持重遏制、强高压、长震慑，坚持受贿行贿一起查，"打虎""拍蝇""猎狐"多管齐下，聚焦党的十八大以来不收敛不收手，问题线索反映集中、群众反映强烈，政治问题和经济问题交织的腐败案件，紧盯选人用人、审批监管、资源开发、金融信贷、工程招投标以及公共财政支出等重点领域和关键环节，严惩贪污贿赂、滥用职权等职务违法和职务犯罪，精准有力惩治腐败。围绕打赢三大攻坚战，果断查处一批贪腐人员。2018年中央纪委国家监委立案审查调查中管干部68人，涉嫌犯罪移送司法机关15人；全国纪检监察机关共对52.6万名党员作出党纪处分，对13.5万名公职人员作出政务处分。②

---

① 《忠实履行党章和宪法赋予的职责 努力实现新时代纪检监察工作高质量发展 ——在中国共产党第十九届中央纪律检查委员会第三次全体会议上的工作报告（2019年1月11日）》，《人民日报》2019年2月21日第4版。

② 《忠实履行党章和宪法赋予的职责 努力实现新时代纪检监察工作高质量发展 ——在中国共产党第十九届中央纪律检查委员会第三次全体会议上的工作报告（2019年1月11日）》，《人民日报》2019年2月21日第4版。

（四）2018年党内法规理论研究与人才队伍建设情况

中共中央印发的《关于加强党内法规制度建设的意见》明确指出：要制定党内法规人才发展规划，建设党内法规专门工作队伍、理论研究队伍、后备人才队伍。国内现已有包括清华大学、武汉大学、中共中央党校、中国政法大学、西北政法大学、华东政法大学、上海社会科学院等在内的众多高校或科研院所成立了专门的党内法规研究中心，对党内法规展开了系统深入的研究。[1] 2018年6月25日，《党内法规学》编委会成立及编写工作启动会在北京举行，标志着我国第一本党内法规专门教材编写工作正式启动。编写《党内法规学》专门教材，对形成关于党内法规基本问题的最大共识，加强党内法规制度学习研究和人才培养，推动党内法规理论研究不断深化，形成比较完善的党内法规制度体系等意义重大。[2] 2018年9月，国务院学位委员会印发了《关于推进部分学位授予单位设置"党内法规"研究方向的通知》，确定中国政法大学、武汉大学等10所高校为"党内法规"研究方向试点单位。通知指出：要进一步加强理论研究，培养一批具有深厚马克思主义理论素养、政治过硬、业务精通、实践能力强的高素质人才，为党内法规的建设与发展提供智力和人力支持。国务院学位办制定了《"党内法规"研究方向指导性建设方案》《"党内法规"研究方向博士学位研究生指导性培养方案》《"党内法规"研究方向硕士学位研究生指导性培养方案》。[3] 2018年9月9日，由中国法学会党内法规研究中心和武汉大学党内法规研究中心共同主办的首届全国党内法规研究机构建设论坛在武汉召开。来自全国的16家党内法规研究机构负责人、各界专家学者围绕"党内法规研究机构建设的使命与挑战"这一主题，共同探讨了党内法规研究机构的建设问题，为党内法规研究机构的建设与发展出谋划策。[4] 2018年10月23

[1] 刘长秋：《论加强党内法规学科建设》，《观察与思考》2018年第11期。

[2] 武汉大学党内法规研究中心：《2018年度党内法规十大热点事件》，载搜狐网，http://www.sohu.com/a/285739052_120059338，最后访问日期：2019年3月25日。

[3] 武汉大学党内法规研究中心：《2018年度党内法规十大热点事件》，载搜狐网，http://www.sohu.com/a/285739052_120059338，最后访问日期：2019年3月25日。

[4] 武汉大学党内法规研究中心：《2018年度党内法规十大热点事件》，载搜狐网，http://www.sohu.com/a/285739052_120059338，最后访问日期：2019年3月25日。

日中国政法大学召开了党内法规"专业建设与人才培养"工作会议。[①]

综上所述,2018 年党中央先后对党内法规制度体系建设、依规治党作出全面部署,各级党委政府积极落实中央部署,以政治建设为统领,党章的权威地位进一步得到彰显,基础主干党内法规逐步健全,党内法规配套机制逐步完善,党内法规执行力进一步强化,党内法规理论研究日益繁荣,人才队伍日益壮大,党内法规体系建设取得了丰硕成果,逐步形成了党法党规与国家法律法规相辅相成、相互促进、相互保障的格局[②],从而为建设中国法治体系、实现中国法治现代化打下了坚实的基础。

七 中国法治现代化 2019 年展望

2018 年中国法治现代化各项事业取得了丰硕成果,2019 年中国法治建设主要有以下几大任务需重点突破。

第一项任务,进一步加强党的领导,加强对全面依法治国的统筹规划、顶层设计。党政军民学,东西南北中,党是领导一切的。实践证明,坚持党对政法工作的绝对领导是政法工作不断取得新成就、赢得新发展的首要条件和根本保证。[③] 当前我国正处于实现"两个一百年"奋斗目标的历史交汇期,坚持和发展中国特色社会主义更加需要依靠法治,更加需要加强党对全面依法治国的领导,党中央决定成立中央全面依法治国委员会便是重要体现,而研究制定法治中国建设规划正是中央全面依法治国委员会的核心工作和关键任务。要实现中国法治现代化就必须健全党领导全面依法治国的制度和工作机制,继续推进党的领导制度化、法治化,把党的领导贯彻到全面依法治国全过程和各方面[④],就必须研究制定法治中国建设规划,统筹考虑我国经济社会发展状况、法治建设总体进程、人民群众需求变化

---

① 《党内法规"专业建设与人才培养"工作会召开》,载中国政法大学官网,http://news.cupl.edu.cn/info/1011/27895.htm,最后访问日期:2019 年 3 月 25 日。

② 张文显:《建设中国特色社会主义法治体系》,《法学研究》2014 年第 6 期。

③ 《坚持党对政法工作的绝对领导——一论学习贯彻习近平总书记中央政法工作会议重要讲话》,《光明日报》2019 年 1 月 17 日第 1 版。

④ 习近平:《加强党对全面依法治国的领导》,《求是》2019 年第 4 期。

等综合因素，使法治中国建设规划更科学、更符合实际，这将是法治中国工作目标的重要组成部分。①

第二项任务，全面贯彻实施宪法。坚持依法治国首先要坚持依宪治国，坚持依法执政首先要坚持依宪执政。我国现行宪法具有强大生命力，为改革开放和社会主义现代化建设提供了根本法治保障。要通过健全法律制度、完善法律体系落实宪法制度，通过实行正确监督、有效监督保证宪法法律实施，发挥宪法在治国理政中的重要作用。落实宪法宣誓制度，组织好国家宪法日活动，推动实施"七五"普法决议，深入开展宪法宣传教育活动，弘扬宪法精神，树立宪法权威，使全体人民都成为社会主义法治的忠实崇尚者、自觉遵守者、坚定捍卫者。加强宪法理论研究。落实宪法监督制度，健全合宪性审查工作机制，加强备案审查工作。建成全国统一的备案审查信息平台，推动地方人大信息平台延伸到设区的市、自治州、自治县。②

第三项任务，推进科学立法、民主立法、依法立法，完善以宪法为核心的中国特色社会主义法律体系，以良法促进发展、保障善治。认真贯彻党中央立法决策，发挥人大及其常委会在立法工作中的主导作用。积极推进重点领域立法，确保国家发展、重大改革于法有据，把发展改革决策同立法决策更好结合起来。要坚持问题导向，提高立法的针对性、及时性、系统性、可操作性，发挥立法引领和推动作用。③ 完善以宪法为核心的中国特色社会主义法律体系，以良法促进发展、保障善治。统筹做好立改废释工作，既要求数量更要注重效果，确保立一件成一件，以高质量立法保障和促进高质量发展，努力使每项立法都反映群众意愿、得到群众拥护，让人民群众在每一项法律制度中都感受到公平正义。④

第四项任务，进一步加强法治政府建设。《法治政府建设实施纲要

---

① 《习近平部署全面依法治国：七个方面发力》，载中国长安网，http://www.chinapeace. gov.cn/2018-08/25/content_11481723.htm，最后访问日期：2019年2月22日。

② 《全国人民代表大会常务委员会工作报告——2019年3月8日在第十三届全国人民代表大会第二次会议上》，《人民日报》2019年3月19日第1版。

③ 习近平：《在庆祝全国人民代表大会成立六十周年大会上的讲话（2014年9月5日）》，人民出版社2014年版，第9页。

④ 《全国人民代表大会常务委员会工作报告——2019年3月8日在第十三届全国人民代表大会第二次会议上》，《人民日报》2019年3月19日第1版。

（2015—2020年）》是建设法治政府的行动纲领。按照行政权运行的基本轨迹和依法行政的内在逻辑，进一步加强法治政府建设。深入贯彻全面依法治国基本方略，严格遵守宪法法律，把政府活动全面纳入法治轨道。各级政府要依法接受同级人大及其常委会的监督，自觉接受人民政协的民主监督，主动接受社会和舆论监督，让权力在阳光下运行。要坚持科学、民主、依法决策，认真听取人大代表、政协委员意见，听取民主党派、工商联、无党派人士和各人民团体意见，听取社会公众和企业意见，使各项政策符合基本国情和客观实际，更接地气、更合民意。全面推进政务公开。支持工会、共青团、妇联等群团组织更好发挥作用。全面落实行政执法责任制和问责制，对一切违法违规的行为都要坚决查处，对一切执法不公正不文明的现象都要坚决整治，对所有行政不作为的人员都要坚决追责。要进一步缩减市场准入负面清单，推动"非禁即入"普遍落实。政府要最大限度减少对资源的直接配置，审批事项应减尽减，确需审批的要简化流程和环节。改革完善公平竞争审查和公正监管制度，加快清理妨碍统一市场和公平竞争的各种规定和做法。推进"双随机、一公开"跨部门联合监管，推行信用监管和"互联网＋监管"改革，优化环保、消防、税务、市场监管等执法方式。深化综合行政执法改革，清理规范行政处罚事项，坚决治理多头检查、重复检查。①

第五项任务，进一步深化司法体制改革。坚持以人民为中心，适应人民日益增长的美好生活需要，肩负起维护国家政治安全、确保社会大局稳定、促进社会公平正义、保障人民安居乐业的职责任务。坚持稳中求进工作总基调，忠实履行宪法法律赋予的法律监督职责，着力防范化解重大风险，努力为决胜全面建成小康社会提供更高水平的法治服务。② 全面落实司法责任制，深化司法体制综合配套改革，加快构建权责一致的司法权运行新机制。完善法律统一适用机制，加强审判权运行监督和管理。深入推进以审判为中心的诉讼制度改革，贯彻分工负责、互相配合、互相制约原则，

---

① 《政府工作报告——2019年3月5日在第十三届全国人民代表大会第二次会议上》，《人民日报》2019年3月17日第2版。

② 《最高人民检察院工作报告——2019年3月12日在第十三届全国人民代表大会第二次会议上》，《人民日报》2019年3月20日第2版。

充分保障律师依法履职。推进司法改革与现代科技深度融合，深化司法公开，促进阳光司法，保障人民群众知情权。通过深化改革，解决改革中的"温差"问题，强化督察问效，让司法改革成效体现在审判质量效率上，更好维护社会公平正义。加快推进司法队伍革命化、正规化、专业化、职业化建设，锻造党中央放心、人民群众满意的高素质司法队伍。强化司法从业人员职业道德建设，强化履职保障，完善惩戒机制，严格落实违法审判责任追究制度，充分发挥审判机关定分止争、惩罚犯罪、保护人民的作用，坚决守住维护社会公平正义的最后一道防线。自觉接受人大监督、民主监督和各方面监督。深入推进党风廉政建设和反腐败斗争，确保公正廉洁司法。①

第六项任务，进一步推进法治社会建设。要善于把党的领导和社会主义制度优势转化为社会治理效能，完善党委领导、政府负责、社会协同、公众参与、法治保障的社会治理体制，打造共建共治共享的社会治理格局。要创新完善平安建设工作协调机制，统筹好政法系统和相关部门的资源力量，形成问题联治、工作联动、平安联创的良好局面。② 要切实落实保安全、护稳定各项措施，下大气力解决好人民群众切身利益问题，全面做好就业、教育、社会保障、医药卫生、食品安全、安全生产、社会治安、住房市场调控等各方面工作，不断增加人民群众获得感、幸福感、安全感。要创新完善立体化、信息化社会治安防控体系，要推进社会治理现代化，坚持和发展"枫桥经验"，健全平安建设社会协同机制，从源头上提升维护社会稳定能力和水平。③ 要深入推进社区治理创新，构建富有活力和效率的新型基层社会治理体系。④

第七项任务，进一步加强法治工作队伍建设和法治人才培养。习近平

① 《最高人民法院工作报告——2019 年 3 月 12 日在第十三届全国人民代表大会第二次会议上》，《人民日报》2019 年 3 月 20 日第 2 版。
② 《全面深入做好新时代政法各项工作 促进社会公平正义保障人民安居乐业》，《光明日报》2019 年 1 月 17 日第 1 版。
③ 《习近平在省部级主要领导干部坚持底线思维着力防范 化解重大风险专题研讨班开班式上发表重要讲话强调 提高防控能力着力防范化解重大风险 保持经济持续健康发展社会大局稳定》，《人民日报》2019 年 1 月 22 日第 1 版。
④ 《全面深入做好新时代政法各项工作 促进社会公平正义保障人民安居乐业》，《光明日报》2019 年 1 月 17 日第 1 版。

总书记在中央全面依法治国委员会第一次会议上强调："要加强法治工作队伍建设和法治人才培养，更好发挥法学教育基础性、先导性作用，确保立法、执法、司法工作者信念过硬、政治过硬、责任过硬、能力过硬、作风过硬。"① 在加强法治工作队伍建设和法治人才培养过程中要将思想政治建设摆在首位，畅通立法、执法、司法部门干部和人才之间以及与其他部门具备条件的干部和人才之间的交流渠道。推进法治专门队伍革命化、正规化、专业化、职业化，提高职业素养和专业水平。

第八项任务，进一步深化党和国家机构改革。深化党和国家机构改革与中国法治现代化事业紧密相关。依照《深化党和国家机构改革方案》以及中国共产党第十九届中央委员会第三次全体会议的基本精神，深化党和国家机构改革的首要任务是，完善坚持党的全面领导的制度，加强党对各领域各方面工作领导，确保党的领导全覆盖，确保党的领导更加坚强有力。转变政府职能，优化政府机构设置和职能配置，是深化党和国家机构改革的重要任务。深化党和国家机构改革要统筹设置相关机构和配置相近职能，理顺和优化党的部门、国家机关、群团组织、事业单位的职责，完善党政机构布局，深化人大、政协和司法机构改革，深化群团组织改革，推进社会组织改革，加快推进事业单位改革，深化跨军地改革，增强党的领导力，提高政府执行力，激发群团组织和社会组织活力，增强人民军队战斗力，使各类机构有机衔接、相互协调。此外还要进一步理顺中央和地方职责关系，更好发挥中央和地方两个积极性。最后，通过机构编制法定化为深化党和国家机构改革提供重要保障。②

---

① 王子晖、黄玥:《中央全面依法治国委员会首次亮相有何看点》，载人民网，http://politics. people. com. cn/n1/2018/0825/c1001-30250741. html，最后访问日期:2019 年 2 月 23 日。

② 《中国共产党第十九届中央委员会第三次全体会议公报》，《人民日报》2018 年 3 月 1 日第 1 版。

Ⅱ 立法发展报告

Legislative Development Reports

B.2
立法发展总报告

张　鹏　汤善鹏　杜维超　张洪鲁*

摘　要： 2018年是十三届全国人大及其常委会依法履职的第一年，也是历届常委会履职第一年审议通过法律案数量最多的一年。宪法修正案和监察法经全国人大审议通过。全国省级人大及其常委会立法工作中以法规修改为重，从侧面印证了地方逐步由规模化立法向适度修法模式的转变。其中，财政经济类地方立法居于首位，反映出我国经济由高速增长阶段转向高质量发展过程中对于高质量立法的需求。设区的市地方立法取得重大进展，具有数量大、事项全、重点突出、特色鲜明的特点。

* 张鹏，南京师范大学法学院副教授，中国法治现代化研究院研究员，法学博士；汤善鹏，南京师范大学法学院副教授，法学博士；杜维超，南京师范大学法学院讲师，中国法治现代化研究院研究员，法学博士；张洪鲁，南京师范大学法学院硕士研究生。

关键词：　立法　法规修改　高质量立法　地方立法

　　立法是法作用于国家治理的起点，乃法治之前提与首要环节。① 完备良善的法律规范体系无疑是社会主义法治体系建设的重要基石，也是政权稳定和社会发展的基本保障。② 建设中国特色社会主义法治体系，必须坚持立法先行，发挥立法的引领和推动作用。新时代的中国立法发展，是国家治理领域中的一场广泛而深刻的革命，也是一个长期的、艰巨的、复杂的历史过程，需要进行具有许多新的历史特点的持续不懈的艰苦努力。③ 我国在中央统一领导的基础上，形成了"多级并存、多类结合"的立法体制。因应新时代社会主要矛盾的转化，基于推进全面依法治国基本方略的战略考量，党的十九大报告强调要"推进科学立法、民主立法、依法立法，以良法促进发展、保障善治"，由此揭示出当代中国立法发展正在发生的极为深刻的革命性变化。④ 对中央和地方各级立法年度发展状况进行总结梳理，展现出新时代立法与改革决策的有机衔接、相互促进，"在法治下推进改革，在改革中完善法治"，鲜明展示新时代中国法治现代化进程的时代走向。

一　2018 年全国人大及其常委会立法进展

（一）十三届全国人大常委会立法规划

　　2018 年 8 月，党中央批准了十三届全国人大常委会立法规划，并以中共中央文件转发了中共全国人大常委会党组关于十三届全国人大常委会立法规划的请示。立法规划是每届全国人大常委会立法工作的"任务表""施工图"。十三届全国人大常委会立法规划是中国特色社会主义进入新时代后制定的第一个五年立法规划，是立法工作新形势新任务新要求的集中体现，

---

① 参见封丽霞《新时代中国立法发展的理念与实践》，《山东大学学报》（哲学社会科学版）2018 年第 5 期。
② 参见冯玉军《中国法律规范体系与立法效果评估》，《中国社会科学》2017 年第 6 期。
③ 参见公丕祥《新时代的中国立法发展趋向》，《新华日报》2018 年 7 月 31 日第 11 版。
④ 参见公丕祥《新时代的中国立法发展趋向》，《新华日报》2018 年 7 月 31 日第 11 版。

是加强和改进新时代立法工作的总体部署和行动号令。十三届全国人大常委会立法规划中含各类立法项目共 116 件。其中，第一类项目（即条件比较成熟，十三届全国人大常委会任期内拟提请审议）有 69 件，包括新制定学前教育法、个人信息保护法等 35 件，修改全国人民代表大会组织法、国务院组织法、治安管理处罚法等 34 件。第二类项目（即需要抓紧工作、条件成熟时提请审议）有 47 件，包括修改公司法、商业银行法、道路交通安全法等。第三类项目则包括农村集体经济组织、社会信用、人工智能、湿地保护、家庭教育等立法条件尚不完全具备，需要继续研究论证，经研究论证，条件成熟时安排审议的立法项目。① 其中，重点领域立法主要包括以下几方面。

一是贯彻新发展理念，建设现代化经济体系。深化供给侧结构性改革，修改铁路法、矿产资源法、电力法、产品质量法、计量法，制定能源法、原子能法；坚持创新驱动发展战略，修改专利法、科学技术进步法；深化土地制度改革和实施乡村振兴战略，修改农村土地承包法、土地管理法，制定乡村振兴促进法；激发市场主体活力和推动形成全面开放新格局，修改公司法、企业破产法、海商法、反垄断法，制定外国投资法；深化金融体制改革和防范金融风险，修改证券法、商业银行法、中国人民银行法，制定期货法；深化税收制度改革和全面落实税收法定原则，修改税收征收管理法，制定增值税法、房地产税法等 10 部单行税法。

二是完善国家机构组织，加强社会主义民主政治建设。加强人民当家作主制度保障，修改全国人大组织法（全国人大议事规则、全国人大常委会议事规则修改，一并考虑）、地方组织法、国务院组织法、城市居民委员会组织法、村民委员会组织法、监督法；深化行政体制改革，修改行政处罚法、行政复议法、公务员法；深化司法体制改革和完善仲裁制度，修改人民法院组织法、人民检察院组织法、法官法、检察官法、人民警察法、律师法、仲裁法，制定看守所法、民事强制执行法。

三是坚定文化自信，推动社会主义文化繁荣。建立网络综合治理体系，

① 《十三届全国人大常委会立法规划》，载中国人大网，http://www.npc.gov.cn/npc/xinwen/2018-09/10/content_2061041.htm，最后访问日期：2019 年 2 月 26 日。

制定个人信息保护法、数据安全法、电信法；推动文化事业和文化产业发展，修改著作权法、档案法、文物保护法、体育法，制定文化产业促进法。

四是保障和改善民生，加强和创新社会治理。落实"两步走"方案，审议民法典各分编，完成民法典编纂；加快教育现代化，修改职业教育法、教师法、学位条例，制定学前教育法；加强对特殊人群的保护和打赢脱贫攻坚战，修改未成年人保护法（预防未成年人犯罪法修改，一并考虑）、老年人权益保障法，制定社会救助法；实施健康中国战略，修改药品管理法、农产品质量安全法、执业医师法、动物防疫法，制定基本医疗卫生与健康促进法；保护公民财产权，修改城市房地产管理法，制定不动产登记法；加强社会治理制度建设，修改海上交通安全法、安全生产法、治安管理处罚法、刑法、道路交通安全法、气象法，制定社区矫正法、法律援助法。

五是加快生态文明体制改革，建设美丽中国。实施主体功能区和用途管制制度，制定国土空间开发保护法；着力解决突出环境问题，修改固体废物污染环境防治法、环境噪声污染防治法、环境影响评价法；加大生态系统保护力度，修改森林法、草原法、渔业法，制定国家公园法、长江保护法。①

（二）全国人大立法进展

根据中国人大网发布的法律文件，2018 年 1 月 1 日至 12 月 31 日，全国人大修改《中华人民共和国宪法》，制定《中华人民共和国监察法》，通过《第十三届全国人民代表大会第一次会议关于设立第十三届全国人民代表大会专门委员会的决定》《第十三届全国人民代表大会第一次会议关于国务院机构改革方案的决定》等 2 件有关法律问题的决定。

2018 年 3 月 11 日，第十三届全国人民代表大会第一次会议表决通过《中华人民共和国宪法修正案》，并于当日发布公告，予以公布施行。宪法修正案共 21 条，包括 12 个方面。①确立科学发展观、习近平新时代中国特色社会主义思想在国家政治和社会生活中的指导地位。②调整充实中国特色社会主义事业总体布局和第二个百年奋斗目标的内容。③完善依法治国

---

① 《全国人大常委会法工委副主任许安标就十三届全国人大常委会立法规划答记者问》，《中国人大》2018 年第 18 期。

和宪法实施举措。④充实完善我国革命和建设发展历程的内容。⑤充实完善爱国统一战线和民族关系的内容。⑥充实和平外交政策方面的内容。⑦充实坚持和加强中国共产党全面领导的内容。⑧增加倡导社会主义核心价值观的内容。⑨修改国家主席任职方面的有关规定。⑩增加设区的市制定地方性法规的规定。⑪增加有关监察委员会的各项规定。⑫修改全国人大专门委员会的有关规定。

2018年3月20日，《中华人民共和国监察法》由十三届全国人大第一次会议表决通过，并于当日发布公告，自公布之日起施行。《中华人民共和国监察法》分为9章，包括总则、监察机关及其职责、监察范围和管辖、监察权限、监察程序、反腐败国际合作、对监察机关和监察人员的监督、法律责任和附则，共69条。主要内容包括：（1）监察工作的指导思想和领导体制；（2）监察工作的原则和方针；（3）监察委员会的产生和职责；（4）实现对所有行使公权力的公职人员监察全覆盖；（5）监察机关的权限设定；（6）严格规范监察程序；（7）加强对监察机关和监察人员的监督。

（三）全国人大常委会立法进展

2018年，全国人大常委会共制定法律8件，修改法律47件（次），通过有关法律问题和重大问题的决定9件，具体进展情况如图1所示。

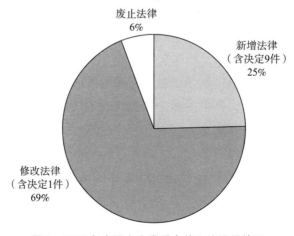

图1　2018年全国人大常委会的立法进展情况

资料来源：由本课题组根据公开数据计算编制而成。

全国人大常委会新制定法律共 8 件。2018 年 4 月 27 日通过《中华人民共和国人民陪审员法》和《英雄烈士保护法》，2018 年 8 月 31 日通过《中华人民共和国电子商务法》和《中华人民共和国土壤污染防治法》，2018 年 10 月 26 日通过《中华人民共和国消防救援衔条例》和《中华人民共和国国际刑事司法协助法》，2018 年 12 月 29 日通过《中华人民共和国车辆购置税法》和《中华人民共和国耕地占用税法》。

全国人大常委会通过《关于全国人民代表大会宪法和法律委员会职责问题的决定》《关于国务院机构改革涉及法律规定的行政机关职责调整问题的决定》《关于设立上海金融法院的决定》《关于延长授权国务院在实施股票发行注册制改革中调整适用〈中华人民共和国证券法〉有关规定期限的决定》《关于专利等知识产权案件诉讼程序若干问题的决定》《关于延长授权国务院在部分地方开展药品上市许可持有人制度试点期限的决定》《关于中国海警局行使海上维权执法职权的决定》等有关法律问题的决定，《全国人民代表大会常务委员会关于延长授权国务院在北京市大兴区等三十三个试点县（市、区）行政区域暂时调整实施有关法律规定期限的决定》《全国人民代表大会常务委员会关于授权国务院提前下达部分新增地方政府债务限额的决定》。①

全国人大常委会修改法律 47 件（次）。2018 年 4 月 27 日，修改通过了《中华人民共和国国防教育法》《中华人民共和国国境卫生检疫法》《中华人民共和国进出口商品检验法》②《中华人民共和国国家情报法》《中华人民

---

① 《全国人民代表大会常务委员会关于修改〈中华人民共和国国境卫生检疫法〉等六部法律的决定》《全国人民代表大会常务委员会关于修改〈野生动物保护法〉等 15 部法律的决定》《全国人民代表大会常务委员会关于修改〈产品质量法〉等 5 部法律的决定》《全国人民代表大会常务委员会关于修改〈电力法〉等 4 部法律的决定》《全国人民代表大会常务委员会关于修改〈劳动法〉等 7 部法律的决定》《全国人民代表大会常务委员会关于修改〈社会保险法〉的决定》《全国人民代表大会常务委员会关于修改〈村民委员会组织法〉的决定》《全国人民代表大会常务委员会关于修改〈城市居民委员会组织法〉的决定》等相关决定未列入统计范围内。

② 一年内两次进行修正，分别为根据 2018 年 4 月 27 日第十三届全国人民代表大会常务委员会第二次会议《关于修改〈中华人民共和国国境卫生检疫法〉等六部法律的决定》第三次修正；根据 2018 年 12 月 29 日第十三届全国人民代表大会常务委员会第七次会议《关于修改〈中华人民共和国产品质量法〉等五部法律的决定》第四次修正。

共和国反恐怖主义法》《中华人民共和国精神卫生法》。2018年8月31日修改通过了《中华人民共和国个人所得税法》。

2018年10月26日修改通过了《中华人民共和国计量法》《中华人民共和国广告法》《中华人民共和国船舶吨税法》《中华人民共和国刑事诉讼法》《中华人民共和国公司法》《中华人民共和国大气污染防治法》《中华人民共和国野生动物保护法》《中华人民共和国公共图书馆法》《中华人民共和国环境保护税法》《中华人民共和国人民法院组织法》《中华人民共和国妇女权益保障法》《中华人民共和国旅游法》《中华人民共和国人民检察院组织法》《中华人民共和国循环经济促进法》《中华人民共和国农业机械化促进法》《中华人民共和国节约能源法》《中华人民共和国防沙治沙法》《中华人民共和国农产品质量安全法》《中华人民共和国残疾人保障法》。

2018年12月29日修改通过了《中华人民共和国产品质量法》《中华人民共和国企业所得税法》《中华人民共和国村民委员会组织法》《中华人民共和国电力法》《中华人民共和国公务员法》《中华人民共和国义务教育法》《中华人民共和国社会保险法》《中华人民共和国城市居民委员会组织法》《中华人民共和国劳动法》《中华人民共和国老年人权益保障法》《中华人民共和国环境噪声污染防治法》《中华人民共和国环境影响评价法》《中华人民共和国民办教育促进法》《中华人民共和国民用航空法》《中华人民共和国职业病防治法》《中华人民共和国高等教育法》《中华人民共和国港口法》《中华人民共和国预算法》《中华人民共和国食品安全法》《中华人民共和国农村土地承包法》。

全国人大常委会批准的国际条约有以下几个。①第十三届全国人民代表大会常务委员会第五次会议决定：批准2016年3月23日由中华人民共和国代表在布里奇顿签署的《中华人民共和国和巴巴多斯引渡条约》。②第十三届全国人民代表大会常务委员会第六次会议决定：批准2016年3月24日由中华人民共和国代表在圣乔治签署的《中华人民共和国和格林纳达关于刑事司法协助的条约》。③第十三届全国人民代表大会常务委员会第六次会议决定：批准2016年3月24日由中华人民共和国代表在圣乔治签署的《中华人民共和国和格林纳达引渡条约》。④第十三届全国人民代表大会常务委员会第七次会议决定：批准2017年6月9日由中华人民共和国代表在阿斯塔纳签署的《上海合作组织反极端主义公约》。

　　全国人大常委会已完成《2018 年立法工作计划》"继续审议的法律案"12 件中的 11 件，仅余《基本医疗卫生与健康促进法》尚未通过；对于工作计划中 14 件"初次审议的法律案"已通过 5 件；在"做好授权决定和改革决定相关工作"方面，已完成的决定占 80%（见图 2）。

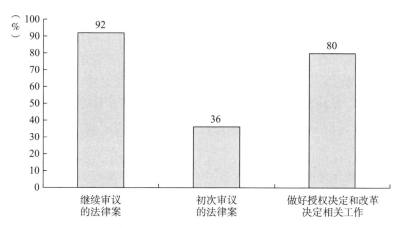

图 2　2018 年全国人大常委会的立法工作计划完成情况
资料来源：由本课题组根据公开数据计算编制而成。

（四）全国人大常委会立法进展述评

　　2018 年是全面贯彻落实党的十九大精神的开局之年，是改革开放 40 周年，是十三届全国人大及其常委会依法履职的第一年，也是历届常委会履职第一年审议通过法律案数量最多的一年。[①]

　　2018 年 9 月 7 日，全国人大常委会召开立法工作会议，部署十三届全国人大常委会立法规划的实施工作。根据十三届全国人大常委会立法规划任务分工方案，57 家承担牵头起草工作的单位按照"任务、时间、组织、责任"四落实的要求，明确所承担的立法项目具体起草工作计划和方案，明确时间表、路线图和责任人。同时，明确全国人大各专门委员会负责联

---

　　① 参见朱宁宁《开局之年立法工作全面提质加速——十三届全国人大及其常委会 2018 年立法工作回眸》，《法制日报》2019 年 2 月 26 日第 5 版。

系的立法项目，做好跟踪督促工作。①

总体而言，2018 年全国人大及其常委会的立法工作具有三大重点和特点。第一，推动新宪法修正案的通过，在相关立法中落实宪法修正案关于社会主义核心价值观和宪法宣誓制度的规定。第二，采取打包修法方式，保证机构改革与立法无缝对接。2018 年 3 月，十三届全国人大一次会议批准的《国务院机构改革方案》，涉及法律规定的行政机关职责和工作调整，需要对有关法律规定进行修改。仅用 1 个月时间，十三届全国人大常委会第二次会议即审议通过《关于国务院机构改革涉及法律规定的行政机关职责调整问题的决定》，保证机构改革与立法做到"无缝对接"。2018 年，全国人大常委会采取打包修改法律、作出决定等方式，先后 4 次"打包"修改法律 33 件（次）。作为立法的创新形式，打包修改有利于节约立法资源、提高立法效率。第三，全国人大及其常委会立法突出强调民生保障和改善，民生领域新增和修改立法数量为 26 件②，用完备的法治保障人民权益、增进民生福祉。2018 年 8 月，十三届全国人大常委会第五次会议表决通过了《中华人民共和国土壤污染防治法》，成为我国首部规范防治土壤污染的专门法律。其中明确规定，国家建立农用地分类管理制度。按照土壤污染程度和相关标准，将农用地划分为优先保护类、安全利用类和严格管控类。对不同类的农用地，法律分别规定了不同的管理措施，明确相应的风险管控和修复要求。《中华人民共和国个人所得税法》的修改，开启了从分类税制向综合与分类相结合的个人所得税制的改革，提高了个税的基本减除费用标准，增加专项附加扣除，优化税率结构，给中低收入者带来更多减税红利。此外，疫苗管理法草案、基本医疗卫生与健康促进法草案等提请审议，反映出全国人大及其常委会立法工作对于公共卫生安全和公民身体健康的重视，着力为百姓健康提供更强保障。

天下大治，起于法治。"立善法于天下，则天下治；立善法于一国，则一国治。"最大限度激发社会活力，促进社会公平正义，维护社会和谐稳

---

① 参见朱宁宁《开局之年立法工作全面提质加速——十三届全国人大及其常委会 2018 年立法工作回眸》，《法制日报》2019 年 2 月 26 日第 5 版。

② 民生类包括税收、环境保护、农业、医药、安全、教育、权益等方面。

定，确保党和国家长治久安，立法工作始终重任在肩。① 全国人大及其常委会的立法传递着民生的温度。十九大报告指出：人民美好生活需要日益广泛，不仅对物质文化生活提出了更高要求，而且在民主、法治、公平、正义、安全、环境等方面的要求日益增长。瞩目人民圆梦之路，透射出全国人大及其常委会未来的立法工作重心。

二 2018 年省级人大及其常委会立法发展

全国省级人大及其常委会的立法进展，以 2018 年 1 月 1 日至 12 月 31 日全国各省级人大及其常委会网站、北大法宝等数据库公开的立法信息为统计和分析对象。在本部分所统计的立法之中，省级人大及其常委会对修改某件或者多件省级地方性法规的决定不再单独纳入统计范畴。如江苏省人大常委会《关于修改〈江苏省大气污染防治条例〉等十六件地方性法规的决定》不再单独纳入 2018 年江苏省人大常委会修改立法的数量统计之中，而是将十六件地方性法规分别作为修改立法的统计内容。

（一）省级人大及其常委会立法概况

根据《立法法》第 72 条的规定，从法律分类角度而言，省级人大及其常委会的立法均属于地方性法规。统计显示，2018 年我国各省区市（不含港澳台地区）人大及其常委会制定通过 175 件地方性法规（含法规性决定），修改 669 件地方性法规（含法规性决定），废止 96 件地方性法规。就省级人大及其常委会通过的地方性法规而言，新增立法占比达到 19%，修改法规的情况占 71%，废止原有法规的情形仅占 10%（见图 3）。由此而言，新增立法所占比例并无任何优势可言，相较于 2017 年地方性法规的立法数据呈现大幅下降态势。② 相对而言，法规修改占据了较大数量优势，规章废止则占比最少。这从侧面印证了地方逐步由规模化立法向适度修法模式的转变。

---

① 参见张瑾《用良法推动善治》，《人民日报》2019 年 2 月 28 日第 14 版。
② 参见付子堂主编《中国地方立法报告（2018）》，社会科学文献出版社 2018 年版，第 4 页。

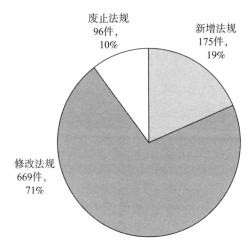

图 3　2018 年我国省级人大及其常委会的立法进展情况

资料来源：由本课题组根据公开数据计算编制而成。

（二）省级人大及其常委会立法数据分析

党的十九大报告提出："加强宪法实施和监督，推进合宪性审查工作，维护宪法权威。"因此，在对省级地方性法规进行分类梳理时，在《中国地方立法报告（2018）》及重庆市地方立法实践六种归类的基础上，增设"宪法"类别，并细化了各大类所包含的类目。根据地方性法规具体调整内容及调整重点的不同，将省级地方性法规基本划分为以下七大类别。

一是宪法类立法，宪法宣誓、宪法宣传。

二是国家机关类立法，人大制度、行政机构、行政执法、行政事务、人事任免、预算审查监督、民族政策、军事设施。

三是社会事务管理类立法，公民权益、公共安全、司法服务、社会服务、社会团体、基层政治、劳动安全、社会保障、宗教事务、殡葬管理、社会福利、促进就业。

四是文化教育类立法，教育、科学、文化、卫生、体育、食品、医药、语言文字、名胜古迹。

五是财政经济类立法，市场、交通、农业农村、旅游、企业、知识产权、财政电信、统计、中介组织、水利工程、畜牧、水产品养殖、产品质量、林地管理、广告、防洪抗旱、河道管理、海域使用、民用航空、烟草专卖、港口管理、工业管理。

六是城乡建设类立法，建设规划、土地管理、市政绿化、风景名胜、物业管理、房屋登记。

七是资源环境类立法，资源、能源（新材料）、环境保护、湿地保护。

1.省级人大及其常委会新增法规数据分析

（1）新增立法总览

2018 年，我国省级人大及其常委会新增立法共 175 件。总体上而言，有 22 个省级人大及其常委会的新增法规数量达到 5 件及以上，占总体比例的 71%，说明我国省级人大及其常委会的立法活动较为活跃，人大在立法中积极发挥了引领作用。[①]

从各省份来看，新增法规最为活跃的是广东省，总量为 13 件，占全国总量的 7.4%；接下来是辽宁省 11 件，占全国总量的 6.3%；湖北省 9 件，占全国总量的 5.1%，江苏、天津、海南则均为 8 件，各占全国总量的 4.6%。相比之下，西藏则并无新增立法。

从地域分布来看[②]，东部 11 个省份新增法规 78 件，占比 44.6%；中部 8 个省份新增法规 40 件，占比 22.9%；西部 12 个省份共计 57 件，占比 32.6%。经过对比可以清晰地发现，东部地区立法最为活跃，中部地区新增

[①] 在数据统计中，对于省级人大及其常委会通过的行政职责调整的决议同样纳入法规性决议的范畴。主要包括：《北京市人民代表大会常务委员会关于市人民政府机构改革涉及地方性法规规定的行政机关职责调整问题的决定》《天津市人民代表大会常务委员会关于市人民政府机构改革涉及地方性法规规定的行政机关职责调整问题的决定》《辽宁省人大常委会关于省政府机构改革涉及省的地方性法规规定的行政机关职责调整问题的决定》《上海市人民代表大会常务委员会关于本市机构改革涉及地方性法规规定的行政机关职责调整问题的决定》《宁夏回族自治区人民代表大会常务委员会关于自治区人民政府机构改革涉及自治区的地方性法规规定的行政机关职责调整问题的决定》《海南省人民代表大会常务委员会关于省人民政府机构改革涉及地方性法规规定的行政机关职责调整问题的决定》等。

[②] 东中西部的划分根据国家统计局标准：东部地区包括北京、天津、河北、辽宁、上海、江苏、浙江、福建、山东、广东、海南 11 个省份；中部地区包括山西、吉林、黑龙江、安徽、江西、河南、湖南、湖北 8 个省份；西部地区包括内蒙古、广西、重庆、四川、贵州、云南、西藏、陕西、甘肃、青海、宁夏、新疆 12 个省份。参见国家统计局《前三季度国民经济继续运行在合理区间》，载国家统计局官网，http：//www. stats. gov. cn/tjsj/zxfb/201410/t20141021_626783. html，最后访问日期：2019 年 2 月 25 日。

立法最少（见图4）。

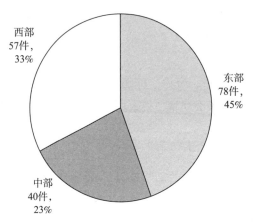

图4　2018年全国各区域新增法规量

资料来源：由本课题组根据公开数据计算编制而成。

（2）新增法规类型分布

省级人大及其常委会新增立法的类型能够直观反映出我国各省、自治区、直辖市在特定时段内的立法需求和立法重点，从侧面反映出地方发展的重点领域和实践需求。如图5、图6所示，2018年全国175件新增省级法规中，财政经济类立法占据首位，总体数量为39件，占比22.3%；其次为国家机关类（共37件，占比21.1%）、资源环境类（共33件，占比18.9%）、社会事务管理类（共31件，占比17.7%）、文化教育类（共20件，占比11.4%）等。由此可见，进入新时代，随着我国社会主要矛盾已经由"人民日益增长的物质文化需要同落后的社会生产之间的矛盾"转化为"人民日益增长的美好生活需要和不平衡不充分的发展之间的矛盾"，省级人大及其常委会把财政经济类立法放在首位。其次是国家机关类，反映出各省、自治区、直辖市在建设人民满意的服务型政府等方面的积极探索和实践总结。资源环境类的立法量靠前反映出地方立法对于资源环境保护的愈发重视。而社会事务管理类立法涉及面广，囊括了从个人到群体的权益，虽然排在第四位，但是总量与其他类别相差不大。城乡建设类立法相对较少，其中可能的原因之一是随着《立法法》的修订，赋予了设区的市对城乡建设与管理、环境保护、历史文化保护等方面事项的地方立法权。

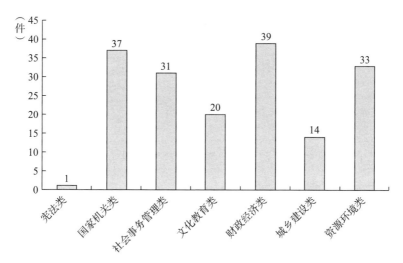

图 5 2018 年我国省级人大及其常委会新增地方性法规类型分布
资料来源：由本课题组根据公开数据计算编制而成。

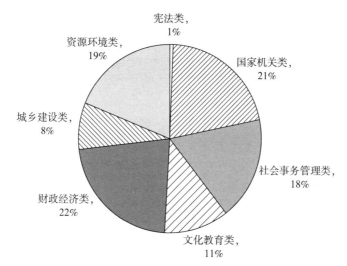

图 6 2018 年我国省级人大及其常委会新增地方性法规类型比例
资料来源：由本课题组根据公开数据计算编制而成。

设区市立法领域与省级住房城乡建设立法领域存在明显重叠，如何科学区分，有效利用立法资源，亟待研究探索。各种类型新增立法虽然在总量上有所差别，但是财政经济类、国家机关类、资源环境类以及社会事务管理类，四大类别之间差距不大，体现在以上方面，各省、自治区、直辖市的立法力度较为均衡。而占比最少的宪法类新增法规为《新疆维吾尔自治区实施宪法宣誓制度办法》，专门对宪法宣誓制度作出规定。其他省区市由于在2018年之前已经出台宪法宣誓的省级地方性法规，因而2018年对其加以修订。

2.省级人大及其常委会修改法规数据分析

（1）修改法规总览

2018年，我国省级人大及其常委会修改立法共669件，是新增立法数量的3.8倍之多。总体上而言，有27个省级人大及其常委会的修改法规数量达到10件及以上，说明我国省级人大及其常委会的立法修改活动活跃，法律更新量大。

从各省份来看，修改法规最为活跃的是黑龙江省，总量达到102件，占全国总量的15.2%；接下来是天津市44件，占全国总量的6.6%；云南省41件，占全国总量的6.1%；山东省40件，占全国总量的6%。

从地域分布来看，东部11省份修改法规247件，占比37%；中部8省份修改法规216件，占比32%；西部12省份共计206件，占比31%。东、中、西部修改法规总量上相差不大，尤其是中部和西部的修改数量仅相差10件（见图7）。

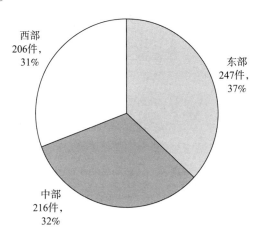

图7　2018年全国各区域修改法规量

资料来源：由本课题组根据公开数据计算编制而成。

（2）修改法规类型分布

如图8、图9所示，2018年全国669件修改省级法规中，资源环境类立法占据首位，总体数量为225件，占比34%；其次是财政经济类，共164件，占比25%；接下来是城乡建设类为112件，占17%。资源环境类立法的绝对数量优势反映出地方立法机关对环境资源领域的重视和实践需求的

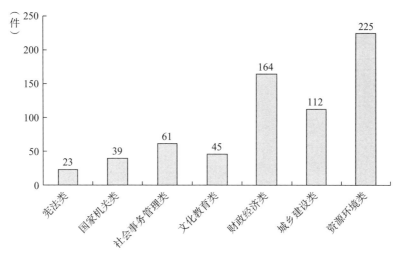

图8　2018年我国省级人大及其常委会修改地方性法规类型分布
资料来源：由本课题组根据公开数据计算编制而成。

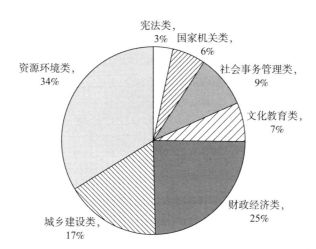

图9　2018年我国省级人大及其常委会修改地方性法规类型比例
资料来源：由本课题组根据公开数据计算编制而成。

旺盛。财政经济类立法无论在修改还是新增方面都稳居前列，说明在财政经济建设方面，各省、自治区、直辖市仍动力十足。城乡建设类法规修改数量与新增数量的对比，反映出该领域省级立法已经较为成熟，目前的工作重点已转移到修改方面。

3.省级人大及其常委会废止法规数据分析

（1）废止法规总览

2018年，我国省级人大及其常委会共废止法规96件，相对于新增立法和修改法规而言数量最少。总体上而言，仅有2个省级人大及其常委会（分别是山东、黑龙江）废止法规数量达到10件及以上，而北京、天津、上海、浙江、河南、湖南、广西等省份未废止任何法规，由此反映出现行省级地方性法规的稳定性较好。从地域分布来看，东部11省份废止法规32件，占比33%；中部8省份废止法规26件，占比27%；西部12省份共计38件，占比40%。西部废止法规数量最多，其次是东部，最后是中部。由于省份数量不同，所以按照废止法规平均数来统计，东部2.9件、中部3.25件、西部3.17件，可见东部在法规废止方面的活跃度不如西部与中部。从侧面可以看出中部与西部在社会发展方面变化较大（见图10）。

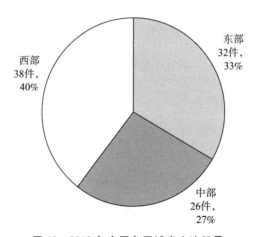

图10　2018年全国各区域废止法规量

资料来源：由本课题组根据公开数据计算编制而成。

（2）废止法规类型分布

如图11、图12所示，2018年全国96件被废止的省级法规中，财政经济类占据首位，为 40 件，占比 42%；其次为社会事务管理类与资源环境类，分别为 14 件，占比 15%；接下来是城乡建设类和国家机关类，分别为 13 件和 10 件。这一对比反映出地方立法对于财政经济的高度重视，前期立法的问题暴露也是最多。而文化教育类得到的关注度仍较低。

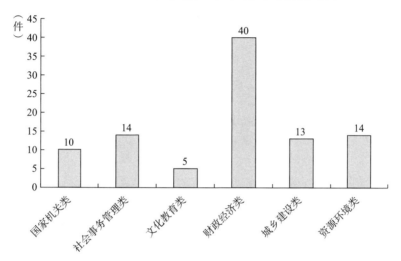

图 11 2018 年我国省级人大及其常委会废止地方性法规类型分布
资料来源：由本课题组根据公开数据计算编制而成。

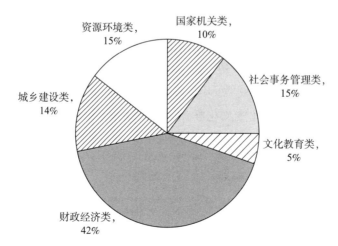

图 12 2018 年我国省级人大及其常委会废止地方性法规类型比例
资料来源：由本课题组根据公开数据计算编制而成。

（三）省级人大及其常委会立法进展述评

2018 年，根据我国宪法修正案的新变化和国家监察体制改革的新情况，各省级人大及其常委会地方立法中最为突出的工作是对本省、自治区、直辖市的宪法宣誓地方性法规进行新增或者修改。主要内容包括：一是落实宪法宣誓誓词中修改部分"为建设富强民主文明和谐美丽的社会主义现代化强国努力奋斗"；二是将省级以下各级监察委的主任、副主任、委员都纳入宣誓范围；三是在宣誓的基本规程中增加了"宣誓仪式应当奏唱中华人民共和国国歌"等内容。

进入新时代，全国省级人大及其常委会 2018 年的立法工作展现出适应社会主要矛盾转化的总体形势。无论是新增还是修改、废止的地方性法规中，财政经济类都占据较大比重。反映出我国经济由高速增长阶段转向高质量发展过程中对于高质量立法的需求，也体现出省级人大及其常委会以高质量立法保障和促进经济持续健康发展的供给侧结构性改革进程。此外，资源环境类占比也较靠前，体现出对于创新、协调、绿色、开放、共享的发展理念的贯彻落实，致力于建立健全最严格最严密的生态环境保护法律制度。

但是，就省级地方立法总体而言，文化教育类立法未能受到足够关注，在新增和修改立法中均位于倒数第三位。这一情况与全国文化教育法律数量一直较少的情况相吻合，是中国特色社会主义法律体系的一块短板。[①] 全国人大常委会近年来加快了文化教育立法的步伐，省级人大及其常委会应以此为契机，加快制定和出台文化教育方面的地方性法规，保障广大人民群众普遍享受公共文化教育服务的权利，促进社会主义文化教育事业繁荣发展。

（四）省级人大及其常委会立法进展述评

新时代立法工作全国人大及其常委会面临着新形势新任务新要求。一是我国社会主要矛盾的变化。进入新时代，我国社会主要矛盾已经转化为

[①] 《全国人大相关负责人就"人大立法工作"答记者问》，载中国人大网，http：//www. npc. gov. cn/npc/zhibo/zzzb25/node_29876. htm，最后访问日期：2019 年 2 月 25 日。

人民日益增长的美好生活需要和不平衡不充分的发展之间的矛盾。人民群众对美好生活的需要和向往是多方面、多层次、多样化的。人们对国家和社会生活的参与愿望、对权利和利益的保护要求、对自身能力发挥和自身价值实现的追求，都出现越来越积极的发展趋势。地方立法工作必须积极调整、主动适应。在新的历史条件下，人民群众对立法的期盼，已经主要不是有没有法律法规的问题，而是法律法规好不好、管用不管用的问题。法律法规不仅要体现价值理念，而且要能够合理有效地解决现实生活中的问题，实现良法善治。

二是实现我国经济高质量发展。我国经济已由高速增长阶段转向高质量发展阶段，这是党的十九大作出的又一重大判断。实现高质量发展，必须坚定不移贯彻创新、协调、绿色、开放、共享的发展理念，建设现代化经济体系。党的十九大提出实施科教兴国战略、人才强国战略、创新驱动发展战略、乡村振兴战略、区域协调发展战略、可持续发展战略、军民融合发展战略、就业优先战略、健康中国战略、国家安全战略等一系列国家战略，还提出了建设制造强国、科技强国、质量强国、航天强国、网络强国、交通强国、海洋强国、贸易强国、文化强国、体育强国、教育强国、人才强国等一系列强国目标。地方立法工作必须结合地方实际，积极适应实现高质量发展的新形势，正确把握国家战略和强国目标对地方立法工作提出的新要求，通过法治方式使之制度化、规范化，更好发挥地方立法的积极作用。

三是全面深化改革开放。改革开放是决定当代中国命运的关键一招。党的十八大以来，以习近平同志为核心的党中央坚定不移推进全面深化改革，改革全面发力、多点突破、纵深推进，重点领域和关键环节改革取得突破性进展。党的十九大站在更高起点上谋划和推进全面深化改革、扩大对外开放。不论是已经确定的还是今后将要推出的重要任务和举措，很多都涉及现行法律法规的规定，这同我们过去推进改革有很大不同，必须着力处理好改革和法治的关系，凡属重大改革都要于法有据。在整个改革过程中，都要高度重视运用法治思维和法治方式，发挥法治的引领和推动作用，在法治轨道上推进改革。改革开放提出的立法需求有很多，需要具体问题具体分析。有些需要根据改革的精神，制定出台新的规定；有些需要全面修改，有的可以通过"打包"修法方式快速完成；有些需要对现行规定予以废止或者解释；有些实践条件还不成熟、需要先行先试的，要按照法定程序作出相应授权或者决定。

四是全面依法治国深入推进。全面依法治国，是解决党和国家事业发展面临的一系列重大问题、解放和增强社会活力、促进社会公平正义、维护社会和谐稳定、确保党和国家长治久安的根本要求。党的十八届四中全会就全面依法治国作出重大战略部署。党的十九大把全面推进依法治国总目标写入习近平新时代中国特色社会主义思想的"八个明确"，把坚持全面依法治国写入"十四个坚持"的基本方略。党的十九届二中全会专题研究宪法修改。在这一进程中，立法工作包括地方立法工作，将具有越来越重要的地位，发挥越来越重要的作用。①

三 2018 年设区的市地方立法状况

（一）2018年设区的市地方性法规制定情况②

截至 2018 年 11 月 30 日根据各省份人大网站和北大法宝等的公开数据，2018 年我国设区的市立法状况如下。

河北省设区的市立法共 11 件，包括《承德市制定地方性法规条例》《承德市水源涵养功能区保护条例》《秦皇岛市制定地方性法规条例》《秦皇岛市长城保护条例》《秦皇岛市物业管理条例》《石家庄市公共文明行为条例》《沧州市地方立法条例》《沧州市城市绿化管理条例》《邯郸市村庄建设条例》《邢台市河道采砂管理条例》《保定市工业遗产保护与利用条例》。

山西省设区的市立法共 9 件，包括《太原市生态环境保护条例》《太原市大气污染防治条例》《太原市生活垃圾分类管理条例》《大同市智慧城市促进条例》《大同市电梯安全条例》《云冈石窟保护条例》《长治市辛安泉饮用水水源地保护条例》《晋城市文明行为促进条例》《晋中市餐厨废弃物

---

① 参见沈春耀《在新的起点上推动地方立法工作与时俱进完善发展》，《法制日报》2018 年 9 月 25 日第 9 版。

② 本部分数据截至2018年11月30日，数据来源于人大网站、北大法宝等已经公开的地方性法规。

管理条例》。

内蒙古自治区设区的市立法共3件，包括《呼和浩特市古树名木保护条例》《通辽市罕山国家级自然保护区条例》《乌兰察布市岱海、黄旗海保护条例》。

辽宁省设区的市立法共4件，包括《沈阳市多规合一条例》《辽阳市城市市容和环境卫生管理条例》《辽阳市优化营商环境条例》《鞍山市城镇绿化条例》。

吉林省设区的市立法共6件，包括《长春市燃气管理条例》《吉林市城市房地产开发经营管理条例》《吉林市地方立法条例》《辽源市煤矿文化遗产保护条例》《白山市城市建筑外立面管理条例》《松原市制定地方性法规条例》。

黑龙江省设区的市立法共9件，包括《哈尔滨市人民代表大会常务委员会关于禁止燃放烟花爆竹的决定》《哈尔滨市城市供水条例》《齐齐哈尔市人民代表大会及其常务委员会立法条例》《牡丹江市人民代表大会及其常务委员会立法条例》《大庆市物业管理条例》《双鸭山市中心城区山体绿线保护管理条例》《伊春市人民代表大会及其常务委员会立法条例》《七台河市城市公园条例》《鹤岗市人民代表大会及其常务委员会立法条例》。

江苏省设区的市立法共27件，包括《南京市管线管理条例》《南京市国家公祭保障条例》《南京市地下文物保护条例》《无锡市不动产登记条例》《无锡市文明行为促进条例》《徐州市质量促进条例》《徐州市停车场管理条例》《常州市公共汽车客运条例》《南通市烟花爆竹燃放管理条例》《南通市人才发展促进条例》《连云港市集中式饮用水水源保护条例》《连云港市文明行为促进条例》《连云港市地方立法条例》《淮安市市容管理条例》《淮安市文明行为促进条例》《淮安市制定地方性法规条例》《淮安市周恩来纪念地保护条例》《盐城市革命遗址和纪念设施保护条例》《盐城市畜禽养殖污染防治条例》《扬州市非物质文化遗产保护条例》《镇江市农村公路条例》《镇江市消防条例》《泰州市历史文化名城名镇保护条例》《泰州市电力保护条例》《泰州市市区烟花爆竹燃放管理条例》《宿迁市社会信用条例》《宿迁市古黄河马陵河西民便河水环境保护条例》。

浙江省设区的市立法共16件，包括《杭州市城市国际化促进条例》

《杭州市流动人口服务管理规定》《杭州市萧山湘湖旅游度假区条例》《湖州市电梯使用安全条例》《湖州市文明行为促进条例》《嘉兴市住房租赁管理若干规定》《嘉兴市大运河世界文化遗产保护条例》《绍兴古城保护利用条例》《绍兴会稽山古香榧群保护规定》《金华市农村生活垃圾分类管理条例》《金华市养犬管理规定》《舟山市城市绿化条例》《宁波市地理信息资源管理条例》《宁波市居家养老服务条例》《宁波市广播电视管理条例》《温州市电梯安全条例》。

安徽省设区的市立法共 18 件，包括《芜湖市电梯安全管理条例》《芜湖市烟花爆竹燃放管理条例》《蚌埠市实施〈中华人民共和国大气污染防治法〉办法》《淮南市燃放烟花爆竹管理规定》《淮北市电梯安全条例》《安庆市危险化学品安全管理条例》《安庆市天柱山风景名胜区条例》《黄山市太平湖风景名胜区条例》《黄山市松材线虫病防治条例》《阜阳市燃放烟花爆竹和大盘香管理条例》《宿州市饮用水水源地保护条例》《滁州市扬尘污染防治条例》《六安市燃放烟花爆竹管理条例》《宣城市文明行为促进条例》《宣纸保护和发展条例》《池州市燃放经营烟花爆竹管理条例》《池州市河道采砂管理条例》《亳州市城市绿化条例》。

福建省设区的市立法共 15 件，包括《福州市湿地保护管理办法》《福州市海上丝绸之路史迹保护条例》《福州市闽菜技艺文化保护规定》《厦门市人民代表大会常务委员会关于全面加强大气污染防治的决定》《厦门市海上交通安全条例》《泉州市中山路骑楼建筑保护条例》《泉州市市区内沟河保护管理条例》《莆田市中小学校幼儿园规划建设条例》《南平市河岸生态地保护规定》《南平市饮用水水源保护办法》《龙岩市饮用水水源保护条例》《龙岩市文明行为促进条例》《龙岩市红色文化遗存保护条例》《宁德市城市停车场建设管理条例》《三明市东牙溪和薯沙溪水库饮用水水源保护条例》。

江西省设区的市立法共 11 件，包括《九江市立法条例》《新余市畜禽养殖污染防治条例》《新余市仙女湖水体保护条例》《宜春市温汤地热水资源保护条例》《宜春市立法条例》《萍乡市燃气管理条例》《吉安市水库水质保护条例》《景德镇市御窑厂遗址保护管理条例》《上饶市农村居民住房建设管理条例》《赣州市城市道路车辆通行管理规定》《抚州市文明行为促进条例》。

山东省设区的市立法共28件，包括《青岛市湿地保护条例》《济南市城市建筑垃圾管理条例》《济南市12345市民服务热线条例》《济南市人民代表大会常务委员会关于济南新旧动能转换先行区行政管理事项的决定》《济南市绩效管理条例》《烟台市安全生产监督管理条例》《烟台市城市供水条例》《淄博市城乡建设档案管理条例》《威海市海岸带保护条例》《威海市文明行为促进条例》《东营市湿地保护条例》《东营市文明行为促进条例》《济宁市城市绿化条例》《泰安市城市绿化条例》《泰山风景名胜区生态保护条例》《泰安市烟花爆竹燃放管理条例》《菏泽市物业管理条例》《菏泽市非物质文化遗产条例》《临沂市蒙山保护条例》《临沂市文明行为促进条例》《潍坊市燃放烟花爆竹管理条例》《潍坊市大气污染防治条例》《日照市饮用水水源地保护条例》《日照市文明行为促进条例》《莱芜市文明行为促进条例》《德州市湿地保护条例》《德州市城乡容貌和环境卫生管理条例》《聊城市水环境保护条例》。

河南省设区的市立法共13件，包括《郑州市文明行为促进条例》《开封市文物保护条例》《洛阳市集中供热条例》《洛阳市城市绿线管理条例》《平顶山市城市绿化条例》《安阳市城市绿化条例》《鹤壁市城市市容和环境卫生管理条例》《焦作市城市绿化条例》《许昌市中心城区河湖水系保护条例》《河南小秦岭国家级自然保护区条例》《商丘市市区饮用水水源保护条例》《信阳市城市道路交通安全设施管理条例》《驻马店市城市绿化条例》。

湖北省设区的市立法共20件，包括《武汉市气象灾害防御条例》《武汉市客运出租汽车管理条例》《恩施土家族苗族自治州硒资源保护与利用条例》《黄石市房屋安全管理条例》《黄石市生态控制线管理条例》《黄石市饮用水水源地保护条例》《襄阳市城市生活垃圾治理条例》《襄阳市文明行为促进条例》《十堰市生态文明建设条例》《十堰市户外广告和招牌设置管理条例》《荆州市长湖保护条例》《宜昌市电动自行车管理条例》《荆门市城市建筑垃圾管理条例》《鄂州市湖泊保护条例》《孝感市城市绿化条例》《孝感市住宅小区物业管理条例》《黄冈市违法建设治理条例》《黄冈市城市市容和环境卫生管理条例》《咸宁市城区山体保护条例》《随州市城乡饮用水水源保护条例》。

湖南省设区的市立法共21件，包括《长沙市城市绿化条例》《长沙市养犬管理条例》《湘西土家族苗族自治州老司城遗址保护条例》《湘西土家族苗族自治州边城历史文化名镇保护条例》《湘潭市人民代表大会及其常务委员会制定地方性法规条例》《湘潭市城市绿化条例》《常德市人民代表大会及其常务委员会制定地方性法规条例》《常德市城乡生活垃圾管理条例》《永州市人民代表大会及其常务委员会立法条例》《永州市历史文化名城名镇名村保护条例》《株洲市工业遗产保护条例》《邵阳市城市绿化条例》《张家界市全域旅游促进条例》《张家界市八大公山国家级自然保护区条例》《益阳市农村村民住房建设管理条例》《怀化市人民代表大会及其常务委员会立法条例》《怀化市城市公园条例》《岳阳市机动车停车条例》《岳阳市东洞庭湖国家级自然保护区条例》《郴州市历史文化名城名镇名村保护条例》《娄底市湄江风景名胜区条例》。

广东省设区的市立法共 21 件，包括《广州市生活垃圾分类管理条例》《广州市停车场条例》《广州市社会工作服务条例》《湛江市历史建筑保护条例》《惠州市罗浮山风景名胜区条例》《东莞市饮用水源水质保护条例》《东莞市出租屋治安与消防安全管理条例》《东莞市生态文明建设促进与保障条例》《韶关市野外用火管理条例》《潮州市黄冈河流域水环境保护条例》《潮州市扬尘污染防治条例》《肇庆市扬尘污染防治条例》《肇庆市端砚石资源保护条例》《江门市户外广告设施和招牌设置管理条例》《茂名市露天矿生态公园保护管理条例》《茂名市城市市容和环境卫生管理条例》《汕尾市革命老区红色资源保护条例》《揭阳市生活垃圾管理条例》《阳江市漠阳江流域水质保护条例》《云浮市畜禽养殖污染防治条例》《河源市农村生活垃圾治理条例》。①

海南省设区的市立法共 7 件，包括《海口市湿地保护若干规定》《海口市生活垃圾分类管理办法》《海口市电梯安全管理若干规定》《海口市城市

① 在广东省设区的市人大及其常委会立法状况统计中，东莞市和中山市为不设区的地级市。2015 年 3 月 15 日第十二届全国人民代表大会第三次会议通过的《全国人民代表大会关于修改〈中华人民共和国立法法〉的决定》明确"广东省东莞市和中山市、甘肃省嘉峪关市、海南省三沙市，比照适用本决定有关赋予设区的市地方立法权的规定"，东莞市和中山市因此纳入本部分统计分析。同时，深圳、珠海和汕头为经济特区市，故不纳入本部分统计分析。

黄线管理办法》《海口市美舍河保护管理规定》《三亚市爱国卫生管理办法》《三亚市烟花爆竹燃放安全管理规定》。

四川省设区的市立法共 16 件，包括《泸州市白酒历史文化遗产保护和发展条例》《阿坝藏族羌族自治州立法条例》《阿坝藏族羌族自治州藏语言文字条例》《自贡市井盐历史文化保护条例》《宜宾市城市地下管线管理条例》《乐山市集中式饮用水水源保护管理条例》《资阳市安岳石刻保护条例》《德阳市城市管理条例》《德阳市物业管理条例》《绵阳市水污染防治条例》《南充市城市道路车辆通行管理条例》《巴中市石窟保护条例》《攀枝花市城市市容和环境卫生管理条例》《广安市城乡污水处理条例》《雅安市青衣江流域水环境保护条例》《眉山市市容和环境卫生管理条例》。

贵州省设区的市立法共 10 件，包括《贵阳市健康医疗大数据应用发展条例》《贵阳市大数据安全管理条例》《贵阳市社区戒毒康复条例》《贵阳市城市轨道交通条例》《遵义市海龙屯保护条例》《安顺市亚鲁王非物质文化遗产保护条例》《毕节市百里杜鹃风景名胜区条例》《铜仁市梵净山保护条例》《黔东南苗族侗族自治州施秉喀斯特世界自然遗产保护条例》《黔南布依族苗族自治州水书文化保护条例》。

云南省设区的市立法共 19 件，包括《昆明市非物质文化遗产保护条例》《昆明市道路交通安全条例》《昆明市献血条例》《昆明市流动人口服务管理条例》《昆明市建设区域性国际中心城市促进条例》《昆明市城镇排水与污水处理条例》《昆明市城市轨道交通管理条例》《昆明市文明行为促进条例》《曲靖市建设工程施工现场管理条例》《玉溪市森林防火条例》《昭通市城市管理条例》《保山市龙陵松山战役战场遗址保护条例》《普洱市古茶树资源保护条例》《临沧市人民代表大会及其常务委员会制定地方性法规条例》《云南省德宏傣族景颇族自治州民族教育条例》《迪庆藏族自治州香格里拉城市管理条例》《云南省楚雄彝族自治州彝医药条例》《红河哈尼彝族自治州非物质文化遗产项目代表性传承人保护条例》《文山壮族苗族自治州人民代表大会及其常务委员会立法条例》。

西藏自治区设区的市立法共 3 件，包括《拉萨市村庄规划建设管理条例》《日喀则市城镇供水用水条例》《日喀则市人民代表大会议事规则》。

陕西省设区的市立法共 9 件，包括《西安市特种设备安全条例》《西安市公共汽车客运条例》《铜川市烟花爆竹燃放管理条例》《铜川市城市生活饮用水二次供水管理条例》《渭南市住宅物业管理条例》《延安市退耕还林成果保护条例》《榆林市城镇环境卫生管理条例》《安康市化龙山国家级自然保护区条例》《商洛市农村居民饮水安全管理条例》。

甘肃省设区的市立法共 11 件，包括《兰州市机动车排气污染防治条例》《兰州市什川古梨树保护条例》《甘肃省临夏回族自治州人民代表大会及其常务委员会立法条例》《甘肃省甘南藏族自治州城乡环境卫生综合治理条例》《金昌市人民代表大会及其常务委员会立法程序规则》《金昌市市政公用设施管理条例》《酒泉市饮用水水源地保护条例》《白银市封山禁牧管理办法》《白银市城市地下综合管廊管理办法》《武威市防沙治沙条例》《平凉市烟花爆竹燃放管理规定》。

青海省设区的市立法共 4 件，包括《海东市人民代表大会及其常务委员会立法条例》《海南藏族自治州人民代表大会及其常务委员会立法程序规定》《海北藏族自治州人民代表大会及其常务委员会立法程序规定》《海西蒙古族藏族自治州人民代表大会及其常务委员会立法程序规定》。

宁夏回族自治区设区的市立法共 6 件，包括《银川市电梯使用安全条例》《银川市文明行为促进条例》《石嘴山市城市餐厨垃圾管理条例》《吴忠市城乡容貌和环境卫生治理条例》《固原市烟花爆竹燃放管理条例》《固原市北朝隋唐墓地保护条例》。

新疆维吾尔自治区设区的市立法共 3 件，包括《乌鲁木齐市寄递物流安全管理条例》《乌鲁木齐市机动车和非道路移动机械排气污染防治条例》《哈密市制定地方性法规条例》。

（二）2018年设区的市地方性法规的基本情况

从以上数据中，我们可以总结出 2018 年设区的市立法的特点。

第一，立法数量较大。全国设区的市制定了 335 件地方性法规。其中广东、湖南、湖北、江苏、山东超过了 20 件，山东制定 28 件地方性法规高居榜首，安徽、云南、四川、浙江等省份也接近 20 件。从总体来看，经济大省制定的地方性法规较多，较大市数量较多的省份制定的地方性法规较多。从一个省内来看，较大市制定的法规数量依然占据重要部分。自 2015 年赋予设区的市地方立法权以来，新获得立法权的设区的市立法积极性也很高，如在山东省设区的市地方性法规数量中，新获得立法权的设区的市制定了23 件，占所有 28 件的 82%。

第二，立法事项比较全面。如图 13 所示，从 2018 年设区的市地方性法规立法事项来看，城乡建设与管理 172 件，占 51%；环境保护 76 件，占23%；历史文化保护 47 件，占 14%；地方立法条例 28 件，占 8%；社会管理 9 件，占 3%；经济管理 3 件，占 1%。由于《立法法》规定了设区的市在"城乡建设与管理"、"历史文化保护"和"环境保护"三项立法权限，从数据来看，除了少数几件不能严格纳入这三项权限范围之外，其他的均可以纳入。这说明设区的市在地方立法权限的把握上比较准确。

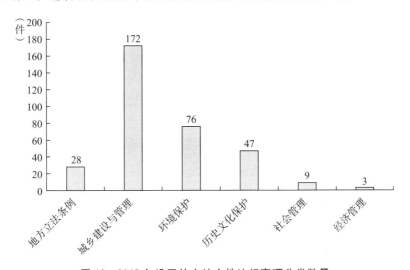

图 13 2018 年设区的市地方性法规事项分类数量
资料来源：由本课题组根据公开数据计算编制而成。

第三，立法事项的重点较为突出。如图 14 所示，设区的市地方立法主要集中在"城乡建设与管理"方面，这也符合《立法法》赋予设区的市地方立法权限的目的，即设区的市根据本地实际，特别是利用立法权在城乡治理上不断提升治理能力和治理水平。由于"城乡建设与管理"内涵十分丰富，从 2018 年设区的市地方立法来看，具体包括市容市貌与环境卫生、城乡规划与城市建设、文明行为、城乡管理、市政设施管理、住宅物业管理、园林绿化、交通管理、垃圾管理、清洁能源、电梯管理、户外广告牌管理、建筑外立面管理、烟花爆竹管理等多个领域。

第四，立法的地方特色鲜明。从数据来看，2018 年设区的市地方立法主要是自主性立法，即根据本地的地方性事务立法。自主性立法要求较高的立法技术，在条款的设计上注重根据本地需要进行创新性的规定。特别是在环境保护和历史文化保护方面，地方特色鲜明。

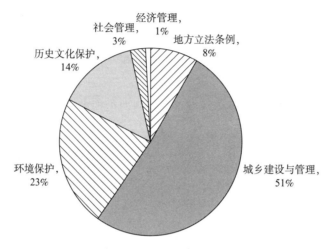

图 14　2018 年设区的市地方性法规事项分类比例

资料来源：由本课题组根据公开数据计算编制而成。

（三）2018年设区的市地方立法存在的问题

第一，篇章结构过分追求整全性。总体来看，2018 年设区的市地方性法规在篇章结构上都较为整全。这种对篇章结构的整全性追求本来无可非议，但是在很大程度上影响了法规的针对性。地方立法的原则是"不抵触、有特色、可操作"，只要将那些针对解决地方实际问题的特色条款、在实际操作中能够取得实效的条款列明即可，过分追求法规的整全性，就会产生抄袭其他地方法规、重复上位法的风险，将真正有特色的创新性条款湮没在了大而全的条文中。因此，提倡在设区的市地方立法中采取简洁明了的立法技术。

第二，法律后果条款较少，影响可操作性。从设区的市地方性法规现状来看，行为模式规定较多，法律后果规定较少，这就导致法规的实效性较差，在实践中遵守或不遵守都没有法律后果，影响了法规的可操作性。因此，我们提倡在法律规则设计时，务必注意法律规则的逻辑完整性，如果不能设置法律后果（肯定的或否定的）的行为模式，尽量不要纳入地方性法规。

第三，立法规划协调机制还需建立。目前设区的市地方性法规同省级地方性法规在立法项目上重合度较高，这就极容易产生省级地方性法规和设区的市地方性法规在规定上"争地盘""打架"的现象。以设区的市热衷于制定的"城市市容市貌环境卫生条例"为例，实际上，中央立法和省级地方立法，对城市市容市貌环境卫生都有比较健全的规定，因此，设区的市在制定类似条例时，必须注重本地实际需要，如果上位法已经有规定而且能够满足地方需要，设区的市应当谨慎甚至放弃立法。

2019 年是设区的市获得地方立法权的第四个年头。可以预见的是，经过前三年的摸索，设区的市在立法经验上会更加成熟，立法的数量会不断增多，立法的质量也会不断提高。随着我国法律体系的不断健全，设区的市地方立法必将实现党中央赋予设区的市地方立法权的目的，成为我国社会主义法律体系中不可分割的、越来越重要的组成部分，成为促进地方经济社会发展、提升地方治理能力和治理水平的强大制度保障。

B.3
江苏省立法发展报告

王腊生　童春纲　于文霖　张　鹏*

摘　要：　2018 年，江苏召开全省立法工作会议统筹谋划新时代江苏立法工作的新蓝图。江苏省人大及其常委会在立法工作方面取得以下进展：编制五年立法规划；科学安排江苏地方立法项目；加强重点领域立法；全面清理生态环境保护法规；出台"两规范一意见"为推进高质量立法提供抓手；强化规范性文件备案审查；督促指导设区的市地方立法；积极推进长三角区域立法协作；制定 2019 年江苏立法计划，从而为推动高质量发展走在前列、建设"强富美高"新江苏提供了有力的法治保障。

关键词：　江苏地方立法；科学立法；民主立法；依法立法；法治保障

地方立法是中国特色社会主义法律体系的有机组成部分，是对国家立法的延伸、细化和补充，担负着保障宪法和法律在本行政区域内有效实施和推进本地区经济社会发展的双重职能。2018 年是江苏省十三届人大及其

---

* 王腊生，江苏省人民代表大会常务委员会法制工作委员会主任，中国法治现代化研究院特邀研究员；童春纲，江苏省人民代表大会常务委员会法制工作委员会行政法处处长；于文霖，江苏省人民代表大会常务委员会法制工作委员会行政法处科员；张鹏，南京师范大学法学院副教授，中国法治现代化研究院研究员，法学博士。

常委会依法履职的开局之年。江苏省人大常委会深入学习贯彻习近平新时代中国特色社会主义思想和党的十九大，十九届二中、三中全会精神，认真贯彻落实全国人大常委会立法工作会议、第二十四次全国地方立法工作座谈会精神，深刻认识新时代地方立法工作面临的新形势、新任务、新要求，坚持解放思想、开拓创新，积极研究新时代地方立法的新思路、新举措，加强重点领域立法，着力完善科学立法、民主立法、依法立法工作机制，以高质量立法护航江苏高质量发展，开创地方立法工作新局面。

一 新时代江苏立法工作新蓝图的统筹谋划

2018 年 6 月 28 日，江苏省全省立法工作会议召开，这是江苏省 13 个市全部获得地方立法权后首次召开的立法工作专题会议，会议的主题和目的是深入学习贯彻党的十九大精神和习近平新时代中国特色社会主义思想，围绕依法治国总体战略和推动高质量发展实践需要，对实施新一届江苏省人大常委会立法规划进行全面部署。① 会议对新时代江苏立法工作提出以下新要求。

（一）以习近平新时代中国特色社会主义思想指导地方立法工作

习近平新时代中国特色社会主义思想是马克思主义中国化的最新成果，党的十九大将这一重大思想写入党章，第十三届全国人民代表大会第一次会议将这一重大思想载入宪法，成为全党全国人民的共同意志、一切工作的行动指南。地方立法工作必须准确把握这一重大思想的科学内涵、精神实质和实践要求，进一步增强走中国特色社会主义法治道路的自觉性坚定性。把习近平新时代中国特色社会主义思想贯穿到地方立法工作全部实践之中，始终坚持党的全面领导不动摇、坚持宪法法律至上不动摇，把牢立法方向、明确立法思路、完善法规制度，凡不相符合甚至有所抵触的地方性法规，及时修改、撤销，确保每一项地方性法规都与新思想高度一致。

---

① 本部分数据来源于江苏省人大网站，http://www.jsrd.gov.cn/，最后访问日期：2019 年 5 月 9 日。

随着学习实践的不断深化，把习近平总书记提出的一系列新理念新战略新要求进一步细化、实化、具体化，把江苏省在贯彻新思想中积累的成功经验做法及时以法规形式固化下来，转化为全省上下的共同遵循，真正把智慧和力量凝聚到贯彻落实习近平新时代中国特色社会主义思想上来。

（二）以科学民主依法原则推进地方立法实践

"推进科学立法、民主立法、依法立法"①，既是做好新时代地方立法工作的根本原则，也是基本方法。科学立法最关键的是遵循立法工作规律。江苏省地方立法工作中，高度重视立法资源与立法需求的统筹、立法质量与立法效率的统一，增强地方立法的系统性、协调性、针对性。当前有些法规制度执行不好、效果不理想，其中一个原因就是过于原则。为此，必须走精细化立法路子，尽可能细化具体情形、明确程序规范、落实责任主体，增强可操作性，真正立符合实际之法、有效管用之法。民主立法最重要的是尊重人民群众意愿。为了人民、依靠人民，是立法工作的生命力所在。始终坚持开门立法，自觉从"民心"上考量立法内容，从"民意"中汲取立法智慧。依据全国人大《立法中涉及的重大利益调整论证咨询的工作规范》和《争议较大的重要立法事项引入第三方评估的工作规范》两个工作规范精神，进一步拓展公民有序参与立法渠道，做到广察民情、广纳民意、广聚民智。民主立法最终目的是保障绝大多数人的根本利益，坚决防止地方保护主义倾向和部门利益法制化，坚决防止立法受舆论误导和左右，坚决防止所谓的"民粹主义"干扰立法。依法立法的根本任务是维护宪法法律权威，用科学有效、系统完备的制度体系保证宪法实施。为此，任何地方性法规的制定都要把维护宪法权威放在最高位置，以宪法法律为依据，不得同宪法相抵触、不得违反上位法、不得超越法定权限，坚决维护国家法制统一。

---

① 习近平：《决胜全面建成小康社会 夺取新时代中国特色社会主义伟大胜利——在中国共产党第十九次全国代表大会上的报告（2017年10月18日）》，《人民日报》2017年10月28日第1版。

（三）以高质量立法护航高质量发展

推动高质量发展走在前列，是习近平总书记对江苏的殷切期望。江苏省委十三届三次全会明确提出实现"六个高质量"的重大任务，江苏省立法工作紧紧围绕高质量发展的重点领域和关键环节，加强有效制度供给，加快形成支撑探索性、创新性、引领性发展的法规体系，以地方立法保障和促进改革发展。一是围绕贯彻中央重大决策加强地方立法。推动中央重大战略在江苏省全面落实。针对战略实施中存在的制度空白和突出短板，尝试先行性、自主性立法，推进"一带一路"建设、长江经济带建设、太湖治理、乡村振兴等各项重点任务。二是围绕经济提质增效加强地方立法。市场经济本质上是法治经济，为经济发展营造良好的制度环境，立法工作发挥着不可替代的作用，针对创新驱动发展、构建良好市场秩序、推动军民融合发展等领域存在的突出矛盾和问题，加大立法工作力度，为经济发展营造良好的制度环境。三是围绕全面深化改革加强地方立法。正确处理地方立法与全面深化改革的关系，既要针对最迫切需要立法保障的改革事项加强地方立法，又要及时将改革中成熟的经验上升为法规制度，保障机构改革、行政审批制度改革、文化体制改革等各项改革任务顺利推进。四是围绕保障改善民生加强地方立法。民生无小事，人民群众的关注点就是工作的着力点。地方立法要着眼更好满足人民日益增长的美好生活需要，针对教育、就业、医疗卫生、脱贫攻坚等领域人民群众反映强烈的问题加强立法工作，依法保障人民共享改革发展成果。

（四）以更加有力的组织领导保证立法工作有序推进

立法规划的实施，涉及面广、社会关注度高，为此，江苏省在立法工作中进一步加强组织领导体系建设。一是坚持党对立法工作的领导。党的领导是立法工作的根本保证，立法工作水平也是党的领导水平的重要体现。坚持从省委做起，省市两级党委要认真履行总揽全局、协调各方的领导责任，定期听取人大立法工作汇报，健全立法工作请示报告、协调决策等制度机制，确保地方立法工作方向正确。要及时研究确定地方立法工作基本原则、总体布局和规划计划，讨论决定人大立法、政府规章制定中的重大政策调整，协调解决重大立法争议，推动党领导地方立法工作规范化、具体化。二是充分发挥人大在地方立法中的主导作用。江苏省市两级人大及其常委会是地方立法的主体，严把立项关，加强对立法工作的统筹安排，认真做好年度立法计划的编制和督促落实，推进重点领域立法不断加强；严把起草关，牵头组织起草综合性、全局性、基础性的法规案，主动提前介入政府有关部门负责起草的法规案；严把审议关，抓住法规草案的关键条款，对原则问题坚定立场、毫不含糊，对重大争议加强协调、凝聚共识。注重加强立法能力建设，着力打造一支高素质专业化的立法队伍，为地方立法工作提供坚实的人才保证。

江苏省立法工作会议明确了新时代地方立法工作的新形势新任务以及重点领域，对实施立法规划提出了具体要求，提出以实施立法规划为契机，进一步提高立法质量，以高质量立法护航高质量发展。江苏省人大法制委、常委会法工委与有关方面迅速组织学习传达和认真贯彻落实会议精神，将提高立法质量作为新时代地方立法的重中之重，研究高质量立法的内涵、标准以及提高立法质量的新思路新举措，并制定了立法规划实施方案，落实起草责任和督促指导责任。

二 新时代江苏地方立法项目的规划编制

2018 年 6 月 25 日，江苏省委批准《江苏省人大常委会 2018—2022 年立法规划》（以下简称立法规划）。立法规划的总体思想是以习近平新时代中国特色社会主义思想为指导，深入贯彻党的十九大精神，按照江苏省第十三次党代会、江苏省委十三届三次全会的决策部署，全面落实新发展理念，着力推进和保障高质量发展，坚持解放思想、开拓创新，坚持以系统思维推进立法工作，坚持党的领导、人民当家作主和依法治国有机统一，坚持"不抵触、有特色、可操作"的工作方针，深入推进科学立法、民主立法、依法立法，立符合宪法法律的法，立适应实际需要的法，立改革发展管用的法，立人民群众满意的法，以良法促进发展、保障善治，为推动高质量发展走在前列、建设"强富美高"新江苏提供有力的法治保障。围绕这个指导思想，立法规划提出五项立法工作的基本原则：一是自觉遵循依法治国基本方略的方向指引；二是始终坚持党对立法工作的全面领导；三是充分体现人民当家作主的本质要求；四是统筹把握以服务高质量发展为重点的立法任务；五是切实强化立良法保善治的目标追求。

根据立法规划，江苏省第十三届人大任期内每年将制定、修改法规 12 件左右，同时做好法规清理工作，进一步完善与国家立法相配套、与江苏高质量发展要求相适应的法规制度体系。根据需要和可能，安排正式项目 57 件，力争在本届人大任期内完成；安排调研项目 45 件，作为本届及下届人大立法的储备项目。在全部 102 件项目中，新制定项目 53 件、修改项目 49 件。按照调整范围和规范内容，102 件规划项目分为以下九个方面。

第一，在推动经济高质量发展方面，安排正式项目 8 件、调研项目 5 件。制定长江岸线保护条例，贯彻长江经济带发展战略，落实"共抓大保护、不搞大开发"要求。制定军民融合工作条例，推动军民融合发展。制定知识产权促进条例、产业技术研究机构条例、质量促进条例，修改促进科技成果转化条例，实施创新驱动战略，增强自主创新能力，提高发展质量。制定海洋经济促进条例，修改海域使用管理条例，促进沿海经济带发展。制定昆山深化两岸产业合作试验区条例，修改保护和促进台湾同胞投资条例、保护和促进华侨投资条例，深化两岸经济合作，促进台胞、华侨在江苏省投资兴业。修改中小企业促进条例，激励创新创业。制定粮食流通安全条例，保障粮食供应和质量安全。

第二，在维护市场秩序方面，安排正式项目 5 件、调研项目 5 件。制定地方金融条例、人力资源市场条例，促进要素市场健康发展。修改广告条例、实施《反不正当竞争法》办法、招标投标条例、城市房地产交易管理条例、建筑市场管理条例，规范市场行为，维护市场秩序。制定不动产登记条例，保护产权，维护不动产权利人合法权益。修改审计条例、国有企业法定代表人任期经济责任审计条例，进一步强化经济监督。

第三，在实施乡村振兴战略方面，安排正式项目 8 件、调研项目 2 件。制定农村公路条例、农田水利条例、乡村环境治理和保护条例、民宿业促进条例，修改村镇规划建设管理条例、种子条例、农民专业合作社条例、农村土地承包经营权保护条例、渔业管理条例、村民委员会选举办法，在乡村规划建设、乡村基础设施、农业生产条件、农村经营体制、农业经营主体、乡村环境整治、农村产业发展、村民自治等方面，形成比较完备的制度体系，为全面实施乡村振兴战略提供法治保障。

第四，在保护自然资源、生态环境方面，安排正式项目4件、调研项目7件。适应生态文明体制改革需要，制定洪泽湖保护条例，修改土地管理条例、矿产资源管理条例、野生动物保护条例，加强自然资源保护；制定水污染防治条例、土壤污染防治条例、环境监测条例、关于确定《环境保护税税目税额表》中所称"其他固体废物"具体范围的决定，修改环境保护条例、海洋环境保护条例、城市市容和环境卫生管理条例，构建环境保护制度体系，助力污染防治攻坚战，加大污染防治力度，持续改善人居环境。

第五，在推动社会主义文化繁荣兴盛方面，安排正式项目6件、调研项目3件。制定文化产业促进条例、关于促进大运河文化带建设的决定、地方志工作条例、网络文化市场管理条例、网络自媒体管理条例，修改历史文化名城名镇保护条例，繁荣地方文化，传承历史文化，净化文化市场，维护网络传播秩序，促进文化强省建设。制定革命历史类纪念设施、遗址和爱国主义教育基地条例，修改奖励和保护见义勇为人员条例、志愿服务条例，加强爱国主义教育，弘扬见义勇为、志愿服务美德，推进社会主义核心价值观融入地方立法。

第六，在保障和改善民生方面，安排正式项目8件、调研项目8件。制定职业教育校企合作促进条例、家庭教育促进条例、民办教育促进条例，修改学前教育条例，推动各类教育健康发展。制定急救医疗服务条例，修改发展中医条例、实施《传染病防治法》办法、职业病防治条例，发展医药卫生事业，保护公众健康。制定食品安全条例、生活饮用水卫生监督条例，修改食品小作坊和食品摊贩管理条例，保障舌尖上的安全。制定就业促进条例，修改工资支付条例，促进经济发展与扩大就业相协调，切实保障劳动者权益。制定社会救助条例，保障公民基本生活，促进社会公平正义。制定基本公共服务促进条例，修改法律援助条例，推进基本公共服务标准化、均等化。

第七，在创新社会治理方面，安排正式项目5件、调研项目9件。制定社会信用条例、社区治理条例，创新社会治理方式，推进国家治理能力现代化。制定城市公共交通安全保卫条例、沿海边防治安管理条例、小型无人驾驶航空器安全管理条例、大型群众性活动安全管理条例、学校安全条例、关于加强地震预警管理的决定，修改消防条例，加强各类安全管理，维护社会稳定，保障人民生命财产安全。制定刑满释放人员帮教工作条例、反家庭暴力条例，修改宗教事务条例、少数民族权益保障条例、未成年人保护条例，保护特殊群体权益，促进和谐社会建设。

第八，在加强基础设施建设与管理方面，安排正式项目4件、调研项目4件。制定水路交通运输管理条例、交通建设工程质量安全监督条例、治理公路超限运输条例、铁路安全管理条例、电信条例，修改电力保护条例、燃气管理条例、工程建设管理条例，更好地发挥水路、公路、铁路、电力、通信、燃气等基础设施在保障经济社会发展中的重要作用。

第九，在加强民主法治建设方面，安排正式项目9件、调研项目2件。修改实施宪法宣誓制度办法、法制宣传教育条例，促进全社会树立宪法意识，增强法治观念。修改人民代表大会常务委员会工作条例、规范性文件备案审查条例、授予荣誉公民称号条例、关于加强省级预算审查监督的决定和代表建议、批评和意见处理办法，制定街道人大工作委员会工作条例，落实人大工作新要求，完善人大工作制度，推动人大工作与时俱进。制定街道办事处条例、行政程序条例，修改信访条例，规范行政主体和行政程序，改进信访工作，深入推进依法行政、加快建设法治政府。

三　重点领域的立法进展

党的十九大以来，江苏省人大常委会法工委围绕实施"一带一路"、长江经济带建设、乡村振兴、生态环境保护等重大战略和江苏省委关注的教育改革、农民住房改善等重大问题，组织开展专题调研，对相关法律、法规进行研究梳理，掌握相关领域立法现状和未来立法空间，推动相关重点法规及时出台，加快形成支撑探索性、创新性、引领性发展的重点领域法规制度框架，发挥立法的引领和保障作用。根据2018年初主任会议通过、省委研究审定的江苏省人大常委会2018年度立法计划，共安排正式立法项目13件、预备项目15件、调研项目16件。此外，还有2017年度结转法规

3 件。截至 2019 年 1 月，省十三届人大常委会已审议通过关于修改《江苏省实施宪法宣誓制度办法》的决定、关于修改《江苏省大气污染防治条例》等 16 件地方性法规的决定、妇女权益保障条例、农村集体资产管理条例、关于修改《江苏省授予荣誉公民称号条例》的决定、地方志工作条例、省人民代表大会常务委员会议事规则、奖励和保护见义勇为人员条例、关于修改《江苏省湖泊保护条例》等 18 件地方性法规的决定、关于废止《江苏省环境保护条例》的决定、广告条例、不动产登记条例等 12 件法规案。正在审议、修改之中的法规案 4 件，包括水路交通运输条例、海洋经济促进条例、职业教育校企合作促进条例、家庭教育促进条例等。

（一）加强经济领域立法，促进乡村振兴，激发市场主体活力

为了规范农村集体资产管理，维护农村集体经济组织及其成员的合法权益，促进农村集体经济发展和乡村振兴，制定《江苏省农村集体资产管理条例》。条例认真贯彻落实中央关于农村集体产权制度改革精神，结合省情实际，因地制宜确定农村集体资产管理模式，对条例的适用范围、农村集体资产管理主体以及农村集体经济组织的设立等作出规定；妥善处理好立法规制和基层自治的关系，明确除集体资产监管必须由法规规定的事项外，对于适合交由章程规定、集体讨论决定的事项，在规范民主决策程序的基础上交由集体民主决策；突出改革重点，规范股份合作改革和权能的行使，专章对股份合作制改革的形式、性质和改革程序等进行规定，让农民真正成为改革的参与者与受益者。

为了适应互联网时代广告发展的新要求，促进广告业健康发展，修改《江苏省广告条例》。条例落实国务院"放管服"改革和简政放权的要求，取消了户外广告登记等事项的行政许可，进一步激发市场活力；适应工商管理体制改革的需要，将广告监督管理主体调整为市场监督管理部门；适应互联网广告发展的现状，对互联网广告作了具体规范；落实社会主义核心价值观融入地方立法，明确了大众传播媒体、户外广告设施发布公益广告的要求；修改了规范广告内容的相关条款，排除了一些疑似绝对化的广告用语，对问题突出的分类广告作了有针对性的规范；结合实际，对广告费用的认定作了具体规定，增强了可操作性。

为了规范不动产登记工作，方便群众登记申请，保护权利人的合法权益，制定《江苏省不动产登记条例》。条例立足江苏省实际，进一步简化不动产登记程序，将集中办理登记业务，实现房屋交易、纳税、登记一体化作为原则写入总则，规定不动产登记机构应当根据需要增加办公服务场所，在银行、公积金管理中心等场所设立不动产抵押登记便民点，压缩不动产登记办理时限，明确可以一并申请登记的情形；进一步细化登记机构的审查职责，规定不动产登记机构受理不动产登记申请后，应当对申请材料进行查验，必要时可以进行实地查看、调查、公告；进一步推动不动产信息查询和共享安全，规定不动产登记机构可以根据实时互通共享取得的信息对申请材料进行核对，充分体现了便民利民导向。

（二）加强社会领域立法，保障和改善民生，弘扬社会主义核心价值观

为了保障妇女的合法权益，促进男女平等，制定《江苏省妇女权益保障条例》。条例规定了妇女议事会制度和政策法规性别平等评估机制，提升妇女对基层公共事务的参与度；加强女性劳动权益保障，要求用人单位在招用劳动者时，不得以性别或者变相以性别为由拒绝接收符合条件的女性或者提高女性的报名、录用标准，不得在劳动合同中规定或以其他方式限制女性结婚、生育；创新规定了"共同育儿假"，鼓励男方所在用人单位安排男方享受不少于五天的共同育儿假；保护农村妇女合法权益，规定农村妇女与男子平等获得农村集体经济组织成员身份，平等享有农村土地承包经营权、宅基地使用权、集体收益分配权，充分发挥妇女在中国特色社会主义建设中的作用。

为了加强和规范见义勇为人员奖励和保护工作，保障见义勇为人员的合法权益，制定《江苏省奖励和保护见义勇为人员条例》。条例明确了见义勇为人员的定义，细化了见义勇为基金会的职责；规范了见义勇为人员的确认和奖励，放宽了见义勇为申报、举荐的时限，细化了"见义勇为英雄"、"见义勇为模范"和"见义勇为先进个人"三种称号的授予主体和条件；强化对见义勇为人员的保护和优抚，规定对见义勇为人员所受伤病、并发病症的基本医疗费用中个人支付部分，由见义勇为人员奖励和保护经费支付，

教育部门应当安排因见义勇为死亡或者致残人员的适龄子女进入公办幼儿园或者非营利性民办幼儿园，并减免保育教育费用等，大力弘扬社会正气。

为了规范地方志工作，促进地方志的开发利用，制定《江苏省地方志工作条例》。条例完善了地方志编纂体系，在国家规定的"地方志书和地方综合年鉴"基础上增加了"地方专题志书"内容，鼓励有关方面组织编纂部门志、行业志、乡镇（街道）志以及村（社区）志等其他志书；明确了地方志书审查验收制度，完善了资料积累和资料长编的有关规定；要求县级以上地方人民政府应当将地方志的开发利用纳入现代公共文化服务体系，加强方志馆的建设，建立地方志全文数据库和资源共享平台，方志馆、地方志资源共享平台免费向公众开放；鼓励和支持公民、法人和其他组织利用地方志资源，参与挖掘、整理、出版相关地情文献资料，开展影视作品及其他文学艺术创作，传播地方历史文化。

（三）注重政治领域立法，维护宪法权威，加强人大常委会自身建设

为了适应国家立法的新变化和国家监察体制改革的新情况，激励和教育国家工作人员更好地忠于宪法、遵守宪法、维护宪法，修改实施《江苏省实施宪法宣誓制度办法》。办法根据党的十九大、十九大修改的党章以及宪法修正案关于我国奋斗目标表述的变化，对宪法宣誓的誓词作了相应修改；适应国家监察体制改革的新情况，增加了与监察委员会有关的内容，将地方各级监察委员会有关人员纳入宪法宣誓范围；贯彻落实《中华人民共和国国歌法》有关要求，明确宣誓仪式奏唱国歌，进一步完善宪法宣誓制度，捍卫了宪法尊严。

为了保障江苏省人大常委会依法有序行使职权，规范江苏省人大常委会会议的召开，提高议事质量和效率，修改《江苏省人民代表大会常务委员会议事规则》。规则规定了办公厅提出会议建议议程、会期安排和列席人员范围的具体时间，对有关材料的报送、常委会组成人员开展调研、做好审议发言准备提出明确要求；严肃会风会纪，要求常委会组成人员应当保证时间和精力参加常委会会议等工作，明确了请假程序、会议出席情况通报和缺席会议的法律后果；细化了听取议案说明和报告的内容，规定了不

同主体提出议案所作说明的具体人员要求；在审议和发言专章，围绕常委会组成人员、列席人员审议议案和报告的发言内容、发言形式以及发言时间等作了全面规范；确立审议意见落实情况满意度测评制度，适应当前江苏省人大工作发展的新形势新任务新要求。

为了表彰和鼓励为江苏省经济建设、社会发展和对外交流与合作等作出突出贡献的外国人，加大促进江苏省对外开放和国际合作的力度，深入推进友城全方位、多领域、深层次的交流与合作，修改《江苏省授予荣誉公民称号条例》。条例根据中央的要求，将"江苏省荣誉公民"修改为"江苏省荣誉居民"；适应对外开放进一步深化的现实要求，修改了授予荣誉称号的条件，适当扩大授予荣誉称号的领域和范围，增强了时代性、针对性、适应性；明确了荣誉称号获得者享有的应邀列席省人民代表大会会议，应邀参加本省举办的重大纪念庆典等活动，在本省居住的享受相关同城居民待遇等方面的具体礼遇，鼓励国际友人为江苏改革开放事业贡献积极力量。

四　生态环境保护法规的全面清理

2018 年全国人大常委会办公厅下发《关于落实全国人大常委会决议要求做好生态环境保护地方性法规全面清理工作的通知》，布置对大气污染防治、生态环境保护法规的全面清理工作。江苏省人大常委会把贯彻落实《全国人民代表大会常务委员会关于全面加强生态环境保护依法推动打好污染防治攻坚战的决议》，做好江苏省人大常委会生态环境保护地方性法规全面清理工作列为 2018 年常委会的一项重要任务。2018 年 9 月 21 日，江苏省十三届人大常委会第五次会议作出《关于聚焦突出环境问题依法推动打好污染防治攻坚战的决议》，要求聚力推进该决议的全面执行和落地见效，打好污染防治攻坚战。省人大常委会法工委根据全国人大常委会对本次全面清理的工作要求，结合 2017 年开展的生态环境保护地方性法规专项清理工作，明确了清理工作应当掌握的具体标准，凡是不符合标准的地方性法规、规章等，都应当予以修改、废止：①不符合不衔接不适应法律规定、中央精神、时代要求的；②法律、行政法规对不利于生态文明建设和环境保护有关行为作出禁止性规定或限制性规定，地方性法规有选择地作出禁止性规定以及放松限制的；③法律、行政法规就涉及生态文明建设和环境保护的行政许可条件作出了明确规定，地方性法规违反上位法放宽许可条件的；④法律、行政法规对违反生态文明建设和环境保护有关规定给予行政处罚的行为、种类、幅度有明确规定，地方性法规有选择地作出规定或者作出从宽从轻规定的；⑤其他相关的需要清理的内容。

2018年8月16日，江苏省人大常委会法工委主持召开省生态环境保护地方性法规全面清理工作部署会议，对清理工作作了分工、部署，明确清理标准和清理工作时间表。2018年8月，江苏省人大常委会办公厅向省政府办公厅印发了《关于组织开展生态环境保护的政府规章和规范性文件全面清理工作的函》，督促省政府开展规章及其他规范性文件的清理工作；向13个设区的市人大常委会印发了《关于落实全国人大常委会决议要求做好生态环境保护地方性法规全面清理工作的通知》，要求设区的市人大常委会组织有关方面抓紧开展本市生态环境保护地方性法规、规章和规范性文件的全面清理工作。

江苏省人大常委会法工委对现行有效的250余件省法规进行了全面梳理，提出涉及生态环境保护的省法规目录共71件。2018年8月21日，江苏省人大常委会法工委印发了《关于进一步做好生态环境保护地方性法规清理工作明确职责分工的函》，将梳理出的71件法规分送相关委员会和政府有关部门，供各相关部门清理时参考。针对各部门上报的清理方案和2017年开展专项清理时需要继续研究的《江苏省农业生态环境保护条例》《江苏省城乡供水管理条例》2件地方性法规，在广泛听取各方意见后，形成了《〈江苏省湖泊保护条例〉等十八件地方性法规修正案（草案）》和《废止〈江苏省环境保护条例〉（草案）》2个议案的建议稿。2018年11月12日，主任会议讨论决定将2个议案提请11月召开的常委会会议审议。2018年11月23日，省十三届人大常委会第六次会议通过了关于修改《江苏省湖泊保护条例》等18件地方性法规的决定和关于废止《江苏省环境保护条例》的决定。其中，修改的18件法规分别是：《江苏省湖泊保护条例》《江苏省水利工程管理条例》《江苏省水资源管理条例》《江苏省防洪条例》《江苏省人民代表大会常务委员会关于加强饮用水源地保护的决定》《江苏省水库管理条例》《江苏省全民义务植树条例》《江苏省野生动物保护条例》

《江苏省矿产资源管理条例》《江苏省地质环境保护条例》《江苏省发展新型墙体材料条例》《江苏省散装水泥促进条例》《江苏省农业生态环境保护条例》《江苏省内河水域船舶污染防治条例》《江苏省绿色建筑发展条例》《江苏省大气污染防治条例》《江苏省机动车排气污染防治条例》《江苏省人民代表大会常务委员会关于促进农作物秸秆综合利用的决定》。废止的 1 件法规是《江苏省环境保护条例》。

根据江苏省人大常委会的统一部署和要求，江苏省 13 个设区的市人大常委会也相应成立了生态环境保护地方性法规全面清理工作小组，制定了工作方案，严格对照清理标准开展清理工作，对需要修改、废止的地方性法规提前报省人大常委会法工委进行审查。省人大常委会法工委及时加强指导，对修改方案进行逐条研究讨论，提出修改意见和建议。南京、无锡、徐州、苏州、连云港 5 个市人大常委会对 13 件市法规作出修改，对 1 件市法规予以废止，已报请省人大常委会批准。常州、南通、淮安、盐城、扬州、镇江、泰州、宿迁 8 个市人大常委会，经逐一梳理对照未发现需要列入清理的地方性法规。其中，修改的 13 件法规是：南京市 2 件，《南京市水资源保护条例》《南京市汤山旅游资源保护条例》；苏州市 5 件，《苏州市禁止猎捕陆生野生动物条例》《苏州市阳澄湖水源水质保护条例》《苏州市危险废物污染环境防治条例》《苏州市城市绿化条例》《苏州市湿地保护条例》；无锡市 3 件，《无锡市排水管理条例》《无锡市供水条例》《无锡市蠡湖景区条例》；徐州市 2 件，《徐州市市容和环境卫生管理条例》《徐州市无偿献血条例》；连云港市 1 件，《连云港市海洋牧场管理条例》。废止的 1 件法规是《苏州市航道管理条例》。

2018 年 10 月 15 日，江苏省政府向国务院报送了《江苏省人民政府关于报送开展生态环境保护规章、规范性文件清理结果的报告》，并同时寄送给江苏省人大常委会。清理结果主要如下：规章方面，拟废止规章 2 件（《江苏省排放水污染物许可证管理办法》《江苏省大气颗粒物污染防治管理办法》），拟修改规章 1 件（《江苏省污水集中处理设施环境保护监督管理办法》）。规范性文件方面，已废止规范性文件 130 件，已修改规范性文件 1 件，拟废止规范性文件 89 件，拟修改规范性文件 28 件。

设区的市在规章方面，已废止规章 3 件（《无锡市机动车辆排气污染监督管理办法》《无锡市城市供水管理办法》《无锡市蠡湖惠山风景区管理办法》），拟废止规章 1 件（《徐州市危险废物管理办法》），拟修改规章 8 件（《南京市环境自动监测监控管理办法》《徐州市危险废物管理办法》《徐州市餐饮服务业环境管理办法》《徐州市机动车排气污染管理办法》《无锡市水文管理办法》《无锡市禽畜养殖污染防治管理办法》《无锡市水利工程管理办法》《无锡市饮用水源保护办法》）。规范性文件方面，已废止规范性文件 280 件，已修改规范性文件 28 件，拟废止规范性文件 80 件，拟修改规范性文件 58 件。

　　江苏省地方立法着力以最严格最严密的生态环境保护法律法规制度，为打好污染防治攻坚战提供法律法规依据和保障，促进生态环境持续改善。在本次生态环境保护地方性法规全面清理工作的基础上，进一步加强环境保护地方性法规的立、改、废、释等工作，在立法规划和立法计划安排上把制定、修改生态环境保护相关地方性法规的项目摆在重要位置，予以重点考虑。江苏省 2018—2022 年立法规划中，属于生态环境保护类的立法项目有 13 件：《江苏省乡村环境治理和保护条例》《江苏省水污染防治条例（修改）》《江苏省土壤污染防治条例》《江苏省环境监测条例》《江苏省长江岸线保护条例》《江苏省海洋经济促进条例》《江苏省渔业管理条例（修改）》《江苏省城市市容和环境卫生管理条例（修改）》《江苏省野生动物保护条例（修改）》《江苏省海洋环境保护条例（修改）》《江苏省洪泽湖保护条例》《江苏省生活饮用水卫生监督条例》《江苏省生态环境保护条例》。① 江苏各市人大常委会五年立法规划和 2019 年立法计划中结合本地实际，将一些生态环境保护的项目列入了规划、计划。2019 年南京拟修改大气污染防治条例；无锡拟修改市容和环境卫生管理条例、城市绿化管理条例等；苏州拟制定苏州市生活垃圾分类管理条例；连云港拟制定海岛保护条例；盐城拟制定黄海湿地保护条例；宿迁拟制定扬尘污染防治条例等。

---

① 《江苏省人大常委会 2018—2022 年立法规划》，载江苏省人民代表大会常务委员会官网，http://www.jsrd.gov.cn/zyfb/gzjh/201807/t20180712_500911.shtml，最后访问日期：2019 年 3 月 15 日。

五 推升立法质量的新举措

党的十八届四中全会提出，"探索建立有关国家机关、社会团体、专家学者等对立法中涉及的重大利益调整论证机制"，"对部门间争议较大的重要立法事项，由决策机关引入第三方评估"。[①] 2017 年 12 月 18 日，全国人大常委会办公厅印发了经十九届中央全面深化改革领导小组第一次会议审议通过的《关于立法中涉及的重大利益调整论证咨询的工作规范》《关于争议较大的重要立法事项引入第三方评估的工作规范》。党的十九大作出了中国特色社会主义进入新时代的重大政治判断，对新时代立法工作作出重大部署，提出"推进科学立法、民主立法、依法立法，以良法促进发展、保障善治。"[②] 全国人大常委会立法工作会议和第二十四次全国地方立法工作座谈会对提高地方立法质量提出明确要求。2018 年，江苏省委全面深化改革委员会审议通过《关于地方性法规制定过程中涉及的重大利益调整论证咨询的工作规范》《关于地方性法规制定过程中争议较大的重要立法事项引入第三方评估的工作规范》；江苏省人大常委会党组通过《中共江苏省人大常委会党组关于进一步提高地方立法质量的若干意见》。制定"两规范一意见"是江苏省委、省人大常委会党组围绕推进高质量立法作出的重要部署和举措。

论证咨询工作规范共有 26 条，主要内容可以概括为以下几个方面。①明确了适用范围。对省地方性法规制定过程中涉及的重大利益调整进行论证咨询，适用本规范（第二条）。②规定了重大利益调整论证咨询的含义。按照规定的程序和本规范的要求，邀请有关方面的人员，对地方性法规制定过程中涉及的重大权利义务关系、利益利害关系的设定、变动等调整问题，进行专题论证咨询的活动（第三条）。③规定了重大利益调整论证咨询的适

---

① 《中共中央关于全面推进依法治国若干重大问题的决定（二〇一四年十月二十三日中国共产党第十八届中央委员会第四次全体会议通过）》，《人民日报》2014 年 10 月 29 日第 1 版。

② 习近平：《决胜全面建成小康社会 夺取新时代中国特色社会主义伟大胜利——在中国共产党第十九次全国代表大会上的报告（2017 年 10 月 18 日）》，《人民日报》2017 年 10 月 28 日第 1 版。

用条件。明确地方性法规创制性规定涉及五个方面重大利益调整事项的，应当进行论证咨询（第四条）。④明确了责任主体和具体形式。规定地方性法规草案起草、审查修改中涉及重大利益调整的，由承担牵头起草工作任务的部门或者单位、政府法制机构、省人大常委会法工委组织开展论证咨询的具体工作（第五条）。开展论证咨询工作，根据地方性法规草案所涉事项的具体情况，可以采取论证会、听证会、委托研究、咨询等形式进行（第六条）。⑤规定了论证、听证、委托研究、咨询的适用情形。明确地方性法规草案涉及重大利益调整，且有关问题专业性、技术性较强，需要进行可行性评价、风险评估的，应当召开论证会，听取相关专业机构、专业人员的意见和建议（第八条）。地方性法规草案涉及重大利益调整或者存在重大意见分歧，对自然人、法人和非法人组织的权利义务有较大影响，社会公众普遍关注，需要进行听证的，应当召开听证会，听取利益利害关系方的意见和建议（第十二条第一款）。对于地方性法规制定过程中遇到涉及重大利益调整的重大疑难问题，专业性、技术性较强的问题和社会生活中新出现的问题，可以委托高等院校、科研机构、专业智库、学术团体、律师事务所等开展专项研究（第十五条）。地方性法规草案涉及重大利益调整的，可以就特定问题或者事项向有关国家机关、人民团体、专家学者、专业技术人员、行业协会等进行咨询（第十八条第一款）。⑥明确了论证咨询工作成果的运用。论证咨询后形成的论证报告、听证报告、专项研究报告、咨询意见书等论证咨询报告和材料，应当作为起草修改地方性法规草案和做好相关立法工作的重要参考（第二十一条第一款）。

第三方评估工作规范共有20条，主要内容可以概括为以下几个方面。①明确了适用范围。省人大常委会在地方性法规制定过程中，对争议较大的重要立法事项引入第三方评估，适用本规范（第二条）。②确定了第三方评估的含义。由利益利害关系方以外的专业机构（即第三方），运用科学、系统、规范的评估方法，对争议较大的重要立法事项进行专项研究和综合评估，并提交评估报告，为立法决策提供参考的活动（第三条）。③规定了第三方评估的适用条件。明确必须是法律、行政法规没有明确规定，属于五个方面有较大争议的重要立法事项（第四条）。④规定了第三方条件和选择要求。明确接受委托的第三方专业机构应当符合五个方面的条件（第七条）。选择第三方应当坚持公开、透明、择优的原则，根据评估事项的具体情况，可以采用定向委托、招标等方式（第八条）。⑤规定了评估实施程序和要求。明确委托方应当与选定的第三方签订委托协议（第九条）。受托方按照委托协议的要求提出评估方案，评估方案经委托方审核后，由受托方组织实施（第十条）。受托方开展评估工作，应当做到客观、独立、公正，不得进行可能影响评估客观性、独立性、公正性的活动，不得弄虚作假、抄袭剽窃（第十一条第二款）。委托方应当对受托方开展评估的情况及其成果进行验收（第十三条）。⑥明确了评估成果的运用。评估报告作为协调处理有关争议事项、修改完善地方性法规草案和做好有关立法工作的重要参考（第十四条第一款）。

从功能定位来看，论证咨询工作规范主要解决在省地方性法规制定过程中，地方性法规草案的创制性规定涉及重大利益调整的，应当如何进行论证咨询的问题。第三方评估工作规范主要解决省人大常委会在地方性法规制定过程中，有关方面对地方性法规草案中法律、行政法规没有明确规定的重要立法事项有较大争议的，如何引入第三方进行评估的问题。对比中央深改组审议通过的工作规范，在"两个工作规范"中主要细化了以下几个方面的内容。①细化了适用范围，明确设区的市在地方性法规制定过程中进行论证咨询和引入第三方评估，参照适用本规范。②细化了事项范围，明确地方性法规的创制性规定涉及重大利益调整的应当进行论证咨询，有关方面对法律、行政法规没有明确规定的重要立法事项有较大争议的可以引入第三方评估。③细化了责任主体，规定政府法制机构在审查修改地方性法规草案中涉及重大利益调整的，应当组织开展论证咨询，或者要求承担牵头起草工作任务的部门或者单位组织开展论证咨询。④细化了工作要求，明确召开论证会、听证会和进行专项研究、咨询的具体程序，对第三方评估工作方案、第三方选择、签订委托协议等作了具体规定。⑤细化了成果运用方式，明确有关论证咨询报告和材料、评估报告作为修改完善地方性法规草案的重要参考，可以作为参阅资料印发常委会会议。

若干意见的主要创新举措可以概括为以下几个方面。第一，为了保证立法规划有效实施，提出制定立法规划实施意见，明确立法规划正式项目的提案主体、牵头起草单位、分工联系的省人大专门委员会或者常委会工作机构，落实工作责任，细化任务要求；围绕实施"一带一路"、长江经济带建设、乡村振兴、生态环境保护等重大战略以及将社会主义核心价值观融入地方立法的要求，组织对相关法律法规的研究梳理，准确把握立法需求，并适时委托有关机构开展相关领域立法前评估，推动相关重点法规及时出台；对立法规划实施情况进行研究评析，根据中央和省委重大战略部署，全国人大常委会、国务院立法规划和计划的制定、调整等情况，适时对立法规划作出调整优化。

第二，为了保证法规草案起草质量，规定对政府有关部门和单位牵头起草的法规草案，人大专门委员会、常委会工作机构要提前介入，加强督促指导。对重大立法项目，成立由省人大专门委员会或者常委会工作机构、省政府法制机构、牵头起草单位参加的领导小组和起草小组，统筹协调解决法规草案起草中的重要事宜，联合开展起草工作。对未在法定时限内提请省人大常委会会议审议的法规案，一般不列入当次常委会会议议程。

第三，为了更好地发挥常委会组成人员和人大代表在审议中的主体作用，组织常委会组成人员和部分代表深度参与立法活动，由常委会组成人员和有关代表从立法计划中选择拟深度参与的法规，专门委员会、常委会工作机构在起草、审议、审查法规草案以及立法调研时，应当邀请相关常委会组成人员和有关代表参加。建立重要法规审议前解读制度，对于经主任会议研究认为需要进行审议前解读的重要法规草案，在初次审议时由提案主体向常委会组成人员解读法规主要内容，介绍法规草案的立法背景、重要制度设计、争议意见处理等，使常委会组成人员深入了解法规草案内容及其关键条款。

第四，为了推动法规有效实施，提出严格落实法规实施情况报告制度，明确法规施行满两年的，法规规定的省有关主管机关应当就法规实施情况向省人大常务委员会作出书面报告。省人大常委会可以通过听取和审议专项工作报告、开展执法检查等方式加强对法规实施情况的监督；完善立法后评估制度，对于重要的法规应当及时开展立法后评估，对法规施行效果进行全面调查、分析、评价，并根据评估情况及时对法规作出修改和完善。

第五，为了解决立法决策量化论证不足的问题，提出重视数据和新媒体技术在立法中的运用，规定在立法过程中，运用数据开展实证研究、量化分析，使数据成为确定法规制度的客观支撑。提高对大数据的分析、把握和运用能力，借助大数据改进立法调查研究的方式方法，加强定量分析，构建大数据辅助立法决策机制。积极运用新媒体及时公布立法信息，为公众关注和参与立法活动提供更加便利的渠道，提升公众参与立法的实效。

第六，为了加强对设区的市人大常委会立法工作的指导，探索设区市立法精品示范工程建设，规定省人大常委会法工委应当从设区的市人大常委会立法计划中选择 1~3 件具有典型意义的法规作为精品示范工程法规项目，提前介入法规草案审议、修改工作，全面提出修改意见建议，确保制定出高质量的法规示范文本，为其他设区的市人大常委会开展相关立法提供参考。

2018 年 12 月 27 日，江苏省人大常委会在镇江召开"两规范一意见"贯彻实施座谈会，目的是推进高质量立法，为江苏省高质量发展走在前列提供有力的法治保障，共同推动江苏省立法工作不断迈上新台阶。要求充分认识制定"两规范一意见"的重要意义。制定"两规范一意见"，是贯彻落实党的十八届四中全会精神和党中央决策部署的必然要求，是贯彻落实第二十四次全国地方立法工作座谈会和全省立法工作会议精神的重要举措，是认真落实全国人大常委会立法工作决策部署和省委对立法工作最新要求的自觉行动，是推进科学立法、民主立法、依法立法的重要保证。"两规范一意见"在总结固化过去立法中的一些成功经验的同时，进一步健全了法规项目征集和论证、法规起草、审议等环节的机制，为提升科学立法、民主立法、依法立法水平提供了有力的制度支撑和重要保证。要严格落实"两规范一意见"规定的法规立项、起草、审议、实施机制相关制度要求，完善立法决策支持和辅助系统。要加强协调配合，形成工作合力。要充分发挥人大主导作用。省和设区的市人大常委会要按照"两规范一意见"的要求，不断健全完善法规立项、起草、审议等工作机制，严格把好法规立项关、起草关、审议关，在立法全过程发挥主导作用。

围绕贯彻落实"两规范一意见"，切实提升立法质量，江苏省人大法制委、常委会法工委采取了以下具体措施。

一是组建新一届江苏省人大法制专业代表小组。为了拓宽闭会期间代表参与立法工作的渠道，发挥代表的专业优势和履职实效，推动立法工作水平和质量的提高，江苏省人大常委会遴选了 24 位法治经验丰富的省人大代表成立新一届江苏省人大法制专业代表小组，明确了法制专业代表小组成员分工的法规项目。法制专业代表小组成员积极参加立法调研等活动，为法规的修改完善提出了许多好的意见和建议，发挥了人大代表在立法工作中的主体作用。

二是聘任立法决策咨询专家。为了发挥专家的"外脑"作用，增强实际工作者与理论工作者的优势互补，经过有关方面推荐和遴选，10月12日，江苏省人大常委会聘任了114名决策咨询专家。其中，立法决策咨询专家42名，包括部分省外著名法学专家，涉及经济法、行政法等不同法律学科。立法决策咨询专家积极参与到法规案的起草、调研、修改中，提出了许多专业意见、建议，充分发挥了立法咨询参谋的作用，有效提升了科学立法决策水平。

三是加强对法规重要内容的研究论证。对专业性较强、争议较大的重大问题进行论证，是增强立法科学性的有效做法。为了更好地修改完善省人大常委会议事规则，专门召开专家论证会，邀请了8位立法决策咨询专家和规范性文件备案审查咨询专家，就草案修改稿中有关篇章结构、会议准备、出席和列席、审议和表决等程序性规定和合法性问题听取专家意见，使议事规则规定更加科学合理、更具可操作性。在审查修改省广告条例修订草案时，专门召开表决前评估论证会，邀请了部分立法决策咨询专家、广告主、广告经营者、广告发布者、广告业协会、消费者协会等方面的代表，围绕广告内容的统一规范、互联网广告、公益广告等问题，就草案主要制度规范的可行性、法规出台时机、法规实施社会效果和可能出现的问题等进行评估，进一步拓宽了审查修改法规的视野，为制定规范江苏省广告业健康发展的地方性法规提供了更具针对性的智力支持。

四是继续推进公民对立法的有序参与。立法工作更加公开透明。坚持做到立项公开、过程公开、结果公开，所有省法规草案都在江苏人大网上公布，以便于公众了解、知晓地方性法规的制定过程以及立法工作的进展情况，从而更好地参与立法，提出意见和建议，为立法决策提供依据。征求意见更加广泛深入。坚持做到所有的法规草案都向省辖市人大常委会、省相关部门、部分省人大代表和立法决策咨询专家书面征求意见。立法调研更加接地气。坚持有针对性地开展立法调研，直接听取市县人大、政府有关部门、管理相对人以及专家、代表对法规修改完善的意见和建议，努力增强立法调研实效。在审查修改农村集体资产条例草案时，法工委率调研组深入基层，走访了盱眙县林山村马坝镇多家普通农户，就农村土地承包权、集体经济组织成员确认、收益分配等事项倾听农民意见，了解到了更多最实际的情况，为出台符合江苏乡村实际的法律打下了坚实基础。

六 规范性文件的备案审查

对有关规范性文件开展备案审查，是宪法法律赋予地方各级人大常委会的一项重要职权。2018 年 11 月，江苏省人大常委会首次听取和审议了省人大常委会法工委关于备案审查工作情况的专项报告。报告系统全面总结备案审查工作取得的成绩，深入剖析备案审查工作存在的问题和不足，对进一步推进备案审查工作制度建设提出了要求。专项工作报告得到了常委会组成人员的充分肯定。江苏省备案审查工作的主要措施如下。

（一）将备案审查工作作为常委会立法监督工作的重要抓手

党的十九大报告指出，加强宪法实施和监督，推进合宪性审查工作，维护宪法权威。[①] 对规范性文件实行备案审查，是维护宪法法律尊严、保障宪法法律实施、保证国家法制统一的重要制度安排，是全面贯彻实施宪法，加强宪法监督，坚持全面依法治国的重要保障。全国人大常委会领导多次就备案审查工作作出重要安排，提出明确要求。第二十四次全国地方立法工作座谈会指出，对各类规范性文件进行备案审查，是宪法、立法法、监督法明确规定的制度，是符合中国国情、具有中国特色的立法监督制度，从更广义义上讲，也是地方立法工作中的两项重要内容，应当严格执行。行政法规、地方性法规、地方政府规章、司法解释和各类规范性文件，都应当纳入人大备案审查范围。加强改进备案审查工作，健全备案审查衔接

---

① 参见习近平《决胜全面建成小康社会 夺取新时代中国特色社会主义伟大胜利——在中国共产党第十九次全国代表大会上的报告（2017 年 10 月 18 日）》，《人民日报》2017 年 10 月 28 日第 1 版。

联动机制，有件必备、有备必审、有错必纠，保证中央令行禁止，保证宪法法律法规有效实施，维护国家法制统一。①

江苏省人大常委会高度重视备案审查工作，2015 年通过了《关于全面推进依法治省的决议》，将"有件必备、有备必审、有错必纠"确立为全省各级人大常委会备案审查工作的新目标和开展备案审查工作应当遵循的原则；将备案审查工作纳入重要监督工作计划，在每年工作报告中向省人代会报告备案审查工作情况。2018 年，省政府、设区的市人大及其常委会和设区的市政府，积极适应全面依法治国新要求，依照法定权限和程序开展有关规范性文件的制定和报备工作，自觉坚持与宪法、法律、行政法规、地方性法规保持一致，主动接受省人大常委会监督，为贯彻落实党中央、全国人大常委会决策部署，有效实施宪法法律法规，维护中国特色社会主义法律体系科学和谐统一，维护国家法制统一作出了重要贡献。

（二）认真做好备案和审查工作

江苏省人大常委会法工委与办公厅、各相关委员会密切配合，坚持以习近平新时代中国特色社会主义思想为指导，认真贯彻落实党中央、全国人大常委会的决策部署，坚持党的领导、人民当家作主、依法治国有机统一，坚决维护宪法法律权威，依据宪法法律法规和有关规定，积极开展备案审查工作，取得明显成效。

1. 实现备案全覆盖

落实"有件必备"的工作目标，坚持规范性文件备案情况核查通报和网上公开制度，督促报备责任单位依法、及时进行备案。根据全国人大常委会的要求和部署，扩大备案审查范围，做到应备尽备。根据立法法、监督法等法律法规和江苏省规范性文件备案审查条例的规定，江苏省政府规章及其他规范性文件、设区的市人大及其常委会决议决定、设区的市政府规章，应当在公布后三十日内按照规定程序报省人大常委会备案。报送江苏省人大常委会备案的规范性文件，由江苏省人大常委会法工委负责接收、

---

① 参见栗战书《以新担当新作为书写新时代立法工作新篇章——在全国人大常委会立法工作会议上的讲话》，《中国人大》2018 年第 18 期。

登记、受理、移送、分送、反馈。江苏省十二届人大任职以来（截至 2018 年 10 月 31 日），共收到报送备案的规范性文件 410 件，其中省政府规章 37 件，省政府规范性文件 113 件，设区的市人大及其常委会决议决定 108 件，设区的市政府规章 152 件。2018 年共接收报送备案的规范性文件 62 件，其中，省政府规章 5 件，省政府规范性文件 16 件，设区的市政府规章 31 件，设区的市人大常委会决议决定 10 件，公民、法人和其他组织向省人大常委会提出审查建议 6 件（属于省人大常委会审查范围的 3 件，需要纠正的规范性文件 2 件）；向全国人大常委会、国务院分别报送地方性法规备案各 55 件。

备案是审查的前提。制定机关依法、及时将规范性文件按要求报送备案，直接关系后续审查工作的有效开展，也是制定机关自觉接受监督的重要体现。为了预防、减少各报备单位在报备过程中可能出现的应报不报、报送材料不完整、不统一、不规范的情形，增强报备单位责任意识，督促报备单位及时、准确做好报备工作，从 2018 年开始，核查情况和核查结果在江苏人大网全文公布。规范性文件报备情况核查通报，促进了各报备责任单位增强报备意识，主动完善报备制度，落实报备责任，有力地推动了规范性文件报备工作的开展。

2. 开展主动审查和被动审查

第一，主动审查，是指依据法律、法规赋予的职权，各相关委员会、法工委主动对报送省人大常委会备案的规章、决议决定和其他规范性文件进行的审查，也称依职权进行的审查。规范性文件报备后，江苏省人大常委会法工委根据规范性文件的不同内容、职责分工分送各相关委员会开展审查，同时进行同步审查。对于江苏省政府的规章和规范性文件，还同时委托 2 名备案审查咨询专家开展审查。前期审查工作均在一个月内完成，相关委员会和备案审查咨询专家书面反馈审查意见。引入专家开展对有关规范性文件的主动审查，在全国率先建立主动审查三方同步审查机制，得到了全国人大常委会法工委的充分肯定。经主动审查，发现规范性文件可能存在合法性问题、不适当情形的，由法工委会同相关委员会进行研究，提出审查意见。近几年来，对报备的规范性文件都开展了主动审查，实现了主动审查全覆盖。

为了认真做好主动审查工作，经审查发现可能存在合法性问题、不适当情形的，江苏省人大法工委与规范性文件的制定机关、审核机关和有关部门进行沟通、交换意见，了解规范性文件的制定目的和背景、有关条款，对存在的分歧共同研究，努力达成共识。经反复研究论证确实存在合法性问题、不适当情形的，建议纠正；对规范性文件多次出现的共性问题等进行集中反馈，提出改进意见，以促进规范性文件制定质量的提高。

第二，被动审查，是指法工委根据有关国家机关、社会团体、企业事业组织和公民依法书面提出的审查建议，对有关规范性文件进行的审查，也称依申请进行的审查。随着中国特色社会主义法律体系的形成及不断完善，全面依法治国不断深入，人民群众的法治意识明显增强，越来越注重通过法治手段在法律框架内表达利益诉求，维护自身合法权益。近年来，公民通过书面信函、备案审查信息平台、常委会主任信箱等方式提交审查建议的数量明显增加。江苏省十二届人大任职以来（截止到 2018 年 10 月 31 日），江苏省人大常委会法工委共收到公民、协会提出的审查建议 33 件，其中 2018 年 7 件。33 件审查建议中，对不属于江苏省人大常委会受理范围的，书面回复申请人告知其向有权机关提出；属于江苏省人大常委会受理范围的，江苏省人大常委会法工委逐一开展审查，并按照程序规定分送相关委员会，同时函送规范性文件的制定机关、审核机关和有关部门征求意见。法工委综合各方面意见进行研究，提出处理意见并一一予以回复。

江苏省人大常委会法工委对每一件审查建议逐一进行研究，根据情况召开部门沟通会、专家论证会进行协商研究，需要纠正的意见经法工委全体会议集体研究后确定，并根据情况向常委会分管领导报告。对审查中发现存在与法律法规相抵触或有不适当问题的作出相应处理。例如，根据 2018 年一位公民的审查建议，江苏省人大常委会法工委对江苏省有关审理劳动争议案件的指导意见中法院、劳动仲裁委不受理以劳动者要求支付 300% 年休假工资报酬为由的案件进行了审查研究，经与制定机关沟通，由相关单位自行纠正。

根据全国人大常委会法工委要求开展审查工作。这种审查方式的启动程序有别于主动审查、被动审查，按照全国人大常委会法工委的要求办理。例如，2018 年，根据全国人大常委会法工委的要求，江苏省人大常委会法工委会同相关委员会对有关工程建设招标项目范围的规定进行了审查，提出了审慎处理的意见，并将意见上报全国人大常委会法工委。

（三）加强备案审查制度和能力建设

1.完善备案审查制度和机制

法工委积极探索，认真总结实践经验，将一些符合工作实际、行之有效的主要做法规定下来，不断加强备案审查制度建设，完善工作机制。主任会议于2015年制定并于2018年全面修订了《规范性文件备案审查程序规定》。该程序规定对备案审查的职责分工、文件报备、备案登记、审查建议的受理和移送、审查程序、社会参与、处理机制和措施、处理结果反馈等内容和环节作出了明确、具体的规定，并对省人大常委会和省委、省政府的备案审查有关工作作了衔接性规定，初步建立了衔接联动机制。法工委于2014年制定、2018年修改的《备案审查专家组工作规定》，明确了备案审查咨询专家的条件、规模、聘期、工作任务及相关要求，为备案审查咨询专家参与备案审查工作提供了依据。

2.聘请专家参与备案审查工作

备案审查咨询专家组，是备案审查工作的审查辅助机构、咨询参谋机构，根据法工委的委托和约请，参与规范性文件的审查，参加专家论证会议以及集中审查、公开点评和研讨交流等活动。法工委于2015年聘请了21名专家，组建了备案审查专家组，是全国较早建立备案审查专家的省份。根据当前备案审查工作任务、规模和发展趋势，在2018年对备案审查咨询专家进行了重新选聘和扩充，从法制实务部门、法学教学科研单位等聘请了37名专家，成立了新一届的备案审查咨询专家组。四年来，备案审查咨询专家向法工委提供了130多份审查意见和建议，为法工委的审查工作拓宽了视野，提供了智力支撑。

3.持续推进备案审查信息化建设

以信息化建设提升备案审查工作能力和水平，是适应备案审查工作新形势新任务新要求，提高备案审查工作水平的一项重要的基础性工作。2009年省人大常委会开通了规范性文件的网上报备，2014年开通了规范性文件审查建议网上提交，并设置了备案审查信息板块。2016年，利用省人大常委会门户网站改版的契机，对备案审查网上原有的功能进行了整合。2018

年6月，根据全国人大常委会"标准、网络、内容、数据"四统一和互联互通的要求，建设完成并启用了全新的省人大常委会规范性文件备案审查信息平台（备案部分），规范、统一了备案审查网上电子报备的一系列格式标准。目前，根据全国人大常委会法工委提出的备案审查信息平台"两级建设、多级使用"的最新要求，正在全力建设全省统一的覆盖省市县三级人大的备案审查信息平台。

4. 着力提升备案审查工作能力

开展备案审查工作，应当具有较高的专业素质和业务水平，这是做好备案审查工作的前提条件。法工委高度重视备案审查工作人员的能力培养，注重工作人员审查能力和水平的提高。2014年，法工委举办了全省人大规范性文件备案审查人员培训班，对全省设区的市和部分县（市、区）人大备案审查工作人员进行了为期一周的培训。2015年，召开了全省人大规范性文件备案审查工作会议，总结交流全省人大规范性文件备案审查工作情况和经验，对工作中遇到的问题进行探讨。2016年，召开全省备案审查工作交流会，对各设区的市人大常委会备案审查工作进行总结交流，并对下一年备案审查工作进行部署。2017年，法工委举办全省人大立法培训班时专门安排了备案审查专题。2018年，法工委会同办公厅信息部门组织召开全省备案审查信息平台技术培训会议。

5. 指导和支持设区的市、县级人大常委会开展备案审查工作

每年的常委会工作报告和常委会立法工作座谈会都会对加强和改进市、县级人大常委会备案审查工作提出明确要求。各设区的市人大常委会于2010年前后，先后成立了备案审查工作机构，配备了专门工作人员。有的县级人大常委会，如宿迁市所辖县级人大常委会、苏州市部分县级人大常委会还设立了专门的备案审查工作机构（备案审查科），并配备了专门的工作人员。2015年，以赋予设区的市地方立法权为契机，法工委起草、办公厅印发了《关于加强市、县（市、区）人大常委会备案审查制度和能力建设的意见》，对设区的市、县级人大常委会提出了加强和改进备案审查工作的总体要求，明确了加强备案审查能力建设的具体措施。2017年，主任会议通过的《关于加强县级人大法制委员会建设的指导意见》，明确规定了县级人大法制委员会开展备案审查工作的具体职责。各设区的市人大常委会、县级人大常委会，按照要求不断建立和完善备案审查相关制度和机制，积极开展规范性文件的报备和审查工作，取得了一定的成效。

七　对设区市立法工作的督促指导

2018 年，江苏省人大常委会共审查设区的市人大常委会报批法规 44 件，是设区的市报批法规数量最多的一年。面对繁重的审查任务，江苏省人大常委会法工委始终坚持质量为先，加强业务指导，切实维护法制统一。

一是注重协调。自设区的市全面行使地方立法权以来，各市报批法规的数量激增，且报批时间比较集中，不利于常委会组成人员充分审议。为此，在 2019 年立法计划正式出台前，法工委提前把关、统筹协调，指导设区的市人大常委会适当控制立法项目数量，合理安排立法时序进度，确保设区的市法规报批工作有序开展。

二是提前介入。设区的市法规初次审议后，法工委即介入全过程审查。对审查中发现的问题，承办处室向分管领导汇报后，采用口头交换、书面反馈等方式及时与设区的市人大常委会法工委交换意见；一些意见较多、分歧较大的报批法规，则由分管领导带领承办处室相关人员赴设区的市人大或者邀请设区的市人大相关人员来省人大当面交换意见。通过沟通协商，努力达成共识，在法规通过前解决问题和分歧。

三是严把底线。在审查过程中，坚持高标准、严要求，坚决把住合法性和重大合理性审查关，重点审查报批法规是否超越立法权限，是否与宪法、法律、行政法规和本省地方性法规相抵触，是否与上位法的立法本意和精神相违背，是否符合党的路线、方针、政策，切实维护国家法制统一。在把好合法性审查关的基础上，法工委还积极提出意见建议，统筹处理好各方面的利益关系，突出地方立法特色，切实增强立法的针对性和可执行性。

四是示范推进。2018 年，首次组织实施设区的市立法精品示范工程，法工委选择了《无锡市文明行为促进条例》和《常州市住宅物业管理条例》两件设区的市报批法规，从合法性、合理性、立法技术规范等方面全面加强指导，帮助相关设区的市人大常委会制定出一个高质量的规范化文本，为其他设区的市开展相关立法提供参考。这一做法取得了良好效果。

五是培训指导。继续组织实施设区的市人大常委会立法工作人员跟班培训，安排淮安、泰州、宿迁3市人大常委会法工委的3名同志参加为期3个月的跟班学习培训，帮助设区的市培养立法人才。改善指导方式，法工委通过主动上门指导、组织业务研讨等方式，帮助设区的市人大常委会研究解决法规审议修改中的重大问题，不断提高地方立法质量。

八　长三角区域立法协作的积极推进

长三角地区是中国经济发展速度最快、经济总量规模最大、最具有发展潜力的区域，推动长三角一体化发展是党中央和习近平总书记作出的重大战略部署。为深入贯彻习近平总书记关于推动长三角地区更高质量一体化发展的重要指示精神，进一步落实长三角地区主要领导座谈会的部署要求和江苏省委相关决策部署，江苏省人大常委会积极参与立法协同实践，推动区域立法协同在支持和保障长三角区域一体化发展中的引领和保障作用。

2018年6月13～15日，进一步完善长三角地区一体化立法协同座谈会在上海召开。此次座谈会，围绕发挥地方立法对长三角一体化发展的支撑作用，认真贯彻习近平总书记关于长三角地区一体化发展的重要指示精神，进一步研究探索长三角地区一体化立法协同机制。会上，三省一市人大法制委、常委会法工委负责同志进行了探讨交流，并就长三角三省一市人大常委会工作协同协议（草案）提出完善修改意见。

2018年7月5～6日，长三角地区人大常委会主任座谈会在杭州召开。江苏省人大常委会介绍了江苏人大换届以来的工作情况，并就协力助推长三角更高质量一体化发展提出建议。习近平总书记2018年4月作出重要指示，明确了长三角更高质量一体化发展的新定位，为新时代长三角地区发展带来了难得的历史性机遇。江苏作为长三角地区的重要组成部分，以习近平总书记系列重要指示为根本遵循和奋斗指南，在上海的带动下，与兄弟省份紧密协作，在推动长三角地区更高质量一体化发展、更好引领长江经济带建设、更好服务国家发展大局上，扛起江苏责任、拿出江苏作为、作出江苏贡献。沪苏浙皖三省一市同处长三角地区，改革发展和人大工作中面临许多共同课题，本次会议的召开，为三省一市人大加强合作开创了新的起点。座谈会上，三省一市人大常委会共同通过长三角地区人大工作协作近期工作要点，并签署《关于深化长三角地区人大工作协作机制的协议》《关于深化长三角地区人大常委会地方立法工作协同协议》。根据协议，三省一市人大常委会将在以往交流合作的基础上，进一步建立健全主任座谈会机制和秘书长沟通协商机制，加强地方立法工作协同、强化监督工作联动、协同讨论决定重大事项、开展跨区域代表活动、联合组织专题调研、共享人大工作经验，努力为长三角实现更高质量一体化发展贡献人大智慧和人大力量。三省一市地方立法工作协同协议明确了长三角地方立法工作协同的指导思想、目标和基本原则，规定了开展立法协作的范围和侧重点，使长三角地方立法协作走上正规化、法制化道路。

2018年11月，江苏省人大常委会通过了《关于支持和保障长三角地区更高质量一体化发展的决定》，这是首次作出促进长三角地区更高质量一体化发展的决定。在立法协同方面，决定规定省及设区的市制定的地方性法规、政府规章、规范性文件的有关制度设计，应当加强与上海、浙江、安徽两省一市的协同，逐步做到标准协同、监管协同、处罚协同。省人大常委会法工委将主动加强与沪浙皖人大常委会法工委的配合，落实区域立法工作协同的相关要求，充分发挥区域立法协作对长三角地区区域协调发展的引领推动和保障促进作用。

九 2019年立法计划的制定通过

2018年江苏省人大常委会组织编制了《江苏省人大常委会2019年立法计划》。2019年立法计划的编制以习近平新时代中国特色社会主义思想为指导，深入贯彻党的十九大，十九届二中、三中全会以及全国地方立法工作座谈会，江苏省全省立法工作会议精神，按照江苏省第十三次党代会、江苏省委十三届三次全会的决策部署，落实新发展理念，推进和保障高质量发展，践行社会主义核心价值观，坚持"不抵触、有特色、可操作"立法工作方针，深入推进科学立法、民主立法、依法立法，紧紧围绕全省改革发展工作大局和人民群众关心的热点、难点问题，突出重点、统筹兼顾，科学安排立法项目，切实增强立法的及时性、系统性、针对性、有效性，充分发挥立法的引领和推动作用，为"强富美高"新江苏建设提供有力的法治保障。立法计划在编制过程中，重点把握以下几点。一是坚持围绕中心、服务大局。主动适应经济社会发展和改革需要，围绕打好防范化解重大风险、精准脱贫、污染防治三大攻坚战，将中央和江苏省委重大决策部署落实到立法计划中。二是坚持以人为本、立法为民。适应我国社会主要矛盾变化，积极回应人民群众的立法关切，把关系人民群众切身利益的立法项目作为重点，统筹兼顾其他立法需求。三是坚持问题导向、注重特色。坚持从江苏省情和实际出发，将立法的着力点更多放在解决江苏省发展不平衡不充分的制度性突出问题上，弥补相关制度的短板，体现江苏省经济社会发展的时代要求和地方特色。四是坚持立改废并举、维护法制统一。更加注重现行法规的清理修改工作，为改革发展清除障碍、提供保障，切实维护法律体系的和谐统一。

《江苏省人大常委会 2019 年立法计划》中，继续审议家庭教育促进条例、水路交通运输条例、海洋经济促进条例、职业教育校企合作促进条例、街道人大工作委员会工作条例等 5 件 2018 年度项目，此外，拟安排正式项目 12 件，预备项目 13 件，调研项目 15 件。① 立法计划的具体项目安排情况如下。

第一，在推动经济高质量发展方面，安排正式项目 3 件，预备项目 2 件，调研项目 5 件。修改电力保护条例，推动能源转型，切实保障电力生产、运行安全和电力市场秩序。修改燃气管理条例，加强燃气管理，促进燃气行业健康发展。制定粮食流通条例，促进粮食流通市场健康发展，维护粮食生产者、经营者和消费者的合法权益。制定地方金融条例，加强地方金融监管和金融风险防范处置，维护地方金融稳定。制定昆山深化两岸合作试验区条例，推动两岸合作试验区高质量发展，为先行先试提供法治保障。修改招标投标条例，规范招标投标行为，维护市场经济秩序。修改

① 《江苏省人大常委会 2019 年立法计划》，载江苏人大网，http://www.jsrd.gov.cn/zyfb/gzjh/201902/t20190212_511201.shtml，最后访问日期：2019 年 3 月 15 日。

中小企业促进条例，激励中小企业创业创新，维护中小企业合法权益。制定交通建设工程质量安全监督条例，加强交通建设工程的质量安全监管，发挥基础建设在保障经济社会发展中的重要作用。制定长江岸线保护条例，贯彻长江经济带发展战略，加强长江岸线保护和合理利用。修改促进科技成果转化条例，实施创新驱动战略，推动经济高质量发展。

第二，在保障和改善民生方面，安排正式项目3件，预备项目3件，调研项目2件。推进中央及省委新一轮教育改革的立法保障，修改学前教育条例，将国家和省出台的一系列学前教育方面的政策上升为法律规范，拟对管理体制、财政投入机制、配套幼儿园规划建设等作出新规定。修改实施《中华人民共和国义务教育法》，推动依法解决义务教育阶段存在的教育资源短缺、优质资源不均衡、学生负担过重、校外机构混乱等突出问题，切实提高义务教育的保障和教育水平，维护义务教育学生的合法权益，切实保障更多的学生能上学、上好学。制定电动车安全管理条例，加强电动车管理，保障交通安全畅通，维护公民、法人和其他经济组织权益。修改食品小作坊和食品摊贩管理条例，规范对小餐饮的管理，保证公众的食品安全。修改发展中医条例，促进中药保护与发展，发挥中医药在卫生和健康事业中的作用。制定城市公共交通行业治安保卫条例，规范城市公共交通行业治安防范工作，维护城市公共交通车辆运营安全和乘客人身财产安全，促进城市公共交通行业健康发展。修改职业病防治条例，维护劳动者权益，保障公众健康。修改法律援助条例，规范法律援助活动，保障经济困难的公民平等地获得法律服务和法律保护。

第三，在实施乡村振兴战略方面，安排正式项目3件，预备项目2件，调研项目2件。围绕苏北农村住房改善和乡村振兴战略，加强相关立法保障，加快苏北农村住房规划建设条例立法可行性研究。修改村镇规划建设管理条例，有效保障农民住房条件，改善村镇生产生活环境，促进农村现代化建设和小城镇建设。修改土地管理条例，适应国家即将修改土地管理法的新形势，切实保护耕地，加强土地资源和土地资产管理。修改村民委员会选举办法，保障村民依法行使民主选举权利，加强基层民主政治建设。制定农村公路条例，加强和规范农村公路的建设和管理，促进农业农村现代化建设。修改种子条例，保护和合理利用种子资源，保障供种安全和粮食安全。制定农田水利条例，促进农田水利发展，提高农业综合生产能力。修改农民专业合作社条例，促进农业和农村经济的发展。

第四，在保护生态环境方面，安排正式项目1件，预备项目1件，调研项目1件。制定环境监测条例，加强生态环境监测管理，规范生态环境监测活动，推进生态文明建设。制定水污染防治条例，防治水污染，保障公众健康，促进经济社会可持续发展。制定土壤污染防治条例，有效预防和治理土壤污染，保护和改善土壤环境，实现土壤资源的可持续利用。

第五，在创新社会治理、推动社会主义文化繁荣方面，安排正式项目2件，预备项目1件，调研项目3件。制定关于促进大运河文化带建设的决定，推进大运河文化带建设和保护，弘扬社会主义核心价值观，保护和传承大运河文化。修改宗教事务条例，规范宗教事务管理，维护宗教和睦与社会和谐，提高宗教工作法治化水平。制定社会信用条例，创新社会治理机制，规范信用信息管理，推进社会信用制度建设。制定文化产业促进条例，完善文化产业发展的促进和保障机制，加快文化产业发展步伐，增强文化软实力，促进文化强省建设。修改志愿服务条例，规范志愿服务活动，保障志愿者、志愿服务组织和志愿服务对象的合法权益，促进志愿服务事业发展。制定国家安全人民防线工作条例，加强新形势下江苏省国家安全人民防线工作，地方立法先行先试，为国家相关立法提供实践经验。

第六，在加强民主法治建设方面，安排预备项目4件，调研项目2件。修改法制宣传教育条例，加强法制宣传教育工作，贯彻实施依法治国方略，推进依法治省进程。修改规范性文件备案审查条例，修改省人民代表大会代表建议、批评和意见处理办法，修改省人民代表大会常务委员会联系省人民代表大会代表办法，制定预算审查监督条例，健全规范性文件备案审查工作、代表工作和监督工作，加强人大自身制度建设。制定行政程序条例，规范具体行政行为程序，推进依法行政，加快法治政府建设。

此外，计划还提出，要根据上位法的修改情况，对与上位法不一致、需要修改个别条款的法规集中进行打包清理；根据江苏省机构改革的要求，对涉及机构改革职能调整的法规适时进行打包清理。

B.4
广东省立法发展报告

汤善鹏 杨明凤 张 鹏*

摘　要： 作为我国改革开放的前沿阵地，广东省一直重视发挥立法在法治建设中的引领作用。2018 年，广东省本级和设区的市一级立法呈现出以下特点：立法事项涉及面较广；立法事项重点突出，省级立法在环境保护和民生法治方面成果显著；地方特色浓厚、立法创新性强；注重法规的适时性，立、改、废相结合。广东省市两级地方立法主要内容聚焦于：加快构建开放型经济体制；规范城乡建设与管理，实现城市治理创新；加强环境保护和历史文化保护；加强民生领域立法；实施人才发展战略，大力发展职业教育；增强法治意识，加强法治政府建设。

关键词： 广东；地方立法；立法进展

　　广东省是我国改革开放的前沿省份，也是我国的经济大省。近年来，广东省地方立法取得了显著成效，地方立法走在全国前列，为广东省经济社会发展提供了重要的制度保障。2018 年是改革开放 40 周年，广东省作为我国改

---

* 汤善鹏，南京师范大学中国法治现代化研究院研究员，法学博士；杨明凤，南京师范大学法学院硕士研究生；张鹏，南京师范大学法学院副教授，中国法治现代化研究院研究员，法学博士。

革开放的前沿区域，地方立法发展成果也成为中国法治建设在地方中的一个缩影和范本。因此，选择考察广东省在 2018 年的地方立法发展成果①就成为我们观察 2018 年中国法治现代化进程的一个有益的视角和个案。

一 广东省 2018 年地方立法进展概况

（一）广东省人大及其常委会 2018 年立法进展

2018 年，广东省人大及其常委会以习近平新时代中国特色社会主义思想指导地方立法实践，进一步加强和改进广东省立法工作，为实现"四个走在全国前列"提供强有力的法治保障。坚持党的领导，把党的领导贯穿到广东省立法工作全过程和各方面。坚决贯彻中央和省委重大决策部署，坚持立法重大问题向同级党委请示报告，对党委作出的立法决策坚决贯彻落实。重点深入学习宣传和贯彻实施宪法，更加自觉地尊崇宪法地位、弘扬宪法精神、维护宪法尊严、履行宪法使命。②

1. 基本概况

广东省人大及其常委会在 2018 年完成 37 件法规项目（见表 1），其中新制定 11 件，修改 21 件，废止 5 件（见图 1）。

表 1　2018 年广东省人大及其常委会立法基本概况

广东省人大及其常委会立法基本概况
《广东省人民代表大会常务委员会关于在中国（广东）自由贸易试验区和复制推广"证照分离"改革试点具体做法的区域调整实施本省有关地方性法规规定的决定》
《广东省人民代表大会常务委员会关于在各地级以上市调整实施〈广东省道路运输条例〉有关规定的决定》

---

① 本报告统计的地方性法规包括：一是广东省人大及其常委会审议通过的省级地方性法规；二是广东省设区的市人大及其常委会审议通过并经广东省人大及其常委会批准的设区的市地方性法规；三是深圳市、珠海市、汕头市人大及其常委会通过的经济特区法规。时间是从 2018 年 1 月 1 日至 2018 年 12 月 31 日。

② 广东省人大及其常委会 2018 年安排 45 件法规项目，其中，新制定 29 件，修改 16 件。参见《广东省人大常委会 2018 年立法工作计划》，载广东人大网，http：//www. rd. gd. cn/pub/gdrd2012/rdgzxgnr/dflfjh/201809/t20180913_166147. html，最后访问日期：2019 年 3 月 15 日。

续表

广东省人大及其常委会立法基本概况
《广东省法治宣传教育条例》
《广东省职业教育条例》
《广东省地方志工作条例》
《广东省实施宪法宣誓制度办法》（2018 修订）
《广东省人口与计划生育条例》（2018 修正）
《广东省实施〈中华人民共和国残疾人保障法〉办法》（2018 修订）
《广东省国防教育条例》
《广东省铁路安全管理条例》
《广东省人民代表大会常务委员会关于大力推进水污染防治的决定》
《广东省人民代表大会常务委员会关于废止〈广东省建设项目环境保护管理条例〉等五项地方性法规的决定》①
《广东省人民代表大会常务委员会关于修改〈广东省环境保护条例〉等十三项地方性法规的决定》②
《广东省养老服务条例》
《广东省各级人民代表大会常务委员会规范性文件备案审查条例》
《广东省大气污染防治条例》
《广东省人才发展条例》
《广东省固体废物污染环境防治条例》（2018 修订）
《广东省实施〈中华人民共和国土壤污染防治法〉办法》
《广东省实施〈中华人民共和国招标投标法〉办法》（2018 修订）
《广东省爱国卫生工作条例》（2018 修订）

注：①该决定涉及 5 件地方性法规的废止，因此下文在统计广东省人大及其常委会废止法规数量时计算为 5 件。

②该决定涉及 13 件地方性法规的修改，因此下文在统计广东省人大及其常委会法规修改数量时计算为 13 件。

资料来源：课题组根据相关材料整理，余同。

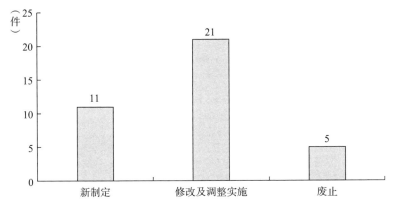

图 1　2018 年广东省人大及其常委会立法数量

2. 立法数据分析

从法规事项的分布而言，广东省人大及其常委会立法数量最多的是环境及历史文化保护，占比 45.95%；其次是社会管理、其他类别；之后是城乡建设与管理；占比最少的是经济管理（见图 2）。

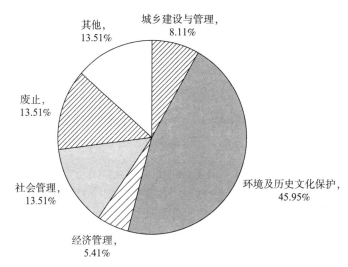

其他，13.51%　城乡建设与管理，8.11%

废止，13.51%

社会管理，13.51%

经济管理，5.41%

环境及历史文化保护，45.95%

图 2　2018 年广东省人大及其常委会立法事项占比

（二）广东省设区的市 2018 年地方立法状况

1. 基本概况

2018 年，广东省设区的市地方立法①共计 129 件，数量统计见图 3，具体立法项目见表 2。

表 2　2018 年广东省设区的市人大及其常委会立法基本概况

地区	立法基本概况
广州市	《广州市生活垃圾分类管理条例》

---

① 在广东省设区的市人大及其常委会立法状况中，东莞市和中山市为不设区的地级市，根据《中华人民共和国立法法》的决定："广东省东莞市和中山市、甘肃省嘉峪关市、海南省三沙市，比照适用本决定有关赋予设区的市地方立法权的规定。"因此，本文将东莞市、中山市纳入统计分析。同时深圳、珠海和汕头为经济特区，在此也纳入统计分析。

续表

地区	立法基本概况
广州市	《广州市停车场条例》
	《广州市社会工作服务条例》
	《广州市人民代表大会常务委员会关于废止〈广州市水利工程设施保护规定〉〈广州市农药管理规定〉〈广州市建筑条例〉〈广州市公路路政管理条例〉的决定》
	《广州市人民代表大会常务委员会关于修改〈广州市水务管理条例〉〈广州市森林公园管理条例〉〈广州市白云山风景名胜区保护条例〉〈广州市绿化条例〉〈广州市社会医疗保险条例〉〈广州市饮用水水源污染防治规定〉六项地方性法规的决定》
深圳市	《深圳经济特区政府投资项目管理条例》（2018修正）
	《深圳经济特区政府投资项目审计监督条例》（2018修正）
	《深圳经济特区审计监督条例》（2018修正）
	《深圳经济特区国家自主创新示范区条例》
	《深圳经济特区沙头角边境特别管理区管理条例》
	《深圳经济特区食品安全监督条例》
	《深圳经济特区促进全民健身条例》（2018修正）
	《深圳经济特区环境噪声污染防治条例》（2018修正）
	《深圳经济特区禁止食用野生动物若干规定》（2018修正）
	《深圳经济特区市容和环境卫生管理条例》（2018修正）
	《深圳经济特区城市园林条例》（2018修正）
	《深圳经济特区实施〈印刷业管理条例〉若干规定》（2018修正）
	《深圳经济特区医疗急救条例》
	《深圳经济特区知识产权保护条例》
	《深圳市人民代表大会常务委员会关于暂时调整适用〈深圳经济特区政府投资项目管理条例〉有关规定的决定》（2018修正）
	《深圳市人民代表大会常务委员会关于暂时调整适用和暂时停止适用〈深圳经济特区道路交通安全管理条例〉等法规有关规定的决定》[1]
	《深圳市人民代表大会常务委员会关于阶段性暂停征收欠薪保障费的决定》
	《深圳市人民代表大会常务委员会关于废止〈深圳市司法鉴定条例〉的决定》
	《深圳市养犬管理条例》（2018修正）
	《深圳市实施〈中华人民共和国人民防空法〉办法》（2018修正）
	《深圳市人民代表大会常务委员会关于修改〈深圳经济特区环境保护条例〉等十二项法规的决定》[2]

续表

地区	立法基本概况
珠海市	《珠海经济特区物业管理条例》
	《珠海市人民代表大会常务委员会关于废止〈珠海市物业管理条例〉的决定》
	《珠海经济特区旅游条例》③
	《珠海经济特区海域海岛保护条例》
	《珠海经济特区无居民海岛开发利用管理规定》
汕头市	《汕头经济特区公园广场条例》
	《汕头经济特区城镇中小学校幼儿园规划建设和保护条例》
	《汕头市人民代表大会常务委员会关于废止〈汕头市城镇中小学校规划建设和保护条例〉的决定》
	《汕头经济特区审计监督条例》
	《汕头市人民代表大会常务委员会关于废止和修改生态环境保护相关经济特区法规的决定》即废止《汕头经济特区村民住宅建设用地管理条例》、修改《汕头经济特区城市绿化条例》
湛江市	《湛江市历史建筑保护条例》
惠州市	《惠州市罗浮山风景名胜区条例》
东莞市	《东莞市饮用水源水质保护条例》
	《东莞市出租屋治安与消防安全管理条例》
	《东莞市生态文明建设促进与保障条例》
韶关市	《韶关市野外用火管理条例》
	《韶关市人民代表大会常务委员会关于修改〈韶关市烟花爆竹燃放安全管理条例〉的决定》（2018修正）
潮州市	《潮州市黄冈河流域水环境保护条例》
	《潮州市扬尘污染防治条例》
肇庆市	《肇庆市扬尘污染防治条例》
	《肇庆市端砚石资源保护条例》
梅州市	《梅州市森林火源管理条例》（2018修正）
江门市	《江门市户外广告设施和招牌设置管理条例》
茂名市	《茂名市露天矿生态公园保护管理条例》

续表

地区	立法基本概况
茂名市	《茂名市城市市容和环境卫生管理条例》
汕尾市	《汕尾市革命老区红色资源保护条例》
揭阳市	《揭阳市生活垃圾管理条例》
阳江市	《阳江市漠阳江流域水质保护条例》
云浮市	《云浮市畜禽养殖污染防治条例》
河源市	《河源市农村生活垃圾治理条例》

注：①该暂时调整适用和暂时停止适用的综合规定涉及9项地方性法规，均为城乡建设与管理中行政审批等程序性措施的调整，因此下文在统计广东省设区的市人大及其常委会法规修改及调整实施数量时计算为1件。

②该系列修改于2018年12月27日在深圳市六届人大常委会第二十九次会议上通过，涉及12件法规，但下文在统计广东省设区的市人大及其常委会法规修改及调整实施数量时计算为1件。

③《珠海经济特区旅游条例》、《珠海经济特区海域海岛保护条例》和《珠海经济特区无居民海岛开发利用管理规定》于2018年11月30日在珠海市九届人大常委会第十七次会议上通过，截至2018年12月31日未查到公布文本。

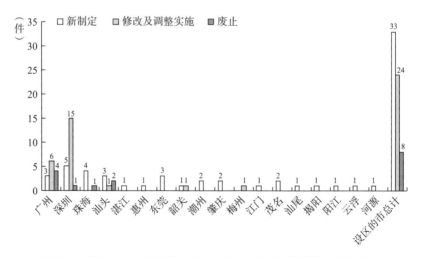

图3　2018年广东省具有地方立法权的市人大及其常委会立法数量

2. 立法数据分析

从法规事项的分布而言，广东省具有地方立法权的设区的市人大及其常委会立法数量最多的是城乡建设与管理，占比43%；其次是环境及历史文化保护，占比26%；再次是社会管理、经济管理和其他领域（见图4）。

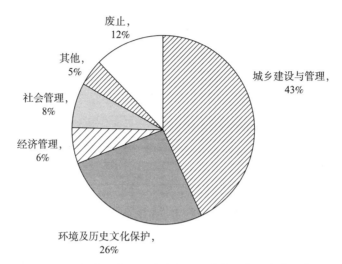

图4 2018 年广东省设区的市人大及其常委会立法事项占比

（三）广东省2018年地方立法状况的特点

从以上数据可以看出，广东省 2018 年地方立法有以下特点。

第一，立法事项涉及面较广。从省级地方性法规来看，涉及城乡建设与管理、历史文化保护、环境保护、经济管理、社会管理、法治政府建设等多个领域。从设区的市地方性法规来看，涉及城乡建设与管理、历史文化保护和环境保护，深圳市、汕头市经济特区法规还涉及经济管理领域。

第二，立法事项重点突出。从省级地方性法规来看，2018 年广东省人大及其常委会在环境保护和民生法治上立法成果显著，特别是同民众切身利益紧密相关的民生领域，如养老、就业、教育、特殊人群权益保护方面，广东省省级立法进展显著。从设区的市地方性法规来看，2018 年广东省设区的市在《立法法》赋予的权限内，充分利用好立法权力，对一些城市治理的难题，如停车场管理、生活垃圾分类管理、市容与环境卫生管理、户外广告和招牌设施管理等进行了专门立法，不断提高城市治理水平。在环境保护和历史文化保护方面，各设区的市根据本市的特点，加强环境治理，特别是有多个市制定了有关水源保护、扬尘污染防治条例，解决人民群众十分关心的水污染和扬尘污染问题。

第三，地方特色浓厚、立法创新性强。地方立法从类型来看，可以分为实施性立法、自主性立法和先行性立法，尤其是自主性立法和先行性立法体现了鲜明的立法创新性。2018年广东省地方立法，绝大部分是省级人大和设区的市人大根据本地特色进行的自主性立法，也有部分属于先行性立法，体现了鲜明的地方特色。如《广州市生活垃圾分类管理条例》在立法原则和立法内容上都具有创新性，立法时机上在国内也处于领先位置。除此之外，《汕尾市革命老区红色资源保护条例》《肇庆市端砚石资源保护条例》《汕尾市革命老区红色资源保护条例》等都是具有鲜明地方特色的地方性法规。

第四，注重法规的适时性，立、改、废相结合。2018年广东省地方立法比较鲜明的特征是制定、修改和废止并行，既注重制定新法规，同时也对不适应现实的一些法规进行了清理。如广东省级人大发布了《广东省人民代表大会常务委员会关于修改〈广东省环境保护条例〉等十三项地方性法规的决定》，修改了《广东省实施〈中华人民共和国残疾人保障法〉办法》等五项地方性法规。广州、深圳、珠海、汕头等市也对之前的多部地方性法规进行了修改或废止。

二　广东省 2018 年立法发展的主要内容

（一）深化改革开放，加快构建开放型经济体制

为保障自由贸易区等区域依法推进"证照分离"改革，广东省通过了《广东省人民代表大会常务委员会关于在中国（广东）自由贸易试验区和复制推广"证照分离"改革试点具体做法的区域调整实施本省有关地方性法规规定的决定》。决定规定，在中国（广东）自由贸易试验区和复制推广"证照分离"改革试点具体做法的区域内，凡法律、行政法规调整实施有关内容的，省人民代表大会常务委员会制定的有关地方性法规规定作相应调整实施；凡与国务院推进"证照分离"改革试点政策不一致的省人民代表大会常务委员会制定的有关地方性法规规定，作相应调整实施。根据决定精神，广东省决定暂停实施《广东省食品生产加工小作坊和食品摊贩管理条例》和《广东省食品安全条例》中"50平方米以下小型餐饮的经营许

可"的规定，将经营许可改为备案管理，并加强事中事后监管。广东省后续还将探索取消一批行政许可事项、形成一批事中事后监管成果、推出一批可复制推广的经验做法、提出一批深化改革的建议，释放企业创新创业活力，加快营造法治化、国际化、便利化的营商环境。

为了全面实施创新驱动发展战略，保障和促进深圳国家自主创新示范区的建设发展，加快建设现代化国际化创新型城市，率先建设社会主义现代化先行区，深圳经济特区制定了《深圳经济特区国家自主创新示范区条例》。条例共分为九章九十四条，包括总则、科技创新、产业创新、金融创新、管理服务创新、空间资源配置、社会环境建设、法律责任和附则。条例有以下几个亮点。第一，财政性资金资助科技创新力度加大，要求不断提高基础研究投入占财政科技投入的比例，拓宽财政科技资金投入渠道。第二，打造全链条金融体系支持创新，有效促进科技成果转化。第三，鼓励科研人员以知识产权直接持股，提高科研人员的创新积极性。第四，政府部门登记许可类信息实现共享，方便各类市场主体办事，减轻社会负担，为自主创新提供更为优质、高效的服务保障。第五，完善科技项目评价和监督，进一步规范科技项目评审以及后续监管制度。第六，简化建设项目环评程序，以适应环保工作改革的要求。第七，对创新型产业用地用房的保障也作了规定。

（二）规范城乡建设与管理，实现城市治理创新

为了加强铁路安全管理，保障铁路运输安全和畅通，预防安全事故发生，保护人民群众生命和财产安全，广东省人大常委会制定了《广东省铁路安全管理条例》。条例共分为六章五十四条，包括总则、铁路安全责任、铁路线路安全、铁路建设与运营安全、法律责任和附则。条例有以下几个亮点。第一，明确规定了旅客旅途中的行为规则，要求旅客遵守安全管理规定，配合工作人员的工作，并特别规定旅客不得强占他人座位，为治理"霸座"行为提供了法规依据。第二，明确规定禁止实施危害铁路安全的行为，如"围堵列车、阻碍发车"和"在铁路线路上飞行无人驾驶航空器"等。第三，细化了铁路安全管理部门的工作细则和管理制度，并规定铁路运输企业应记录严重违反制度的失信行为，推送全国和地方信用信息共享

平台。第四，明确了违法行为的法律后果，加大对违法行为的处罚力度。条例在铁路安全管理上在地方立法中先行一步，为铁路安全管理制度建设提供了宝贵经验。

生活垃圾的分类管理制度关乎每个人的切身利益，是一项保护人民群众身体健康、建设宜居城市的重要制度。2016年12月21日，习近平总书记在中央财经领导小组第十四次会议上对垃圾分类工作专门指出，要加快建立分类投放、分类收集、分类运输、分类处理的垃圾处理系统，形成以法治为基础，政府推动、全民参与、城乡统筹、因地制宜的垃圾分类制度。根据中央精神，2018年广州市、揭阳市和河源市分别就生活垃圾分类管理展开立法。其中《广州市生活垃圾分类管理条例》共七章六十四条，包括总则，分类投放，分类收集、运输与处置，促进措施，监督管理，法律责任和附则。条例有以下几大亮点。一是明确生活垃圾的类别和分类标准，将其分为可回收物、餐厨垃圾、有害垃圾和其他垃圾四类。二是加强了政府及其部门的职责，要求制定并公布生活垃圾分类指南、制定生活垃圾分类管理实施方案，进行减量化、资源化、无害化管理。三是构建了生活垃圾的分类投放、收集、运输与处置体系，并通过联单管理制度规范餐饮垃圾和废弃食用油脂的收运、处置行为。四是建立生活垃圾源头减量和居民垃圾分类的鼓励和引导机制，并规定了限制产品过度包装、推广使用菜篮子和布袋子、鼓励垃圾处理的科技创新和支付生态补偿费等措施。五是健全了生活垃圾分类处理的监督管理制度，定期评估生活垃圾分类情况，将其作为政府绩效考评指标以及卫生和精神文明创建活动的评选标准。

停车场管理是城市治理中的一大难题。有效治理乱停车、乱收费现象，增加停车位供给，方便民众出行，这些都考验一个城市的治理水平。对此，广州市历经多年的摸索，逐渐形成了比较成熟的停车管理模式，制定了《广州市停车场条例》。条例共六章六十八条，包括总则，停车场的规划和建设，公共、专用和临时停车场的使用和管理，城市道路临时泊位的使用与管理，法律责任和附则。条例具有较强的针对性。一是强化和细化政府职能部门职责，条文总数的一半以上涉及政府及部门的职责规定，明确了具体事项的主管部门。二是增加公共停车位，强化公共停车场规划建设，充分发挥公共停车场解决停车难、停车乱问题的作用。三是针对住宅停车位的不合理涨价问题，实行"协商议价"的措施，禁止未经协商擅自定价、提价的行为，体现经营者与居民共同治理的理念。四是严格管控城市道路临时泊位，并逐步取消特许经营的管理模式，提高道路泊位管理的透明度和公开性。条例的实施对加强停车场的规划和建设、规范停车场的使用和管理、实现城市交通协调发展等都具有重要的意义。

为了规范物业管理活动，维护业主和物业服务企业的合法权益，营造和谐、安全、文明的生活和工作环境，珠海市制定了《珠海经济特区物业管理条例》。条例分为七章共一百条，包括总则、物业管理区域和共有物业、业主和业主组织、物业管理服务、物业的使用和维护、法律责任和附则。条例有以下几个亮点。第一，降低设立业主大会的门槛，规定业主联名提出设立首次业主大会的，提出设立要求的联名业主人数比例从 20% 降至 10%。第二，新建电子投票系统，并完善"推定原则"，即在约定情况下，未进行表决的业主推定同意参与投票的多数人意见，以提高决策效率。第三，明确业主委员会的主体资格，规范业主委员会运行。第四，规范车库、车位管理与使用，保障业主利益，规定在车位规划中首先满足业主的需求，在出售车位前向业主公示数量与相关位置。

户外广告设施和招牌是城市形象和城市文化的直观体现，为了规范户外广告设施和招牌设置，江门市制定了《江门市户外广告设施和招牌设置管理条例》。条例分为七章共四十七条，包括总则、户外广告设施设置管理、公益广告与临时性户外广告设施设置管理、招牌设置管理、维护与监管、法律责任和附则。条例有以下几大亮点。第一，明晰政府及其部门的职责，加强事前审批、规范和事中事后监管。第二，户外广告设施设置实现分类管理，区分长期设置的大型户外广告、长期设置的非大型户外广告、公益性广告和临时性户外广告设施，特别对长期设置的大型户外广告设施设定事前审批程序。第三，减少行政审批，规定对招牌设置不再实行审批，招牌按照规范进行设置即可。第四，明确户外广告设施和招牌设置人的维护管理责任及政府的监管职责，一方面要求设置人及时维修、更新，确保安全，并规定了法律责任，另一方面要求城市管理主管部门建立巡查、检查制度。

（三）加强环境保护和历史文化保护

针对目前比较突出的大气污染问题，广东省人大常委会制定了《广东省大气污染防治条例》。条例共分为九章八十七条，包括总则、达标及提升规划、监督管理、工业污染防治、移动源污染防治、扬尘污染和其他污染防治、重污染天气应对和重点区域大气污染联合防治、法律责任和附则。条例有以下亮点。第一，细化各部门的监督管理职责，明确建立重污染天气监测预警机制，制定应急预案。第二，加强防控大气污染工作，明确了排放标准和技术规范，在控制机动车排气污染、工业污染、餐饮油烟排放等方面作出要求，如规定机动车的限行、高污染锅炉的限制使用。第三，将大气污染防治工作纳入国民经济和社会发展规划，对污染防治重点区域编制产业和发展规划，依法进行环评。第四，对重点大气污染物排放实行总量控制，规定挥发性有机物属于重点大气污染物。第五，在法律责任方面，细化了涉挥发性有机物违法处罚的法律责任，加大罚款力度。

随着城市化进程的加快，湛江市悠久的历史建筑遭受了不同程度的破坏。为保护湛江市历史建筑，湛江市制定了《湛江市历史建筑保护条例》。条例分五章三十五条，包括总则、历史建筑的确定、保护和利用、法律责任和附则。条例有以下三大亮点。首先，明确了各级政府及相关部门的保护和管理职责，要求设置历史建筑保护专项资金。其次，确定历史建筑的认定标准，并制定保护名录，对历史建筑设置保护标志的同时，对未纳入历史建筑保护名录的其他有历史价值的建筑进行预先保护。最后，划定历史建筑的保护范围，并建立历史建筑档案制度和保护责任人制度。

为了加强对红色资源的保护，汕尾市制定了广东省第一部红色资源保护地方性法规——《汕尾革命老区红色资源保护条例》。条例共三十六条，包括红色资源的定义、保护原则、政府和相关部门职责、保护责任和红色资源的宣传教育等。条例有以下几大亮点。第一，明确红色资源的范围，即新民主主义时期的遗址、实物，并规定了保护原则。第二，细化了政府及其相关部门的工作职责，要求其制定保护规划、设立红色资源保护专家委员会和红色资源保护专项资金，并建立红色资源数据库等。第三，严格控制红色资源保护范围内的工程建设，规定工程建设要坚持保护在先的原则，必要时组织专家论证和征求公众意见。第四，建立保护责任人制度，具体规定责任人的保护责任，并要求非国有红色资源保护责任人履行保护义务。第五，加强红色资源的宣传教育，弘扬爱国主义和革命传统教育。第六，坚持在保护中发展、在发展中保护，要求政府在加强理论和应用研究的基础上，将红色资源利用纳入本区域旅游发展规划，完善基础设施，发展红色旅游。

（四）加强民生领域立法

为解决人口老龄化带来的社会问题，广东省人大常委会通过了《广东省养老服务条例》。条例共九章八十一条，包括总则、规划与建设、居家社区养老服务、机构养老服务、养老服务人才、扶持保障、监督管理、法律责任和附则。条例有以下亮点。第一，制定养老服务设施配置标准和规划指引，特别要求新建住宅区必须以每百户不低于 20 平方米的标准配套建设养老服务设施，要求无养老服务设施的已建住宅区通过新建、改建等方式，达到每百户不低于 15 平方米的标准配置养老服务设施。第二，在家庭成员赡养基础上，建立居家社区养老服务，提供就餐、上门访视、电话询访等服务，针对计划生育特殊家庭、农村留守老人的养老服务需求，建立特殊老年人寻访制度。第三，加强养老机构建设，鼓励公建民营、委托管理等方式引入社会力量运营政府设立的养老机构。第四，完善养老服务人才培养扶持政策，通过各种方式吸引专业人员从事养老服务工作，包括为养老服务从业者提供技能晋升培训的补贴、为创办养老服务企业的人员提供创业资助等。第五，通过运营补贴、优惠扶持政策、减免征收有关行政事业性收费等措施，加大对养老服务产业的扶持保障。条例的实施将更好地保障老年人的权益，规范养老服务工作，提高广东省养老服务保障水平。

为保障食品安全，加强食品的监督管理，深圳市制定了《深圳经济特区食品安全监督条例》。条例共七章一百二十二条，包括总则、政府监管职责、政府监管措施、应急管理、社会监督及其他规定、法律责任和附则。条例有以下亮点。第一，建立食品标准认证和标识制度，规定企业标准不达标的法律后果。第二，明确了市区政府、食品安全相关监管部门以及街道办事处的职责，创设了食品安全总监及督导员制度，并规定了即时公布食品抽查不合格情况的信息透明制度。第三，规制职业打假行为和恶意诉讼行为，构建良好市场运营机制。第四，制定食品安全事故应急预案，要求企业定期举办食品安全事故应急演练，提升员工的应急能力。第五，注重供应链食品安全管理，加强对供应商的检查，完善企业内部追溯体系。第六，引导企业建立内部食品安全监督制度，完善食品安全管理体系。

为了规范医疗急救行为，提高医疗急救能力和水平，深圳市制定了《深圳经济特区医疗急救条例》。条例共分为七章七十九条，包括总则、医疗急救网络、医疗急救人员、医疗急救秩序、保障与评估、法律责任和附则。条例有以下几个亮点。第一，建立院前医疗急救分级调度系统，并规定由市急救中心根据评估结果，按照"就近、就急、专业"的原则发出调度指令，从而有效解决资源的使用和分配问题。第二，将急救网络医疗机构从"指定加入"变更为"主动加入与指定加入相结合"，非公立医疗机构可与市急救中心签订入网协议成为急救网络医疗机构，增加医疗急救资源的供应量。第三，在费用方面，医疗机构应当按照"先救治、后交费"的原则对急危重症患者进行救治，不得拒绝、推诿或者拖延；医疗机构在治疗中要兼顾患者或其近亲属的意愿，体现立法的人性化和柔软度。第四，明确相关部门的义务，规定相关部门应在人口密集的重要场所配置医疗急救设备和器材。第五，建立信息记录制度，既督促医疗机构尽职尽责履行义务，又能够固定证据避免医疗纠纷。

（五）实施人才发展战略，大力发展职业教育

习近平主席在2018年两会期间参加广东代表团审议时强调"发展是第一要务，人才是第一资源，创新是第一动力"。为完善人才发展体制机制，广东省人大常委会通过了《广东省人才发展条例》。条例共六章五十六条，包括总则、人才培养开发、人才引进与流动、人才评价与激励、人才服务与保障和附则。条例有以下几大亮点。第一，全面发展教育事业，规定从中小学校时期培养学生的创新能力，并鼓励社会力量办学。第二，支持培养青年人才，要求政府在实施人才工程中注重青年人才所占比例，并普惠性地支持培养青年博士。第三，科学设定评价考核周期和人才认定标准，将过程评价、长期评价、同行评价和市场评价等要素纳入认定标准。第四，

建立宽容条款，要求省级和地级以上政府建立支持创新创业容错免责机制，鼓励创新、宽容失败。第五，鼓励人才有序流动，一方面吸收非公有制经济组织和社会组织中的优秀人才进入国家机关、国有企业事业单位，另一方面保留高校、科研院所科技人员原有身份和职称，鼓励其离岗或兼职创业。

为了发展职业教育，提高劳动者素质，培养创新型、技能型人才，广东省深入贯彻党中央、国务院实施创新驱动发展重大战略，出台了《广东省职业教育条例》。条例共七章五十八条，包括总则、职业教育体系、职业教育实施、校企合作、保障措施、法律责任和附则。条例的亮点主要有以下几个方面。一是建立职业教育体系，分为中等职业学校和高等职业学校，其中高等教育延伸至本科、研究生层次，拓宽了职业教育的上升渠道。二是坚持产教融合，加大校企合作，通过对企业实行税收优惠等政策鼓励企业、职业学校依法牵头组建多元投资主体的职业教育集团或者其他形式的产教联合体。三是引导学校建立学生创新创业支持体系，在课程研发、学时学分、师资保障、场地建设、专利保护、资金支持和奖励措施等方面给予学生支持，如通过折抵学分的形式鼓励学生进行创新创业活动。四是给予职业教育公共财政保障，并对贫困地区、民族地区职业教育、残疾人职业教育和新型农民的职业教育培训予以资金、设施建设上的特殊扶持。

（六）增强法治意识，加强法治政府建设

宪法宣誓制度作为国家公职人员任职的一项法律程序，是宪法教育的重要形式，彰显了宪法在中国政治生活中的地位，有助于培养公职人员对宪法的忠诚与责任，督促其依据宪法行使职权。早在 2015 年，广东省就通过了《广东省实施宪法宣誓制度办法》。2018 年，为贯彻落实十九大和十九届二中全会精神，适应深化国家监察体制改革的需要，广东省修正了该办法。此次修改主要包括三个方面。首先，宪法誓词的修改，将"为建设富强、民主、文明、和谐的社会主义国家努力奋斗"修改为"为建设富强民主文明和谐美丽的社会主义现代化强国努力奋斗"。其次，将各级监察委有关工作人员纳入宣誓范围，包括监察委的主任、副主任、委员。最后，增加宣誓的基本程序，规定宣誓仪式应当奏唱国歌。

为了贯彻落实全面依法治国基本方略，广东省人大常委会通过了《广

东省法治宣传教育条例》。条例共二十七条,有以下几大亮点。第一,制定普法责任清单,细化各部门的普法责任分工,落实"谁执法谁普法,谁主管谁普法"的普法责任制要求。第二,建立和完善国家工作人员学法用法制度,严格要求领导干部依法行政,把法治教育纳入干部教育培训总体规划,并特别规定"领导班子和领导干部学法用法、重大事项依法决策、依法履职和推进法治建设情况应当纳入年度考核"。第三,重视青少年法治教育,建立青少年法治教育实践基地,明确规定"青少年在小学、初中、高中等阶段分别到基地接受至少一次的法治教育"。第四,明确未落实普法责任制的法律后果,包括约谈、通报批评、责令限期改正和追究责任等。

为进一步加强广东省人大常委会的备案审查工作,指导规范各地人大常委会的备案审查工作,广东省出台了《广东省各级人民代表大会常务委员会规范性文件备案审查条例》。条例共六章三十三条,包括总则、备案、审查、处理、保障与监督和附则。条例主要包括以下五个方面的内容。第一,明确规范性文件的定义和备案范围。第二,细化了备案审查工作原则、要求和工作机制,特别规定了规范性文件备案审查工作坚持有错必究的工作原则。第三,增加主动审查方式,规定有关专门委员会、常务委员会工作机构可以对报送备案的规范性文件进行主动审查和重点审查。第四,明确审查标准、审查程序和工作机制,并特别设置协商交流、论证咨询和联合审查三种工作机制。第五,加强保障与监督制度,要求广东省人大常委会建立备案审查信息平台。条例设置了备案、审查、纠正与撤销、反馈与公开和保障与监督五个环节的工作机制,形成了贯穿全过程的备案审查制度。

广东省高度重视审计监督制度改革工作,审计监督是我国经济监督体系中最基本也是最重要的部分,具有强制性、权威性、综合性和专业性的特征。为落实党中央对审计工作的部署要求,加强对审计工作的统筹,优化审计资源配置,深圳市和汕头市分别出台了《深圳经济特区审计监督条例》和《汕头经济特区审计监督条例》,做到应审尽审、凡审必严、严肃问责。《深圳经济特区审计监督条例》共十二章六十八条,内容涉及对财政、企业事业单位和金融机构、政府投资项目、社会公益性资金、经济责任及绩效的审计监督,内部审计和社会审计监督,审计程序、结果执行及法律责任。条例较为全面地规定了审计监督的内容,有利于维护财政经济秩序,有利于保障公共财产安全并提升其效益，有利于构建廉洁政府。《汕头经济特区审计监督条例》共十二章六十一条，较深圳市的规定，汕头市的条例还对行政事业单位审计监督和效益及环境审计监督单列章节。

三　广东省 2019 年地方立法展望

2019 年是建国 70 周年，是全面建成小康社会、实现第一个百年奋斗目标的关键之年，也是地方人大设立常委会 40 周年。2019 年，广东省人大及其常委会以习近平新时代中国特色社会主义思想统领地方立法工作，注重改革与立法有据相结合，在之前省级和设区的市形成的地方立法草案基础上，按照 2019 年立法规划，及时出台地方性法规，推进新时代的立法工作。

（一）广东省省级地方立法展望

广东省作为全国化妆品生产经营第一大省，化妆品行业是其经济发展的重要领域。近年来化妆品安全事故不断，有关化妆品安全管理的地方性法规亟须制定。《广东省化妆品安全条例（草案）》已于 2018 年 9 月形成，经广东省十三届人大常委会第五次会议审议提出修改意见，并于 2018 年 11 月公布了《广东省化妆品安全条例（草案修改稿征求意见稿)》，主要内容包括生产管理、经营管理、监督管理、法律责任等四大部分，规定了风险管理制度、社会共治制度、生产许可制度和委托生产管理制度、网络化妆品经营管理制度、经营企业信息收集制度、召回制度和补充检验制度，对化妆品从生产原料来源、产品检验、产品去向以及广告宣传等环节中存在的问题进行了有针对性的规定。可以预见，条例的出台将进一步规范、引导广东省化妆品行业健康发展。

在切实保障和改善民生的立法方面，2019 年广东省全民健身条例和广东省全民阅读条例值得期待。《广东省全民健身条例（草案)》于 2018 年 11 月在广东省十三届人大常委会第七次会议上进行审议。条例（草案）明确了各类主体在推动全民健身事业中的职责，对学校开展健身活动的规则、体育设施规划建设以及公共体育设施开放方面进行了详尽的规定，比如保证学生在校期间每天至少一小时体育活动时间、将体育考试成绩纳入中考总分、学校体育场地设施在课余时间和节假日向学生开放、超出保质期的健身器材由政府安排修理更换和公共体育场地设施全年至少开放 333 天等。《广东省全民阅读条例（草案）》于 2017 年 7 月在广东省十二届常委会第三十四次会议上进行审议，之后在第三十六次会议上审议了条例（草案修改稿）。从草案来看，该条例明确了全民阅读促进工作的范围、基本原则和职责分工，规定了全民阅读服务设施规划、服务标准化和规范化建设等内容，加强对未成年人和特殊人群阅读的保障。条例有望在 2019 年出台，必将推动广东省全民阅读活动，提升文化软实力。

在城乡建设与管理方面，2019 年广东省将出台广东省农村公路条例（草案）、广东省防汛防旱防风条例和广东省无线电管理条例等。

（二）广东省设区的市地方立法展望

按照各设区的市立法规划，2019 年广东省设区的市将会出台多个地方性法规。目前已有多个立法草案将进入最后的审议或批准阶段。

广州市巡游出租汽车客运管理条例、广州市实施《中华人民共和国工会法》办法、广州市房屋租赁管理规定和广州市机动车排气污染防治规定等条例草案已较为成熟。特别是已在广州市第十五届人大常委会第二十次会议上审议并表决通过的广州市供水用水条例、广州市实施宪法宣誓制度规定，有望在 2019 年得到广东省人民代表大会常务委员会批准。

深圳市人大常委会在 2019 年将继续审议深圳经济特区股份合作公司条例、深圳经济特区文明行为促进条例。同时针对出现的老龄化问题，深圳市将审议深圳养老服务条例，更好地保障老年人的合法利益，促进养老服务业健康发展。除此之外，还将制定或修订深圳经济特区海域使用与保护条例、深圳经济特区环境保护条例、深圳经济特区商事登记若干规定、深圳经济特区社会治安综合治理条例、深圳经济特区道路交通安全违法行为处罚条例和深圳经济特区文明行为促进条例等条例。

珠海市在 2019 年将修改珠海经济特区前山河流域管理条例和珠海经济特区生态文明建设促进条例。此外，于 2018 年 9 月 27 日在珠海市第九届人民代表大会常务委员会第十六次会议上通过的珠海市排水条例、珠海市服务业环境管理条例和珠海市防治船舶污染水域条例三部条例的修正案，有望在 2019 年得到广东省人大常委会的批准。汕头经济特区消费品质量保障条例和汕头市立法条例有望在 2019 年得到制定或修改。

江门市海上丝绸之路史迹保护条例、湛江市公园条例、茂名市畜禽养殖污染防治条例、揭阳市重点流域水环境保护条例、广州市人民代表大会常务委员会关于废止《广州市政府投资管理条例》的决定、珠海市人民代表大会常务委员会关于废止《珠海市旅游条例》的决定等几部条例也已经得到了相应市人大常委会的表决通过，等待广东省人大常委会的批准。除此之外，湛江市湖光岩景区保护管理条例、惠州市西枝江水系水质保护条例、韶关市皇岗山芙蓉山莲花山保护条例、潮州市凤凰山生态保护条例、潮州市城市市容和环境卫生管理条例、潮州市电力设施建设与保护条例、梅州市城市市容和环境卫生管理条例等草案也较为成熟，有望在 2019 年成为正式的地方性法规。

（三）广东省地方立法应当注意的若干问题

从 1979 年《地方组织法》赋予省级人大及其常委会地方立法权以来，地方立法已有 40 年的历史。广东省人大及其常委会积极行使地方立法权，地方立法为保障广东省经济社会的高质量发展作出了重要贡献。在地方立法中，我们应当注意以下几点。

第一，坚持发挥人大及其常委会在立法工作中的主导地位，完善立法体制机制。发挥人大在立法中的主导作用需要贯穿于地方性法规起草、论证、协调、审议、批准公布的各个环节。特别是针对一些部门利益突出、人民群众意见较大的民生领域，更应当坚持发挥人大的主导性作用。除了建立人大主导立法的工作机制外，还应建立和完善第三方起草地方性立法草案的立法委托制度，建立立法专职人员制度，建立关于立法中涉及的重大利益调整论证咨询和争议较大的重要立法事项的第三方评估制度。地方立法还应加强立法的民主化，完善立法听证制度、立法座谈会以及公开征集群众意见制度等。

第二，坚持地方立法的不抵触、有特色、可操作原则。首先，地方立法要做到不抵触，维护国家法律体系的统一，特别是需要准确把握中央赋予地方的立法权限。其次，从实际出发，充分把握本地区的特点和规律，突出地方特色，地方立法要解决地方特殊的问题。比如，2018 年广东省设区的市在"历史文化保护和环境保护"立法数量上占到 26%，这个比例还可以增加。再次，重视地方性法规的可操作性，探索出适应本地区经济社会发展的成本最小化和效益最大化的制度设计，法规要有针对性，解决实际问题。

第三，坚持立改废并举，增强地方立法对时代的适应性。广东省作为中国改革开放的窗口，应当根据经济社会发展和改革中出现的新情况、新变化，在立法上及时反映，不仅注重制定新法来满足立法需求，同时要注重对过时的立法予以修改或废止。地方立法机关应当将对地方性法规的清理作为立法工作的常态。2018 年广东省地方立法在地方性法规的修改或废止上成果显著，应当在未来的立法中坚持。

Ⅲ 法治政府报告

Government Under the Rule of Law Reports

B.5

法治政府建设总报告

尹培培 吴 欢[*]

摘 要: 2018 年，我国依法行政事业和法治政府建设稳步推进，成效
显著。行政立法体制机制创新发展，重点领域立法持续加强、
行政立法程序逐渐完善、规范性文件管理法治化、备案审查
机制不断健全；行政决策法治化进程明显加快，重大行政决
策的事项范围不断明确，合法性审查机制日益健全，集体决
定制度得以有效落实；全国范围内的行政执法改革试点深入
推进，行政执法"三项制度"试点走向深入，"双随机、一
公开"监管全面推广；政务公开工作取得显著成效，政府信
息公开工作扎实推进，政务服务平台建设加速进行，标准化
规范化试点深入基层。2018 年的法治政府建设实践，为如期

---

* 尹培培，南京师范大学法学院讲师，中国法治现代化研究院研究员，法学博士；吴欢，南
京师范大学法学院副教授，中国法治现代化研究院研究员，法学博士。

实现全面建成小康社会的重要目标奠定了坚实基础，是新时代全面依法治国实践的重要深化与生动诠释。

关键词：　行政立法　行政决策　行政执法　政务公开　法治政府建设

当代中国的法治政府建设，是当代中国法治现代化的关键环节与重点领域，是一场意义深刻的国家治理"自我革命"。①改革开放以来，我国的法治政府建设步入良性发展轨道。21世纪以来，我国的法治政府建设不断迈上新台阶。2004年，国务院印发《全面推进依法行政实施纲要》，为新世纪新阶段推进法治政府建设提供了重要指导和依据。党的十八大把法治政府基本建成确立为到2020年全面建成小康社会的重要目标之一，意义重大、影响深远、任务艰巨。党的十八大以来，以习近平同志为核心的党中央从确保党和国家长治久安的战略高度出发，对法治政府建设进行科学谋划、精心部署和督促落实，当代中国的法治政府建设进入了全面提速和深入推进的新时代，取得了前所未有的突出成就。2015年，中共中央、国务院印发《法治政府建设实施纲要（2015—2020年）》，为新时代的法治政府建设绘就了"时间表""施工图""路线图"。②党的十九大把"法治国家、法治政府、法治社会基本建成"确立为到2035年基本实现社会主义现代化的重要目标之一，进一步凸显了法治政府建设在决胜全面建成小康社会、开启全面建设社会主义现代化国家新征程的战略安排中的重要地位。③

2018年是全面贯彻党的十九大精神的开局之年，是改革开放40周年，是决胜全面建成小康社会、贯彻落实《法治政府建设实施纲要（2015—2020年）》承上启下的关键一年，也是依法行政事业稳步推进，成效显著的一年。2018年，我国行政立法体制机制创新发展，行政决策法治化进程明显加快，行政执法领域改革深入推进，政务公开工作取得显著成效，法治

---

①　参见冯军《推进依法行政是政府的"自我革命"》，《政府法制》2011年第20期。
②　参见杨登峰主编《当代中国的法治政府建设》，法律出版社2017年版，第370页。
③　参见胡建淼《习近平新时代中国特色社会主义思想对依法治国基本方略的全面深化》，《国家行政学院学报》2018年第1期。

127

政府建设重点领域改革迈出新步伐。① 2018 年的法治政府建设实践，为如期实现全面建成小康社会的重要目标奠定了坚实基础，是新时代全面依法治国实践的重要深化与生动诠释。

一 行政立法体制机制创新发展

在以习近平同志为核心的党中央坚强领导下，2018 年的行政立法工作高举中国特色社会主义伟大旗帜，全面贯彻党的十九大精神，以习近平新时代中国特色社会主义思想为指导，加强党对政府立法工作的领导，坚持稳中求进工作总基调，围绕统筹推进"五位一体"总体布局和协调推进"四个全面"战略布局，深入推进科学立法、民主立法、依法立法，着力提高立法质量和效率，以良法促进发展、保障善治，加快建设法治政府，为决胜全面建成小康社会、开启全面建设社会主义现代化国家新征程提供了坚实法治保障，并在重点领域立法、行政立法程序、规范性文件管理和备案审查机制等方面取得了较为突出的成绩。

（一）重点领域立法

2018 年是新一届中央人民政府依法履职的第一年。国务院紧紧围绕"贯彻新发展理念，建设现代化经济体系；健全人民当家作主制度体系，发展社会主义民主政治，加强政府自身建设；坚定文化自信，推动社会主义文化繁荣兴盛；提高保障和改善民生水平，加强和创新社会治理；加快生态文明体制改革，建设美丽中国；全面推进国防和军队现代化，有效维护国家安全；配合中国特色大国外交，为国际合作与交流提供法治保障"② 等重点立法需求，积极推进立法供给创新，统筹考虑新旧立法更迭、修法释

---

① 限于主旨和篇幅，本报告主要介绍 2018 年度我国法治政府建设的总体情况，且以中央政府的全局性工作为重点，适当涉及地方典型经验。有关 2018 年度我国法治政府建设重点领域改革举措，以及 2018 年度代表性省份（江苏省）法治政府建设情况，课题组将分别在 B. 6 和 B. 7 进行专门总结评述。

② 《国务院办公厅关于印发国务院 2018 年立法工作计划的通知》（国办发〔2018〕14 号），载中国政府网，http://www.gov.cn/zhengce/content/2018 - 03/14/content_5274006.htm，最后访问日期：2019 年 3 月 16 日。

法并举，坚持立改废同步协调推进，积极做好行政法规和规章的修改和清理工作，完成了近 60 部行政法规的起草（修订）和审查任务，其中制定修订行政法规 37 部。[①] 总体而言，2018 年国务院加快推进了重点领域支架性行政立法，统筹推进了社会、经济各领域制度建设，基本涵盖了当前一段时期我国经济发展和社会建设的重点方面，填补了相关领域的制度空白，为全面深化改革和政府自身改革提供了重要规范指引与制度供给。

以贯彻新发展理念，建设现代化经济体系方面的重点立法为例，国务院在 2018 年先后制定修订政府投资条例、基础设施和公共服务领域政府和社会资本合作条例、私募投资基金管理暂行条例、非存款类放贷组织条例、处置非法集资条例、人力资源市场条例、反走私工作条例，修订专利代理条例、企业所得税法实施条例、全国经济普查条例、中央储备粮管理条例等 10 余部行政法规，为统筹稳增长、促改革、调结构、惠民生、防风险，着力稳就业、稳金融、稳外贸、稳外资、稳投资、稳预期，进而创新和完善宏观调控，保持经济平稳运行，深化供给侧结构性改革，释放实体经济活力提供了重要的法治保障。

（二）行政立法程序

为完善行政立法机制体制、加强行政立法程序建设，国务院在 2018 年对《行政法规制定程序条例》和《规章制定程序条例》进行了修改完善，以确保新时代行政立法权限合法、程序合法、实体合法。这两个行政立法程序条例的修改情况，具有四个方面的鲜明特征。[②] 首先，以习近平新时代中国特色社会主义思想为指导，在政府立法工作中坚持党的领导，贯彻落实党的路线方针政策和决策部署。修改后的《行政法规制定程序条例》和《规章制定程序条例》明确要求制定行政法规、规章，应当贯彻落实党的路

---

① 参见李克强《政府工作报告——2019 年 3 月 5 日在第十三届全国人民代表大会第二次会议上》，载中国政府网，http://www.gov.cn/zhuanti/2019qglh/2019lhzfgzbg/index.htm，最后访问日期：2019 年 3 月 16 日。

② 以下内容主要参考《国务院法制办负责人就〈国务院关于修改《行政法规制定程序条例》的决定〉和〈国务院关于修改《规章制定程序条例》的决定〉答记者问》，载中国政府网，http://www.gov.cn/zhengce/2018-01/16/content_5257259.htm，最后访问日期：2019 年 3 月 16 日。

线方针政策和决策部署。此外还规定国务院年度立法工作计划应当报党中央、国务院批准后向社会公布。其次，把推进科学立法、民主立法、依法立法的一些成熟做法固定下来。修改后的两个条例完善或确立了立法项目征集和论证、公开征求意见、委托第三方起草、重大利益调整论证咨询、立法后评估等制度。再次，坚持问题导向，努力解决立法实践中存在的突出问题。修改后的两个条例明确规定起草行政法规、规章应当体现全面深化改革精神，科学规范行政行为，促进政府职能向宏观调控、市场监管、社会管理、公共服务、环境保护等方面转变。此外还规定了行政法规、规章清理制度，规定国务院可以根据全面深化改革、经济社会发展需要，就行政管理等领域的特定事项，决定在一定期限内在部分地方暂时调整或者暂时停止适用行政法规的部分规定。最后，坚持立改废释并举，进一步完善立改废释程序。为更好地适应全面深化改革和经济社会发展需要，充分发挥行政法规、规章解释和废止的重要作用，修改后的两个条例在总结近年来解释和废止行政法规、规章实践经验的基础上，一方面明确了行政法规解释的具体情形，另一方面规定行政法规、规章的废止程序，适用条例的有关规定，行政法规、规章废止后，应当及时公布。

2018 年 5 月 1 日，修改后的两个条例颁布施行。2018 年 9 月 29 日，国务院根据修改后的行政法规清理程序，对 2018 年党和国家机构改革涉及的行政法规进行了清理，决定对 10 部行政法规的部分条款予以修改。①

（三）规范性文件管理

加强行政规范性文件管理，推进"红头文件"法治化运行，是新时代法治政府建设必须突破的重难点领域。2018 年 5 月 31 日，国务院办公厅印发《关于加强行政规范性文件制定和监督管理工作的通知》（以下简称《通知》），充分体现了规范性文件运行管理法治化的精神。《通知》指出，加强行政规范性文件制定和监督管理工作，对全面贯彻习近平新时代中国特色

---

① 参见《国务院关于修改部分行政法规的决定》（国令第 703 号），载中国政府网，http://www.gov.cn/zhengce/content/2018-09/28/content_5326316.htm，最后访问日期：2019 年 3 月 16 日。

社会主义思想和党的十九大精神，落实党中央、国务院关于深入推进依法行政、加快建设法治政府的部署和要求，切实保障群众合法权益，维护政府公信力具有十分重要的意义。① 《通知》还从防止乱发文件、规范制发程序和加强监督检查等三个方面，对行政规范性文件的制定和监督管理工作作出了十一项具体规定，明确"各地区、各部门要按照要求抓紧对本地区、本部门的文件开展自查自纠，发现存在违反法律法规和国家政策、侵犯群众合法权益的'奇葩'文件等问题的，要及时纠正，造成严重影响的，要按照有关规定严肃问责"。《通知》还要求各地区各部门做好机构改革过程中行政规范性文件清理和实施的衔接工作，新组建或者职责调整的政府部门要对本部门负责实施的行政规范性文件进行清理。需要修改的，及时进行修改；不需要修改的，做好继续实施的衔接工作，确保依法履职。

从整体上来看，《通知》是国务院在近年来持续加强行政规范性文件监督管理的基础上，针对实践中的突出问题提出的新的重要要求，其核心是"规范制发程序、确保合法有效"。为此需要坚持和完善一系列工作制度：一是加强制发程序管理，健全工作机制，完善工作流程，确保规范性文件制发工作规范有序；二是对有关行政措施的预期效果和可能产生的影响要认真评估论证；三是除依法需要保密的外，对涉及群众切身利益的文件，要公开征求意见；四是完善行政规范性文件合法性审核机制，未经合法性审核或者经审核不合法的，不得提交集体审议；五是坚持集体讨论决定制度，防止违法决策、专断决策、"拍脑袋"决策；六是行政规范性文件在通过或批准之后，及时公开发布。②

（四）备案审查机制

开展法规规章备案审查是维护国家法制统一和政令畅通的重要方式。截至 2018 年底，我国 31 个省、自治区、直辖市（不含港澳台）均建立了

---

① 《国务院办公厅印发〈关于加强行政规范性文件制定和监督管理工作的通知〉》，载中国政府网，http://www.gov.cn/xinwen/2018 - 05/31/content_5295104.htm，最后访问日期：2019年 3 月 16 日。

② 参见曹鎏《管好"红头文件"建设法治政府——对推进规范性文件法治化的思考》，《紫光阁》2018 年第 11 期。

规范性文件备案审查制度。中央政府层面有备案审查机制的顶层设计也在2018年取得新进展。

备案审查工作是国务院2018年立法工作计划中的重点内容。根据计划要求，2018年"要完善备案审查机制，组织开展集中审查和专家协助审查，切实做到有件必备、有备必审、有错必究。要着重对法规规章存在的超越法定权限、突破法律行政法规有关规定等突出问题进行审查，坚决防止和纠正有令不行、有禁不止。要强化社会监督，对审查发现的严重违反中央决策部署、严重违反上位法规定的问题予以曝光。要及时适应全面深化改革各项举措步伐，继续做好全面深化改革以及'放管服'改革涉及的法规规章和规范性文件清理工作"。①

2018年底，在总结长期以来行政规范性文件备案审查工作实践经验的基础上，国务院办公厅印发了《关于全面推行行政规范性文件合法性审核机制的指导意见》，从明确审核范围、确定审核主体、规范审核程序、明确审核职责、强化审核责任等方面进一步完善了《立法法》《行政法规制定程序条例》《规章制定程序条例》等上位法确立的备案审查制度体系与工作机制。

二　行政决策法治化进程明显加快

行政决策是各级行政机关的经常性行政活动，是行政权力运行的起点。行政决策，特别是重大行政决策事关国家、社会和公民切身利益，是规范行政权力的重点，也是法治政府建设的难点，只有科学、民主、法治的决策方式才能确保重大行政决策的合法性和正当性。近年来，我国各级行政机关科学民主依法决策机制不断完善，各级领导干部决策能力水平不断提高。与此同时，实践中也存在一些突出问题。2017年6月9日，为进一步推进行政决策科学化、民主化、法治化，保证决策质量，提高政府决策的

---

① 《国务院办公厅关于印发国务院2018年立法工作计划的通知》（国办发〔2018〕14号），载中国政府网，http://www.gov.cn/zhengce/content/2018－03/14/content_5274006.htm，最后访问日期：2019年3月16日。

公信力和执行力,国务院法制办公室发布《重大行政决策程序暂行条例(征求意见稿)》(以下简称《征求意见稿》),向全社会公开征求意见建议。[①] 截至目前,国务院有关部门仍在对各界各方面关于《征求意见稿》修改完善的意见建议进行汇总整理和分析研究,以便进一步修改完善《征求意见稿》,尽快形成成熟的条例草案提请国务院常务会议审议。《征求意见稿》分10章,共44条,除总则、决策动议、决策执行、法律责任和附则等章外,还将公众参与、专家论证、风险评估、合法性审查和集体讨论决定等重大行政决策程序环节予以专章规定,充分体现了党的十八届四中全会决定和中共中央、国务院《法治政府建设实施纲要(2015—2020年)》的原则要求,将成为新中国成立以来首部专门规范重大行政决策程序的行政法规。[②] 在国务院加快相关立法进程的同时,各地方政府也在2018年着力进行行政决策法治化的实践探索。截至2018年底,全国各地已制定出台27部重大行政决策程序规章和180余件有关重大行政决策程序的规范性文件。从国务院《征求意见稿》到各地方系列规范性文件,2018年度我国行政决策法治化进程明显加快,在重大行政决策事项范围、合法性审查机制和集体决定制度等方面取得了新的进展。

(一)决策事项范围

重大行政决策制度立法首先需要解决的问题就是界定重大行政决策的事项范围。国务院《征求意见稿》在既有相关制度的基础上,结合实践中的成熟做法,以"列举+概括"的立法方式对重大行政决策的事项范围加以明确。根据《征求意见稿》的规定,重大行政决策的事项范围包括明确列举的编制经济和社会发展等方面的重要规划,制定有关公共服务、市场监管、社会管理、环境保护等方面的重大公共政策和措施,制定开发利用、保护重要自然资源的重大公共政策和措施,决定在本行政区域实施的重大公共建设项目,以及作为兜底条款的"决定对经济社会发展有

---

① 《国办公布重大行政决策程序暂行条例征求意见稿》,《法制日报》2017年6月10日第6版。

② 参见李洪雷《协商民主视野中的重大行政决策程序立法》,《中国发展观察》2017年第Z3期。

重大影响、涉及重大公共利益或者社会公众切身利益的其他重大事项"。① 这样的立法方式明确了什么样的决策适用重大行政决策程序，既规范了决策行为，又避免过多增加行政成本，具有较强的可操作性。② 为进一步将重大行政决策制度落到实处，《征求意见稿》确立了一系列重大行政决策程序环节，如专家论证制度、公众参与制度、风险评估制度、集体讨论制度、合法性审查制度等。为了保证决策执行效果、健全决策后评估和纠错机制，《征求意见稿》还确立了决策执行中的问题反馈机制和决策后评估制度，进而规定"依法作出的重大行政决策，未经法定程序不得随意变更、中止或者停止执行；重大公共建设项目等决策拟作重大调整的，应当重新履行相关程序"。③

与国务院《征求意见稿》相呼应，各地方政府出台的重大行政决策程序相关制度，也都在尝试对重大行政决策的事项范围作出较为清晰的规定。《无锡市重大行政决策程序规定》即以明确列举的方式，将"编制国民经济和社会发展规划、重要的区域规划和专项规划以及财政预算，确定和调整重要的行政事业性收费以及政府定价的重要商品、服务价格以及设计政府重大投资项目和重大国有资产处置的事项"等列入重大行政决策事项范围。《浙江省重大行政决策程序规定》则在列举重大行政决策事项的基础上进一步规定："决策机关根据实际需要，可以制订决策事项目录，向社会公布"，这就进一步加强了对重大行政决策事项范围的公众监督。这些与重大行政决策事项范围相关的制度创新，是党的十八大以来中央和各地探索行政策程序法治化的宝贵经验，闪耀着改革的智慧，充满了创新的勇气，为全国性的重大行政决策程序立法奠定了良好基础。④

---

① 《国务院法制办公室关于〈重大行政决策程序暂行条例（征求意见稿）〉公开征求意见的通知》，载中国政府网，http://www.gov.cn/hudong/2017-06/11/content_5201533.htm，最后访问日期：2019年3月16日。

② 《如何避免公共决策"拍脑袋""一言堂"？》，载新华网，http://www.xinhuanet.com/politics/2017-08/07/c_1121444330.htm，最后访问日期：2019年3月16日。

③ 《国办公布重大行政决策程序暂行条例征求意见稿》，《法制日报》2017年6月10日第6版。

④ 姜明安：《行政决策，守程序是法治之始》，《西江日报》2017年8月21日第2版。

（二）合法性审查机制

合法性审查主要解决的是重大行政决策依据合法化的问题，是决策科学化、民主化的重要保障。[①] 根据国务院《征求意见稿》的规定，合法性审查是重大行政决策的必经程序，未经合法性审查或者经审查不合法的，相关事项不得提交决策机关讨论。为确保重大行政决策合法性审查制度落到实处，《征求意见稿》还规定，应当在合法性审查环节引入重大行政决策法制审核制度，充分发挥政府法律顾问和公职律师的作用，这就进一步健全了合法性审查的运行机制。

2018 年，各地区各部门积极制定出台相关实施细则，明确规定重大决策事项在提交决策讨论之前，必须交付法制机构进行合法性审查；在审查过程中应充分发挥政府法律顾问和公职律师的作用，认真听取他们的意见，以确保重大行政决策实体合法与程序合法。在实践中，各地区各部门明确要求把重要文件、协议、合同、涉法事务纳入合法性审查范围，并使之制度化、规范化，努力提升行政决策法治化水平。如江苏省自 2015 年起就探索开展重大行政决策规范化管理试点工作，至 2018 年已经形成了以"源头治理、依法决策、依法善治"为特色的重大行政决策法制审核典型经验，还在全省多个地市实施重大行政决策合法性审查一票否决制度，确保重大行政决策在法治轨道上运行。[②]

作为重大行政决策合法性审查机制的重要支撑，法律顾问制度、公职律师制度和公司律师制度在全国范围内的推行始于 2016 年。2018 年，各地区各部门更加深入推进实施法律顾问和公职律师制度，不断扩大政府法律顾问和公职律师队伍，面向政府自身的法律服务工作机制不断健全。政府法律顾问和公职律师可以在重大行政决策程序的全过程发挥参谋、顾问和智囊作用，为重大行政决策的法治化运行提供重要智力支持。各地区各部门在相关制度中均明确规定，在讨论、决定重大行政决策事项前，必须认

---

① 参见杨梅《重大行政决策合法性审查制度的构建》，《江西社会科学》2018 年第 8 期。

② 《重大决策实行合法性审查一票否决 江苏加大重大行政决策规范化法治化探索》，《法制日报》2018 年 9 月 28 日第 1 版。

真听取法律顾问、公职律师的法律意见；在起草、论证有关法律法规规章草案和规范性文件的过程中，应当积极邀请法律顾问、公职律师参加或者听取其意见。2018 年 3 月的统计数据显示，全国共有超过 8000 家党政机关、人民团体设立了公职律师，公职律师总人数达到 3 万余人，比 2017 年底增长近 50%；全国省、市、县三级政府法律顾问也已基本实现全覆盖；公职律师和政府法律顾问在制定重大行政决策、推进依法行政中发挥着越来越重要的作用。① 2018 年 12 月 31 日，司法部颁布实施《公职律师管理办法》，就公职律师的任职条件、任职程序、职前培训制度、主要职责及其监督管理等问题作出了详细规定，从而为新时代公职律师队伍建设及管理提供了基本依据。

（三）集体决定制度

重大行政决策决定的作出是整个决策程序中的核心一环。重大行政决策在经过征求意见和专家论证等环节之后，正式进入最终的讨论决定环节。② 在某种程度上，讨论决定环节是影响重大行政决策成败的关键。国务院《征求意见稿》明确集体讨论决定为决策必经程序，并坚持行政首长负责制，规定："决策事项应当经决策机关常务会议或者全体会议讨论，由行政首长在集体讨论基础上作出决定。"为防止一把手搞"一言堂"，《征求意见稿》还明确："行政首长最后发表意见；行政首长拟作出的决定与出席的会议组成人员多数人的意见不一致的，应当在会上说明理由；会议讨论情况和决定应当如实记录。"③ 2018 年，各地区各部门积极采取多种形式贯彻落实重大行政决策集体讨论制度，如出台重大行政决策集体决定制度的具体实施方案，召开党组会议、部务会议、常务会议等对重大行政决策进行集体讨论，对讨论情况进行记录并以会议纪要的形式印发等，从而有效地提升了重大行政决策的科学化民主化水平。

---

① 《五年间法治政府建设提档增速 法治政府建设已到"精耕细作"时》，《法制日报》2018 年 3 月 8 日第 1 版。
② 马怀德主编《行政法前沿问题研究》，中国政法大学出版社 2018 年版，第 135 页。
③ 《如何避免公共决策"拍脑袋""一言堂"？》，载新华网，http：//www.xinhuanet.com/politics/2017 - 08/07/c_1121444330.htm，最后访问日期：2019 年 3 月 16 日。

三 行政执法改革试点深入推进

法律的生命在于实施，法律的权威也在于实施。党的十九大提出"建设法治政府，推进依法行政，严格规范公正文明执法"，构成了新时代行政执法法治化的总体要求。近年来，我国在行政执法领域遵循"授权试点＋总结经验＋全面推广"的科学路径，展开了一系列改革探索，有力地提升了法治政府建设水平。其中，2018 年成效较为突出、影响较为广泛的改革举措，主要是行政执法"三项制度"试点走向深入和"双随机、一公开"监管全面推广。

（一）行政执法"三项制度"试点

2017 年，国务院办公厅发布《推行行政执法公示制度执法全过程记录制度重大执法决定法制审核制度试点工作方案》（以下简称《试点工作方案》），对行政执法领域三项重要制度的试点工作作了周密安排。国务院法制办随即组织 32 个地方和部门开展行政执法"三项制度"试点，截至 2018 年初，已经初步建立了统一的执法信息平台，不作为、乱作为，野蛮执法、粗暴执法等突出问题得到有效遏制，行政执法程序得到进一步规范，为促进严格规范公正文明执法奠定了坚实基础。2018 年全年，各试点地方和部门严格按照《试点工作方案》要求，将行政执法"三项制度"试点工作推向深入，取得了较为突出的成效。①

行政执法公示制度主要包括事前公开、事中公示、事后公开、统一公示平台等具体内容。《试点工作方案》规定，试点单位要依法及时主动向社会公开有关行政执法信息，接受社会监督。事前公开要求结合政府信息公开、权力和责任清单公布，公开行政执法主体、人员、职责、权限、随机抽查事项清单、依据、程序、监督方式和救济渠道等信息。事中公示要求

---

① 以下内容主要参考《法制办就〈国务院办公厅关于印发推行行政执法公示制度执法全过程记录制度重大执法决定法制审核制度试点工作方案的通知〉答问》，载中国政府网，http:∥www.gov.cn/xinwen/2017－02/10/content_5167134.htm，最后访问日期：2019 年 3 月 16 日。

137

执法人员在执法过程中佩戴或出示说明执法资格的执法证件和执法文书，主动履行告知说明义务。事后公开主要针对已经作出的执法决定，要求试点单位建立执法信息统一公示平台，汇集政府及其所属部门的行政执法信息，实现执法信息互相联通。2018 年，各试点地方和部门积极推进行政执法公示工作，建立了统一的执法信息公示平台，主动向社会公开相关执法信息，行政执法公示试点工作有序开展并走向深入。

执法全过程记录制度的主要目的是通过文字、录像等方式对执法全过程进行记录归档，实现执法全过程的留痕和可回溯管理。具体举措包括规范文字记录、推行印象记录、提高信息化水平、强化记录实效等。对容易引发争议的行政执法过程，如现场检查、随机抽查、调查取证、证据保全、听证、行政强制、送达等，要采用音像记录。对直接涉及人身自由、生命健康、重大财产权益的现场执法活动和执法场所，要进行全过程音像记录。要充分利用大数据等信息技术，探索成本低、效果好、易保存、不能删改的记录方式。《试点工作方案》要求，各试点单位建立健全执法全过程记录信息收集、保存、管理、使用整套制度，并且加强数据统计分析，充分发挥全过程记录信息在案卷评查、执法监督、评议考核、舆情应对、行政决策和健全社会信用体系等工作中的作用。

执法决定法制审核制度重在保证合法行政。试点单位在作出重大执法决定之前，应当进行法制审核，否则不得作出决定。审核制度包括审核的主体、范围、内容、程序等。审核主体主要是试点单位的法制机构，此外也要发挥政府法律顾问团的作用。审核范围主要根据重大执法行为的类别、执法层级、所属领域、涉案金额以及对当事人、社会的影响等因素确定，建立重大执法决定目录清单制度。若条件允许，可以对法定简易程序以外的所有执法决定进行法制审核。审核内容包括执法主体、管辖权限、执法程序、事实认定、行政裁量权运用和法律适用等。方案要求根据重大执法决定的实际情况，编制法制审核工作流程，明确法制审核送审材料，规范法制审核工作方式和处理机制，规定法制审核时限，建立责任追究机制。2018 年，各试点地方和部门根据《试点工作方案》的要求，严格执行法制审核制度，还创新发展了重大执法决定法制审核试点工作牌制度。

2018 年 11 月 14 日，习近平主持召开中央全面深化改革委员会第五次会议，强调"要着力推进行政执法透明、规范、合法、公正，不断健全执法制度、规范执法程序、创新执法方式、加强执法监督，全面提高执法效能，推动形成权责统一、权威高效的行政执法体系，切实维护人民群众合法权益"。① 2019 年 1 月 3 日，国务院办公厅印发《关于全面推行行政执法公示制度执法全过程记录制度重大执法决定法制审核制度的指导意见》（以下简称《指导意见》），明确指出："聚焦行政执法的源头、过程、结果等关键环节，全面推行'三项制度'，对促进严格规范公正文明执法具有基础性、整体性、突破性作用，对切实保障人民群众合法权益，维护政府公信力，营造更加公开透明、规范有序、公平高效的法治环境具有重要意义。"这表明，2018 年的相关试点工作取得了重要成果和成熟经验，行政执法"三项制度"改革工作将在全国范围内全面推行。

（二）"双随机、一公开"监管

2015 年 7 月，国务院办公厅印发《关于推广随机抽查规范事中事后监管的通知》（以下简称《通知》），决定在监管过程中实施随机抽取检查对象，随机选派执法检查人员，抽查情况及查处结果及时向社会公开的"双随机、一公开"监管模式。《通知》要求"要建立随机抽取检查对象、随机选派执法检查人员的'双随机'抽查机制，严格限制监管部门自由裁量权。建立健全市场主体名录库和执法检查人员名录库，通过摇号等方式，从市场主体名录库中随机抽取检查对象，从执法检查人员名录库中随机选派执法检查人员。推广运用电子化手段，对'双随机'抽查做到全程留痕，实现责任可追溯"，此外还要"加快政府部门之间、上下之间监管信息的互联互通，依托全国企业信用信息公示系统，整合形成统一的市场监管信息平台，及时公开监管信息，形成监管合力"。② 自 2016 年起，"双随机、一公

---

① 《习近平主持召开中央全面深化改革委员会第五次会议》，载中国政府网，http://www.gov.cn/npc/xinwen/syxw/2018 - 11/15/content_2066025.htm，最后访问日期：2019 年 3 月 16 日。

② 《国务院办公厅印发〈关于推广随机抽查规范事中事后监管的通知〉》，载新华网，http://www.xinhuanet.com/politics/2015 - 08/05/c_1116153300.htm，最后访问日期：2019 年 3 月 16 日。

开"市场监管模式连续几年被写入国务院政府工作报告。

2018 年，各地区各部门深入贯彻落实《通知》要求，全面实行"双随机、一公开"市场监管模式，为科学高效监管提供了新思路，为落实党中央、国务院简政放权、放管结合、优化服务改革的战略部署提供了重要支撑。2018 年 7 月 16 日，为指导、规范行政执法检查行为，完善事中事后监管，工业和信息化部制定出台了《工业和信息化部"双随机一公开"监管实施办法》。2018 年 8 月 2 日，为实现公平监管、科学监管、智慧监管，提高监管效能，增强对质量不诚信企业的威慑力，国家市场监督管理总局在产品质量国家监督抽查中深入推进"双随机"抽查机制。2018 年 11 月 22 日，由福建省制定的国内首个"双随机、一公开"监管地方标准《政府部门"双随机、一公开"监管工作规范》出台，填补了国内"双随机、一公开"监管标准的空白。标准的出台"对于解决当前一些领域存在的检查随意、执法不公、执法不严和多头检查、重复执法、执法扰民等问题，营造法治化便利化国际化营商环境具有重要的现实意义"。

在各地区各部门推行"双随机、一公开"市场监管模式生动实践的基础上，2018 年 11 月 24 日召开的国务院常务会议决定在全国范围内全面实施"双随机、一公开"市场监管模式。会议指出："在近年来试点和听取市场主体意见基础上，用两年时间实现'双随机、一公开'在市场监管领域全覆盖、常态化，提高监管效能，防止任意检查、执法扰民。由省级政府建立检查对象和检查人员名录库、县级以上地方政府组织辖区内联合执法。抽查事项、结果全部公开，对违法失信行为实施联合惩戒。"为落实国务院常务会议决定精神，2018 年 11 月 27 日，国家市场监管总局、中国证监会联合开展"双随机、一公开"抽查监管工作。此次定向抽查，是为了加大对违法行为的震慑力度，有效防范金融风险；是为了从部委层面探索开展部门联合"双随机、一公开"监管，为下一步部署全面实施积累经验。2019 年 1 月 2 日，国家市场监管总局、国家发展改革委印发《服务业质量提升专项行动方案》，明确指出："强化服务业领域市场监管综合执法，探索建立以'双随机、一公开'监管为基本手段、以重点监管为补充、以信用监管为基础的新型服务质量监管机制。积极适应服务经济新业态、新模式特点，坚持包容审慎监管，创新监管模式，为新兴服务产业营造良好发展环境。探索建立跨部门、跨区域执法联动响应和协作机制，加强服务质量问题信息共享和联合执法。"

从各地区各部门的实践探索，到国务院常务会议的重要决定，再到各有关单位的专项行动，"双随机、一公开"市场监管模式在 2018 年全面推行，有效提升了监管效能、扩大了监管覆盖面、提高了监管精准度、增加了监管透明度、深化了监管公信度，为新时代法治政府建设写下了生动的注脚。"'双随机、一公开'监管改革以'列清单''适度查'等具体措施，防范了监管部门对市场活动的过度干预；'双随机'抽查机制极大压缩了监管部门与市场主体双向寻租空间，降低了'监管俘获'发生几率，避免监管人员选择性执法；同时'一公开'机制将加快我国监管信息系统建设，将抽查结果纳入市场主体的社会信用记录，加大惩处力度，还强调在相关部门联合执法过程中打破部门间的信息数据壁垒，形成统一的市场监管信息平台，这将大大加快我国监管信息系统建设，有助于克服市场监管的'信息瓶颈'。"①

四 政务公开工作取得显著成效

政务公开的深度和广度是衡量新时代法治政府建设成效的重要指标。2018 年 11 月 22 日召开的全国政务公开领导小组第一次会议指出："党的十八大以来，在以习近平同志为核心的党中央坚强领导下，各地区各部门认真落实党中央、国务院决策部署，积极主动作为，推动政务公开工作取得显著成效，增进了人民群众对政府工作的理解、信任和支持。"② 2018 年，我国政务公开在政府信息公开工作、政务服务平台建设和标准化规范化试点等方面取得了显著成效。

---

① 薛澜、张帆：《推广"双随机、一公开"机制完善监管改革》，《经济日报》2016 年 10 月 30 日第 3 版。
② 《肖捷主持召开全国政务公开领导小组第一次会议 研究部署当前政务公开重点工作》，载中国政府网，http://www.gov.cn/guowuyuan/2018-11/22/content_5342571.htm，最后访问日期：2019 年 3 月 16 日。

（一）政府信息公开工作

2018 年，我国政府信息公开工作扎实推进，在制度化、规范化和实效化等方面取得了新的进展。在制度化建设方面，国务院办公厅 2018 年 4 月 8 日印发的《2018 年政务公开工作要点》（以下简称《工作要点》）明确要求："各地区各部门要调整完善相关配套措施，严格落实新条例各项规定，做好衔接过渡工作。对照新条例要求全面梳理应当主动公开的政府信息，未公开的要及时向社会公开。进一步规范依申请公开工作，建立健全接收、登记、办理、答复等流程，依法保障公民、法人和其他组织获取政府信息的权利。结合条例实施 10 周年和新修订的条例出台，组织开展形式多样的宣传活动，营造社会公众充分知情、有序参与、全面监督的良好氛围。"①2018 年全国各地各部门着力推进政府信息公开制度建设，为《政府信息公开条例》的修订出台奠定了良好基础。在规范化建设方面，政府信息公开审查制度是重要抓手。《工作要点》明确要求："政府信息公开前要依法依规严格审查，特别要做好对公开内容表述、公开时机、公开方式的研判，避免发生信息发布失信、影响社会稳定等问题。要依法保护好个人隐私，除惩戒公示、强制性信息披露外，对于其他涉及个人隐私的政府信息，公开时要去标识化处理，选择恰当的方式和范围。"在实效化建设方面，推进重点领域信息公开是重要内涵。《工作要点》明确规定要建立健全公共企事业单位信息公开制度："国务院教育、生态环境、文化和旅游、卫生健康、住房保障、社会救助和社会福利等主管部门要于年底前分别制定完善相关领域公共企事业单位信息公开制度。县级以上地方政府要督促有关部门履行监管职责，加强分类指导，组织编制公共企事业单位公开事项目录，建立完善公开考核、评议、责任追究和监督检查具体办法，切实推进公共企事业单位信息公开工作。"

---

① 《国务院办公厅关于印发 2018 年政务公开工作要点的通知》（国办发〔2018〕23 号），载中国政府网，http://www.gov.cn/zhengce/2018 - 04/24/content_5285493.htm，最后访问日期：2019 年 3 月 16 日。

（二）政务服务平台建设

政务服务平台是政务公开工作赖以推进的基础设施。《工作要点》明确部署了"着力提升政务服务工作时效，推进网上办事服务公开，着力推进政务公开平台建设"等 2018 年度政务公开领域重点工作。[①] 在此基础上，2018 年 7 月 31 日，国务院办公厅印发《关于加快推进全国一体化在线政务服务平台建设的指导意见》（以下简称《指导意见》），进一步明确提出："坚持政务服务上网是原则、不上网是例外，联网是原则、孤网是例外，推动线上线下深度融合，充分发挥国家政务服务平台的公共入口、公共通道、公共支撑作用，以数据共享为核心，不断提升跨地区、跨部门、跨层级业务协同能力，推动面向市场主体和群众的政务服务事项公开、政务服务数据开放共享，深入推进'网络通'、'数据通'、'业务通'。"[②]《指导意见》谋划了构建全流程一体化在线政务服务平台的一系列重大举措，明确了全国一体化在线政务服务平台的总体框架和任务要求，提出了加快建设全国一体化在线政务服务平台，形成了全国政务服务"一张网"的"五年四步走"的工作目标，部署了政务服务一体化、公共支撑一体化、综合保障一体化等三方面 14 项重点建设任务，从而确立起全国一体化在线政务服务平台的"四梁八柱"，制定了"任务书"，绘好了"时间表"，对今后一段时期内推动"互联网＋政务服务"一体化建设具有很强的指导作用。[③]

《指导意见》要求 2018 年应主要完成国家政务服务平台主体功能及一揽子配套标准规范建设、试点示范、国务院部门平台与国家平台对接等任务。《指导意见》印发后，全国各省份相继出台了关于加快推进政务平台建

[①] 《国务院办公厅关于印发 2018 年政务公开工作要点的通知》（国办发〔2018〕23 号），载中国政府网，http：//www. gov. cn/zhengce/2018 – 04/24/content_5285493. htm，最后访问日期：2019 年 3 月 16 日。

[②] 《关于加快推进全国一体化在线政务服务平台建设的指导意见》（国发〔2018〕27 号），载中国政府网，http：//www. gov. cn/zhengce/content/2018 – 07/31/content_5310797. htm，最后访问日期：2019 年 3 月 16 日。

[③] 王益民：《推进全国一体化在线政务服务平台建设需坚持四大基本原则》，载新华网，ht-tp：//www. xinhuanet. com/politics/2018 – 08/10/c_1123252559. htm，最后访问日期：2018 年 12 月 10 日。

设的具体实施方案，明确了 2018 年度和今后一个时期的政务公开工作任务，对当前及今后一段时间政务平台建设的工作目标、重点任务及具体保障措施作出详细规定，同时着力推进决策公开、服务公开、管理公开、结果公开，坚持公开为常态、不公开为例外的原则，健全政府信息主动公开机制，加强重点领域政府信息公开。例如，2018 年 5 月，《湖南省 2018 年政务公开工作要点》围绕建设法治政府全面推进政务公开工作，采取系列举措全面提升政务公开平台建设应用水平。《山东省加快推进一体化在线政务服务平台建设实施方案》则明确："2018 年年底前，进一步完善省、市政务服务平台，实现与国家政务服务平台对接，开展统一政务服务门户、统一政务服务事项管理、统一身份认证、统一电子印章、统一电子证照的建设及试点应用。2019 年年底前，深入开展与国家政务服务平台协同应用，进一步规范政务服务事项清单，完善政务服务标准体系、安全保障体系以及运营管理体系。2022 年年底前，政务服务事项办理做到标准统一、整体联动、业务协同，各类政务服务事项全部纳入平台运行和管理，全面实现'一网通办'。"这一系列旨在落实《指导意见》要求的制度建设和推进举措，有力地提升了各级各部门政务公开工作的深度和广度。

（三）标准化规范化试点

2017 年 5 月，国务院办公厅印发《开展基层政务公开标准化规范化试点工作方案》（以下简称《试点工作方案》），确定在北京市、安徽省、陕西省等 15 个省（区、市）的 100 个县（市、区）（以下称试点单位），重点围绕城乡规划、重大建设项目、公共资源交易、财政预决算、安全生产、税收管理、征地补偿、拆迁安置、保障性住房、农村危房改造、环境保护、公共文化服务、公共法律服务、扶贫救灾、食品药品监管、城市综合执法、就业创业、社会保险、社会救助、养老服务、户籍管理、涉农补贴、义务教育、医疗卫生、市政服务等方面开展试点工作。[①]《试点工作方案》要求

[①] 《国务院办公厅印发〈开展基层政务公开标准化规范化试点工作方案〉》（国办发〔2017〕42 号），载中国政府网，http：//www.gov.cn/SYrlzyhshbzb/dongtaixinwen/shizhengyaowen/201705/t20170523_271251.html，最后访问日期：2019 年 3 月 16 日。

各试点单位重点梳理政务公开事项、编制政务公开事项标准、规范政务公开工作流程、完善政务公开方式。

2018年，各试点单位按照《试点工作方案》的要求和部署，积极落实各项试点工作任务，同时结合本地区、本部门实际情况提出了具体举措。如《广东省开展基层政务公开标准化规范化试点工作实施方案》明确规定："2018年8月底前，完成基层政务公开标准化规范化试点任务，在试点行业领域的公开事项、公开标准、公开方式、公开流程等方面形成可复制、可推广、可考核的基层政务公开标准和规范，为全国和我省继续推进基层政务公开工作发挥示范效应，为建立与我省经济社会发展相适应、与人民群众需求相匹配的政务公开新格局夯实基础。"浙江省出台了《浙江省人民政府办公厅关于印发浙江省基层政务公开标准化规范化试点工作实施方案的通知》，明确在杭州市拱墅区、宁波市江北区、温州市瓯海区、嘉善县、义乌市、江山市、临海市等7个县（市、区）重点围绕8个试点领域，结合"最多跑一次"改革要求，开展基层政务公开试点工作。

2018年9月，根据国务院办公厅的统一部署，对各试点单位基层政务公开标准化规范化试点工作开展了评估验收。验收结果表明，各省市均较好地完成了试点工作，其中以湖南省各试点县市的工作成效较为显著。[①] 湖南省资兴市、岳阳市围绕群众需求、全面梳理事项，落实工作要求，建立明确公开内容、优化公开流程、完善公开平台、规范监督评价机制，建立健全覆盖县乡村三级的政务公开标准体系，树立让群众看得见、听得懂、易获取、能监管、好参与，拥有体验感、获得感和参与感的工作目标。

回顾2018年我国的法治政府建设，行政立法体制机制改革、行政决策法治化、行政执法改革和政务公开工作等方面取得一系列新进展，为如期完成基本建成法治政府的重要目标奠定了良好基础。与此同时，也应当清醒地认识到，当前我国的法治政府建设实践中，还存在一系列亟待解决的突出问题。如行政立法精细化水平有待提升，行政立法程序有待落实，规范性文件管理制度和备案审查机制有待在实践中细化；重大行政决策程序

---

① 《湖南基层政务公开标准化规范化试点成果展示（三）》，载中国政府网，http://www.gov. cn/zhuanti/2018-07/30/content_5310488.htm，最后访问日期：2018年12月30日。

条例尚未正式颁布，相关决策程序机制需要在实践运用中增强实效；行政执法"三项制度"需要在试点经验的基础上进一步推广应用，"双随机、一公开"市场监管模式需要进一步深化整合；《政府信息公开条例》有待修改完善，政务服务平台功能有待拓展、互动有待增强，基层政务公开标准化规范化试点工作在深入推广的同时要避免走向形式主义。展望我国2019年的法治政府建设，除了在前述各方面继续推进努力提升以外，还应根据中央全面依法治国委员会第一次和第二次会议精神，在法治政府建设示范创建，法治化营商环境建设和食品、药品等领域市场监管方面采取务实有效的措施，不断增强人民群众的获得感、幸福感、安全感。

B.6
法治政府建设领域重点变革

孟星宇　强　卉*

摘　要： 2018 年是法治政府治理结构调整的重要年度，法治政府建设在多个层面存在重大调整。在政府治理主体层面，政府机构改革对政府机构设立和职权配置作出系统性、结构性调整，优化党和国家机构协同关系。在政府治理手段上，行政审批改革快速推进，一般公共领域与外商投资领域的行政审批有较为明显的机制优化与制度完善。作为政府治理手段主要表征的行政纠纷解决机制也在行政诉讼制度和行政争议调解制度两个领域有较为明显的优化。在法治政府治理范畴上，进一步向网络领域深化，逐渐加强对互联网与数据的监管与使用。法治政府网络综合治理以及以信用联合奖惩机制为核心的社会信用监管逐渐成为法治政府建设的重要治理模式。

关键词： 政府机构改革；法治政府治理；网络综合治理；社会信用监管

法治政府建设是全面依法治国方略的重要推进，是实现政府执行力、

---

* 孟星宇，中国法治现代化研究院研究员，南京师范大学法学院讲师，法学博士；强卉，中国法治现代化研究院研究员，南京师范大学法学院讲师，法学博士。

公信力增长的重要方式。2018 年是中国改革开放 40 周年，也是法治建设 40 年。在这一年法治政府建设尤为明显。政府机构改革、以行政审批改革为主的政府治理手段变革以及法治政府治理网络转向与扩延，是 2018 年法治政府建设重点领域。

一　政府机构改革

政府机构改革是 2018 年法治政府建设的重要议题。随着党的十九大和十九届二中、三中全会关于"深化机构和行政体制改革"要求的不断深化，2018 年 2 月 28 日，中国共产党第十九届中央委员会第三次全体会议通过了《中共中央关于深化党和国家机构改革的决定》，标志着新一轮机构改革开启。2018 年 3 月 17 日，第十三届全国人民代表大会第一次会议《关于国务院机构改革方案的决定》① （以下简称《国务院机构改革方案》）以及 2018 年 3 月 21 日《深化党和国家机构改革方案》完全公布，标志着我国新一轮政府机构改革的全面展开。纵观 2018 年政府机构改革可以确认，政府机构改革方案、地方政府机构改革推进以及"党政机关合署办公"是 2018 年政府机构改革三个主要着力点。

（一）党和国家机构改革方案的主要内容与特征

深化党和国家机构改革是推进国家治理体系和治理能力现代化的一场深刻变革，是关系党和国家事业全局的重大政治任务。2018 年政府机构改革重心在于着力推进党和国家机构职能优化协同高效发展。此轮政府机构改革以中共中央印发的《深化党和国家机构改革方案》为标志。② 《深化党和国家机构改革方案》除了对传统政府机构改革作出调整外，更多的是从宏观上对"党和国家机构职能优化协同高效"作出细化规定。围绕政府机

---

① 参见《国务院机构改革方案》，载中国政府网，http：//www. gov. cn/xinwen/2018 – 03/17/content_5275116. htm，最后访问日期：2019 年 3 月 14 日。

② 参见《深化党和国家机构改革方案》，载中国政府网，http：//www. gov. cn/zhengce/2018 – 03/21/content_ 5276191. htm#1http：//www. gov. cn/xinwen/2018 – 03/17/content_ 5275116. htm，最后访问日期：2019 年 3 月 14 日。

构改革,《深化党和国家机构改革方案》从八个方面进行阐述。

第一,确立中央机构改革范畴。组建国家监察委员会、中央全面依法治国委员会、中央审计委员会、中央教育工作领导小组、中央和国家机关工作委员会、新的中央党校(国家行政学院)、中央党史和文献研究院,将中央全面深化改革领导小组、中央网络安全和信息化领导小组、中央财经领导小组、中央外事工作领导小组改为委员会,调整党中央机构设置;确立中央组织部、中央宣传部、中央统战部的新职能,优化中央网络安全和信息化委员会办公室职责,同时取消中央维护海洋权益工作领导小组、中央社会治安综合治理委员会及其办公室、中央维护稳定工作领导小组及其办公室,将中央防范和处理邪教问题领导小组及其办公室职责划归中央政法委员会、公安部。

第二,确立全国人大机构改革范畴。根据新时代我国社会主要矛盾变化,调整职能设置,组建全国人大社会建设委员会,并将全国人大内务司法委员会、全国人大法律委员会分别更名为全国人大监察和司法委员会及全国人大宪法和法律委员会。

第三,深化国务院机构改革范畴,明确具体政府机构改革方案。从数量上看,此次机构改革涉及大量国务院部委调整。从整体上看,仍秉承原有"精简"整合的机构改革思路,突出了重点领域及关键环节的职能机构设置,对国务院组织机构及其他机构作出统一化、系统化的总体布局和机构整合。

第四,确立全国政协机构改革范畴。为强化社会主义协商民主机制,调整职能设置,组建全国政协农业和农村委员会,并将全国政协文史和学习委员会、全国政协教科文卫体委员会分别更名为全国政协文化文史和学习委员会及全国政协教科卫体委员会。

第五,确立行政执法体制改革范畴。深化行政执法体制改革,统筹配置行政处罚职能和执法资源是行政体制改革的主要着力点。明确行政执法改革重点应围绕整合组建市场监管综合执法队伍、生态环境保护综合执法队伍、交通运输综合执法队伍、农业综合执法队伍。

第六,确立跨军地改革范畴。着眼全面落实党对人民解放军和其他武装力量的绝对领导,对武警部队序列进行调整。改制公安边防部队、公安消防部队、公安警卫部队；调整海警队伍隶属关系；改变武警黄金、森林、水电部队的职能设置与隶属关系；调整武警部队职能。

第七，权利群团组织改革范畴。指明群体组织应自觉服从服务党和国家工作大局，找准工作结合点和着力点，落实以人民为中心的工作导向，增强群团组织的吸引力、影响力。

第八，确立地方机构改革范畴。强调地方应着力完善维护党中央权威和集中统一领导的体制机制，省市县各级涉及党中央集中统一领导和国家法制统一、政令统一、市场统一的机构职能要基本对应，强调地方与中央机构的统筹关系。

可以看出，《深化党和国家机构改革方案》对党和国家机构进行了系统化整合，确立了党和国家机构改革未来的发展部署。而若聚焦于政府机构改革，则可以确认《深化党和国家机构改革方案》核心在于党政协同机制。具体而言，政府机构改革呈现出以下特征。

1.进一步明确党对政府机构改革的统一领导地位

加强党的统一领导是此次机构改革的基本要求，中国共产党对政府的全面领导是深化政府机构改革的根本前提与根本保障，包括两个方面：一是深化党全面领导政府工作的制度建设；二是加强党对政府工作的领导与指引作用。"进一步加强党中央对法治中国建设的集中统一领导"的表述，实际上表明了党对法治政府机构调整的统一领导作用。

2.进一步推动党政机构职能协同优化

此次政府机构职能调整与优化并不局限于政府机构职能的重新划分，而是在整体维度上对党与政府机构职能进行宏观判断，依照职能相近或相关的一般标准对政府机构职能加以协同优化。比如，将中央军委政治工作部、后勤保障部有关职责与国务院组成机构中的民政部有关退役军人优抚安置职责以及人力资源和社会保障部有关军官转业安置职责进行整合，组建退役军人事务部，并归于国务院组成机构；将原本归人力资源和社会保障部管理的国家公务员局，依照党的统一领导这一基本要求，根据相关机构相似职能进行整合的职能配置方式，取消了国家公务员局，并将相关职能归于中央组织部；将国家新闻出版广电总局的新闻出版管理职责与电影管理职责归于中央宣传部并取消国家新闻出版广电总局的机构设置等。

3.深化政府机构"合署办公"制度

在党的十九大报告强调"合署办公"的制度优越性后，2018 年政府机构改革落实"合署办公"制度。从表述上看，"合署办公"有两个层面的制度实现。一是在领导体制机制层面，强调对职责相近的党政机关采取合并设立或合署办公的机构设置，优化部门职责、提高党的统一领导效果；二是在地方机构管理层面，强调对职能相近的党政机关进行合并设立或合署办公，提高行政管理与执行效能。

（二）国务院机构改革方案整体评价

党的十八大以来，为加快全面深入推进依法治国战略，确立了"职能科学、权责法定、执法严明、公开公正、廉洁高效、守法诚信"的法治政府内涵。政府机构改革是实现法治政府建设目标的重要举措。2018 年《国务院机构改革方案》的发布，确立了我国机构改革的具体规划与设置安排。相比前几轮政府机构改革，2018 年政府机构改革在基本要旨方面的改革力度十分显著。

基本要旨是政府机构改革总体部署、总体路线、基本要求的集中凝练。较之以往机构改革方案的基本要旨，2018 年 3 月 17 日公布的《国务院机构改革方案》有以下四个方面调整。

1.明确并深化政府机构改革指导思想

从 2013 年政府机构改革开始①，每轮《国务院机构改革方案》均将党的指导思想纳入其中，但对党的指导思想的确认范围有所不同。2013 年《国务院机构改革方案》确立了邓小平理论、"三个代表"重要思想、科学发展观作为政府机构改革方案的指导思想。2018 年《国务院机构改革方案》则对指导思想进行了补充。一方面，将全面贯彻落实党的指导思想作为政府机构改革的指导思想，补入了马克思列宁主义、毛泽东思想以及习近平新时代中国特色社会主义思想。另一方面，对指导思想的丰富内涵进行深入诠释，将"坚持以人民为中心，坚持全面依法治国，以加强党的全面领

---

① 参见《关于国务院机构改革和职能转变方案的说明》，载中国政府网，http://www.gov.cn/
2013lh/content_ 2350848. htm，最后访问日期：2019 年 3 月 18 日。

导为统领，以国家治理体系和治理能力现代化为导向"的指导思想的丰富内涵直接列明。[1] 明显看出，较之 2013 年政府机构改革方案，2018 年政府机构改革方案强化了党的指导思想的引领作用。

2. 明晰稳中求进的改革推进理念

2018 年政府机构改革延续了 2013 年政府机构改革推进路线，进一步强调稳定发展的改革理念，并且 2018 年政府机构改革在 2013 年政府机构改革"稳步推进"改革理念基础上，进一步确认"稳定"发展的必要性（见表 1），"稳中求进"是此次机构改革的总基调。之后公布的《国务院机构改革涉及法律规定的行政机关职责调整问题的决定》中关于"平稳有序调整法律规定的行政机关职责和工作"的规定，再次明晰"稳中求进"的改革推进理念。[2]

3. 协同优化党和国家机构职能的改革推进重心

"效能提高"是政府机构改革一直追求的目标。2003 年、2008 年、2013 年以及 2018 年的政府机构改革均对效能提高有明确要求[3]，体现出改革的连续性与统一性。但是，效能提高的具体落实存在差异。与以往政府机构改革不同，2018 年政府机构改革虽然仍包含"转变政府职能和理顺部门职责关系"的"效能提高"目标，但其改革重心已发生转变：从政府机构间的协同优化，转化为党与国家机构的协同优化，通过宏观上判断党政机构的职能内容、工作对象的相同性与差异性，理顺党和国家机构的职能关系，对党和国家机构进行系统性协同优化，在加强党的领导下追求"效能提高"目标。

---

[1] 参见习近平《决胜全面建成小康社会 夺取新时代中国特色社会主义伟大胜利——在中国共产党第十九次全国代表大会上的报告》，载人民网，http：//www. xinhuanet. com/politics/19cpcnc/2017－10/27/c_1121867529. htm，最后访问日期：2019 年 3 月 14 日。

[2] 参见《国务院关于国务院机构改革涉及行政法规规定的行政机关职责调整问题的决定》，载中国政府网，http：//www. gov. cn/zhengce/content/2018－06/05/content_5296297. htm，最后访问日期：2019 年 3 月 14 日。

[3] 参见《两会授权发布：国务院机构改革方案》，载中国政府网，http：//www. gov. cn/2008lh/content_921411. htm，最后访问日期：2019 年 3 月 18 日；《第十届全国人民代表大会第一次会议关于国务院机构改革方案的决定》，载中国政府网，http：//www. gov. cn/gongbao/content/2003/content_62008. htm，最后访问日期：2019 年 3 月 18 日。

4.着力重点领域与关键环节的优先发展策略

2018 年政府机构改革方案的发展策略有所调整，确立了政府机构调整的优先顺序，对重点领域与关键环节赋予更高的优先发展级别。一是确认"深化转职能、转方式、转作风"为机构改革发展策略的三个基本面向；二是将政府经济调节、市场监管、社会管理、公共服务、生态环境保护五个方面作为机构改革发展策略的重要关注；三是细化重点领域与关键环节的具体事项。整体上呈现出结构化、层次化的发展策略调整趋势。

表1　2018年、2013年、2008年国务院机构改革方案基本要旨比对

时间	《国务院机构改革方案》主要内容
2018 年	指导思想：马克思列宁主义、毛泽东思想、邓小平理论、"三个代表"重要思想、科学发展观、习近平新时代中国特色社会主义思想 　　坚持以人民为中心，坚持全面依法治国，以加强党的全面领导为统领，以国家治理体系和治理能力现代化为导向 　　推进理念：稳中求进、提高效率、平稳有序调整法律规定的行政机关职责和工作 　　改革重心：以推进党和国家机构职能优化协同高效为着力点 　　推进思路：改革机构设置，优化职能配置，深化转职能、转方式、转作风。加强和完善政府经济调节、市场监管、社会管理、公共服务、生态环境保护职能，结合新的时代条件和实践要求，着力推进重点领域和关键环节的机构职能优化和调整 　　改革目标：构建职责明确、依法行政的政府治理体系。提高政府执行力，建设人民满意的服务型政府
2013 年	指导思想：邓小平理论、"三个代表"重要思想、科学发展观 　　推进理念：稳步推进、提高行政效能 　　改革重心：转变职能和理顺职责关系，推进大部门制改革 　　推进思路：以职能转变为核心，简政放权，深化行政审批制度改革。完善和加强宏观管理，加强基础性制度建设，加强依法行政
2008 年	改革重心：转变政府职能和理顺部门职责关系，探索实行职能有机统一的大部门体制 　　推进思路：合理配置宏观调控部门职能，加强能源环境管理机构，整合完善工业和信息化、交通运输行业管理体制，以改善民生为重点加强与整合社会管理和公共服务部门

（三）国务院机构改革方案基本内容与主要特征

2018 年《国务院机构改革方案》具体包括两个部分：国务院组成机构

改革方案以及国务院其他机构改革方案。国务院组成机构改革方案主要从四个方面作出调整。一是组建国务院新的组成机构。确立自然资源部、生态环境部、农业农村部、文化和旅游部、国家卫生健康委员会、退役军人事务部和应急管理部等七个部门作为国务院新的组成机构。其中，自然资源部、生态环境部、农业农村部、文化和旅游部和国家卫生健康委员会五个组成部门以替代旧有组成部门的方式进行组建；退役军人事务部和应急管理部则属于完全新设立的国务院组成机构。二是对旧有国务院组成机构进行重新组建。在此轮政府机构改革中对科学技术部与司法部进行了重新组建，将国务院职能相关的其他机构分别并入科学技术部与司法部。三是对水利部、审计署职能进行优化。水利部与审计署并不涉及组成机构的变化，仅对其职能进行调整。四是将监察部并入党的机构中，取消其在政府机构的组成部门。国务院其他机构的调整体现在三个方面。其一，确立国家市场监督管理总局、国家广播电视总局、中国银行保险监督管理委员会、国家国际发展合作署、国家医疗保障局、国家粮食和物资储备局、国家移民管理局、国家林业和草原局等八个机构作为国务院其他机构。其二，将国家知识产权局的职责、国家工商行政管理总局的商标管理职责、国家质量监督检验检疫总局的原产地地理标志管理职责整合，重新组建国家知识产权局。其三，对全国社会保障基金理事会以及国税地税征管体制进行结构性调整，重新确立隶属关系。

不难看出 2018 年政府机构改革不仅基本要旨存有明显变化，在具体政府机构改革方案中机构设立与调整变化同样明显。2018 年政府机构改革的具体方案内容，呈现出明显有别于以往政府机构改革的新特征。

1. 国务院机构调整数量变动明显

从数量上看，此次机构改革涉及大量国务院部委调整。以国务院组成部门为观察对象，可以发现此轮政府机构改革共涉及国务院 12 个部门组建、优化与取消。具体而言，包含七个新设国务院组成部门——自然资源部、生态环境部、农业农村部、文化和旅游部、国家卫生健康委员会、退役军人事务部以及应急管理部，其中前五个国务院组成部门的组建分别对应国土资源部、环境保护部、农业部、文化部、国家卫生和计划生育委员会五个组成部门的取消。对科学技术部与司法部进行重新组建；对水利部和审计署职责采取优化的方式加以调整。同时，不再将监察部视为国务院组成机构，取消监察部。除此之外，此次国务院机构改革还涉及 11 项其他机构的调整。若按照单次国务院机构改革对国务院组成部门调整的数量进行判断，则可以发现此次国务院组成机构变动调整程度度达到 46.2%（见表 2）。除了以"党政分开、政企分开"为改革指导思想的 1998 年国务院机构改革外，此次国务院组成部门变动调整幅度达到近年最高值。

表 2　历次政府机构改革国务院组成部门变动幅度（1993～2018 年）

单位：个，%

	2018 年	2013 年	2008 年	2003 年	1998 年	1993 年
变动数量	12	3	9	5	22	14
变动幅度	46.2	12	33.3	17.9	75.9	34.1

资料来源：由本课题组根据历次政府机构改革国务院组成部门数量编制而成。

2. 国务院相近职能机构整合明显

从整体来看，2018 年国务院机构改革仍秉承原有"精简"整合的机构改革思路。在具体机构改革方案中，对职能涉及领域具有相同性或具有相似职能的机构进行系统化考量，改变原有机构职能设置。例如，重新组建的农业农村部，以农业领域作为职能设定的标准考虑因素，将财政部的农业综合开发项目、原国土资源部的农田整治项目、水利部的农田水利建设项目以及国家发展和改革委员会的农业等投资项目与原农业部进行职能整合，同时以交通领域作为职能设定标准，剔除原农业部的渔船检验和监督管理职责，将其划归于交通运输部；又如根据文化与旅游的内在关联性，将原文化部、原国家旅游局的职能进行统一，组建文化和旅游部。不难发现，以职能为基础对国务院机构采取"合并同类项"的方式进行统一化、系统化整合，是此次国务院机构改革的主要改革思路。

3. 国务院机构改革突出重点领域及关键环节的职能机构设置

2018 年国务院机构改革强调改革的层次性，明确重点领域与关键环节职能机构的优先级。国务院机构改革突出重点领域与关键环节的发展存有两点表征。首先，根据社会发展实践中的关键环节确定设立国务院组成部门。例如，由于社会风险程度的加深，防范特大安全风险已成为社会稳步发展的重要环节。此次机构改革将国家安全生产监督管理总局的职责，国务院办公厅的应急管理职责，公安部的消防管理职责，民政部的救灾职责，国土资源部的地质灾害防治，水利部的水旱灾害防治，农业部的草原防火，国家林业局的森林防火相关职责，中国地震局的震灾应急救援职责以及国家防汛抗旱总指挥部、国家减灾委员会、国务院抗震救灾指挥部、国家森林防火指挥部的职责统一整合，组建应急管理部，确保对特大安全风险的及时防范。其次，此次国务院机构改革回应重点领域迫切发展的需要，对机构职能优先调整。具体包括两种方式的职能调整：一是以重要领域为对象，对相似职能机构采取重新设立的方式，如取消国家卫生和计划生育委员会，组建国家卫生健康委员会；二是对已存在的机构进行职能重组、优化，如科学技术部、水利部的优化等。

整体而言，2018 年《国务院机构改革方案》以职能为基础、以重要领域与关键环节为重要考量，对国务院组织机构及其他机构作出统一化、系统化的总体布局与机构整合（见表3）。

表3　2018 年《国务院机构改革方案》中国务院组成机构职责调整内容

机构名称	原机构名称	职责调整内容
自然资源部	国土资源部、国家海洋局、国家测绘地理信息局	（1）原国土资源部职责 （2）国家发展和改革委员会的组织编制主体功能区规划职责 （3）住房和城乡建设部的城乡规划管理职责 （4）水利部的水资源调查和确权登记管理职责 （5）原农业部的草原资源调查和确权登记管理职责 （6）国家林业局的森林、湿地等资源调查和确权登记管理职责 （7）原国家海洋局职责 （8）原国家测绘地理信息局职责
生态环境部	环境保护部	（1）原环境保护部职责 （2）国家发展和改革委员会的应对气候变化和减排职责 （3）原国土资源部的监督防止地下水污染职责 （4）水利部的编制水功能区划、排污口设置管理、流域水环境保护职责 （5）原农业部的监督指导农业面源污染治理职责 （6）原国家海洋局的海洋环境保护职责 （7）原国务院南水北调工程建设委员会办公室的南水北调工程项目区环境保护职责

机构名称	原机构名称	职责调整内容
农业农村部	农业部	（1）原农业部职责 （2）国家发展和改革委员会的农业投资项目职责 （3）财政部的农业综合开发项目职责 （4）原国土资源部的农田整治项目职责 （5）水利部的农田水利建设项目等管理职责
文化和旅游部	文化部、国家旅游局	（1）原文化部职责 （2）原国家旅游局职责
国家卫生健康委员会	国家卫生和计划生育委员会、国务院深化医药卫生体制改革领导小组办公室	（1）原国家卫生和计划生育委员会职责 （2）原国务院深化医药卫生体制改革领导小组办公室职责 （3）全国老龄工作委员会办公室的职责 （4）工业和信息化部牵头的《烟草控制框架公约》履约工作职责 （5）国家安全生产监督管理总局的职业安全健康监督管理职责 （6）代管中国老龄协会 （7）管理国家中医药管理局
退役军人事务部	—	（1）民政部的退役军人优抚安置职责 （2）人力资源和社会保障部的军官转业安置职责 （3）中央军委政治工作部、后勤保障部的有关职责
应急管理部	国家安全生产监督管理总局	（1）原国家安全生产监督管理总局职责 （2）国务院办公厅的应急管理职责 （3）公安部的消防管理职责，民政部的救灾职责 （4）原国土资源部的地质灾害防治职责 （5）水利部的水旱灾害防治职责 （6）原农业部的草原防火职责 （7）原国家林业局的森林防火相关职责 （8）原中国地震局的震灾应急救援职责 （9）原国家防汛抗旱总指挥部、原国家减灾委员会、原国务院抗震救灾指挥部、原国家森林防火指挥部的职责 （10）管理中国地震局、国家煤矿安全监察局 （11）管理转制后的公安消防部队、武警森林部队及安全生产等应急救援队伍
科学技术部	科学技术部	（1）科学技术部职责 （2）国家外国专家局职责 （3）管理国家自然科学基金委员会
司法部	司法部、国务院法制办公室	（1）司法部职责 （2）原国务院法制办公室职责

续表

机构名称	原机构名称	职责调整内容
水利部	水利部	原国务院三峡工程建设委员会及其办公室、原国务院南水北调工程建设委员会及其办公室并入水利部
审计署	审计署、国有重点大型企业监事会	（1）审计署职责 （2）国家发展和改革委员会的重大项目稽查的职责 （3）财政部的中央预算执行情况和其他财政收支情况的监督检查的职责 （4）国务院国有资产监督管理委员会的国有企业领导干部经济责任审计的职责 （5）原国有重点大型企业监事会的职责
国家监察委员会	监察部、国家预防腐败局	原监察部职责与原国家预防腐败局职责并入国家监察委员会

资料来源：课题组根据公开新闻报道和资料整理。

（四）地方政府机构改革的具体推进

地方政府机构改革是政府机构改革的重要组成部分。2018 年政府机构改革在党的统一领导下自上而下全面展开，呈现出明显的体系化与系统化特征。为确保政府机构改革的有序推进，《深化党和国家机构改革方案》中对地方政府机构改革的推进作出了细化要求，明确地方政府改革整体部署与时间规划。对此，地方政府积极响应这一要求。截至 11 月 11 日，我国 31 个省（自治区、直辖市）（不含港澳台）的地方机构改革方案均已获得党中央审批同意。梳理后可以发现，各省（自治区、直辖市）的地方机构改革方案既有共性，同时也有自己的独特性。

1. 地方政府机构设置数量存在上限

"党政机构限额管理"是深化地方机构改革的基本要求。通过观察目前各省（自治区、直辖市）的机构方案，省级（自治区）政府的党政机构总数不超过 60 个。直辖市中，北京 65 个、重庆 64 个、天津 64 个、上海 63 个。此轮地方政府机构改革符合国务院对省级政府党政机构数量限制的总体要求。

2. 地方政府机构设置与中央政府机构设置基本对应

随着中央政府机构改革的推进与深化，各省级人民政府在中央政府统一领导下，对自身政府机构作出了调整。从形式上看，各省（自治区、直辖市）的机构改革方案中的组成部门与中央政府对应机构设置基本一致。比如此次国务院对自然资源部、生态环境部、农业农村部、文化和旅游部、国家卫生健康委员会、退役军人事务部、应急管理部等七个组成部门进行新设，地方政府采取相同的形式对政府组成机构作出对应调整，设立相关组成部门，地方政府与中央政府机构设置总体一致。

3. 地方政府机构设置因地制宜

2018 年政府机构改革赋予省级及以下政府更多自主权，允许地方政府因地制宜设置职能机构。从梳理的结果看，大部分省（自治区、直辖市）政府根据本地区经济社会发展的实际情况设立独特的职能机构。其中，两个领域的机构设置较为集中。一是大数据管理局。在数据经济快速发展的背景下，数据逐渐成为新的经济增长点与治理关键点。因此，在 2018 年政府机构改革中，多个省（自治区、直辖市）政府的机构改革方案确立设立大数据管理局。比如，山东省将原省政府办公厅的大数据和电子政务等管理职责整合组建"大数据局"①；贵州省组建省大数据发展管理局②；浙江省为进一步加速政府数字化转型，组建省大数据发展管理局③等。二是围绕地方金融发展，组建地方金融监督管理局。目前，地方政府不仅需大力防范金融风险、维护金融稳定，同时也需确保金融的持续发展。因此，北京、上海、重庆、广东、江苏等 10 余省（自治区、直辖市）政府设立了金融监督管理局作为省（自治区、直辖市）政府的直属机构。除此之外，各个省（自治区、直辖市）政府还根据自身经济发展的独特性，设立独一无二的地方政府机构。比如，山东省依托自身地域特征，将海洋发展作为经济发展的优势领域，组建省委海洋发展委员会；海南省政府为深入推进党中央将

---

① 参见《山东省人民政府关于机构改革涉及省政府规章规定的行政机关职责调整问题的决定》，载山东省人民政府网，http://www.shandong.gov.cn/art/2019/2/27/art_2259_30875.html?from=timeline，最后访问日期：2019 年 3 月 19 日。

② 参见《贵州省机构改革方案》，载贵州省人民政府网，http://www.guizhou.gov.cn/zwgk/jbxxgk/zfjg/gzsjggg/index.html，最后访问日期：2019 年 3 月 19 日。

③ 参见《浙江省人民政府关于机构改革涉及省政府规章规定的行政机关职责调整问题的决定》，载浙江省人民政府网，http://www.zj.gov.cn/art/2019/3/5/art_1553448_30652832.html，最后访问日期：2019 年 3 月 19 日。

海南省定位为新自由贸易试验区的战略部署，组建省委全面深化改革委员会（加挂省委自由贸易试验区工作委员会牌子），负责自由贸易试验区各项改革的配套工作等。

总体而言，地方政府机构改革是中央政府机构改革的延展。目前地方省级人民政府按照中央统一部署，以职能与地方特色为主要因素，完成对地方政府机构的初步调整，符合中央政府对地方政府机构设置统一化要求，地方政府机构调整基本到位。

（五）"党政机关合署办公"——机构改革理论难点与对策建议

对比几轮政府机构改革可以发现，"党政机关合署办公"是此次政府机构改革与以往机构改革最大的差异点、着力点与难点。目前，政府机构改革仍在持续，"党政机关合署办公"并未完全纳入正轨。相比于实践，"党政机关合署办公"应加快理论研究与实际效果的统一与衔接，成果更有助于加深对此轮政府机构改革中的主要难点与问题的理解。

1.党政机关合署办公的内涵与标准判断

2018年政府机构改革虽然将党政机关合署办公作为改革重心，但并没有明晰其内涵。我们发现，虽然"党政机关合署办公"已成为固定表达，但其认定仍存在模糊性。事实上，已有观点认为，在一个较短的时间内，先后出台《中国共产党工作机关条例（试行）》、《中共中央关于深化党和国家机构改革的决定》以及《深化党和国家机构改革方案》三部规范性文件，分别从"工作需要""密切关联""职能相近"方面对"党政机关合署办公"作出差异性定性，可能会造成理解上的模糊与操作上的困难。①

2.党政机关合署办公实践探索可能存在的问题

其一，合署办公适用范围不同，相互关系变动影响程度会随之发生变化。改革对象的层级不同，适宜进行合署合并的职能、合署合并的程度会存在差异，需要谨慎区分对待。其二，合署办公可能淡化党政机关相互的监督关系。党政机关双方的关系虽然因"合署合并打破了原本党政机构组织分明的界限"提升工作效率，但也可能因"党的工作机关原本相对于政府

---

① 张力：《党政机关合署办公的标准：功能、问题与重构》，《政治与法律》2018年第8期。

部门的独立性亦丧失殆尽，原本的外部监督转化为内部监督……党政间的监督与被监督之关系被淡化"。其三，新机构的上下级管辖关系、合署办公机构与其他机构的关系以及合署办公延伸出的党内法规协调适用等内容也可能成为合署办公实践的难点与问题。① 其四，党政机关的行政主体确认、行政行为确认以及监管关系的重新厘清。②

3. 党政机关合署办公的改革路径完善

在党的统一领导下，党政机关合署办公打破原本党政机构组织相对分明的界限，政府的综合管理能力、行政效能会得到提升。但须认识到，此次机构改革是推进国家治理体系和治理能力现代化的一场深刻变革，是关系党和国家事业全局的重大政治任务。因此，稳中求进、平稳有序是此次机构改革胜利完成的先决条件。可以发现，对此次机构改革涉及党政机关合署办公可能存在的问题进行前瞻性思考的同时，也逐渐明确了此次机构改革党政机关合署办公的完善路径。

首先，应确立党政机关合署办公的内涵与认定标准。此次机构改革范围大、覆盖广、影响深。为确保改革稳步推进，应以规范性文件的形式明确党政合署办公的内涵与认定标准。

其次，应加快党政机关合署办公的理论建设。一方面，应从行政学、政治学、管理学等学科角度对党政机关合署办公与相关机构关系变化进行学理思考，加快理论建设；另一方面，应从行政法学的视角，加速党政机关合署办公主体地位、职能配置、行政行为、组织法等理论构建。

再次，始终坚持稳中推进的发展理念。不同层级的机构改革，合署办公的程度与难度会有所不同。应切实在党的统一领导和统一部署下，紧凑有序依法推进改革进程。

二 政府治理手段变革

法治政府治理方式变化是国家治理体系和治理能力现代化推进的重要

---

① 秦前红、陈家勋：《党政机构合署合并改革的若干问题研究》，《华东政法大学学报》2018年第4期。
② 参见金国坤《党政机构统筹改革与行政法理论的发展》，《行政法学研究》2018年第5期。

表征。2018 年政府治理方式变化集中体现为行政审批优化以及行政争议纠纷解决机制的发展。

（一）行政审批改革持续推进

行政审批是政府治理的重要手段，但同时也是"放管服"改革推进的主要症结。优化行政审批制度、推进简政放权、优化服务是政府行政审批改革的主要目标。2018 年 5 月，以中共中央办公厅、国务院办公厅印发《关于深入推进审批服务便民化的指导意见》（以下简称《指导意见》）为标志，进一步明确行政审批改革的推进方向。

1.《指导意见》深化推进行政审批服务改革的主要内涵

其一，行政审批改革基本原则得到进一步明确。"以人民为中心"、"改革与法治辩证统一"、"放管并重、放管结合"以及"体制创新与'互联网＋'融合促进"，确认为行政审批改革的基本原则。基本原则的落实，确认了行政审批改革的基本走向与方式，确保审批服务理念、制度、作风全方位深层次变革的一致性与统一性。

其二，行政审批改革主要目标得到细化确认。较之以往，此次行政审批《指导意见》细化了行政审批改革的具体目标。①全面推行"马上办、网上办、就近办、一次办"审批服务改革。与企业生产经营、群众生产生活密切相关的审批服务事项应全面落实。②对社会重点关注领域事项推进审批服务标准化。推进同一事项无差别受理、同标准受理。③推进"减证便民"，优化行政审批程序事项。减少重复举证，提高审批效率。④推行政务综合服务大厅"一站式"功能，提升审批的集中化服务效率。⑤推行"互联网＋政务服务"的审批服务方式。依托互联网，提高信息共享与网上办公能力。⑥创新审批服务方式。开展企业"证照分离"改革，加强居民多证信息互通互联，优化审批服务方式。⑦进一步收缩行政审批中介服务，减少不必要的行政审批中介服务事项，全面取消无法律依据的行政审批中介服务事项。⑧调整重审批轻监管的旧有做法，依照"谁审批谁监管、谁主管谁监管"的权责对等、权责一致原则，促进事项监管机制有效运行。

其三，确立组织实施机制，落实行政审批服务便民化改革。《指导意见》强调组织领导的作用，明确要求各级党委深入推进审批服务便民工作，作为重要议事日程与地方机构改革进行统筹安排；鼓励各地因地制宜探索优化行政审批事项。中央和省级部门要主动服务基层，加强工作指导，做好中央与地方审批服务合理衔接；强调责任机制，对积极作为的典型给予激励，对不作为的部门明确问责，切实落实行政审批服务改革的督查工作；加大行政审批服务优秀做法的推广力度，正确引导社会预期。

2.《指导意见》深化推进行政审批服务改革的典型范式

较之以往，此次《指导意见》确认了浙江省、江苏省、上海市、湖北省武汉市、天津市滨海新区、广东省佛山市的行政审批服务改革典型范式。

（1）浙江省"最多跑一次"范式

浙江省以"最多跑一次"作为行政审批服务改革目标。一方面，通过政务清单的方式公布"最多跑一次"的事项流程，并建立动态调整机制，确保行政审批服务被公民所知悉；另一方面，推行"一窗受理、集成服务"联合审批方式，建立"前台综合受理、后台分类审批、综合窗口出件"的综合审批服务方式。

（2）江苏省"不见面审批"范式

江苏省以"不见面"作为行政审批服务改革优化指标，强调通过行政审批与互联网融合释放行政效能。建立"网上办—集中批—联合审—区域评—代办制—不见面"的行政审批服务机制。将全省政务整合为统一的政务服务网，实现政务互通互联，积极公开审批结果，并以"两微一端"推送、快递送达、代办送达等方式，切实贯彻行政审批服务"不见面"指标，提供高效行政审批服务。

（3）上海市突出优化营商环境范式

作为全国金融贸易中心，上海行政审批服务改革以优化营商环境为基本要求，构设行政审批服务优化事项。以"证照分离"改革试点为核心、以自贸试验区先行先试为引领，通过政务与互联网融合的方式，打造宽松平等的营商市场准入门槛，优化营商环境。

（4）湖北省武汉市"马上办网上办一次办"范式

武汉市行政审批服务改革落脚于公民反映最为强烈的"办事难、办事慢、办事繁"，关注行政审批服务时间整体周期的缩短。确立"一事项一标准、一子项一编码、一流程一规范"的清单动态调整机制，推动"一次办"

"马上办""网上办"向"不用办"转化，缩短行政审批周期。

（5）天津市滨海新区"一枚印章管审批"范式

天津市滨海新区以行政审批权相互之间关联，整合各部门行政审批职能，并将全部审批职能赋予新组建的行政审批局，从而形成行政审批主体单一特征，实现审批服务由"物理集中"向"化学整合"转变。

（6）广东省佛山市"一门式一网式"范式

与天津市滨海新区"物理集中"不同，广东省佛山市强调互联网聚合作用。基于互联网技术支撑，加强行政主体协同，形成审批共同体。不同行政主体均可以受理行政审批事项，并通过加强网络信息共享机制，逐步形成"网上办事为主、实体办事为辅、自助办事为补的政府服务新格局"。

上述六种指导范式勾勒了行政审批服务改革的路径。一方面，以效果目标为导向，明确行政审批服务改革进路；另一方面，以行政审批手段为依托，确认行政审批改革方式。可以看出，《指导意见》为全面开展行政审批服务改革奠定了基础。

3.地方行政审批改革推进与落实

行政审批服务改革是全局性、统一性改革。在《指导意见》公开后，各地方政府积极制定行政审批服务改革方案。例如海南省政府印发《全省相同政务服务事项名称以及办事指南统一规范目录清单的通知》，对相同政务服务事项的设定依据、事项名称、事项类型、申请条件、申请材料、办理时限、收费标准、办理流程等八大项审批要素进行统一规范；广东省政府印发《深入推进审批服务便民化工作方案的通知》，以方便服务企业和群众办事创业为导向，加大行政审批改革力度；重庆市从政务公开角度优化行政审批服务事项，强化对重大建设项目、公共资源配置领域、推进招商引资、推进营商环境等领域信息公开；福建省政府印发《"马上就办"掌上便民服务实施方案的通知》，强调手机等移动端网络信息共享，便利行政审批服务模式等。可以看出，地方行政审批改革推进与中央《指导意见》具有高度一致性。加强审批职能部门物理聚合、强化网络化政务功能、建立动态清单制度是地方政府采取的主要行政审批改革方式与措施。有效保证了居民办事效率，提高了行政效能。但是，目前地方政府行政审批服务改革仍存在不足。

一是各级地方政府行政审批服务改革推进不平衡。虽然《指导意见》

公开后各级政府都有启动审批服务改革工作，但整体而言审批改革进程并不均匀。部分政府行政审批服务改革已日渐深化，取得一定成效，但同时也存在行政审批服务改革处于起步阶段的地方政府，地方政府间的行政审批改革实施力度存在差异。

二是行政审批服务仍有提升空间。行政审批职能部门物理距离的实际存在以及政务信息未完全实现互通互联，客观造成了目前行政审批服务改革并不能完全实现"不见面"、单一"网上办"的改革效果。

三是行政审批信息公开不及时、不规范。现有行政审批服务改革依托于清单公示制度。部分地方政府相关审批服务信息公开仍不到位，影响居民审批信息获取，从而影响行政审批服务改革质量。

4.外商投资准入负面清单制度进一步放宽

不同于行政审批服务便民化改革路径探索，我国外商投资准入已形成较为完善的路径安排，即对外商投资实行准入前国民待遇和负面清单管理制度。2018年6月国家发展改革委出台的《外商投资准入特别管理措施（负面清单）（2018年版）》较之2017年外商投资准入负面清单明显减少，由原来的63项缩减至48项，外商投资准入门槛进一步降低（见表4）。一方面，推动重点领域开放。对金融、基础设施等领域进行大幅度开放，缩小外商投资行政审批范围。另一方面，对部分领域明确阶段性开放时间，增强了审批的可预期性，减少了全面开放准入的不确定性。

表4　外商投资准入负面清单取消事项

行业	取消事项
金融领域	取消银行外资股比限制，将证券公司、基金管理公司、期货公司、寿险公司的外资股比放宽至51%，2021年取消金融领域所有外资股比限制
基础设施领域	取消铁路干线路网、电网外资限制
交通运输领域	取消铁路旅客运输公司、国际海上运输、国际船舶代理外资限制
商贸流通领域	取消加油站、粮食收购批发外资限制
文化领域	取消禁止投资互联网上网服务营业场所的限制
汽车行业	取消专用车、新能源汽车外资股比限制，2020年取消商用车外资股比限制，2022年取消乘用车外资股比限制以及合资企业不超过两家的限制

行业	取消事项
船舶行业	取消外资限制，包括设计、制造、修理各环节
飞机行业	取消外资限制，包括干线飞机、支线飞机、通用飞机、直升机、无人机、浮空器等各类型
农业领域	取消小麦、玉米之外农作物种子生产的外资限制
能源领域	取消特殊稀缺煤类开采外资限制
资源领域	取消石墨开采、稀土冶炼分离、钨冶炼外资限制

资料来源：根据《外商投资准入特别管理措施（负面清单）（2018年版）》与《外商投资产业指导目录（2017年修订）》整理形成。

整体而言，2018年行政审批改革进程加快。《深入推进审批服务便民化的指导意见》的颁布，加快了国内行政审批服务制度化的形成进程，而2018年《外商投资准入特别管理措施》进一步促进了行政审批改革的全面化与国际化进程。可以预见，随着我国行政审批改革的推进，2019年我国简政放权会得到进一步实现，对经济稳定与可持续增长起到支撑与促进作用。

（二）行政纠纷解决机制进一步完善

预防和化解行政纠纷能力可以作为法治政府建设进程的重要衡量标准。梳理2018年行政纠纷解决机制相关法规与理论研究进程可以发现，2018年行政纠纷解决机制模式创新主要集中在《最高人民法院关于适用〈中华人民共和国行政诉讼法〉的解释》（以下简称《行诉司法解释（2018）》）[1] 以及行政争议调解制度两个方面。

1.2018年行政诉讼制度推进

法律法规制定与修订是审查制度发展变化的最核心方式。2018年行政诉讼制度的推进集中体现于2018年2月公布的《行诉司法解释（2018）》。该司法解释从以下三个方面推进行政诉讼制度发展。

其一，深化行政诉讼受案范围。《行诉司法解释（2018）》在2000年

---

[1] 参见《最高人民法院关于适用〈中华人民共和国行政诉讼法〉的解释》，载中华人民共和国最高人民法院官网，http：//www.court.gov.cn/zixun-xiangqing-80342.html，最后访问日期：2019年3月19日。

《最高人民法院关于适用〈中华人民共和国行政诉讼法〉的解释》（以下简称《行诉司法解释（2000）》）的基础上，以负面清单的形式对不可诉行为进行细化与补充。对比可以发现，《行诉司法解释（2018）》延续了《行诉司法解释（2000）》不可诉事项的规定，并在此基础上新增五项不可诉事项（见表5）。具体而言可以概括为三项内容。一是行政内部行为。"行政机关作出的不产生外部法律效力的行为"与"上级行政机关基于内部层级监督关系对下级行政机关作出的听取报告、执法检查、督促履责等行为"两个事项涉及的行为不产生对外效力，因此均可以看作行政内部行为。二是行政机关作出的过程性行为。包括行政行为实施前的准备、论证、研究、层报、咨询等事项。三是涉及行政纠纷解决机制的其他行为。包括行政诉讼判决形成的执行行为和信访两个部分。可以看出，相比《行诉司法解释（2000）》，新的司法解释中行政不可诉范围更为科学与准确。应进一步明晰信访、调解、仲裁与行政诉讼的关系，减少行政诉讼争议的生成。

表5 新旧司法解释中行政不可诉行为范围比对

《行诉司法解释（2000）》	《行诉司法解释（2018）》
公安、国家安全等机关依照刑事诉讼法的明确授权实施的行为	公安、国家安全等机关依照刑事诉讼法的明确授权实施的行为
调解行为以及法律规定的仲裁行为	调解行为以及法律规定的仲裁行为
不具有强制力的行政指导行为	行政指导行为
驳回当事人对行政行为提起申诉的重复处理行为	驳回当事人对行政行为提起申诉的重复处理行为
对公民、法人或者其他组织权利义务不产生实际影响的行为	对公民、法人或者其他组织权利义务不产生实际影响的行为
	行政机关作出的不产生外部法律效力的行为
	行政机关为作出行政行为而实施的准备、论证、研究、层报、咨询等过程性行为
	行政机关根据人民法院的生效裁判、协助执行通知书作出的执行行为，但行政机关扩大执行范围或者采取违法方式实施的除外
	上级行政机关基于内部层级监督关系对下级行政机关作出的听取报告、执法检查、督促履责等行为

续表

《行诉司法解释（2000）》	《行诉司法解释（2018）》
	行政机关针对信访事项作出的登记、受理、交办、转送、复查、复核意见等行为

资料来源：课题组根据公开新闻报道和资料整理。

其二，细化行政复议"共同被告"规则。新《行政诉讼法》第 26 条创设性地设定了"经复议的案件，复议机关决定维持原行政行为的，作出原行政行为的行政机关和复议机关是共同被告；复议机关改变原行政行为的，复议机关是被告"[1]，深化行政诉讼与行政复议的行政纠纷解决联动机制。而 2018 年以司法解释的方式对《行政诉讼法》第 26 条作出细化设定。主要调整与变化集中在《行诉司法解释（2018）》第 22 条对"复议机关改变原行政行为"[2] 的认定以及第 133 条对"复议机关决定维持原行政行为"[3] 的认定上。这次调整通过将维持原行政行为的复议机关作为"共同被告"的制度设定，进一步将行政诉讼与行政复议相关联。

其三，明确诉讼资格中"利益关系"的确认标准。新《行政诉讼法》第 25 条将行政诉讼主体资格设定为"行政行为的相对人以及其他与行政行为有利害关系的公民、法人或者其他组织"。但由于"利害关系"界定模糊，极易诱发行政滥诉[4]，因此，《行诉司法解释（2018）》对"利害关系"

---

[1] 参见《中华人民共和国行政诉讼法》（2017 修正）。

[2] 《行诉司法解释（2018）》第 22 条：行政诉讼法第二十六条第二款规定的"复议机关改变原行政行为"，是指复议机关改变原行政行为的处理结果。复议机关改变原行政行为所认定的主要事实和证据、改变原行政行为所适用的规范依据，但未改变原行政行为处理结果的，视为复议机关维持原行政行为。复议机关确认原行政行为无效，属于改变原行政行为。复议机关确认原行政行为违法，属于改变原行政行为，但复议机关以违反法定程序为由确认原行政行为违法的除外。

[3] 《行诉司法解释（2018）》第 133 条：行政诉讼法第二十六条第二款规定的"复议机关决定维持原行政行为"，包括复议机关驳回复议申请或者复议请求的情形，但以复议申请不符合受理条件为由驳回的除外。

[4] 例如，江苏省南通市政府信息公开滥诉事件。江苏省南通市港闸区人民法院公开的数据显示，在 2013 年至 2015 年该院共审结 166 件政府信息公开案件，其中，行政机关已经向原告提供或者告知获取途径，原告仍提起诉讼的有 52 件，占受案数的 31%。参见张云秋《政府信息公开行政滥诉成因及应对》，《人民法院报》2017 年 2 月 15 日第 6 版。

作出界定，将"被诉的行政行为涉及其相邻权或者公平竞争权的""在行政复议等行政程序中被追加为第三人的""要求行政机关依法追究加害人法律责任的""撤销或者变更行政行为涉及其合法权益的""为维护自身合法权益向行政机关投诉，具有处理投诉职责的行政机关作出或者未作出处理的"五类情形视为具有"利害关系"的情形，进而极大地降低了行政诉讼纠纷的发生率。

此外，《行诉司法解释（2018）》对证据规则、行政诉讼规范性文件附带审查规则等内容进行了细化。但相比上述三点，这些修订更偏重于程序事项的调整，并不直接涉及行政纠纷解决机制变革。

2. 2018年行政争议调解制度发展

快速解决行政争议的现实要求，促进了行政争议调解制度的发展。不同于行政调解，行政争议调解并不着眼于强调调解者的行政主体地位，而是关注调解行为的性质，是指对"行政主体与行政相对人之间基于其双方之间的行政法律关系而产生的行政争议"[1] 加以调解的机制。行政争议调解制度源于行政诉讼的调解程序。由于行政纠纷争议不断上升，行政争议调解作用凸显，因而行政争议调解制度逐渐独立出来，成为补充行政诉讼与行政复议的新行政纠纷解决机制。

从规范性文件来看，目前并没有全国性的行政争议调解制度的法律、行政法规或部门规章，但这一制度在各个省份有较快的发展。各地市积极探索建立以行政争议纠纷解决为中心的机构。理论上，山东省、福建省、安徽省、上海市等地先后制定多元化解行政争议相关条例。[2] 实践中，浙江省行政争议调解制度发展较为迅速，湖州市、温州市、萧山区、杭州市、台州市等城市都已设立"行政争议协调中心"，多采取政府与法院共建的方式，如温州市人民政府与温州市中级人民法院共同制定行政争议调解制度，

---

① 廖原：《行政争议调解的制度架构》，《行政与法》2015 年第 6 期。

② 参见《山东省多元化解纠纷促进条例》，载搜狐网，https：//www.sohu.com/a/107570273_355187，最后访问日期：2019 面年 3 月 19 日；《福建省多元化解纠纷条例》，载福建人大网，http：//www.fjrd.gov.cn/ct/16-128479，最后访问日期：2019 年 3 月 19 日；《安徽省多元化解纠纷促进条例》，载安徽省人民政府法制办公室网，http：//www.ahfzb.gov.cn/content/detail/5c062c10cfd9f3000a000007.html，最后访问日期：2019 年 3 月 19 日；《上海市高级人民法院关于进一步完善行政争议实质性解决机制的实施意见》。

制定专项规范性文件，共同设立"温州市行政争议调解中心"；福建省泉州市、山东省德州市等城市也多以"行政争议调解中心"的形式对行政争议进行专项处理；上海市则在高级人民法院建立"行政争议多元调处中心"，专项解决行政争议纠纷，通过在立案前或立案后建立行政争议调解机制，将案件协调化解与依法裁判有机结合，推动行政争议稳妥解决。整体而言，目前行政纠纷争议机制初步建立且呈现零散分布，并未形成制度规模。但从已有城市的运行效果来看，行政争议调解机制对行政纠纷的化解具有较高效率。比如，湖州市委政法委员会公布的"行政争议调解中心"数据显示，截至 2018 年 5 月，接受处理各类行政纠纷 297 件，实质化解 123 件，涉及金额 2.5 亿元，化解率达到了 41.4%。① 可以预见，随着行政纠纷争议实践案件的不断上升，行政争议调解机制会得到进一步发展。

三 法治政府治理网络转向

当前，以数据为核心的新经济模式在我国经济结构中的比重逐渐上升。这一变化也引起了人们生活模式的改变。法治政府治理模式作为国家治理能力现代化的重要组成应围绕这一结构性变化作出调整。事实上，观察 2018 年的政府治理模式可以发现，我国政府已经将大数据与网络发展作为调整法治政府治理模式的主要考虑因素。其中最为重要的两个变化是法治政府网络综合治理模式的日渐成熟以及社会信用监管体系的搭建。

（一）法治政府网络综合治理模式

随着网络的普及，我国互联网使用率不断提高。② 网络已然成为"第二社会"。为此，党的十九大报告明确提出"建立网络综合治理体系，营造清朗的网络空间"的要求。而这一要求在 2018 年 4 月全国网络安全和信息化工作会议上得到加强与落实。此次会议明确指出，要提高网络综合治理能

---

① 数据来源：http://www.pahuzhou.gov.cn/zhengfadongtai/fayuanchuanzhen/201805/t20180516_7281889.shtml。

② 根据中国互联网络信息中心（CNNIC）第 42 次《中国互联网络发展状况统计报告》，截至 2018 年 6 月，我国网民规模已达 8.02 亿人。

力，形成党委领导、政府管理、企业履责、社会监督、网民自律等多主体参与，经济、法律、技术等多种手段相结合的综合治网格局。政府作为国家意志的体现、国家政策的载体和公权力的执行机关，承担政策的落实、公共事项的管理与执行。因此，结合我国法治政府发展战略，网络综合治理建设的核心实际转换为法治政府网络综合治理建设。观察2018年我国法治政府网络综合治理建设情况，可以发现网络综合治理建设呈现以下发展趋势。

其一，网络舆论引导功能加强，巩固马克思主义在网络意识形态领域的指导地位。网络的普及使政府调整了单以传统现实社会作为主要治理对象的治理考量因素，加强了对网络空间的正确政治方向、舆论导向、价值取向等方面的引导。

其二，政府网络媒体的传播力、引导力、影响力与公信力得到提升。具体而言包括两个方面。一是继续深化政务微博等新网络媒介的网络传播作用。比如在2018年，通过以人民网开展全国政务指数微博影响力报告的测评方式，不断提升政务微博传播信息水平，提高政务信息的传播力、影响力与公信力。二是加强对微博等信息网络媒介的管理。2017年公布的《互联网群组信息服务管理规定》《互联网跟帖评论服务管理规定》《互联网论坛社区服务管理规定》以及2018年2月公布的《微博客信息服务管理规定》均属于针对信息网络媒介作出的规范性文件。此类规范性文件通过对网络信息的发布、传播进行规制，有效控制数据信息可能对社会秩序带来的危害。

其三，政务治理模式形态调整，传统单一地域政务逐渐转化为地域政务、网络政务并重的政务治理模式。这一变化同样可以从两个角度加以识别。一是强化大数据监管。通过大数据监管，实现跨地区、跨部门、跨领域的数据互联、共享与协同，提高政府监管的全面性、准确性、及时性。比如《国家电子政务总体方案》以及2018年发布的《电子营业执照管理办法（试行）》[①] 等规范性文件均包含政府网络监管的要求。二是强化大数据

[①]　参见《电子营业执照管理办法（试行）》，载国家市场监督管理总局官网，http://www.samr.gov.cn/djzcj/zyfb/zjfb/201901/t20190124_282251.html，最后访问日期：2019年3月19日。

服务民生功能。比如 2018 年 6 月公布的《进一步深化"互联网 + 政务服务"推进政务服务"一网、一门、一次"改革实施方案》①，强调以人民为中心，以"一网通办""只进一扇门""最多跑一次"为治理目标，全面深化推进简政放权。

其四，网络相关领域的规范制定增多。相比 2017 年，2018 年网络综合治理更为规范化、制度化，并呈现出细节化、具体化的特点。比如 2018 年 2 月公布的《微博客信息服务管理规定》、2018 年 10 月公布的《区块链信息服务管理规定（征求意见稿）》、2018 年 12 月公布的《金融信息服务管理规定》等，均以规范性文件的形式对相应领域加以规制，政府网络综合治理立法结构更为完备，并且呈现出重点领域优先立法的法治政府建设要求。

可以看出，在 2018 年的法治政府建设中，大数据与互联网的治理理念已逐渐深化成为法治政府建设的主要治理思路之一。无论是立法还是执法，互联网综合治理模式已成为政府治理的一般方式。但同时我们仍需看到，当前法治政府网络综合治理模式仍处于初级阶段，治理方式的运用呈现出碎片化、局部化、阶段化的特征，体系结构仍待进一步完善。我们认为可以从以下三个方面推进制度完善。

首先，完善法治政府网络综合治理制度体系结构。目前网络综合治理体系是以《网络安全法》为主干，其他规范性文件为分支的体系结构。但是，这一体系结构并不完整，缺少行政法规层级的法律规范。目前低位阶的规范性文件呈现出零碎化、局部化的立法特征，具有较高的不稳定性。建议将部分规范性文件进行整合，比如对《互联网群组信息服务管理规定》《互联网跟帖评论服务管理规定》《互联网论坛社区服务管理规定》《微博客信息服务管理规定》等涉及网络媒体信息传播内容的规范性文件进行高位阶统筹立法。

其次，加强对网络综合治理过程中的公权力监督。目前，大数据成为

---

① 参见《进一步深化"互联网 + 政务服务"推进政务服务"一网、一门、一次"改革实施方案》，载中国政府网，http://www.gov.cn/zhengce/content/2018 – 06/22/content_5300516.htm？trs = 1，最后访问日期：2019 年 3 月 19 日。

新的经济增长点,各级政府加快了对公民、法人或者其他组织的数据采集
与使用。由于电子政务快速发展、大数据保护相关法律相对滞后、各部门
数据采集缺少统一标准以及此次机构改革对职能调整的持续进行,当前政
府对大数据的采集、管理与使用存有滥用公权力的倾向。应尽快明确各个
行政主体的数据采集与使用的标准与权责。

再次,进一步加强公民正当使用网络的价值观引导。虽然法治政府网
络综合治理正在快速推进,但现阶段的发展仍无法实现对互联网的全面、
准确的管理。需要进一步加强正当使用网络的价值观引导,增强网络活动
参与主体的法律意识,教育公民自觉遵守互联网法律法规,从而降低监管
成本,提高政府管理效能。

(二)社会信用监管体系

党中央、国务院一直高度重视社会信用监管体系的发展。随着信息技
术的发展,社会信用体系承载的社会治理功能越发凸显。党的十八届三中、
四中全会以来,围绕社会信用监管的内容频频出现于法律法规等各级规范
性文件中,表现在三个方面。一是相关法律法规数量迅速增多。其中,2015
年之后的文件数量呈现出迅速扩增的发展态势(见图1)。二是中央层面法
律法规规模增大。除了法律行政法规层阶,大量的部门规章对“社会信用”
加以规定,立法层次逐渐清晰。三是立法顶层设计与支持程度不断深化,
立法体系与内容不断丰富。

社会信用政府治理模式的核心在于信用联合奖惩的治理机制。信用联
合奖惩机制源于《国务院办公厅关于社会信用体系建设的若干意见》①,该
规定首次提出了信用联动惩戒机制。2014年最高人民法院等八部委共同签
署的《“构建诚信、惩戒失信”合作备忘录》,在最高人民法院与其他部门
之间建立起信用联合惩戒机制,对失信被执行人进行联合惩戒,形成了信
用联合惩戒机制的雏形;2014年国务院印发的《社会信用体系建设规划纲
要(2014—2020年)》补入了守信激励机制,确立了以信用联合奖惩机制为
核心的社会信用体系,构成我国法治政府治理新方式。

---

① 该规范性文件已失效。

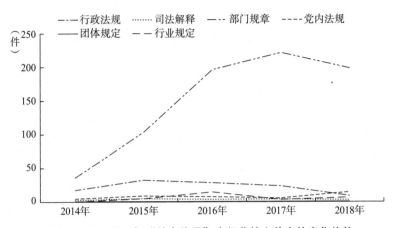

图 1 2014～2018 年"社会信用"在规范性文件中的变化趋势

资料来源：课题组根据 2014～2018 年公开的涉及"社会信用"内容的规范性文件整理获得。

观察 2018 年实施情况，以信用联合奖惩治理机制为核心的社会信用监管体系已产生明显的政府治理效果。目前全国 31 个省（自治区、直辖市）（不含港澳台）均设立了"信用中国"[①] 子站，对各领域的信用信息进行统一公示。"一处失信、处处受限"的信用联合惩戒效果尤其明显。[②] 可以预见，随着社会信用体系的完善，以信用数据为基础的信用奖惩机制必然成为法治政府治理的主要模式。可以看出，在党中央、国务院的高度重视与推动下，在不断的信用实践中，以创新为基础、以应用为导向、以服务为关键的发展理念在中国社会信用建设中得到体现，守信联合激励和失信联合惩戒效果逐渐显现，以信用为核心的新型监管机制的支撑条件日趋完善。

但同时我们仍需认识到，虽然社会信用监管体系逐渐成为政府治理新模式，信用监管体系仍存在较多问题急需解决。一方面，失信报道不断上升。社会信用体系以激励和失信约束为奖惩机制，核心目的在于提高全社会的诚信意识和信用水平，旨在深化"放管服"改革进程、规范市场秩序、优化营商环境、提高经济运行效率。失信报道的持续上升实际上反映出当

[①] "信用中国"网站是由国家发展改革委、中国人民银行指导，国家信息中心主办统筹信用信息，用以褒扬诚信、惩戒失信的权威门户网站。

[②] 国家公共信用信息中心每个自然月均会形成信用报告。从新增失信黑名单、失信黑名单整改退出、重点领域失信统计结果来看，信用惩戒机制取得了一定的效果。

前社会信用体系激励和失信约束奖惩机制未能实现预期的提高全社会诚信意识和信用水平的初衷。另一方面，各个城市开展的信用监管创新虽然呈现出繁华景象，但是从整体上看，当前信用监管体系缺少了顶层的制度设计。信用信息孤岛、信用信息规则的碎片化以及围绕信息收集的使用与保护问题仍未得到解决，经济运行效率仍有待提高。

制度的顶层设计与具体机制的完备是信用监管体系推动经济高质量发展的前提。信用监管的基本概念设定、制度框架与具体机制需作出进一步思考。具体而言，应从以下三个方面加以完善。

首先，确认社会信用内涵。"社会信用"似乎成为一个不言自明的概念。政府在日常的规范性文件制定中，虽然频频使用，却一直缺少精准化的概念识别。在早期，"社会信用"作为政策指引，没有准确的内涵与外延并不影响政策的指引效果，但随着征信系统逐渐覆盖全社会，并逐渐形成以"红黑名单"为主要抓手的奖惩机制，"社会信用"早已从单一社会指引的政策描述扩延至具有可操作性与规范性的规范约束，从而不可避免地涉及权利义务的重新确认问题。由于"社会信用"监督覆盖全社会并成为奖励与惩罚相关主体的判断因素，因此应对"社会信用"作出法律层面的限定。

其次，统一社会信用的采集。社会信用与公民私权存在天然的联系，对社会信用的采集本质上是公权力对私权的干预。当前由于社会信用标准不清晰，政府信用信息采集行政权的正当性存有瑕疵。应结合此轮机构改革，尽快确认各政府机构对信用信息采集、使用的职权，并对社会信用采集方式加以明确。

再次，加速信用联合奖惩治理的理论构建。从性质上看，"红黑名单"本质上并不属于同一类行政行为。联合惩戒属于行政处罚，联合奖励则属于行政奖励，"红黑名单"需区别对待。对于用于联合惩戒的"黑名单"，应判断《行政处罚法》法定处罚情形能否涵盖"黑名单"所包含的新型行政处罚形式，需要作出理论建构；用于联合奖励的"红名单"①，主要涉

---

① 譬如威海将全国劳模、道德模范、志愿服务、义务献血、慈善捐赠、见义勇为等事项纳入个人信用体系，并以积分的形式对个人信用进行奖励或惩罚。

对不同类型的信用信息进行统一量化问题，如何确保依赖"红名单"形成的行政奖励合法性、合理性、公正性以及有效性，是这一领域的核心理论建构问题。

综上而言，2018年是法治政府建设迅速推进的一年。在党和国家有序安排下，政府机构改革、行政审批改革、行政争议纠纷解决机制、网络综合治理以及社会信用监管等重点领域有较为明显的推进，并取得了较为瞩目的成果。当然，政府治理改革并不能瞬息实现，2018年政府治理重点领域机制与制度调整仍需持续进行。其中，中央与地方机构改革的协调统一、党政机关合署办公、行政审批改革机制优化与制度建立，会继续成为2019年法治政府建设的重点任务。网络综合治理以及社会信用监管的作用会进一步加强，为法治政府建设提供重要推动力。

B.7
江苏省法治政府建设报告

马太建　侍军宁　强　卉*

摘　要： 2018 年，江苏省紧紧围绕到 2020 年基本建成法治政府的目标，在行政审批制度改革、党政机构改革、权力清单"三级四同"标准化建设、基层政务服务体系向基层延伸、社会信用体系建设等方面，坚持立法与改革发展决策相衔接，切实把社会主义核心价值观融入地方立法，坚持立改废释并举，优化立法机制保障质与效相统一。建立了政府规章、规范性文件清理长效机制，加快转变了政府职能，加强了政府制度建设，推动了行政决策科学民主法治化，改革完善了行政执法体制，完善了多元化矛盾纠纷解决机制，取得了积极有效的成效，法治政府建设不断向前推进。

关键词： 法治政府；职能转变；制度建设；行政执法；矛盾纠纷化解

为贯彻落实党的十八届四中全会精神，中共中央、国务院印发《法治政府建设实施纲要（2015—2020 年）》（中发〔2015〕36 号），确定"到2020 年基本建成职能科学、权责法定、执法严明、公开公正、廉洁高效、

---

* 马太建，中共江苏省委全面依法治省委员会办公室专职副主任；侍军宁，江苏省司法厅法治督查处处长；强卉，中国法治现代化研究院研究员，南京师范大学法学院讲师，法学博士。

守法诚信的法治政府"总体目标，部署法治政府建设 7 个方面主要任务和 44 项具体措施。2016 年 7 月，江苏省委、省政府结合江苏省法治建设实践，制定并印发《江苏省贯彻落实〈法治政府建设实施纲要（2015—2020 年）〉实施方案》（苏发〔2016〕30 号），在中央确定的法治政府建设总体目标基础上，进一步提出"依法行政和法治政府建设水平处于全国前列，人民群众对法治政府建设的满意度达 90% 以上"的更高要求，并明确责任分工，确定贯彻落实各项任务的时间表和路线图。

为深入推进依法行政，加快建设法治政府，江苏省全面推进依法行政工作领导小组及其办公室强化统筹规划，加强综合协调，按年度制定并印发江苏省法治政府建设工作计划，制定并完善法治政府建设指标体系和考核督察机制，将督察与年度考核相结合，夯实法治建设责任，扎实有序地推进中央和省部署的法治政府建设各项任务。13 个设区市、96 个县（市、区）和部分省政府部门也都相应出台文件并有序推动各区域、领域的法治建设。

2018 年 4 月，江苏省全面推进依法行政工作领导小组印发《江苏省 2018 年度法治政府建设工作计划》（苏依法〔2018〕3 号），部署了全面深化机构改革、深化行政体制改革等 32 项重点工作。2019 年 1 月，江苏省全面推进依法行政工作领导小组办公室组织相关专家对年度计划完成情况进行评估。根据评分结果，各地各部门平均得分率 91.15%，年度计划完成度良好，形成了省、市、县三级联动的整体合力，较好地完成了 2018 年度法治政府建设工作计划所部署的任务。

一　政府职能转变更加到位

《法治政府建设实施纲要（2015—2020 年）》中关于"依法全面履行政府职能"确定的目标是：政府与市场、政府与社会的关系基本理顺，政府职能切实转变，宏观调控、市场监管、社会管理、公共服务、环境保护等职责依法全面履行。围绕这个目标，江苏省坚持推进政府职能转变，2018 年度的工作成效主要包括以下几个方面。

1. 行政审批制度改革持续深化

为理顺政府与市场、政府与社会的关系，自 2001 年起，国务院启动了行政审批制度改革，先后六次取消和下放审批项目。党的十八大以后，以深入推进"放管服"为抓手，启动了新一轮行政审批制度改革。自2013年以来，江苏省建立健全行政审批制度改革工作机制，提出"3550"（即3个工作日内开办企业、5个工作日内获得不动产登记、50个工作日内取得工业建设项目施工许可证）改革目标，大力推进"网上办、集中批、联合审、区域评、代办制、不见面"审批（服务）省、市、县三级联动模式。2018年，江苏省政府办公厅印发《"不见面审批"标准化指引》（苏政办发〔2018〕64号），召开"不见面审批"标准化试点工作推进会，从事项公布、实现方式、基本流程、申请材料、办理时限、缴纳费用等六个方面加强管理。目前，13个设区市和96个县（市、区）公布不见面审批（服务）业务109105项，"不见面审批"服务标准化、规范化水平稳步提升，企业和群众的改革获得感明显增强。据了解，南通市在全省两轮简政放权创业创新环境评价中，均列13个设区市首位；如皋市"一枚印章管审批"成效明显，在96个县级市中排名第一；苏州市开发了"互联网+不动产抵押登记"平台，在全国范围内率先建立标准规范的电子证照模式和管理体制；盐城市实施全市域统一数字化"多图联审"，实现"一窗受理、网上流转、联合审图、数字交付"；南京市栖霞区在个体、企业登记注册领域率先试点"不见面"审批改革，成功办理国内首份"不见面审批"的营业执照；无锡市开通企业名称自主申报系统，将企业名称预核准与企业设立登记合并办理；泰州市设立"一站式"企业开办专区，工业建设项目施工许可办理采用"大数据O2O审图新模式"，施工图审查时间缩减了一半，开办企业一天完成；连云港市在与企业经营资格相关的行政审批事项中推行行政审批告知承诺制，申请人在签订告知承诺书后可当场领证；江苏省住建厅开发了"江苏省建筑工程一站式申报系统"；江苏省国土资源厅推动不动产登记全业务、全过程"一窗受理、集成服务"；江苏省农委扩大县级农资领域信用体系建设试点范围，农产品质量安全监管水平居全国前列；江苏省民政厅着力推动城乡社区治理与服务，全省城乡社区综合服务设施覆盖率达100%，全国率先上线电子婚姻登记证服务；江苏省市场监管局上线企业名称自主申报、电子营业执照应用（出示、信息获取）服务；江苏省机关事务管理局上线省直公积金提取服务；江苏省农村社会养老保险基金管理中心推出城乡居民养老保险网上办理。持续深化行政审批制度改革，使行政服务更加便捷、高效，极大地优化了江苏的营商环境。

2. 党政机构改革系统推进

党的十九大、十九届三中全会对深化地方机构改革作出了重要决策部署。2018 年，江苏省机构编制部门抓住改革方案制定、转隶组建、"三定"审核等关键环节，统筹省、市、县三级，高标准推进全省党政机构改革各项工作。自 10 月起，按照"先立后破、不立不破"的原则，推进 56 个省级涉改部门在一个月内基本完成职责调整、机构编制转隶组建等工作任务，实际转隶人员 1470 名，其中行政人员 678 名、事业人员 792 名。12 月，江苏省委印发《中共江苏省委关于市县机构改革的总体意见》（苏发〔2018〕32 号），稳步推动市县机构改革，明确了 22 项市县具体改革任务。为保证市县机构改革顺利推进，建立了以实施方案、机构组建、人员转隶、部门"三定"工作程序等 34 份文件资料为模板的"菜单式"机构选设列表。改革后，江苏省级党政机构由 70 个减至 60 个，精简 14.3%，市县党政机构也得到了优化重组。

3. 权力清单"三级四同"标准化建设合力推动

自 2015 年全面推行权力清单制度以来，江苏省确定了"三级四同"（同一事项省市县三级名称、编码、类型、依据相同）基本目录清单 10 类 11503 项，实现了清单标准化。各级各部门从基础权力清单认领本部门事项 678491 项，并逐项按照统一标准规范编制办事指南 708367 个，实现指南规范化。2018 年，全面推动权力清单标准化建设，推动所有权力清单、办事指南在江苏政务服务网上统一管理、分层分级维护、统一发布，对于国家或省决定取消下放权力事项，做到第一时间一键取消下放，实现了清单更新动态化。根据国家省级政府网上政务服务第三方评估指标和国家政务服务事项最新标准，推动各地各部门先后针对 33 个要素和 29 个要素，完善修订网上政务服务事项办事指南，进一步提高了办事指南精确化水平。

4. 基层政务服务体系向镇、村延伸

2018 年，江苏省政府办公厅印发《关于建立完善基层"互联网＋政务服务"体系的指导意见》（苏政办发〔2018〕37 号），推进江苏政务服务网向乡镇（街道）和村（社区）全面延伸，推进乡镇（街道）、村（社区）

实体服务大厅标准化建设，推动镇村服务大厅名称规范统一，资源整合，集中管理综治、信访、司法、民政等职能。目前，江苏省全省13个设区市1346镇级站点20848村站点全覆盖，覆盖率分别为99.7%和99.6%，初步建成了"省、市、县、镇、村"五级政务服务体系。苏州市将基层实体服务大厅规范化建设纳入部门年度绩效考核，昆山市试点推进村、社区标准化建设，巴城镇首批验收31个。南通市在11个县（市）区、开发园区103个乡镇（街道），建有规范化的镇级服务中心86个，其中43个统一规范名称为"为民服务中心"；1855个村（社区）建有规范化的村级服务中心，已统一规范名称为"便民服务中心"的981个。盐城市强化服务大厅建设，已有117个乡镇（街道）1814个村（社区）建成为民（便民）服务中心，覆盖率分别达95.9%、87.8%，并实现电子政务外网乡镇（街道）全覆盖。各地还积极推进政务服务事项网上申报、网上办理，打造规范、透明、便捷的基层网上服务体系。南京市1307个街道（社区）全部完成了省一张网的站点维护，江苏政务服务网"乡镇街道"栏目申报办件超过8万件。扬州市基本实现全域网络覆盖，初步实现高频事项在线办理，相关乡镇街道共受理办件近5万件。镇江市新区试点先行，推进办事终端向基层延伸，句容市、丹徒区基层公共事项在线申报平台已上线。

5. 社会信用体系建设基础夯实

加强社会信用建设是强化市场监管的重要内容。自2017年底起，江苏省在推动社会信用体系建设方面，先后出台《江苏省关于加强政务诚信建设的实施意见》《江苏省关于建立完善守信联合激励和失信联合惩戒制度的实施意见》《江苏省加强个人诚信体系建设的实施意见》《江苏省全面加强电子商务领域诚信建设的实施意见》《江苏省公共信用信息管理办法（试行）》等一系列政策，积极推动公共信用信息系统建设及网络互联互通，统筹协调推进信用信息资源管控平台、信用中国（江苏）网站及苏信服APP、公众号、信用信息一体化服务平台、信用联合奖惩系统、双公示系统等6个项目建设。同时，进一步深化省市信用信息基础应用一体化，开发省市一体化系统，制定《江苏省公共信用信息系统一体化服务管理办法（试行）》，实现江苏省全省信用信息查询报告和信用审查报告数据统一、格式统一、规范统一、服务统一的"四统一"。在省、市、县、乡四级部署省市公共信用信息一体化系统，覆盖全省 13 个设区市和大部分县市区，部署站点 109 个。自 2018 年 5 月上线以来，通过该系统已累计出具信用查询报告 1.3 万份。目前，江苏省社会信用体系建设总体水平已处在全国前列。

二　行政立法引领高质量发展

"法律是治国之重器，良法是善治之前提"。有效的制度供给是江苏省加强行政立法工作的重要指引。2018 年，江苏省政府法制部门组织起草、审核完成地方性法规、规章草案 117 件，提请修改、废止地方性法规规章 112 件，推动形成支撑全省探索性、创新性、引领性发展的法规规章体系，以高质量立法护航高质量发展。

1. 坚持立法与改革发展决策相衔接

江苏省聚焦风险防范、精准脱贫、污染防治"三大攻坚战"，全面推动中央重大战略在江苏的落实。一是在全国较早制定社会救助家庭经济状况核对办法，研究起草地方金融条例、环境监测条例等法规规章，开展农村扶贫开发条例、食品小作坊和食品摊贩管理条例、大气颗粒物污染防治管理办法立法后评估；二是制定失业保险规定，大幅提高失业保险金标准，有效保障失业人员的基本生活；三是落实海洋、交通、人才强国战略，在全国较早开展海洋经济促进、水路交通运输、职业教育校企合作地方立法工作；四是通过立法巩固"放管服"改革和江苏"不见面"审批成果，在不动产登记条例中明确申请人既可以到现场申请不动产登记，也可以通过网络平台申请，除规定情形外，不动产登记申请 5 日内办结；五是在社会救助家庭经济状况核对办法中，通过落实信息平台建设、行政协助等制度措施，推动整合运用政务数据信息，为清理取消证明事项提供法治支撑，从根本上铲除"奇葩"证明、循环证明、重复证明滋生的土壤。

2. 切实把社会主义核心价值观融入地方立法

江苏省全面修订出台奖励和保护见义勇为条例，从基本生活、医疗、就业、教育、住房等方面，为见义勇为提供全程保障，将见义勇为基本道德规范转化为法律规范。在广告条例、女职工劳动保护特别规定等法规规章中，增加了弘扬中华优秀传统文化和公序良俗以及有关诚信义务、禁止性别歧视的规定。南京市制定国家公祭保障条例，无锡市、淮安市出台文明行为促进条例。

3. 坚持立改废释并举

江苏省政府法制部门针对江苏民营经济大省实际，加快推动《营商环境优化办法》等法规规章规范性文件的制定修改，清理不利于民营企业发展的规章和规范性文件。加快办理涉及民营企业发展的规范性文件前置合法性审查事项，全年办理省政府交办的拟上市公司历史沿革确认、新型抵质押融资市场培育、企业并购重组、危化企业搬迁等文件审查139件，对有悖于平等保护原则、不利于民营经济发展的相关内容及时提出修改建议。促进民营企业平等保护，将公平竞争审查机制入法固化，杜绝在规范性文件中违法增设行政许可、行政处罚、行政强制以及不利于民营企业发展的歧视性条款。

4. 优化立法机制保障质与效相统一

2018年，江苏省政府制定《江苏省规章制定程序规定》，不断改进和完善立法程序和机制。确立涉及重大改革、重大决策事项的先行决定制度以及小型化连续听证制度，设立了专门的立法听证室，对与群众切身利益紧密相关、事关公民权利义务的法规规章，通过公开举办立法听证会的方式听取各方利益代表的意见建议，实现立法听证常态化、制度化。研究起草地方性法规规章草案法律审查要点，从必要性、合法性、合理性、可行性、规范性等方面细化法律审查标准。注重强化立法论证，凡是有重大分歧的草案都组织召开专家论证会，每件法规规章草案都征求省政府法律顾问的意见。

5. 建立政府规章、规范性文件清理长效机制

江苏省政府法制部门组织开展了涉及民营经济发展以及行政审批事项、著名（知名）商标制度、军民融合、大气污染防治、生态环境保护、证明事项等7个批次法规规章规范性文件专项清理工作，提请废止、修改地方性法规、省政府规章56件，废止、修改规范性文件297件。其中，根据《国务院办公厅关于开展涉及产权保护的规章、规范性文件清理工作的通知》（国办发〔2018〕29号）的要求，完成涉及产权保护规章及规范性文件清理工作，建议修改省政府规章1件，建议废止省政府规章2件；已废止规范性文件2件，已修改规范性文件2件，拟废止规范性文件24件，拟修改规范性文件 6 件。根据《国务院办公厅关于开展生态环境保护法规、规章、规范性文件清理工作的通知》（国办发〔2018〕87 号）的要求，开展涉及生态环境保护的规章清理工作，已废止规章 3 件，拟废止规章 3 件，拟修改规章 9 件。根据《司法部办公厅关于报送涉及民营经济发展的规章、规范性文件清理进展情况的通知》（司办通〔2018〕149 号）的要求，开展涉及民营经济发展的规章、规范性文件清理工作，已废止规章 5 件，已废止规范性文件 232 件，已修改规范性文件 36 件，拟废止规范性文件 78 件，拟修改规范性文件 70 件。

三 行政决策科学民主法治化程度明显加强

2016 年，江苏省全面推进依法行政工作领导小组办公室在全国率先开展重大行政决策试点，为推进行政决策科学化民主化法治化探路。2017 年底，南通市、连云港市、宿迁市、南京市玄武区、江阴市、涟水县、省物价局被确定为第二批试点单位。通过积极试点，各地各部门在规范行政决策程序、完善制度机制等方面取得实效。

1. 重大行政决策制度建设成果突出

苏州、徐州、南通等市以政府规章的形式出台了重大行政决策程序规定。南京、连云港、宿迁等市和阜宁、江阴、启东等不少县（市、区）以及省水利厅、省国土厅、省物价局等部门以文件形式制定或修订了重大行政决策程序规定，同时制定了重大行政决策事项公示、听证、专家咨询论证、第三方评估、风险评估等配套制度，形成了重大行政决策制度体系。为保证行政决策程序得到严格执行，苏州市升级改造重大行政决策网上运行系统，在省内率先实现市、县、镇三级重大行政决策网上运行全覆盖，其经验做法在全省推广。省水利厅积极探索重大行政决策听证，推进决策机制创新。

2. 重大行政决策事项目录化管理在全省普遍推行

南通市、连云港市等地将重大行政决策目录化管理纳入年度依法行政考核，要求各单位制定公布本单位的重大行政决策事项目录，列入目录的重大行政决策事项必须严格按照决策程序实施。宿迁市、淮安市淮阴区等地出台政府重大行政决策目录管理办法，全面推行重大决策目录化管理。张家港市出台《张家港市重大行政决策程序操作细则》，对包括目录管理在内的重大行政决策流程进行规范，并分解目录化管理的任务分工，落实责任部门。

3. 政府法律顾问制度建立健全

为推动建立行政机关内部重大决策合法性审查机制，2016 年，江苏省政府印发《关于建立政府法律顾问制度的意见》（苏政发〔2016〕8 号）。2017 年，省委办公厅、省政府办公厅联合印发《关于推行法律顾问制度和公职律师公司律师制度的实施意见》，要求县级以上地方各级党政机关在2017 年以前普遍设立法律顾问、公职律师，到 2020 年全面形成与江苏省经济社会发展和法律服务需求相适应的法律顾问、公职律师、公司律师制度体系。截至 2018 年 5 月，100% 市县两级政府、95% 省级机关建立了法律顾问制度。省、市、县三级政府共聘请法律顾问 1700 名，省级机关共聘请法律顾问 450 名，法律顾问聘请率达 100%，80% 以上的乡镇、街道也采取多种形式开展了法律顾问服务工作。为推动构建政府法律顾问标准化法律服务体系，镇江市出台政府法律顾问工作规则及相关配套文件，苏州市印发《苏州市人民政府法律顾问考核办法》，泰州市发布《党政机关法律顾问服务规范》地方标准。当前，政府法律顾问根据工作需要参与各地各部门各个方面的法律事务，已经成为政府依法决策、依法管理、依法办事的重要参谋、得力助手。

四 行政执法更加严格规范

严格规范公正文明执法是推进依法行政、建设法治政府的重要内容。在推动落实行政执法责任制、完善行政执法程序、创新执法方式、加强行政执法人员管理等常规工作的基础上，江苏省积极探索推进基层行政执法体制改革，建立健全权责统一、权威高效的基层执法机制，推动各级政府及其部门严格实施法律法规规章，切实保障公民、法人和其他组织的合法权益，有效维护经济社会秩序。

1. 综合行政执法改革持续深化

近年来，江苏省深入推进综合行政执法改革，提升了行政执法效率和监管水平，在推进执法治理体系和治理能力现代化方面作出积极探索。2018年6月，江苏省委办公厅、省政府办公厅印发《关于深化综合行政执法体制改革的指导意见》（苏办发〔2018〕26号），在全省全面部署行政执法体制改革，确定省级原则上不设执法队伍，推动重心下移，资源下沉；市县实行网格化管理，在市场监管、交通运输、城市建设管理等领域整合组建5～7支综合行政执法队伍；在原有以部门为主的条线监管的基础上，下沉监管力量，将监管力量向县（市、区）、乡镇倾斜，变条线监管为主为块上监管为主；推动条线监管与联合监管相结合，对监管对象一致且涉及跨部门的现场检查事项建立联合监管清单，明确联合监管的发起方式、牵头部门、参与部门等，形成相互配合、沟通顺畅、齐抓共管的监管新格局，实现"1＋1＞2"的效果。通过改革，各地初步建立了一支队伍管执法、一套清单管权责、一个中心管指挥、一个网格管治理、一个平台管信用、一套机制管检查的综合执法新模式，在解决多头执法、多层执法、执法扰民和基层执法力量不足等问题方面迈出了坚实步伐。南通市实现了相对集中行政处罚权县域全覆盖。扬州市蜀冈瘦西湖风景名胜区成为省内首家以其管委会为执法主体并行使多部门处罚权的旅游度假区。南京、南通、常州、淮安、盐城、宿迁、昆山等地主动作为，推行行政执法"三项制度"。同时，推动经济发达镇集成改革。先后开展第一批20个、第二批29个经济发达镇改革，整合"一办七局"权责事项清单，制定相关配套规章制度，调整干部队伍配备，将原有的60多个部门单位合并成为"一办七局"8个职能部门，复制推广"全面加强党的领导，便民服务一窗口、综合执法一队伍、镇村治理一张网、指挥调度一中心"的"1＋4"改革经验。

2. 相对集中行政处罚权区域和领域得到扩大

相对集中行政处罚权是行政处罚法确立的一项重要制度，是深化行政管理体制改革的重要途径之一。需要推行相对集中行政处罚权的领域，往往存在多头执法、职责交叉、重复处罚、执法扰民等突出问题，严重影响执法效率和政府形象。在总结十多年来推进城管领域的相对集中行政处罚权工作经验的基础上，2016年以来，江苏省探索将相对集中行政处罚权扩大至市场监管、公共卫生、安全生产、文化旅游、资源环境、农林水利、交通运输、城乡建设、海洋渔业、商务和网络监管等领域，扩大至开发区、县级镇域、风景名胜区等区域，推动县（市）在市场监管、城市管理、农业、交通运输、文化旅游等领域整合组建综合执法队伍，促进综合执法。同时，推动执法重心下移，推进县（市）城市管理领域相对集中行政处罚权工作向建制镇延伸。2018 年，江苏省政府法制办印发《关于做好经济发达镇行政管理体制改革涉及的相对集中行政处罚权报批工作的意见》（苏府法〔2018〕74 号），审核完成并提请省政府批准苏州市姑苏区、扬州市广陵区、睢宁县、金湖县等地在镇域、街道，以及泰兴市虹桥镇、如东县洋口镇、建湖县上冈镇、句容市下蜀镇等经济发达镇开展相对集中行政处罚权工作。经省政府批准常熟市、苏州市吴江区增加相对集中行政处罚事项，在辖区各镇开展新一轮相对集中行政处罚权工作。南京市玄武区、盐城市大丰区、连云港市赣榆区等地在镇域、领域和区域开展以相对集中行政处罚权为主要内容的综合执法工作。

3. 行政执法监督不断强化

连云港市建立"行政执法监督＋"工作机制。淮安市实施"十百千"法制监督工程。扬州市、盐城市积极开展"两法衔接"工作专项督查。泰州市重新梳理41个执法部门的4674项行政处罚权标准，并上网公示。昆山市安全生产委托执法扩展至 3 区 5 镇，环保委托执法实现区镇全覆盖。江苏省环保厅组织开展长江经济带化工企业污染整治等执法行动，全省累计立案查处环境违法案件 1.48 万件、处罚金额 9.6 亿元。江苏省公安厅出台电子卷宗系统应用管理工作规范，全面提升办案智能化、标准化水平。南通、扬州、宿迁、盐城、泰州等市建立行政执法人员常态化培训、考核结果登记等制度，有效提高执法人员能力素质，社会满意度显著提高。

五　矛盾纠纷化解机制多元化

推进依法行政、建设法治政府的一个重要任务是依法有效化解社会矛盾纠纷。全省各地各部门积极推动形成公正、高效、便捷、成本低廉的多元化矛盾纠纷解决机制，力争引导民众通过法定渠道解决矛盾纠纷，切实维护公民、法人和其他组织的合法权益。

1.行政复议工作得到加强

2018 年，江苏省政府收到行政复议申请 767 件，受理 429 件，作出不予受理决定 189 件，作出告知函 28 件，依法存档 97 件，尚在补正期间 24 件。已审结的 445 件行政复议案件中，作出维持决定 212 件，占 47.6%，驳回 162 件，占 36.4%，确认违法 29 件，撤销 6 件，责令履行 2 件，申请人自愿撤回终止 34 件，直接纠错率 8.31%，综合纠错率 15.96%。全面推行公开听证方式审理案件，规范行政复议证据审查制度，加大实地调查力度，以公开透明正当的程序保障审理结果的公正。2018 年，行政复议机构运用公开听证、实地调查等方式审理复议案件 170 余件，占受理案件的三成以上，创历年新高。13 个设区市普遍在行政服务中心、社会管理中心、信访中心设置了行政复议受理中心，方便申请人提出行政复议申请。苏州、常州、镇江、宿迁等市实现了行政复议受案点镇、街道全覆盖。13 个设区市政府、2/3 左右的县（市、区）政府成立了行政复议委员会，并充分发挥其作用。各级行政复议机构健全案件审理机制，加大实地调查、公开听证、集体研究等的力度，公正裁决，增强行政复议公信力。苏州、扬州、常州、泰州等市认真落实行政机关负责人参加行政复议听证制度。南京、无锡等市积极推进行政复议公开听证。苏州、扬州、常州、镇江、宿迁、盐城、淮安、连云港和省公安厅等实行行政复议决定网上公开。盐城、苏州建立了行政复议纠错和行政诉讼败诉案件过错责任追究制度，其中，盐城市共有 61 人受到了责任追究。苏州、镇江等市组织开展了典型案例研讨。

2.非诉机制化解矛盾纠纷效果得到提升

2018 年 1～11 月，江苏省各类人民调解组织共排查纠纷 1405372 次，成功调解矛盾纠纷 1220937 件，其中劝阻群体性上访 4298 批次、涉及 5.4 万余人，防止民间纠纷引起自杀 142 件、涉及 248 人，防止民间纠纷转化为刑事案件 480 起，防止群体性械斗 81 件。加快推进行业性专业性调解工作。加快推动行业性专业性调解组织向环境保护、金融服务、商贸物流等涉及民生的领域延伸，构建行业与矛盾化解深度融合的“调解综合体”，借助专业力量、运用专业知识，更好地预防和化解重点行业、重点领域矛盾纠纷。2018 年，全省共建立行业性专业性调解组织 1940 个，企事业单位调解组织

4658 个，33.69% 的专业性矛盾纠纷在行业性专业性和企事业单位调解组织得到有效化解。常州市建立了全省首家知识产权仲裁中心。南通市、连云港市、沭阳县等加强行政调解规范化建设，推动行政调解与人民调解、司法调解衔接互动。

3. 信访工作制度改革不断深化

江苏省各级政府部门扎实推进信访法治化建设，不断深化信访工作制度改革，坚持运用法治思维和法治方式，依法有效化解信访矛盾。印发《关于进一步加强信访法治化建设的实施意见》，推动各地各部门健全完善信访法律制度，扎实推进依法分类处理信访诉求。加强信访业务标准化建设，全面系统修订完善信、访、网、电办理和复查复核业务规程，初步形成信访部门建设标准体系，有序推进信访工作规范化。昆山市严格落实信访工作责任制，签订党政主要领导信访工作目标责任书。

Ⅳ 司法改革报告

Judicial Reform Reports

B.8
司法改革总报告

强 卉 潘 溪 韩玉亭*

摘 要： 党的十八届三中全会审议通过的《中共中央关于全面深化改
革若干重大问题的决定》，对深化司法体制改革作了全面部
署。司法改革在2018年从多个方面都取得了显著成效。司法
责任制改革取得了办案责任制顺利落实、司法人员配置结构
进一步优化、司法队伍的保障机制不断完善等方面的成绩，
并且多个地方启动了司法责任制第三方评估工作，采取加快
推进员额制改革落实等措施；法院系统和检察院系统的内设
机构改革形成了基本统一的改革思路和几种"因地制宜"的
改革方式。智慧法院的建设抓住了新兴技术的发展机遇，坚

---

* 强卉，中国法治现代化研究院研究员，南京师范大学法学院讲师，江苏高校区域法治发展
协同创新中心研究员，法学博士；潘溪，南京师范大学法学院副教授，中国法治现代化研
究院研究员，江苏高校区域法治发展协同创新中心研究员，法学博士；韩玉亭，中国法治
现代化研究院研究员，南京师范大学法学院讲师，江苏高校区域法治发展协同创新中心研
究员，法学博士。

持司法规律、体制改革与技术变革相融合，实现了创新，大大提高了司法活动的工作效率和司法公开的程度。2018 年我国在司法职业保障方面制定了多项政策，力求加快司法职业保障的法治化、多样化、合理化进程。

关键词：　司法责任制；内设机构；智慧法院；司法职业保障

司法制度是国家政治制度的重要组成部分，为了建立法治国家，必须建立现代司法制度。[①] 当前，我国经济社会处于快速发展的关键阶段，各种矛盾和问题集中出现，机遇和挑战并存，司法工作在国家和社会生活中的地位、作用、影响更加凸显。进一步深化司法体制改革，建设公正高效权威的社会主义司法制度，具有特别重要的意义。在新一轮司法体制改革中，司法责任制被置于基础性的地位，也被称为牵动司法体制改革全局的"牛鼻子"。建立和完善司法责任制，目的在于从体制机制上摒除长期以来备受诟病的审判权运行的行政化、书面化，建立符合司法规律的审判权运行机制，确保审判权依法独立行使。落实司法责任制要求，真正实现让审理者裁判、由裁判者负责。严格落实"两个规定"等制度，确保人民法院依法独立公正行使审判权。司法体制改革是以习近平同志为核心的党中央谋划和推动的全局性改革的重要组成部分，是政治体制改革在法治领域的展开，应积极稳妥推进以司法责任制为核心的司法体制改革，确保按时完成各项改革任务。要深化司法体制综合配套改革，全面落实司法责任制，努力让人民群众在每一个司法案件中感受到公平正义。

一　司法责任制改革

（一）2018年司法责任制改革总体情况

2018 年 8 月，全面深化司法体制改革推进会在深圳召开，中央政法委

---

① 李浩主编《员额制、司法责任制改革与司法的现代化》，法律出版社 2017 年版，第 1 页。

提出，司法改革将研究出台错案责任追究具体办法，对符合问责条件的，依法依规严肃问责。健全法官检察官惩戒制度，发挥好惩戒委员会的作用，增强问责权威性和公信力，建立健全对制造冤假错案、干预司法、违法办案的责任追究制度势在必行。要加快建设电子卷宗随案同步生成和全流程网上办案体系，实现节点可查询、进程可监控、风险可预估、全程可追溯。要坚持问责和免责相结合，构建科学合理的司法责任追究制度，研究出台错案责任追究具体办法，完善法官检察官惩戒机制，防止制度空转。

2018年10月26日，第十三届全国人民代表大会常务委员会第六次会议表决通过的《中华人民共和国人民法院组织法（修订草案）》，通过立法确立了我国司法体制改革中的司法责任制，彰显了司法责任制改革的重要成果，为司法责任制进一步落实完善提供了法律基础，是我国当下司法责任制改革符合司法规律的探索成果。

2018年11月28日，最高人民法院为全面落实司法责任制，准确适用法律，统一裁判标准，提高审判质效，结合审判实际，就健全完善人民法院主审法官会议工作机制，印发《关于健全完善人民法院主审法官会议工作机制的指导意见（试行）》，并且于同日审议了《最高人民法院关于加强和规范重大司法改革试点工作的意见》。2018年以来，人民法院深入推进司法体制综合配套改革，全面落实司法责任制，进一步完善法院组织体系和司法人事管理制度，深入推进省以下人民法院内设机构改革，司法改革取得新进展。

2018年12月5日，最高人民法院印发《关于进一步全面落实司法责任制的实施意见》，对新型审判权力运行机制、审判监督管理机制和惩戒制度、司法责任制配套改革举措等作出部署。指出全面落实司法责任制是人民法院贯彻落实习近平新时代中国特色社会主义思想，深化司法体制综合配套改革，推进审判体系和审判能力现代化的重要措施，对于确保人民法院依法独立公正行使审判权，充分发挥审判职能作用，为统筹推进"五位一体"总体布局和协调推进"四个全面"战略布局提供有力司法服务和保障，具有重要意义。各级人民法院要坚定不移深化司法体制改革，全面落实司法责任制，确保以习近平同志为核心的党中央的各项决策部署在人民法院不折不扣落实到位。意见强调，全面落实司法责任制应当坚持目标导向和问题导向相统一。各级人民法院要着力破解司法责任制改革中存在的突出问题,健全完善审判权力运行体系,不断提升司法责任制改革的系统性、整体性、协同性。要切实加强政治建设,健全完善审判执行团队的党团组织,提升组织力和战斗力。要充分尊重法定审判组织办案主体地位。基层人民法院要因地制宜地灵活组建审判团队,增强团队合力。要完善案件分配机制,推进院长、庭长办案常态化,健全专业法官会议制度和审判委员会制度,统一法律适用机制,确保审判权依法公正高效运行。意见要求,完善新型监督管理机制和惩戒制度。健全信息化全流程审判监督管理机制,严格落实违法审判责任追究制度。完善法官员额和政法编制省级统筹调配机制,健全法官员额退出机制,形成常态化的初任法官选任机制,落实法官逐级遴选制度。加强法官助理、书记员的配备和培养,配齐配强审判辅助人员,明确职业前景和发展路径,完善司法人员业绩考核制度。

我国检察系统积极推进司法责任制改革,进一步落实司法责任制各项工作要求,通过多次会议传达司法责任制工作部署。2018年1月24日全国检察长会议重点强调,各级检察机关要全面落实司法责任制,认真贯彻《关于加强法官检察官正规化专业化职业化建设全面落实司法责任制的意见》。加快完善员额管理制度,完善动态调整的员额管理体制,健全员额退出、增补机制,加快完善司法绩效考核制度。入额领导干部要带头办理重大复杂疑难案件,达不到办案数量要求的退出员额。加快建设新型办案团队,明确办案团队的业务组织属性。加快推进内设机构改革,坚持在专业化建设基础上实行扁平化管理,推动机构整合、职能优化。抓紧出台加强和改进新时期案件管理工作的实施意见,强化案件管理部门对司法办案活动的集中统一管理,加强对员额内检察官办案活动的监督。主动加强与有关部门的沟通,抓紧落实按期晋升与择优选任相结合的晋升机制,积极推动配套政策尽快落实到位。深化市场化、社会化机制建设,依托政府购买服务提升检察辅助事务集约化专业化水平。

2018年3月9日的《最高人民检察院工作报告》表明,检察系统司法责任制全面实施,检察官、检察辅助人员、司法行政人员分类管理格局基本形成。检察官员额制全面推开,从原有16万名检察官中遴选出员额内检察官8.7万名,入额检察官全部配置在办案一线,实行员额动态管理。落实检察官办案责任制，建立检察官办案组和独任检察官两种办案组织，制定检察官权力清单，检察官在职权范围内依法作出决定、承担责任。与检察人员职务序列相配套的履职保障制度逐步完善。坚持放权不放任，全面开展流程监控和质量评查，全程、同步、动态监督司法办案。入额领导干部带头办理重大疑难复杂案件。1854 个检察院开展内设机构改革，一线办案力量普遍增长 20% 以上。

2018 年，围绕全面落实司法责任制，检察机关重点推进六个方面的改革。一是进一步完善检察人员分类管理制度，推进检察队伍正规化、专业化、职业化建设。二是全面落实检察官办案责任制。三是统筹推进刑事诉讼制度改革。四是深入开展检察机关提起公益诉讼工作，健全提起公益诉讼制度体系。五是探索建立与监察委员会办案工作衔接机制。六是推动科技信息手段的深度应用，用智慧检务提升检察工作品质。

（二）2018年司法责任制改革进展与落实情况

2018 年全国的司法责任制改革取得良好成效，办案责任制顺利落实，司法人员配置结构得到进一步优化，司法队伍的保障机制不断完善，员额制改革逐步落地，同时多地还启动了司法责任制第三方评估工作。

第一，办案责任制顺利落实。司法责任制改革落实后，从各地出台的员额法官（检察官）责任清单来看，所有入额法官（检察官）不再是以往审批制模式下的一个办案环节，而是成为拥有独立、完整办案权能的司法权主体。裁判文书签发方式、法官会议等配套机制也陆续改革到位，"让审理者裁判"的机制体制逐步建立，有效排除了层层审批的行政化运行模式，减少了审理与裁判的环节，提高了司法的效率。

第二，司法人员配置结构进一步优化。作为司法责任制改革的基础性条件，近年来，员额制改革在各地法检机关的推进力度持续加强，既与司法责任制改革形成了有效呼应，又确保了司法责任制改革成效能够迅速落实。一是司法人员配置结构进一步优化。各地法检机关通过划分人员类别、核定法官、检察官员额以及实行法官、检察官单独职务序列管理等改革措施，积极推动优秀审判资源向一线倾斜，司法人员配置结构持续优化。二是司法人员队伍素质显著提升。组建由各部门和专家组成的法官、检察官遴选委员会，负责法官、检察官的选任工作，从制度上确保入额的法官（检察官）都是业务骨干。三是司法人员的履职保障进一步完善。司法责任制落实后，无论是法官、检察官助理，还是初级法官、检察官，都有单独职务序列和晋升通道。科学的人员分类，让法官、检察官职业前景可期，更安心于一线工作。一些地方法院改变了根据政法专项编制数来确定法官员额的做法，实行根据单个法官平均办案数量确定法官员额的制度，取得了积极的效果。例如，广东省佛山市中级人民法院推行"以案配人"的制度，也就是通过对未来一年受理的案件数量进行预测，在此基础上确定一名法官一年的办案工作量，从而确定来年的法官人员配置。

第三，司法队伍的保障机制不断完善。司法责任制的改革始终与司法保障机制共同推进，司法责任的制度之笼越织越牢，司法人员的压力日益增大，司法职业的风险也不断增多。为了使司法责任制真正落实，各地方积极推进司法保障机制的建立。比如，关于加强法官、检察官履职保障的一系列规定，确保法官、检察官在受责任追究的过程中有正当的、充分的申辩权，这就使得权力、责任和保障能够统一协调，保证了司法责任制度的系统性和完整性。

第四，多地启动司法责任制第三方评估工作。司法责任制的政策落实和实施效果评价工作在本年度的司法改革中呈现出了新的特色，多地探索通过第三方评估的方式对司法责任制进行评价。例如江苏省委政法委委托中国法治现代化研究院，组织专门力量，对江苏省司法责任制改革落实情况进行了客观、系统的第三方评估，针对全省各级司法机关积极落实中央全面深化司法体制改革和关于"全面落实司法责任制"的部署，积极认真开展了司法责任制改革工作，督促全省各级法院、检察院和各有关部门将改革的相关政策措施落到实处。山东省司法责任制改革第三方评估工作，由山东省司法体制改革领导小组委托省法学会组织，"山东政法智库"部分成员及省内专家学者参与实施，主要针对全省员额制改革、新型办案机制、司法人员职业保障政策落实情况进行评估，检查、评判司法改革举措在全省的落实和进展情况，动态把握全省司法改革的整体进度和特点，总结典型做法，及时发现问题，提出有针对性的对策建议，为持续深入推进综合配套改革提供意见建议。

第五，加快推进员额制改革落实。员额制改革是实现法官检察官专业化、职业化的重要基础制度，是实行司法责任制的前提，目的是把最优秀的人才吸引到办案一线，以提高办案质量、效率和公信力。为了实现这一目的，必须保证入额法官、检察官的政治素养、专业素质、办案能力、职业操守过硬。这就要求各级法院、检察院对具有法官、检察官资格的人员进行遴选时，以考核为主、考试为辅，在坚持政治标准的基础上，突出对办案业绩、职业操守的考核。采取考试方式时，要重点考察分析案件事实、归纳争议焦点、正确适用法律、制作司法文书等实际能力。这样做，无论是经验丰富的老同志，还是年轻的业务骨干，都有机会通过遴选入额，既防止简单地以考分画线，又防止简单地论资排辈。①

（三）2018年司法责任制改革的评价与发展趋势

总体来说，司法责任制改革取得了较好的成效。改革总体顺利、平稳、有序，没有出现大的波动，也未影响各项工作的正常开展。员额制改革过程中，各单位都能严格把握入额标准和遴选程序，基本实现了将优秀人员充实到办案一线的改革目标。建立了符合司法规律和工作需要的新型办案机制，明确领导与办案者权力清单，实现"审理者裁判，裁判者负责"，"谁办案，谁决定"，"谁决定，谁负责"；不断改进监督管理方式，发挥科技手段和网络信息化平台作用，提高司法管理科学性和有效性，做到放权不放任。总体上看，全省法院检察院实施司法责任制改革举措得当，落实到位，运行良好，成效初显。

第一，进一步落实员额司法工作人员的办案责任。进一步保障员额司法工作人员的办案独立性，精简压缩领导员额职数，基层法院可以取消审判庭，实行扁平化审判组合，精简管理机构；放权到位，建立新型监督管理机制，加强对类案的指导、监督和培训；减少员额司法工作人员的内外部非司法性事务和会议。大力改进工作作风和工作方法，利用现代化办公手段，安排、部署、反馈、检查统计、评比、交流、会议贯彻、文件传达学习等，都可以在网上直接进行，尽量不开会，或开小会、开短会，有些

---

① 孟建柱：《坚定不移推动司法责任制改革全面开展》，《长安》2016年第10期。

统计、汇报材料可以通过人工智能设备自动生成。一些管理性事务也完全可以通过人工智能软件，自动分析处理、显示结果，减少人工干预，无须分管院长、庭长亲力亲为。

第二，完善司法人员分类管理制度。对原有的人员分类管理进行进一步的细化，规范员额法官、检察官的动态管理和退出机制，制定和完善相关配套制度。重点完善司法辅助人员和司法行政人员管理制度，制定法官助理、检察官助理的权利义务清单，明确其工作内容和权限，既要避免司法辅助人员超越权限、大包大揽承担司法工作，也要避免员额人员将案件全权办理，司法辅助人员无案可办；合理界定法官助理、检察官助理职责；完善晋升机制和激励机制，优化绩效考核办法，建立科学合理、简便易行的绩效奖金分配办法，综合考虑案件数量、难易权重等，全面客观地反映员额法官、员额检察官和审判辅助人员的工作业绩。

第三，利用科技手段提升办案效能。大力提升人工智能手段的使用水平和能力，建立智能化司法、智能化管理和智能化考评机制，提高效能降低成本。要树立以审判为中心，管理服务审判的理念，精简管理部门，合并管理职能相近的部门，建立综合性管理部门，实行一站式服务；简化管理程序，减少审批程序，开放式办公，实行网上审查、办理，提升办公自动化水平，做到数据自动收集、处理和反馈，实现便捷管理；创新管理方式，利用人工智能、大数据和物联网技术实现实时化、系统化、人机连锁、闭环控制等，提高管理效能，构建全省法院的信息化管理网络。

第四，加强制度协调。通过修改法律等多种形式进一步加强制度协调性，保证各项法律和制度的一致性，减少冲突。利用《法官法》《检察官法》《公务员法》《人民法院组织法》《人民检察院组织法》等相关法规的修订契机，统一关于司法责任制改革的要求。通过配套制度的改革与完善保证司法人员的职业尊荣感，员额法官、检察官的相关福利待遇参照与其职业等级相对应的综合管理类公务员职务层次人员相关待遇标准执行。

二 司法内设机构改革

内设机构改革符合司法改革的发展形势，也符合其自身运行的内在规律，具有必要性和迫切性。十八大以来司法体制改革取得的重大成就为内设机构改革打下了框架。司法责任制和员额制改革则为内设机构改革奠定了基础。员额制改革打造的精英化、专业化办案团队，要高效高质量完成工作任务，还需要设置科学的内设机构，将绝大部分人员分配到一线办案，巩固和提高员额制改革、司法责任制改革的成果。[①]

以员额制为重点的人员分类改革为内设机构改革的深化和落实奠定了基础。

员额制改革彻底改变了改革前的行政化管理模式，司法工作人员根据能力和职责各就其位，实行不同的考核激励机制，位于不同的上升渠道，没有必要挤院庭长（主任）这一座独木桥，有利于破除"官本位"思想。接下来的内设机构改革也就水到渠成。

（一）2018年度全国司法机关内设机构改革的总体情况

在2018年7月24日召开的全面深化司法体制改革推进会上，中央政法委提出要把党的十八大以来部署的司法机关内设机构改革和党的十九届三中全会部署的司法机构改革融合起来，加快构建优化协同高效的司法机构职能体系。2018年7月23日，结合人民法院系统自2016年开展改革试点以来，各试点法院努力探索积累的有益经验，经中央司法体制改革领导小组会议审议通过，中央编办、最高人民法院联合印发《关于积极推进省以下人民法院内设机构改革工作的通知》，在总结试点经验的基础上，提出了具体的改革意见，明确了工作重点。推进人民法院内设机构改革，是党中央从党和国家机构改革战略全局出发作出的重大决策，是全面推进依法治国、深化司法体制改革的重要部署，是司法责任制改革的重要配套措施，对于推动审判业务骨干回归办案一线、简化办案层级、落实司法责任制具有重要意义[②]。

---

① 宋金林：《稳妥推进内设机构改革应注重统筹兼顾》，载江苏法制办官网，http://jsfzb.jsc-hina.com.cn/mp2/pc/c/201802/02/c440161.html，最后访问日期：2019年2月20日。

② 《深入贯彻落实党中央决策部署 扎实推进省以下人民法院内设机构改革》，《人民法院报》2018年6月16日第1版。

（二）2018年度全国司法机关内设机构改革进展与落实情况

过去几年，全国已有多处法院和检察院作为试点先行探路。2018年，在党中央的部署下，在近两年试点经验的基础上。法院系统和检察院系统的内设机构改革形成了基本统一的改革思路和几种"因地制宜"的改革方式。

第一，2018年度全国法院系统内设机构改革方案与进展。2012年以来，各地法院围绕精简行政管理层级、依据业务职能整合机构，做了不少有益的尝试和探索，形成了多个典型模式。以法官为中心的审判模式，如广东佛山中院和深圳福田法院；取消审判庭的模式，如珠海横琴法院；平台管理的模式，如北京四中院；还有成都中院创建的大部制改革的模式；等等。从实践情况来看，多数都是审判庭实质上被合并或被取消，换之以院领导兼任审判庭庭长、部长或组长的专业化审判团队。

目前，法院的内设机构改革以"法官办公室＋审判业务庭"模式为主，辅以审判管理机构和司法行政事务机构的瘦身与优化。以福建省龙岩市中级人民法院为例说明情况（见图1）。

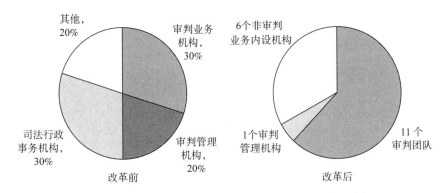

图1 福建省龙岩市中级人民法院内设机构改革前后对比

资料来源：课题组根据公开新闻报道和资料自行整理作图。

第二，2018年度全国检察系统内设机构改革方案与进展①。2018年度全国检察系统内设机构的改革情况主要浓缩于上海基层检察院的内设机构

---

① 谭滨：《司法责任制视野下上海基层检察院内设机构改革问题研究》，《犯罪研究》2018年第1期。

改革试点过程中。检察系统的内设机构改革是以司法办案为中心，按照"内设机构减下来、办案组织强起来、质量效率提上去"的要求，构建司法办案部门、综合业务部门和司法行政部门统筹协作的"四梁八柱"基本架构。司法办案部门作为"柱"起到基础支撑作用，按案件类别设立机构，实行"捕诉合一"；综合业务部门和司法行政部门作为"梁"，发挥整合、衔接作用。

上海基层检察院根据中央部署、司法责任制贯彻实施的需求，在基本构架下，结合实际情况，探索出"因地制宜"的内设机构改革模式。在"四梁八柱"的框架下，以检察官办公室作为内设机构改革后检察权运行的基本组织形式和组织单元。检察官办公室的设置应以专业化为导向，综合考虑业务工作特点和工作量等，根据办案需要及人员配备，分为独任检察官或检察官办案组两种形式。独任检察官独立对案件事项作出处理决定并承担司法责任，主任检察官对职权范围内决定的事项承担责任，其他检察官对自己的行为承担责任。各检察官办公室就所办案件直接向分管副检察长负责，由分管副检察长负责审核，各部门业务主任不行使案件审核权。分管副检察长不同意检察官处理意见，可以要求检察官复核或者提请检察委员会讨论决定，也可以直接作出决定。对于重大、疑难、复杂案件，部门业务主任可以召开检察官联席会议进行讨论，为承办案件的检察官提供参考意见。此外，上海地区涉及金融创新领域、知识产权领域的新类型、新手法犯罪案件较多，这类案件专业性强、关系复杂、敏感度高、办案难度大，需要打造专业素质过硬、办案能力更高的专业化经济类犯罪办案团队。

行政事务管理机制方面。由业务部门分管副检察长负责所分管部门的党务、政务的总体部署实施、调整调度等工作。各业务部门不再安排部门内检察官承担行政管理事务而由政治部派驻行政主任负责。行政主任受分管副检察长领导并接受政治部指导，向政治部报告工作，负责驻在部门党建、队建、绩效考评、人员管理等日常行政事务工作。行政主任由司法行政人员担任，按科级领导职务配备，根据部门人数、业务量的不同，行政主任可驻一个或多个检察业务部门履行职责。内设机构改革后，政法专项编制和原有领导职数不核减，精简空出的领导职数可用于行政主任的配备使用。

司法行政各部门设主任 1 名、副主任若干名。其中，政治部设主任 1 名，由院领导班子成员兼任，按处级领导岗位设置；设副主任 1~2 名，按正科级领导岗位设置。办公室设主任 1 名、副主任 1~2 名，均按科级领导岗位设置。监察室设主任 1 名，可根据需要设副主任 1 名，均按科级领导岗位设置。考虑到办公室、监察室工作的重要性和综合事务管理的属性，根据任职干部的具体情况，办公室、监察室主任可高配为副处级非领导职务。司法行政部门主任在分管副检察长领导下负责本部门党建、队建、思想政治、人员管理等日常行政事务工作，副主任在主任领导下协助其开展工作。

（三）2018年度全国司法机关内设机构改革的评价与发展趋势

从全国各地试点看，当前法院系统内设机构改革有分庭模式、团队模式、工作部模式等，目的都是构建科学高效的办案机构和管理机构，并且能够持续稳定地运行。内设机构改革后的扁平化管理，不仅能从组织形式上减少层级、提高效率，还可以去除过去层级化中的行政性因素，保障审判权和检察权的独立行使和中立性。因此，内设机构改革的整合就不仅仅是一种形式上的整合或者机构数目上的减少，而是从实质上调整法院和检察院内部的运行机制、办事流程、权责制度以及身处其中的个体的思想认识和行为习惯。

此次内设机构改革未来的发展重点主要有以下几个。一是以执法办案为核心，将绝大部分专业人员配置到办案一线。法院的内设机构大致可分为审判机构、审判辅助机构和行政管理机构。以审判机构为核心，将党务工作和综合行政事务尽量整合到一个部门，同时整合优化审判辅助部门的职能和效率。检察系统的内设机构则仍以"四梁八柱"为基本构架，直到2018 年 12 月 4 日，最高人民检察院内设机构改革的另一只靴子落地，《最高人民检察院职能配置、内设机构和人员编制规定》从案件类型和工作内容上设立内设机构 19 个。这就意味着，接下来各级检察机关都会根据最高人民检察院的设置进行内设机构改革。从最高人民检察院到基层检察院，原有内设机构组织体系将被整合重构，业务部门设置及内部组织形式发生重大变化。案件管理将以办案运行模式为目标，突出检察官主体地位，落实司法责任制。案件承办机制则以随机分案为主，指定分案为辅。二是遵循适当的专业化原则。随着案件复杂程度的提高，当事人对法院、法官要求的提高，无论是否设置专门的审判业务机构，都需要根据刑事、民事、行政三大类别对审判业务人员进行合理配置。三是考虑案件数量及其相应的管理需要。如基层法院民事审判案件一般占案件总量的百分之五六十，那么就需要增设民事业务庭或民事审判团队。如有的地方金融案件很多，那么就可以设置金融审判庭。四是既要考虑上下级对接，还要坚持稳步推进。在改革的过程中，不同法院的不同改革模式可能会造成上下级法院对接的不便利，但审判业务的实质是没有变化的，上级法院应该予以配合和协调。最重要的当然是内设机构改革要尽快完善顶层设计，注重自上而下和自下而上的结合，统筹推进。否则，基层法院的内设机构改革可能会陷入混乱，进而影响改革的进程和效果。

新形势下审判管理权需要回应内设机构改革，并与其共同促进司法责任制改革目标的实现。审判管理权的运行应更加程序化、更加符合司法规律，细分和限缩管理权限，明确各类人员职责、流程和标准，是新时期审判管理权的题中之义，如细分和限缩审判管理权和对审判管理者的身份进行重塑。

司法体制改革"四梁八柱"已经搭建，目前进入全面推进综合配套改革阶段。内设机构改革具有承上启下的重要作用，也到了非改不可的地步。我们必须以更大的智慧和勇气解决好内设机构改革中遇到的种种问题，确保司法体制改革顺利推进。

三　智慧法院建设

"智慧法院"的概念于 2016 年被提出，并被纳入《国家信息化发展战略纲要》和《"十三五"国家信息化规划》，它的具体含义就是"依托现代人工智能，围绕司法为民、公正司法，坚持司法规律、体制改革与技术变革相融合，以高度信息化方式支持司法审判、诉讼服务和司法管理，实现全业务网上办理、全流程依法公开、全方位智能服务的人民法院组织、建设、运行和管理形态"。这个定义明确了智慧法院的技术背景、根本宗旨、建设途径、主要目标、基本要求和实质内涵。[①]

党的十八大以来，人民法院系统视信息化为一场深刻的自我革命，紧紧围绕"努力让人民群众在每一个司法案件中感受到公平正义"的根本目标，加快建设智慧法院。通常认为智慧法院就是信息化的建设，但根据智慧法院的定义可以看到，智慧法院并不仅仅是信息化，信息化建设仅仅是支撑智慧法院的基础设施，真正的智慧法院是人民法院的组织、建设、运行和管理形态的改变。

（一）2018年度全国智慧法院发展的总体情况

党的十九大工作报告提出，要加快建设创新型国家，为建设科技强国、网络强国、数字中国、智慧社会提供有力支撑，这为人民法院的信息化建设提供了正确的方向、科学的定位。结合智慧法院"全业务网上办理实现网络化、全流程依法公开实现阳光化、全方位智能服务实现智能化"对先进科学技术的应用需求，突破一批智慧法院建设急需的关键共性技术、前沿引领技术和现代工程技术，培养造就一支具有国际水平的法治科技人才团队和创新团队，为建设智慧法院、促进审判体系和审判能力现代化提供坚强的科技支撑。

2018 年 4 月 3 日召开的最高人民法院网络安全与信息化领导小组会议听取了 2017 年人民法院信息化建设进展的汇报，审议并原则通过《智慧法院建设评价报告（2017 年）》《人民法院信息化建设五年发展规划（2018—2022）》等文件及《法院专网域名编码规范》等人民法院信息化技术标准。在迈向大数据与人工智能时代的背景之下，智慧法院的建设必须抢抓新兴技术的发展机遇，坚持司法规律、体制改革与技术变革相融合，切实实现"激发全社会创造力和发展活力，努力实现更高质量、更有效率、更加公平、更可持续的发展"的目标。主要体现在四个方面，即顶层设计、平衡发展、充分发展、创新发展等。

第一，总结分析阶段性建设成效，加强顶层设计。根据《人民法院信

[①] 《最高法工作报告解读系列访谈：加快建设智慧法院》，载最高人民法院官网，http://www.court.gov.cn/zixun-xiangqing-85042.html，最后访问日期：2019 年 2 月 25 日。

息化建设五年发展规划（2016—2020）》的要求，2018年，全国各级法院从规划引领能力、基础支撑能力、网络化应用能力、阳光化应用能力、智能化应用能力以及创新示范作用等七个方面总结、评估、分析智慧法院的阶段性建设成效，梳理明确实际状况，树立和弘扬先进典型经验，探究不平衡、不充分发展的矛盾症结所在，及时调整充实五年发展规划，为智慧法院建设的深化完善提供科学合理、针对性强的顶层设计指导。

第二，重视平衡发展，推动智慧法院的网络化进程。网络化是智慧法院的基本要求。目前，人民法院系统已经建成了覆盖全国法院和派出法庭的法院专网以及网上办公、审判、执行流程信息管理系统，推动面向办案干警的电子卷宗随案同步生成和深度应用，相关技术和系统都已经比较成熟。但仍有部分法院存在畏难情绪，观望等待，造成全国范围内网络化进程参差不齐。需要从观念、管理、技术、应用等多方面迅速采取有力措施，引导这些法院迎难而上，全面实现网上办公、办案，提高审判质效。

第三，充分利用现有成果，促进智慧法院的阳光化进程。阳光化是人民群众对法院工作的殷切期待。随着"三位一体"诉讼服务中心和四大司法公开平台遍及各级法院，电子诉讼方式全面推广，互联网法院正式运行，人民法院阳光司法水平空前提升，广大人民群众实实在在增强了获得感。但是在信息技术蓬勃发展的新时代，人民日益增长的美好生活需要呈现出多样化多层次多方面的特点，必然要求我们积极主动地想群众之所想、急群众之所急，利用互联网、多媒体、人工智能等先进手段和形式提供更加充分的诉讼服务、案件咨询、普法宣传、司法公开等，以满足人民群众日益增长的多元化司法需求。①

第四，持续创新，加速法院的智能化进程。智能化是智慧法院的努力方向。大数据分析、智能辅助、语音识别、图像识别等先进技术已经在很多法院办案和诉讼服务系统得到初步应用并受到肯定。最高人民法院也认识到，相比于大数据和人工智能等新兴技术的发展速度和潜力，智慧法院目前的应用仍然非常浅显。审判过程中的证据检验、类案推送、量刑规范、

① 李强：《信息化建设：全业务网上办理 全方位智能服务》，《人民法院报》2018年3月20日第7版。

诉讼风险预测、辅助司法决策等环节都需要更加自动、更加精准、更加适配的信息支持。必须牢固树立创新驱动理念，努力攻克以智慧法院人工智能技术为标志的一批关键技术，实现跨越发展，使先进科学技术成为提高审判质效、促进司法公正的有力保障。

（二）2018年度全国智慧法院发展规划与项目建设

司法改革和信息化建设作为人民法院发展的"车之两轮、鸟之两翼"，一直是最高人民法院的两项重点工作。2018年度全国智慧法院发展规划与项目建设坚持统一规划、积极推进，以最高人民法院和各级人民法院信息化建设五年发展规划为指导，依据人民法院信息化标准，结合各地信息化建设发展实际，主动作为，务实有序推进建设；坚持融合共享、高效智能，充分拓展各类业务应用线上服务能力，建立线上线下有效对接机制，提升法院业务应用、各级法院和法院内外之间的融合贯通、互动服务效能，按需提供各类智能服务应用；坚持创新驱动、安全发展，加强前沿技术和关键技术研究，紧密结合审判执行工作实际，推进技术转移和转化应用，同时提高规划、建设、管理、维护等各环节信息安全风险意识和防护水平，在信息化建设和应用不断发展的同时确保信息安全。2018年智慧法院建设的成果，基本可以分为三种类型：研发型、改进型、开拓型（见图2、表1）。

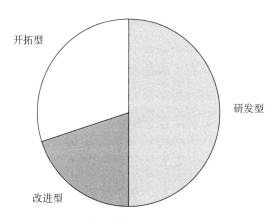

图2　2018年智慧法院建设成果基本分布
资料来源：课题组根据公开新闻报道和资料自行整理作图。

表1　2018年智慧法院建设基本内容

类型	单位	内容
研发型	最高人民法院	智慧法院导航系统
	最高人民法院	类案智能推送系统
	深圳市中级人民法院	鹰眼执行综合应用平台
	江苏省无锡市中级人民法院	智慧执行系统
	广州市中级人民法院	广州互联网法院
改进型	江苏省昆山市人民法院	无纸化、可视化、集约化审判的苏州模式——千灯方案
	福建省高级人民法院	与阿里巴巴集团在福州签署战略合作框架协议，共同开展云计算、大数据和移动互联网相关领域的技术与应用研究
开拓型	新疆维吾尔自治区高级人民法院	启动智慧法院建设
	吉林省高级人民法院	审议《吉林智慧法院建设实施方案》
	青海省高级人民法院	稳步有序推进智慧法院建设，全力推进院机关信息化应用

资料来源：课题组根据公开新闻报道和资料自行整理制表。

（三）2018年度全国智慧法院的评价与发展趋势

第一，智慧法院建设丰富司法工作理念的内涵。运用更多的技术手段与司法活动的参与人进行充分沟通与交流，促进司法活动和技术手段的衔接。赋予司法便民化的新维度。借助信息技术和人工智能，让智慧司法更加公平、正义和权威。

第二，智慧法院建设提高法官工作效率。智慧法院的建设从法官和当事人两个接口切入，借助信息技术手段随机分案、诉调对接、繁简分流、当事人远程补正证据、庭审笔录语音识别、智能案例推送、格式化案件自动生成判决书、自动生成电子卷宗、电子送达、裁判文书智能分析系统等司法辅助手段，为法官提供全方位的支持，极大提高工作效率。

第三，推进大数据和人工智能在三大诉讼的全面适用。多地法院在刑事领域应用大数据和人工智能取得了良好效果。未来可把智慧法院实践探索重点放在案件数量较多、人案矛盾更为突出的民事、行政领域，如民间借贷、物业合同、买卖合同、劳动争议等案件体量大、案情共性强、重复劳动多的民事类案件，实现大数据、人工智能在简单类案中的全面适用。①

第四，完善智慧法院的评价体系。运用科学方法筛选评价指标，保证指标数据精准科学。酌情增加主观评价内容，反映不同主题的评价与体验感受。建立动态化的评价体系，如实反映智慧法院建设这一持续变化发展和较复杂的过程，合理分配权重系数，完善相关配套机制，保证评价体系和评价活动落实。

四　司法职业保障

制定科学合理的履职保障机制，是确保办案质量，落实司法责任制的重要保障。具体而言，至少应包括两个方面。一是基本的安全保障。安全是司法人员独立判断的前提，如果法官检察官自身和家人的安全都处于不安全状态，就不可能作出公正的裁判。二是良好的履职生态。司法的外部环境是确保法官独立公正行使裁判权的重要条件。就落实司法责任制而言，要确保"由审理者裁判"的落实，就必须通过行之有效的制度，有效切断外部干预和内部过问对法官客观判断案件事实、公正适用法律所产生的干扰。司法职业保障是一项系统工程，是司法职业制度的重要组成部分。加强司法职业保障，应以有利于法官履行自身的审判职责为标准，以实现职业保障法治化、多样化、合理化为目标，尽快建立一套具有中国特色的司法职业保障体系和运行机制，确保人民法院依法独立公正行使审判权，全面推进以司法责任制为核心的司法体制改革。

（一）司法职业保障相关政策

2018年12月23日下午，《法官法》草案二次审议稿提交十三届全国人大常委会第七次会议审议第一条中增加规定"维护法官合法权益"的表述。

---

① 《司法与科技结合 智慧法院建设的实践与思考》，载新浪司法，http://news.sina.com.cn/sf/news/fzrd/2017-10-25/doc-ifymzqpq4016964.shtml，最后访问日期：2019年2月25日。

第十一条规定了履行法官职责应当享有的职业保障和福利待遇。明确规定法官的职业尊严和人身安全"受法律保护"，同时细化侵害法官人身权益的情形，任何单位和个人不得对法官及其近亲属打击报复，对法官及其近亲属实施报复陷害、侮辱诽谤、暴力侵害、威胁恐吓、滋事骚扰等违法犯罪行为的，应当依法从严惩治。对于法官人身安全保护措施的规定，进一步明确：法官因依法履职，本人及其近亲属人身安全面临危险的，人民法院、公安机关应当对法官及其近亲属采取人身保护、禁止特定人员接触等必要保护措施。

2018年12月21日，在全国部分法院法官权益保障工作座谈会上，最高人民法院代表指出，近年来各级人民法院全面落实中办、国办《保护司法人员依法履行法定职责规定》和最高人民法院党组部署要求，充分发挥法官权益保障委员会的职能作用，加强制度建设，理顺工作机制，畅通救济渠道，出实招，重实效，在保护法官依法履职，维护法官合法权益等方面取得了积极成效，为法官和其他工作人员创造了较为安全的工作环境。[①]

实行法官员额制后，员额法官按照单独职务序列进行管理，法官等级与行政职级脱钩，实行按期晋升和择优选任相结合的晋升机制，有效打通了广大基层法官的职业发展通道，增强了法官的职业尊荣感，调动了法官的积极性。各级法院建立与法官单独职务序列相衔接、与法官工作职责和实际业绩紧密关联的工资制度，有效激发改革内生动力。各级法院普遍设立法官权益保障委员会，完善司法人员依法履职保障机制，在维护法官人身财产安全、及时提供救助等方面发挥了积极作用。[②]

（二）司法职业保障各地做法

2018年7月，青海高院成立了审判管理与监督委员会，经审判委员会讨论，出台了《青海省高级人民法院关于贯彻落实司法责任制完善审判监督管理的规定（试行）》，使司法责任制具体要求落到实处，为司法责任制在爬坡过坎的攻坚阶段提供了强有力的组织推动，全省法院将实施"全面、

---

① 王俏：《进一步完善对法官权益保障的规定》，《人民法院报》2018年12月24日第1版。

② 李璐君：《司法职业保障改革在路上》，《法制与社会发展》2017年第1期。

全员、全流程从严管理"。提出了"静默式"监管、"类案检索"、跟踪管理"长期未结案件"等具体举措,为院庭长审判管理与监督提供了具体抓手。

在江苏省,法院法官权益保障工作与司法责任制改革同步进行。江苏7个中院和14个基层法院相继成立了法官权益保障委员会。各基层法院成立法官权益保障委员会的方式不尽相同,有的基层法院集体加入中院法官权益保障委员会,有的基层法院则单独成立法官权益保障委员会。江苏高院制定了《江苏省法官协会法官权益保障委员会工作细则》,建立和完善法官权益保障工作机制,明确各级法院是法官权益保障工作第一责任主体。

上海高院先后制定了《关于维护司法公正、依法保障干警合法权益的意见(试行)》《上海市高级人民法院关于保护司法人员依法履行法定职责的意见》,并在具体工作中不断完善保障机制,形成了自己的特色,具体可以概括为"六个一"。一是有一支专业的保障队伍。院长崔亚东担任"维权委"主任,"维权委"下设办公室,配备专职工作人员。高院辖区各中院、基层法院也参照高院模式,设置相应的专门机构和联络员,建立了有机构、有人员的专业保障队伍。二是有一套科学规范的保障体系。制定了具体工作规则,明确各部门负责人是保护本部门干警依法履职的第一责任人。在法院内部,对涉及侵害法官权益的事件,各部门分工负责进行处理;在上下级法院之间遵循"分级负责、各司其职、共同担当"的工作原则。三是制定一份严谨的处置预案。按照可能发生侵害行为的严重程度,分别制定应急处置预案,明确了工作流程,在侵害行为发生时可以进行快速处理。四是建立一个维权保障信息平台。充分利用高院已有信息化大平台,在高院内网上建立覆盖全市的"法官权益保护信息平台",畅通了法官投诉、求助的渠道。五是编织一张严密安全的网络。通过设置安保设施,使用现代科学技术,以培训、发布典型案例等方式,强化内部安全保卫的同时,提高法官自我防护意识和能力。六是凝聚一股多维工作合力。与公安机关建立快速出警、依法打击联动机制,与上海市律协签订律师支持法官依法履职的倡议书,提出律师引导当事人充分尊重司法权威的具体倡议。

安徽省则从三个方面建立健全工作机制。一是源头预防机制,对法官权益的保障,安徽各级人民法院始终将重点放在预防上,将提升案件审判质效作为有效防范侵害法官权益行为发生的根本途径。二是失实投诉举报正名机制，对法官依法履职遭受不实举报、诬告陷害，或者被利用信息网络等方式实施侮辱诽谤，致使名誉受到损害的，在充分调查核实的基础上，以法官权益保障委员会的名义，第一时间向社会作出回应，消除不良影响。三是重大案件保护机制，加大实战化演练力度，邀请省公安警校专职防暴教练授课，讲授防范侵犯技巧，法警总队联合信访工作处组织接待来访人员安全演练，进一步提升干警的防范意识和应对能力。

结合上述各省的实践经验来看，健全司法职业保障是综合性的、系统性的改革。从根本上讲，健全完善司法职业保障，就是要遵循司法职业保障制度改革的宗旨与目的，加强顶层制度设计，营造健康、安全的司法氛围，使法官们获得职业尊荣，赢得社会尊重。具体来说就是增强法官的安全感愉悦感、提升荣誉感、扩大获得感，更好地履行自己的职责。

（三）司法职业保障相关评价

加强司法职业保障是一项系统工程，需要从职业门槛、培养体制、经费保障、装备建设等方面着手。在实践中要避免加强司法职业保障仅仅是提高法官身份或待遇的错误认识。2016 年 12 月，司法职业保障研讨会在北京召开，张文显教授在会上指出："司法职业保障本身是一个体系。它所涉及的内容非常广泛，有物质的、精神的、政治的，有组织人事方面的，也有履行职责方面的，有退出制度、惩戒制度、豁免制度，等等。司法职业保障是一个制度体系，健全司法职业保障是一个综合性的、系统性的改革。"虽然我们在司法职业保障中取得了很多进步，但是还有一些问题存在。

第一，在实践中很多地方的司法职业单独序列制度尚未真正落实。法官检察官单独职务序列，通常是指以任职资历、专业能力、司法业绩为主要评价标准的法官检察官职级划分制度。司法人员仍然是与公务员职级一一对应的行政化的等级制度，实际上没有反映司法的职业属性，而且这个制度是一个基础性的制度，关系到后面的福利制度、工资制度、退休制度、职业保护制度和职业荣誉制度等。

第二，司法改革准备期相应工作的暂停客观上对职业保障措施的效果产生了影响。一方面，在改革之前，很多地方已经暂停了初任法官、检察官的选任工作，一部分司法辅助人员无法按照原有程序成为法官、检察官；

基层检察院中现在还存在着入额检察官和符合《检察官法》条件的检察官并存的情况，即符合《检察官法》的条件但不符合入额条件的人员大量存在，这部分人现在大多是做检察官助理，他们与入额的检察官之间将来会不会、能不能建立一种流动机制，是一个很重要的问题。另一方面，有很多地方法官、检察官的级别晋升也已经停止数年，导致部分法官、检察官在进行职级和薪级套改时起点级别偏低，直接影响了收入和今后晋升的基础。

第三，在多种因素的共同作用下，法官检察官对于待遇实际提升幅度的感受未达到预期，影响了职业保障改革措施的效果。人财物由省级统管后，对法院和检察院取消了一系列原来地方财政提供的补贴津贴或绩效奖励，有些地区法官、检察官实际收入下降。尽管中央出台了相关的文件，也有实施办法，且现在各个地方正在抓紧落实，但是将来司法职业人员的薪酬还是要与我国的法律配套结合起来。因为现行文件在执行过程中存在一个问题，就是有些地方原来受来自地方的各种绩效考核、补贴的影响。现在我们提出法官和检察官的工资要比公务员高50%，钱加上去了，可是如果地方上这部分钱没有了，收入很有可能就是明升暗降。所以在政策上作出了调整——原来地方上给法官比照公务员的薪酬部分依然继续发放，从而确保法官和检察官的工资真正上升。但这只是权宜之计，从长远来看，如何通过不同的预算方式和出资方式，确保人民法院和人民检察院依法独立行使审判权、检察权，是随着司法改革深入我们必须予以考虑的问题。

第四，改革措施和红利尚未覆盖司法辅助人员和司法行政人员是司法职业保障改革中的一个短板。首先，司法辅助人员选任为法官或检察官的通道尚未打通，司法辅助人员对职业前景的迷茫和不确定影响其职业认同感和工作热情；其次，司法行政人员岗位吸引力不大，导致法院、检察院司法行政工作"缺人干活"，尤其是基层司法行政岗位的吸引力更低；最后，司法辅助人员与司法行政人员的工资尚未提升。上海交通大学凯原法学院特聘教授程金华认为，司法辅助人员与司法行政人员的待遇提升必须引起足够重视。他指出，司法行政人员的职业保障改革不论是在规范意义上还是在实践意义上都具有不容忽视的作用。一方面，通过调研发现，即使是基层的司法行政人员，也普遍具备较高的素质，无论在法理水平还是在为人处世方面都非常出色。另一方面，现在推行的司法体制改革落实人

211

事或者资源保障方案的恰恰是政治部、人事处这些部门。如果只是单方面努力提升业务部门的待遇，极易引起司法行政工作人员的消极情绪，从而在实践层面影响司法改革的效果。同时，提升司法行政人员的待遇有利于提升他们的工作积极性，提高司法效率，为解决更多纠纷提供空间。目前越来越多的地方开始注意到司法辅助人员的重要作用，明确了较大幅度提升合同制司法辅助人员、司法行政人员工资的具体方案。这些改革方案即将付诸实施，制度效果尚待进一步观察。

加强司法职业保障，应以有利于法官履行审判职责为标准，以实现职业保障法治化、多样化、合理化为目标，尽快建立一套具有中国特色的司法职业保障体系和运行机制。将司法改革中职业保障的有力措施、成熟经验、良好机制制度化，加强完善相关立法。加强司法职业保障，重点向基层司法机关倾斜，加强司法职业保障重点是更多关注基层司法机关及其工作人员，给予基层法官更好的个人待遇、工作环境和发展空间，吸引更多人才投身基层司法工作。这对于提升基层社会治理能力和矛盾纠纷化解水平，也具有十分积极的意义。以系统思维设计、推进司法职业保障工程。司法改革的瓶颈性问题归根结底是协调性、协同性问题，在全面深化司法改革的大局中推进落实司法职业保障，关键是做好加强司法职业保障与其他基础性改革措施、配套性改革措施协同推进工作。借鉴国外现代司法职业保障制度的有益经验为我所用。既要看到司法职业保障制度与现代其他职业保障制度的共性，也要看到司法人员职业保障的特殊性，即司法人员的职业保障应当根据司法规律的要求设置。

B.9

江苏省法院改革报告[*]

沈明磊　谢新竹　王丽惠[**]

摘　要：　2018 年，江苏各级人民法院按照中共中央、最高人民法院和
江苏省委的部署要求，紧紧围绕"让人民群众在每一个司法
案件中感受到公平正义"的目标，全面落实司法责任制，规
范司法权力运行，深化法院人员分类管理和职业保障制度改
革，深入推进多元化纠纷解决机制改革，深化案件繁简分流
机制改革，深化执行工作机制改革，同时扎实推进相关重点
领域改革（试点）工作。在厘清困难和问题的基础上提出进
一步深化司法改革的工作计划。

关键词：　人员分类；职业保障；多元化纠纷解决；执行

2018 年，江苏省各级人民法院按照中共中央、最高人民法院和江苏省委
的部署要求，围绕"让人民群众在每一个司法案件中感受到公平正义"的目
标，深化司法体制综合配套改革，全面落实司法责任制，"苏州模式——千

　＊　本报告所有数据、案例均由法院部门统一业务系统以及江苏省三级法院内部有关数据报表统
计生成。

＊＊　沈明磊，江苏省高级人民法院三级高级法官，研究室副主任，法学博士；谢新竹，江苏省
高级人民法院四级高级法官；王丽惠，南京师范大学中国法治现代化研究院研究员，法学
博士。

灯方案"、常州市天宁区人民法院"公证—调解—诉讼"一站式司法服务模式等多项改革措施得到最高人民法院充分肯定。2018 年，全省各级人民法院共受理案件 2165962 件，其中新收 1832286 件，同比分别上升 6.31% 和 8.47%；审执结 1862204 件，同比上升 9.25%。省人民法院受案首次突破 2 万件，达 22771 件，审执结 16298 件，同比分别上升 16.37% 和 10.34%。

一　法院人员分类管理和职业保障制度改革的深化

江苏省深入推进政法领域改革，着力构建普惠均等、便民利民的政法公共服务体系，推进政法队伍革命化正规化专业化职业化建设。重点体现在以下几个方面。

（一）常态化员额法官增补机制的建立

2018 年，江苏省高院根据全省法院审判工作实际需求及员额法官队伍状况，组织开展第三批法官入额遴选工作，制定《全省法院 2018 年度遴选工作方案》。按照"两年一考、三年有效"的新规则，组织开展法官入额考试，全省 1678 名符合条件的助理审判员、法官助理报名参考，是开展遴选工作以来参考人数最多、规模最大的一次入额考试。把好岗位设置审核和资格审查关，全省法院共设定 504 个员额法官岗位，998 名报名参选人员中有 923 人经审查符合入额条件。提高遴选工作的流程信息化管理，推荐入额材料的制作、报送、审核、盖章、流转均通过人事信息系统完成，实现报送全程监控、审核全程留痕。经考试、业绩考核、考评及省法官遴选委员会审议，共遴选 447 名员额法官。全省各级人民法院现有员额法官 6625 人，占中央政法编制数的 35.68%。

（二）员额法官动态管理机制的健全

2018 年，江苏省各级人民法院严格执行省高院 2017 年出台的《员额法官动态管理暂行办法》，对全省各级人民法院员额法官员额核定、使用数及变动情况分类建立台账，实行动态管理。对出现违法违纪等情形不能继续履行法官职务的要求强制退额，并按照不同方式、程序，办理好退出员额人员的审批、备案手续；对符合确认入额条件的人员，及时办理确认入额手续。截至2018年，全省法院员额法官中有474人退出员额，实现员额法官"能进能出""有进有退"的动态管理。

（三）司法辅助人员管理机制的完善

2018年，江苏省各级人民法院积极推进法官助理制度改革，依托公务员招录体系，试行法官助理职位省级统一招录，根据法官助理职业特点专门组织面试命题，增强人才选拔的针对性。2018年，在全省统一招录法官助理435名。2018年10月，省人民法院与省司法厅、省律师协会联合印发《关于开展申请律师执业人员到法院担任实习法官助理的实施意见》，拓展法官助理来源渠道，定期接受省律协推荐的优秀实习律师到法院担任实习法官助理。经省司法厅、省律协推荐，有7名同志到省人民法院担任实习法官助理。完善法官助理选拔、使用、培养机制以及选任法官的衔接机制。2018年9月，全省人民法院首次开展从法官助理中遴选初任法官的活动，明确中、基层人民法院通过遴选的法官助理，应到基层人民法院任初任法官；省人民法院通过遴选的法官助理，可到中、基层人民法院任初任法官；并将宿迁人民法院作为试点探索跨地区遴选，促进员额法官向人案矛盾突出的地区流动。

2018年，全省各级人民法院面向社会公开招录聘用制书记员，此次招录共有来自全国各地的7989人报名，经严格选拔，全省法院共录取聘用制书记员861人。此次招录不论是报名人数、参考人数，还是录取人数，均为历年之最。截至2018年底，全省各级人民法院员额法官和书记员配比达到1:1.2。

（四）司法绩效考核制度的完善

2018年，江苏省高院制定《法官、审判辅助人员绩效考核及奖金分配指导办法（试行）》，分10个类别规定了不同岗位法官的审判工作量要求，并明确非因客观事由，法官审判工作量达不到标准的，年度绩效考核视为不合格。绩效奖金的发放，不与职务挂钩，主要依据办案质量、办案数量和办案难度等因素，明确要求进入法官员额的院领导绩效考核奖金不得高于入额法官的平均水平，其他院领导不得高于其他人员平均水平，体现向一线办案人员倾斜的业绩考核导向。

（五）司法人员履职保障的强化

2018 年，全省各级人民法院成立法官权益保障委员会，对所辖各级法院法官履职保障机制和设施建设落实情况进行督促检查，为法官正当履职提供组织保障。东海县人民法院与中国人民财产保险股份有限公司东海支公司合作开发并投保"政法系统团体人身意外伤害险"，徐州经济开发区人民法院全体干警参加"重大疾病活动职工互助保障计划"、"住院医疗活动职工互助保障计划"和"团体意外伤害保险"。各级人民法院精心组织"2·26江苏法官权益保障日"等系列宣传活动，在全省征集发布"维护司法权威，保障法官权益"典型案例。

二 司法责任制的落实及司法权力运行的规范化

在全面落实司法责任制，加强审判团队建设，完善审判监督机制方面，江苏省各级人民法院也是全领域推进，因地制宜创造了一系列先进经验。

（一）审判团队建设的统筹推进

2018 年，江苏省各级人民法院探索建立灵活多样的办案团队。审判方面，以"法官 + 法官助理 + 书记员"为基本配置模式，组建"1 + N + N"审判团队；执行方面，组建由执行法官、执行员、书记员、司法警察组成的执行团队办案新模式。截至 2018 年底，各级人民法院共组建 3369 个办案团队。其中，全省 13 家中级人民法院组建办案团队 326 个，团队有专业化分工的 158 个，占 48.47%；全省基层人民法院组建办案团队 2985 个，团队有专业化分工的 1334 个，占 44.70%。审判团队中，员额法官承担主持庭审、撰写裁判文书等核心审判职能；法官助理承担主持庭前会议、证据交换、庭前调解、二次送达、协调执行、校对文书等工作；书记员承担庭审记录、诉讼信息录入、装订卷宗、发送诉讼文书等工作。执行团队中，员额法官主持执行工作，法官助理协助执行，执行法警承担执行实施责任，书记员

承担执行记录、诉讼信息录入、装订卷宗、发送执行文书等工作。组建新型办案团队，实现了司法资源的优化配置，提升了办案效能，

（二）审判监督管理机制的完善

2018 年，江苏省高院制定了《关于进一步强化院长庭长监督管理职责保障审判权依法规范公正高效运行的实施意见（试行）》，细化明确院长、庭长各 10 项监督管理职责权限，充分发挥院庭长在案件办理中的示范作用、在裁判尺度统一上的指导作用、在审判质效提升以及"四类案件"办理中的管理监督作用，有效防范类案不同判、监督管理弱化、廉政风险隐患，提高案件质量。同时，加强案件质量评查，强化案件日常评查、定期评查、重点评查、专项评查以及裁判文书、庭审、网上办案等质量评查机制。最高人民法院确定江苏为法官惩戒工作试点省份，自 2018 年 10 月起开展法官惩戒试点工作。成立省法官惩戒委员会，制定法官惩戒办法，明确法官违法审判责任追究事由、追责程序等，夯实法官办案责任。

（三）审判业务管理的加强

2018 年，江苏省法院系统推进审判管理与信息化建设深度融合，开发网上办案、审限变更、文书上网、庭审直播等管理事项全流程自动监控系统，实行流程节点自动告知，构建全流程网上审判体系，推动各层面主体自主管理、扁平化管理；同时，开发婚姻家庭纠纷、金融借款纠纷、毒品犯罪等 40 多个审判业务主题分析和审执动态、长期未结案件、发改案件、涉诉信访等 10 多个审判管理业务模块，便于院庭长实时掌握审判工作情况。依托与东南大学联合成立的全国首家"人民法院司法大数据研究基地"，组织开发"类案不同判"预警系统，对于判决结果出现重大偏离的情形，系统自动预警，规范法官自由裁量权。

（四）院庭长办案常态化的推进

2018 年，全省各级人民法院严格遵守入额领导干部办案指标要求，克服行政管理工作与办案的冲突，努力完成办案任务。省人民法院建立院庭长办案数量定期通报制度，每月通报全省各级人民法院院庭长办案情况，

并将院庭长办案情况纳入对中级人民法院年度工作综合考评的范围，明确院庭长应当实质性办理重大疑难复杂案件。2018 年，全省人民法院院庭长担任承办法官或审判长审理案件 1101244 件，占全省人民法院审理案件总数的 50.84%。

三 多元化纠纷解决机制的建立

建立健全多元化纠纷解决机制是国家治理体系和治理能力现代化的重要内容，调解在促进纠纷解决和权利救济、维护社会和谐稳定方面发挥着重要作用。加强调解的制度建设，加强对人民调解的司法指导，不仅有利于化解人民法院"案多人少"的难题，也有利于实现更加便捷、灵活的权利救济供给。

（一）矛盾纠纷源头治理的深入推进

2018 年，江苏各级人民法院坚持和发展新时代"枫桥经验"，大力加强矛盾纠纷多元化解，从源头上减少涉诉矛盾纠纷。同时，全面推广"无讼村居"创建经验，将矛盾纠纷多元化解工作情况纳入法治合格县（市）考评或社会治理综合考评指标体系，挖掘利用司法案件资源，提供类案推送、诉讼风险分析、诉讼结果预判、诉前调解建议等服务，引导当事人自愿选择调解、仲裁等非诉纠纷解决方式，努力实现矛盾纠纷源头治理。基层多元化解工作网络更加完善，人民法庭、巡回审判点、驻村法官工作室与乡镇综治中心有效对接，与派出所、司法所和村民自治组织一同纳入多元化解工作网络。南京中院组织全市人民法庭开展"百名法官进百村（社区）"活动，走访基层自治组织和人民调解组织，回访案件当事人。苏州中院实行驻村法官制度，各派出法庭选派优秀法官担任驻村法官，定期上门走访，为村民提供法律服务，实行示范诉讼方式，选择赡养、土地、邻里等类案，进行巡回审判，实现"审理一案、教育一片"的社会效果。苏州市虎丘区人民法院与通安镇树山村开启"无讼村居"共建活动，完善与树山村的诉调对接机制，做到"小事不出村，大事不出镇、矛盾不上交"。

（二）诉调对接平台建设的深化

2018 年，各级人民法院在诉讼服务中心设立诉调对接工作办公室，配备专门人员，负责诉调对接的工作协调、扎口管理、对下指导以及委派调解、委托调解、特邀调解等工作，实现诉调对接工作的长效化、制度化、规范化建设。江苏省高院与 26 个行政机关、社会团体、行业协会联合下发了 29 个诉调对接工作文件，各中级、基层人民法院也与相关组织或机构建立诉调对接工作机制，通过建立健全立体化、全覆盖的诉调对接体系，促进各方力量参与矛盾纠纷化解。诉讼服务中心人民调解工作室和律师工作站"一站一室"建设经验得到全面推广，实现"人员到位、制度到位、设施到位、工作到位"。

2018 年，省人民法院与省司法厅联合下发《关于进一步加强驻人民法院人民调解工作室工作的通知》，探索开展向社会公开招聘专职人民调解员。注重优先从律师、公证员、仲裁员、基层法律服务工作者等社会专业人士和退休法官、检察官、基层法律服务工作者、民警、司法行政干警以及相关行业主管部门退休人员中选聘人民调解员，提高人民调解员的专业化水平。律师工作平台逐步建立完善，省人民法院与省司法厅联合出台《关于开展律师调解工作的实施意见》，明确律师调解的范围和内涵。各级司法行政机关和律师协会共派驻人民调解员 463 名、律师 3282 名，发挥人民调解员、驻站律师诉讼指导、风险告知、程序引导、诉前调解、法律咨询等职能作用，有效实现矛盾纠纷充分过滤、合理分流、实质化解。

（三）创新多元化解工作模式

2018 年，江苏省高院会同省司法厅制定下发《关于开展调解程序前置试点的工作规则》，对家事纠纷、相邻关系、小额债务、消费者权益保护、交通事故、医疗纠纷、物业管理等适宜调解的纠纷，引导当事人在登记立案前先行调解，积极探索建立调解前置程序。通过"托出去、引进来"的方式，引导当事人自愿选择人民调解工作室、其他人民调解组织、行业调解组织、商事调解组织等非诉讼纠纷解决方式化解纠纷。2018 年，江苏法院系统立案前委派调解案件 94503 件，调解成功 39823 件；立案后委托调解各类案件 17498 件，调解成功 9854 件。

司法确认工作扎实推进，2018 年共确认案件 9308 件，确认有效 9050 件，切实维护人民调解组织的权威性和公信力。特邀调解制度得以建立，2018 年江苏省高院与省侨联召开工作座谈会，聘请 44 名涉侨纠纷特邀调解员，下发专门工作通知，推动涉侨领域矛盾纠纷多元化解。在立案、审判和执行的各个阶段，邀请特邀调解组织和特邀调解员协助参与调解案件。对于在各地有重大影响、疑难复杂、矛盾易激化的民商事案件或者人数较多的群体性案件，在登记立案前邀请特邀调解组织或特邀调解员协助参与调解。特邀调解组织和特邀调解员名册在诉讼服务网等平台上进行公示，方便当事人查询和选择。

四 案件繁简分流机制的建立完善

案件繁简分流是优化司法资源配置、提高司法效率、促进司法公正的重要方式，便捷快速的司法救济，不仅能够减少当事人诉讼成本、维护人民群众合法权益，还能切实有效提高司法公信力。

（一）速裁速执组织和机制的建设

2018 年，南京市鼓楼区人民法院建立 7 个简案专业审理团队，并为其配置 8 名员额法官（占全院员额法官的 10%），12 名法官助理，该中心全年处理的案件总数约占全院新收民商事审理案件总数的 40%。江阴市人民法院共设立 9 个速裁组，强化实现担保物权案件特别程序、小额诉讼程序、简易程序的适用，快速处理简单案件。海门市人民法院在各业务庭及人民法庭全部设立简案速裁团队，由 30% 的审判资源审理 70% 的简易案件，其中刑事审判庭一个由 1 名员额法官、2 名助理、2 名书记员组成的速裁团队，审结了该庭 80% 的简易刑事案件；同时，开发区法庭速审团队按照"311"标准，即 3 日送达、1 周开庭、1 月结案，办理了该庭超 70% 的简易民事案件；在执行局设置了由副局长牵头的快速处置组，确保符合标准的四类执行案件 1 个月内执行完毕。

2018 年，全省各级人民法院受理速裁案件 30 万余件，占全部新收一审民事案件的 30%。速裁案件平均审理天数比同期民事案件平均审理天数下降了 40%。

（二）庭审方式改革的推进

2018 年，简化简易程序案件庭审程序逐渐在江苏各级人民法院探索建立，对复杂案件，充分发挥庭前会议在归纳争议焦点、促进庭前和解等方面的作用，利用庭前会议整理争议焦点，固定无争议事实与证据，提高普通程序案件庭审针对性和实效性。

南京市鼓楼区人民法院尽量安排同一法官审理相同被告、诉争内容相似的民事以及同一公诉人的刑事案件，如批量类型化商业维权案件、案件类型相同的小批量案件，集中送达、开庭，推进批量纠纷高效化解。在案件具体处理中，选取一个或数个具有示范意义的典型案件进行审判，形成判例后带动后续案件的批量化解。江阴市人民法院规定庭前会议由法官助理主持召开，集中解决核对当事人身份、组织交换证据目录、启动非法证据排除等程序性问题，对适宜调解的案件，促成当事人和解或达成调解协议。法庭首创"婚姻案件审理要素信息采集表"，由法官助理在庭前准备阶段，分别对离婚双方当事人的基本信息、婚姻背景、婚姻危机认知、婚姻矛盾处理等四大类 100 个问题进行信息采集，法官依据信息采集表即可快速、全面掌握案件争议焦点和双方当事人诉讼的真实意图，有效节省庭审时间。海门市人民法院在速裁庭及民一庭试点推行交通事故、劳动争议要素式审判，统一制定成《道赔案件/劳动争议案件起诉（应诉）要素表》，承办法官根据当事人填写的起诉（应诉）要素表，对双方有争议的事项重点进行调查，引导当事人举质证及辩论，案件审理过程不拘泥于法庭调查、法庭辩论等程序，调查和辩论程序合一，统一对争议要素进行调查和辩论，大部分简易案件做到一庭终结，庭审时间平均缩短 50% 以上。

（三）裁判文书改革的推行

2018 年，江苏省各级人民法院根据案件类型在第一审简单案件审理中推广要素式、令状式、表格式裁判文书，推广简易案件文书智能生成、电子签章、当庭送达模式。海门市人民法院在信用卡纠纷、物业纠纷、电信服务合同纠纷及部分离婚纠纷案件审理过程中试行令状式判决模式，不再详细陈述案件事实及争议，也不详细论述法律适用理由，重点写明适用的法律及判决结果，判决文书"体量"缩短80%以上，文书内容简明扼要、清晰易懂。对于该类案件，由于判决书案件事实及双方争议部分陈述简单，允许当事人复制庭审笔录。苏州中院严格按照诉讼文书样式的要求，简化无争议案件裁判文书的制作，明确对于争议不大的民事案件，在裁判文书"上诉人上诉请求"部分无须书写具体事实和理由，"被上诉人答辩"部分可以简写服从原判或者不写，"本院认为"部分只围绕主要上诉理由进行说理。

（四）集约化与社会化工作模式的创新

2018年，江苏省各级人民法院探索通过集约化管理和社会化外包等方式，分离事务性工作，减少法官和书记员工作量。积极推进内部集约化管理，通过建立专门的辅助事务团队或组织，集中负责送达、排期、保全、鉴定评估、文书上网等审判辅助事务；积极推进服务外包工作，尽可能将诉讼材料扫描、案件信息查询等司法事务性工作外包给具有相应资质的企业、中介机构及其他组织集中办理。苏州中院重构诉讼材料收发流程，改事后扫描为事前、事中集中扫描，在诉讼服务中心设立诉讼材料收发中心与信息集中采集区暨数字化中心，并以邀请邮政 EMS 窗口入驻及服务外包等方式，安排专职人员及时对立案、保全、开庭、宣判、送达、结案等各环节中产生的纸质诉讼材料进行集中收发与信息采集，不但彻底实现了电子卷宗全流程采集，还有效剥离了法官和书记员大部分事务性工作量。南京市鼓楼区人民法院在各业务庭配置固定的外勤人员与法警协作，对直接送达实行集约化管理，集中送达，统一公告；与邮政公司信息互通，明确要求5日内三次投递的送达要求，提高送达到位率；用互联网公告的方式部分替代传统的登报公告方式，提高公告效率，加速审理进程；研发"电子证据交换平台"，引导当事人通过云证系统上传、查阅或交换证据。海门市人民法院建立了司法联络员制度，由区镇政法委员、综治专干，村（居）综治中心主任、综治信息系统管理员担任司法联络员，帮助法院送达各类法律文书。

五 执行工作机制改革的深化

中共十八届四中全会提出"切实解决执行难"问题,最高人民法院2016年3月提出"用两到三年时间基本解决执行难问题"。几年来,江苏省各级人民法院积极探索长效解决执行难的体制机制,创新创优执行模式,积累了丰富经验。

(一)综合治理与"基本解决执行难"的推进

2018年,江苏各级人民法院攻坚决胜"基本解决执行难"收官战,共受理执行案件700827件,占全国近1/10;执结614202件,同比上升23.24%;执行到位金额1247亿元。省委政法委牵头建立"基本解决执行难"工作联席会议制度和涉及党政机关未结执行案件联合巡查督办制度,连续三年组织全省集中统筹执行救助,共使用救助资金1.34亿元,救助困难群众7000余人。省人大常委会组织对全省法院执行工作审议意见落实情况进行满意度测评。进一步拓展"总对总""点对点"网络查控系统功能,提升查控效果,目前可查询3885家银行的存款信息、46个主要城市的不动产登记信息、全国机动车登记信息和证券信息。12家省级单位联合发文,限制失信被执行人参加公共资源交易领域招投标活动。党委领导、政法委协调、人大监督、政府支持、法院主办、部门配合、社会参与的综合治理工作格局已经形成。

(二)执行模式的创新创优

2018年,江苏各级人民法院全面推行执行指挥中心实体化运行"854模式",实现线上查控与线下调查有机结合,为执行工作提供信息技术支撑。无锡中院联手阿里巴巴集团合作研发"智慧执行系统",建成集执行办案、执行指挥、执行监督、执行公开、智能服务五大功能于一体的执行工作模式,被最高人民法院确定为司法改革案例向全国各级人民法院推广。江苏省首创"全媒体网络直播"的执行公开形式,多维度开展执行宣传,在南京、扬州、南通分别组织全媒体直播抓"老赖",南京两级人民法院

"钟山亮剑、共铸诚信"行动在线观看网民超 5000 万人次，创全国法院历次网络直播关注人数之最。

（三）化解"执行难"长效机制的探索建立

2018 年，江苏省各级人民法院执行管理机制逐渐完善，执行程序中 25 个流程节点嵌入执行案件管理系统，有效防止了消极执行、拖延执行、选择性执行现象的发生。执行裁判力度加强，审结各类执行审查案件 19512 件，同比上升 17.27%，依法监督、纠正不当执行行为，维护当事人及利害关系人合法权益。截至 2018 年底，江苏省各级人民法院全部达到"四个 90%，一个 80%"核心指标要求，第三方评估机构经检查验收认为，江苏法院系统不仅整体达标，而且在制度建设、行为规范、执行公开、执行质效方面成效显著，多项创新举措在全国推广，贡献了"江苏经验"。

六　相关重点改革（试点）工作的扎实推进

推进司法领域改革要在加强统筹谋划和协调推进的同时，加快构建优化协同高效的司法机构职能体系，优化司法机关职权配置，深化诉讼制度改革，完善维护安全稳定工作机制，构建便民利民的司法公共服务体系。

（一）以审判为中心的刑事诉讼制度改革的推进

2018 年，江苏省各级人民法院严格落实罪刑法定、疑罪从无等法律原则和制度，深入推进庭审实质化，更好发挥庭审在查明事实、认定证据、保护诉权、公正裁判中的决定性作用。各级人民法院共启动非法证据排除程序 207 次，证人、鉴定人、侦查人员等出庭作证和说明情况比上一年度显著增加。江苏省高院制定《关于办理认罪认罚刑事案件的实施意见》，推动认罪认罚案件分流规范化，会同省司法厅开展刑事案件律师辩护全覆盖试点工作，为被告人指定辩护律师 12117 人次。

（二）省以下人民法院内设机构改革的推行

2018 年，江苏省高院与省委编办联合制定下发《关于推进省以下人民法院内设机构改革工作方案》，并组织召开全省法院视频会议，对改革工作进行动员部署。按照突出审判执行主业、精干设置机构、统一职能归口的总体要求，督促指导各地法院制定内设机构改革工作方案，并对全省 109 家基层法院的改革方案逐份审核把关。江苏法院改革方案受到最高人民法院政治部的肯定，现已按规定程序报送省委编办审批。改革到位后，全省基层人民法院内设机构数将由 1864 个减少到 1212 个，精简比例达 35%。积极落实江苏省委提出的"法治园区"建设构想，配合有关部门做好工作。

（三）信息化与审判工作的深度融合

通过审判智能化助推执法办案，苏州中院在电子卷宗随案同步生成的基础上，于 2018 年 1 月 29 日在两级人民法院全面上线并成功运行全国首创的电子卷宗智能标注编目系统，实现了自动、快速、准确、详尽地标注电子卷宗目录和材料名称，方便快速定位检索、可视化利用电子卷宗内容，为电子卷宗的深度应用奠定了坚实基础。移动互联"微法院"平台应用逐渐推广，通过微信小程序为当事人、社会公众提供诉讼风险评估、案件查询、观看庭审等司法服务。2018 年，智慧审判一体化解决的"苏州模式——千灯方案"，经最高人民法院周强院长批示在全国法院推广。无锡中院首创法律文书统一电子送达平台，用手机短信等方式对 12.15 万件案件实行电子送达，有效破解送达难题，该做法入选全国政法智能化建设智慧法院优秀创新案例。南京市高淳区人民法院利用信息技术为司法工作减负增效，法官人均结案数同比上升 29.74%。

（四）家事审判方式改革的推进

2018 年，江苏各级人民法院推进婚姻家庭案件要素式审查、离婚案件财产申报、当事人亲自到庭等制度，为查明案件事实、提高审判效率打下良好基础。南京中院试行推广家事案件归并审理制度，充分贯彻一揽子解决家事纠纷的司法理念，统一裁判尺度，减少当事人讼累。徐州市贾汪区人民法院探索感情冷静期制度，通过"以时间换空间"的做法，挽救了大量危机婚姻。苏州市姑苏区人民法院探索推行"共同抚养"、寒暑假"轮流抚养"模式，充分保护当事人和未成年人合法权益。镇江市润州区人民法院制作"离婚证明书"，有效保护当事人隐私权。徐州市铜山区人民法院制作"监护权证明书"，赢得各方点赞。南京市溧水区人民法院积极创新工作方式方法，对不能亲自到庭的当事人采取远程视频方式开庭，方便了群众诉讼。

（五）人民陪审员制度改革的推进

2018年，江苏省高院完成人民陪审员制度改革试点总结工作，形成改革试点工作评估报告报送最高人民法院，其中，人民陪审员选用分离、均衡参审、自主管理等改革经验的做法被《人民日报》《法制日报》《人民法院报》刊载，并被《人民陪审员法》吸收采纳。《人民陪审员法》颁布实施后，江苏省高院联合省司法厅组织召开全省贯彻实施《人民陪审员法》工作推进会，与省司法厅联合制定下发《关于贯彻实施〈中华人民共和国人民陪审员法〉的工作方案》，推动《人民陪审员法》在江苏省全面贯彻实施。同时，会同省司法厅起草《人民陪审员选任实施办法》，单独起草《人民陪审员工作管理细则》下发征求意见，指导全省法院积极开展人民陪审员选任、参审及宣传工作。截至2018年底，全省法院共新选任人民陪审员11862名，陪审员共参审案件291076件，其中采用七人制大合议庭审理案件218件。

七　推进改革中存在的问题和困难

司法体制改革试点工作开展以来，江苏各级人民法院队伍结构调整升级，审判资源优化配置，全省法院坚定改革的氛围进一步形成，但仍存在一些亟须解决的困难和问题。

（一）人案矛盾问题地区性差异比较突出

江苏各级人民法院案件受理量多年位居全国前列，2018年，全省各级人民法院受理案件2165962件，同比增长6.31％；江苏各级人民法院现有员额法官6625人，以占全国各级人民法院5％的员额法官，办理占全国各级人民法院受理案件总量10％左右的案件，人均工作量是全国法官人均工作量的2倍，因编制不足而带来的案件压力要远大于其他地区。造成这一问题的根本原因在于中央政法专项编制被锁死，而根本性解决办法是建立全国统筹的中央政法专项编制和法官员额的调配、管理机制。

（二）司法辅助人员配置要求与编制供给不匹配

司法辅助人员配置要求与编制供给二者之间存在结构性冲突。员额制改革后，员额法官占中央政法编39%的比例，按1:1配置要求，法官助理也要达到中央政法编的39%。但法院对执行人员、司法警察、司法技术人员等也有一定的配置要求，以中央政法编招收法官助理无法满足法官与法官助理1:1配置要求。为此，需要采取聘用制方式招录法官助理，但其经费保障问题目前还得不到有效解决，与财政、人事等部门沟通协调难度较大。

（三）法官遴选面临一些现实难题

初任法官遴选强调要到基层人民法院任职，上级人民法院法官到基层任职面临干部职级和编制配备问题。另外，到基层任职，基层人民法院要有空编，而且基层人民法院一般也不愿意上级人民法院法官助理来挤占本院法官助理的晋升空间，长此以往，可能会导致上级人民法院法官助理岗位的"空心化"。此外，还有逐级遴选的配套保障问题，法官遴选到上级人民法院，在配偶子女随迁随调方面困难很大，住房等问题难以解决，这也是逐级遴选在实践中难以操作的重要原因。

（四）人员分类管理改革后各序列人员发展通道不均衡

员额制改革后，法官具有单独职务序列，但审判辅助人员和司法行政人员的职务序列尚未有效建立。随着内设机构改革的逐步推进，内设机构将精简合并，综合部门的领导职数和非领导职数将进一步缩减，司法行政人员的职业晋升空间受到压缩，给综合部门干警带来心理落差，对法院队伍建设造成新的矛盾和困难。

B.10
江苏省检察改革报告[*]

杨大为　王丽惠^{**}

摘　要： 2018年江苏检察改革工作在多个方面取得进展。基层检察院内设机构改革试点工作顺利开展，职能得到优化整合；司法责任制改革进一步深化，员额制改革得到优化，新的检察权运行监督制约机制不断完善，绩效考核和案件质量评查体系不断健全；专业化办案团队建设进一步加强，根据地方实际，规范合理设置，并注重人才培养，一批业务定位准确、办案能力较强的专业化团队正在形成，并积极发挥团队的示范引领作用；入额院领导办案机制更加健全，标准更加严格，办案质量进一步提高。全面推进环境资源保护、食品药品安全保护、国有财产保护等方面的公益诉讼，并率先在全国引领英烈名誉权检察公益保护，2018年江苏检察机关提起公益诉讼案件数位居全国第一。

关键词： 内设机构改革；司法责任制；专业化办案团队；入额领导办案；公益诉讼

---

  * 本报告所有数据、案例均由检察机关统一业务系统以及江苏省三级检察机关内部有关数据报表统计生成。

 ** 杨大为，江苏省人民检察院法律政策研究室主任科员，硕士研究生；王丽惠，南京师范大学中国法治现代化研究院研究员，法学博士。

2018 年，江苏省检察机关认真贯彻中央司法体制改革的一系列决策部署，三级院整体联动，蹄疾步稳推进，已完成包括司法责任制在内的 67 项改革，取得了积极进展和成效，符合检察规律的体制机制逐步形成，检察工作质量效率和检察机关公信力持续提升，人民群众对公平正义的获得感增强。最高人民检察院、省委、第三方评估等对江苏省检察改革工作都给予了充分肯定。

一　基层检察院机构组织体系的全面优化

进入新时代，检察机关面临新形势，任务、职能、办案机制发生深刻变化，迫切要求建立与之相适应的新时代检察机构组织体系。江苏省检察机关贯彻中央、省委和最高检有关司法体制改革部署要求，立足江苏实际，积极探索实践，全面开展基层院内设机构改革试点。改革后，全省基层院机构数量从 1327 个精简为 770 个，减少 42%。其中 522 个综合部门压缩为 203 个，减少 61%；原来 388 个 1 人科、2 人科全部消失。刑事检察部门全部按"捕诉一体"模式运行，实现了机构精简、职能优化和办案协同高效。在 2018 年全国大检察官研讨会上，相关做法得到最高检主要领导充分肯定。

（一）通过顶层设计，厘清改革试点的思路举措

内设机构是检察职权运行的组织体系和重要载体，在落实司法责任制改革中居于前置性、基础性地位。省检察院党组经过专题学习讨论、广泛调研论证，凝聚了思想共识。党组一班人认为转隶就是检察机关的转机，必须顺应新形势新任务新要求，以内设机构改革为抓手，通过科学设置机构体系、合理配置检察资源，建立符合司法规律和检察工作特点的科学管理体系。2016 年 11 月，省检察院会同省编办制定《江苏省基层人民检察院内设机构改革试点方案》，积极开展先行先试。从 2017 年下半年开始，成立专班先后到先行试点单位以及全省不同类型、不同规模的基层院，开展专题调研。2018 年 2 月，在充分吸收试点经验、广泛听取意见的基础上，制定了《江苏省基层人民检察院内设机构改革全面试点方案》。5 月，按照

最高检关于内设机构改革最新精神，遵循"捕诉一体"原则，对《江苏省基层人民检察院内设机构改革全面试点方案》进行了部分调整，进一步优化了刑事检察部门的设置和职能分工。

（二）注重优化整合，找准改革试点的方法路径

内设机构改革不是简单的机构裁减与合并，必须以检察机关革命化、正规化、专业化、职业化建设为方向，江苏省检察机关以强化检察监督职能为目标，以全面落实司法责任为重点，按照"遵循司法规律、注重职能融合、体现专业化要求"的原则，整合优化职能，科学规范设置。

一是科学优化机构。2018年初，全省检察机关侦防部门人员转隶后，基层院政法编制50人及以下的院24个，51～100人的院82个，101人及以上的院7个，根据中央对基层院内设机构数量的明确规定，江苏省检察院结合江苏检察机构职能、编制情况，明确了全省基层检察院内设机构的三种设置模式：50人及以下的院，按"4+1"模式，即4个业务部门加1个综合部门；51～100人的院，按"5+2+1"模式，即5个业务部门、2个综合部门、1个特色业务机构的组合；101人及以上的院，按"7+2+1"模式，即7个业务部门、2个综合部门、1个特色业务机构的组合。

二是注重职能融合。在充分考虑检察工作相关业务的关联性、相近性和制约性的基础上，江苏检察机关以职能融合为纽带，对部门的职能任务、运行方式、工作流程、力量配备进行优化整合，实现改革后内设机构中相关检察职能之间信息互通、工作协调、效能提升。在刑事检察方面，将侦查监督、公诉、未成年人检察职能有机合并，组建新的刑事检察办案部门。在民事行政、公益诉讼检察和控告申诉检察方面，实行民行与控申部门整合，组建民事行政和控告申诉检察部门，将原先控申部门受理民商事控告和申诉—民行部门具体办理—控申部门予以答复的模式，转变为一个部门对外、一站式受理和办理模式，提高了民行类申诉案件的办案效率。在检察综合业务方面，将案管、研究室、技术科、警务科合并，组建新的检察综合业务部。坚持人员向办案部门倾斜，大幅压缩整合综合行政部门。

三是突出专业化建设。省检察院指导各地因案制宜、因地制宜，结合案件数量和特点，全省统筹布局，科学设置环保、知识产权、金融等专业

办案机构。目前共设有"环境资源和食品药品犯罪检察部""知识产权检察部""金融网络犯罪检察部""公益诉讼部"等各类专业办案机构51个。在专门办案机构设置上，由于未成年人检察、刑事执行检察两类业务有别于传统的司法办案，其工作方式、标准需求自成体系，案件量较大的检察院需要通过专门化的集中办理来提高司法办案质效。同时细化了设置条件，由设区市检察院充分论证，并根据办案数量和工作量测算，全省设立未成年人检察部44个、刑事执行检察部37个。

四是实行"捕诉一体"。长期以来，由于案多人少矛盾突出，江苏检察机关部分基层院出于办案实际需要，将侦监、公诉部门合并，积累了"捕诉一体"实践基础。最高检提出内设机构改革最新要求后，江苏全面整合基层检察院侦查监督和公诉部门，组建成新的刑事办案部门，按照一件事情由一个部门负责到底原则，统一办理刑事案件，并依照刑法类罪名对刑事办案部门的职能进行了分工。其中，刑事检察一部负责办理普通刑事犯罪案件，刑事检察二部负责办理贪污贿赂等职务犯罪、破坏社会主义市场经济秩序犯罪等刑事案件，实行刑事案件办理"一竿子到底"，即对公安机关提请批准决定逮捕、移送审查起诉的案件以及监察机关移送审查起诉的案件，从审查批准（决定）逮捕、审查起诉到出庭支持公诉，都由同一个独任检察官或检察官办案组来承担，并在办案中履行立案监督、侦查监督、审判监督等职责。

（三）完善配套机制，提升改革试点的整体效能

内设机构改革催生新的管理模式，新的管理模式提出新的管理要求。一是明确司法管理责任。理顺部门司法管理和行政管理关系，各业务部设主任、副主任各1名。主任原则上由分管院领导兼任。副主任可以由原来的科长担任，也可以通过竞争选拔的方式产生，由党组讨论，决定任命。副主任主要协助主任开展司法管理和行政管理相关工作，并按规定的比例承担司法办案任务。二是加强人员分类管理。把内设机构改革与人员分类管理有机结合、配套衔接、相互促进、统筹考虑，不断健全完善人员管理机制。各基层院在机构改革和人员调整中严格把握三类人员分类比例。已经入额的原业务部门领导和非领导职级不变，已经入额的部门负责人或具有

相应行政级别的人员，因工作需要调整岗位，离开办案部门的，其职级的确定按照中央和省有关规定执行，并及时退出员额。三是理顺上下衔接关系。全省三级检察院由于承担的工作任务不同，不要求基层院与上级院完全对应，原由基层院承担的法律政策研究、教育培训以及部分检察技术职能（含文证审查、委托勘验、鉴定等），在内设机构整合后由设区市检察院统一承担，不再纳入考核范围。省、设区市检察院改进对下级指导方式，在调查研究、布置任务、培训等方面统筹安排，全面为基层减轻负担和压力。

（四）坚持统筹推进，把稳改革试点的推进步伐

内设机构改革是一项复杂的系统工程，上下关注。省检察院坚持把强有力的组织领导贯穿始终，积极稳妥推进各项工作，确保了改革试点蹄疾步稳。一是坚持统筹兼顾。在推进过程中，始终以上级有关内设机构改革决策部署统一思想、统揽行动。在改革试点推进过程中，设区市检察院、基层检察院科学统筹，均衡力量，做到"三个坚持"：坚持重点任务重点投入、一般工作平衡兼顾，有效防止了顾此失彼、工作打乱仗；坚持一手抓内设机构改革，一手抓司法办案，做到"两手抓、两手硬"；坚持既保持改革力度又兼顾承受能力，做到既积极主动又稳慎操作。二是细致思想工作。内设机构改革事关广大干警切身利益。江苏省检察机关注重加强预测预想，扎实做好动员部署、政策解读，"一人一事一工作"，把为何改、改什么、怎么改向广大干警讲清楚，最大限度凝聚改革共识、形成改革正能量。广大干警特别是一些因内设机构整合而不再担任领导职务的科长（主任）都能顾全大局、服从安排、平和心态，保持昂扬进取的精神状态。三是严明工作纪律。内设机构改革政策性强。坚持紧跟中央、省委和最高检决策部署，自觉摆正"规定动作"和"自选动作"的关系。对上级有关内设机构改革明确的决策部署、具体要求，对表操作，严格执行，不搞变通；对原则性的规定要求，在上级方案框架下完善、细化，结合各地实际，做好"自选动作"。各地在改革试点过程中，注重加强请示，严格执行纪律，确保了令行禁止、步调一致。

二　司法责任制改革的巩固深化

（一）员额制改革进一步深化

一是动态管理员额。坚持全省员额由省检察院集中管理，实行"一级管理、两级调控"机制，每三年根据案件量动态调整一次。在精准投放员额的基础上，省检察院指导各地按照办案量配置员额，并进行精调、微调，确保配足办案一线的员额力量。加强员额检察官调动管理，根据组织人事调动工作安排，2018 年共对 13 名检察系统内部同级岗位调动人员，按照调入院申报及时重新确认了其员额检察官身份。二是高标准增补员额。认真贯彻中共中央办公厅〔2017〕44 号文精神和中央政法委《关于严格执行法官检察官遴选标准和程序的通知》要求，精心制定方案，组织开展 2018 年检察官入额遴选工作。全省共增补员额检察官 262 人，增补后，全省实有员额检察官 3460 人，占政法编制的 35.7%。三是完善员额退出机制。进一步落实《员额检察官退出管理办法》，2018 年共有 110 余名员额检察官因干部调动、岗位调整、个人申请等退出员额，做到员额"有进有出"。四是拓宽检察官选任渠道。由江苏省委政法委牵头，省检察院与省委组织部、省司法厅等部门会签《江苏省检察系统从律师和法学专家中公开选拔检察官实施方案》，面向全省注册律师和省内高校院所法学专家公开选拔检察官。2018 年公开选拔了 3 名员额检察官，充实了检察队伍。

（二）司法责任制全面落实

一是新的检察权运行监督制约机制不断完善。省检察院研发使用案管大数据应用平台，将检察办案要求梳理成 285 条规则内嵌其中，自动触发提醒、预警和监管，实现案件监管的全覆盖、全过程、全留痕。健全完善检察官联席会议制度，对一些重大敏感、易引发舆情或有广泛社会影响的案件，要求检察长或部门负责人指导把关，必要时及时召开检察官联席会议研究，确保检察权有效运行。二是绩效考核体系不断健全。省检察院打造绩效考核"三把尺子"，即省检察院对 13 个设区市院的检察工作综合考核、各级院对检察官、检察辅助人员和司法行政人员的年度绩效考核，以及省检察院机关对内设部门的综合考核，通过考核推进司法责任制深入落实。省检察院健全完善绩效考核软件，完善对检察官的办案数量、质量、效率、效果、司法作风、司法技能、职业操守、综合履职等评价因素，强化"八个维度雷达图"评价标准，不断引导检察官把主要精力投入司法办案中去。目前，检察人员司法绩效考核软件已实现刑检、民行、控申、刑执条线检察官司法绩效考核结果在全省范围和各个层级的"大排名"，实现所有考核指标可量化、可评价、可反查，公开透明、公信公正。三是案件质量评查体系不断完善。全省检察机关建立日常评查、重点评查、交叉评查、随机抽查"四评查"机制，坚持应评尽评，并明确不批捕、不起诉、撤回起诉、无罪判决、诉判不一等9类案件为必须评查案件。2018年以来全省共评查案件30000余件，从中发现问题，找出原因，提出整改措施，促进司法规范。

三 专业化办案团队建设的深入推进

江苏省检察机关加强专业化办案团队建设，全省各专业办案团队办理了一批大案新案、复杂疑难案件和在全国有影响力的案件，一批业务定位准确、办案能力较强的专业化团队正在形成，为全省检察工作高质量发展提供了有力支撑。

（一）强化组织领导，形成推进合力

一是加强统筹设计。省检察院党组高度重视办案团队建设，党组书记、检察长深入基层开展调研，多次就加强专业化办案团队建设提出明确要求。省检察院把加强办案团队建设作为司法责任制改革的重要内容，列入年度重点工作项目。2018年12月17日，召开全省检察机关专业化办案团队建设现场会，与会人员观看了徐州市检察机关专业化办案团队建设成果，听取了徐州市院扫黑除恶办案团队、南京市院金融犯罪办案团队等6个专业化办案团队的经验。省检察院研究制定办案组职责分工图，建立评选、表彰、奖励等激励机制，出台办案团队评价办法，突出鲜明导向，使全省形成提升检察专业人才地位和职业尊荣的氛围。二是搭建专门平台。全省各级院利用各类学会、研究会平台，通过研讨会、碰头会、微信群等各种方式，组织开展实务研讨，增进各地区办案团队交流，分享办案心得体会，促进共同进步。对重大典型案件，组织相关人员观摩旁听庭审，近距离感受案件办理情况。南京市院组织全市公益诉讼办案人员观摩了胜科水务污染环境案庭审。三是强化人才培育。省检察院抓好专业化人才的选配工作，组建专业化人才库和专家库，全过程指导各单位优化检力资源配置。举办20期检察素能培训班，2672名检察人员获得个性化精准培训。实施检察领军人才培育工程，已对首批56名业务骨干进行重点培育。与省法院、公安厅、司法厅互派12名挂职干部，促进相互交流学习成长。各级检察院党组在专业化办案团队的"选、建、管、用"上狠下功夫。全省选取11类55个办案组进行重点培育。

（二）坚持根据实际，规范合理设置

一是根据地方实际，做到因地制宜。专业化办案团队设置区分地域差异，紧密结合地方发展特色，植根当地、服务当地，把司法办案与地情实际深度融合，服务地方大局，提升检察贡献度。南京、镇江等长江沿岸地区检察院成立环境资源保护办案团队，办理了胜科水务污染环境等一批涉长江污染的重大案件，服务保障长江经济带发展。苏州市姑苏区院为保护古城，成立历史文化资源保护专业化办案组，办理28件公益诉讼诉前程序案件，向13个部门发出检察建议23份，保护成果涉及历史街区、文物、古建筑等众多领域，得到各界点赞和认可。二是根据案件实际，做到因案制宜。各设区市检察院发挥中枢作用，把握当地案件数量、类型、特点、规律，加强统筹组织工作，重点选取有基础有潜力的办案组，开展有针对性的培育，对力量不够、专业人才不足的基层院因案临时进行组合，跨基层院配置资源，培育有特色有潜力有实力的团队。连云港市检察院针对本地货运贸易频繁、走私案件多发的实际，成立了走私犯罪案件办案团队，办理了一大批重大走私案件，包括4件海关总署挂牌督办案件，该团队办案量占全省走私案件的1/3。三是根据人才实际，做到因才制宜。办案团队是人的集合，各地设立时充分考虑人才储备情况量才适用，将专门人才配备到合适岗位。南京市建邺区检察院金融检察办案团队4名人员，3名具备金融、会计的专业背景。徐州市鼓楼区检察院电信网络办案团队 3 名检察官均掌握一定的计算机、互联网专业知识，成功办理了全国最大"温柔"网络游戏盗号木马案等一批典型案件。镇江市京口区检察院成立的雨露守护未成年人检察办案组，集合了具有国家心理咨询师资格证书的检察官，在办案的同时对未成年人进行深入细致的心理疏导。

（三）发挥团队作用，强化示范引领

一是突出办理重大疑难复杂案件。专业化办案团队主动承办重大疑难复杂案件，齐心协力，共同审查，努力办出精品。省市检察院统筹精英办案力量，一起去啃硬骨头。各级院领导干部主动加入办案团队，带头组织办理重大疑难复杂案件，发挥示范引领作用。常州市检察院院领导连续三年带领职务犯罪办案团队，高质量完成了中央交办要案公诉任务，促使被告人全部当庭认罪悔罪，得到中央、最高检以及社会各界的高度评价，办案团队荣获全省二等功，在全国公诉工作会议上作了经验交流。二是提升专业化办案质效。专业化办案团队牢固树立双赢多赢共赢理念，坚持以办案为中心，在监督中办案，在办案中监督，保证办案质量效果。淮安市检察院公益诉讼办案团队办理了全国首例英烈保护民事公益诉讼案，为检察机关开展英烈保护公益诉讼提供实践样本，被中央电视台新闻 1 + 1、朝闻天下、人民日报、新华社等新闻媒体报道。针对办案中发现的受案范围难以把握等问题和困惑，与人民检察杂志社联合举办英烈保护民事公益诉讼案件研讨会，丰富了办理公益诉讼的理论。结合办案撰写的《检察英烈保护民事公益诉讼司法实践中存在的争议问题研究》，在省民法学年会上获评一等奖。三是总结提炼专业办案指引。专业化办案团队打破"重个案分析，轻类案总结"的现状，提升司法办案的精细化程度，形成一大批细分领域中的行家里手。徐州市扫黑除恶办案团队编制下发《扫黑除恶专项斗争资料汇编》，制定了《徐州市恶势力犯罪办案指引》，统一执法标准，为办案团队建设提供机制保障。常州市职务犯罪办案团队通过办理省部级案件，总结、提炼可复制的经验，提炼证据标准和法律适用的指导意见，先后出台了《公诉部门提前介入职务犯罪侦查工作的暂行规定》《关于强化审查起诉阶段退回补充侦查、自行补充侦查工作的意见（试行）》等文件。

四　领导办案制度的建立健全

入额院领导带头办案是履行政治责任、法律责任的必然要求，也是转变司法理念、改变领导方式的客观体现。2018年，全省三级检察院入额院领导661人，共办理实体性案件16000余件，人均办案20余件。相关做法被《人民日报》专题报道。

（一）强化组织，健全领导办案制度机制

推进领导办案既是贯彻上级决策部署的必然要求，也是深化司法责任制改革的客观需要，必须从讲政治的高度不折不扣抓好贯彻落实。一是加强组织推进。领导干部办案涉及全省各级检察机关，必须上下联动，齐抓共管，形成合力。为此，省检察院党组明确要求各级院领导都必须强化对标意识，以上率下、以上促下，一级抓一级、一级做给一级看；上级院要加强对下级院领导办案情况的动态掌握，建立案管部门牵总，研究室、干部人事部门密切配合的推进机制。同时，明确规定必须把个人办案情况作为述职述廉的必备内容，作为评先评优的"硬杠杠"；各级院党组书记、检察长是推进领导办案工作落实的第一责任人，必须切实担起责任，对办案数量不达标、单位院领导办案数量靠后的，取消当年单位评先资格。2017年5月，省检察院召开全省检察机关司法责任制改革推进会，专门就入额院领导办案工作作出部署，要求入额领导既要履行员额检察官职责，又要履行司法业务管理职责；要处理好管理和办案的关系，实行"四六开"，40%的精力放在管理上，60%的精力放在办案上；要坚持在一线办案中指导引领办案，在监督中指导规范监督。二是健全规章制度。省检察院先后出台《关于检察长（副检察长）直接办理案件的规定》《关于省院入额院领导直接办理案件操作办法（试行）》《关于加强检察机关入额院领导直接办案工作的通知》等5份制度文件，对各级院领导办案数量、办案要求、办案标准进行明确，形成了院领导分案、办理、监管、通报、考核等系统化制度体系。省检察院细化制定了《江苏省检察机关案件清单》，明确了院领导的办案范围，避免了领导办"简单案"、办"挂名案"的现象。

（二）严格标准，提升领导办案质量效果

领导干部办程序案、凑数案，办质量不高的案，还不如不办案。在推动领导办案工作落实中，强调不单纯追求领导办案数量，不把领导办案与检察官办案等量齐观，而是关注质量效果，始终坚持标准、宁缺毋滥，着力在"亲历化、实体化、示范化、最优化"上下功夫。

一是坚持办案过程亲历化。省检察院要求入额院领导改变以往听取案件汇报、把关案件审核等方式，实行直接办案，必须完成案卷审查、讯问询问、出席庭审、释法说理等事项，全面履行办案职责。省检察院检察长带头直接办理案件，在受理一起民事监督案件后，对全部卷宗材料进行审查，制作了案情流程表，确定调查核实的方向和重点，专程与双方当事人见面核实情况，在此基础上，依法作出不支持监督申请的决定，并给申请人写了一封信进行释法说理，促使一起长达十余年的案件得到息诉。

二是坚持办案类型实体化。针对院领导"办哪些案件"的问题，省检察院明确了案件分类标准，将案件分为实体性办案、程序性办案、指导性办案 3 大类，引导院领导主要办理实体性案件。针对不同业务部门实体性案件数量不同的实际，入额院领导办理案件，既可以根据分管工作自行确定，也可以经检察长同意，跨分管部门办理案件。如省检察院民行部门实体性案件较多，办案任务重、压力大，省检察院党组要求所有院领导跨部门办理民行监督案件，促进了省院办案工作的优化。2018 年，全省三级检察院入额院领导办理的实体性案件中，覆盖批捕、公诉、民行监督、列席审委会案件等各种案件类型，实现了领导办案的均衡化发展。淮安市检察院一名副检察长办理了全国首例英烈保护民事公益诉讼案，为检察机关开展英烈保护公益诉讼提供实践样本，入选最高检第十三批指导性案例。

三是坚持办案引领示范化。省检察院要求入额院领导做好示范，带头办理重大疑难复杂案件，尤其要办理有重大影响或社会关注度高的案件，新罪名或新类型案件，以及在法律适用或证据运用方面具有指导意义的案件，出"示范庭"，办"样板案"，充分体现所办案件的"含金量"。刘华检察长办理的张建国故意杀人二审上诉案，该案涉及城管执法，案件造成 2 死 3 伤，一度被网络炒作，引起较大社会关注。刘华审阅了全部案件材料，

依法讯问上诉人，赴案发地深入展开调查核证，并撰写了万余字的出庭预案和出庭意见，在办案理念、办案规范、办案程序等方面为此类案件的办理树立了新的标杆。南京市检察院检察长办理了备受关注的"交警遭碾压殉职案"，在庭审中，与辩方就案件争议焦点问题激烈辩论，对被告人进行了法治教育，得到现场观摩的人大代表、政协委员点赞。

四是坚持办案效果最优化。一些有重大影响敏感的案件，社会关注度高，检察长办理此类案件，有利于增强办案效果，扩大社会正面影响，为人民群众提供更多优质的检察产品。扬州市检察院检察长在办理一起备受社会关注的跨国杀妻案时，注重办案中的释法说理工作，指控有力、协调有序，当庭发表情、理、法交融的公诉意见，被告人李波庭审中多次掉泪、自愿认罪伏法。该案公诉意见书被最高检评选为优秀说理检察法律文书。镇江市检察院一名副检察长在办理徐勇等人走私普通货物案件的过程中，摈弃"就案办案""机械办案"思维方式，贯彻平等保护司法理念，准确把握法律政策界限，解决了涉案企业和个人偷逃税款的合理计算方式，依法将涉案企业及个人涉嫌偷逃税款的数额从 2800 余万元变更为约 800 万元，并建议对三家涉案企业减轻处罚、对 2 名涉案被告人判处缓刑，得到法院判决采纳，受到了涉案企业的称赞和当地党委的高度肯定，《检察日报》头版头条对该案作了详细报道。

（三）注重长效，形成领导办案浓厚氛围

领导办案是司法责任制改革的重要内容，既需要攻坚克难打开局面，又需要巩固成果抓好长效，持续不断推进形成常态化。一是加强领导办案定期通报。全省各级检察院每季度对入额院领导办案情况层报上级院，并在院内进行定期通报，省检察院在全省范围内通报市县两级院领导的办案情况。2018 年 5 月，省检察院还通过统一业务系统和"案管机器人"，每月对基层院入额院领导办案数据进行后台抓取，通过检察内网予以通报，点名道姓晒办案成绩单，在全省范围内引起较大反响。二是加强领导办案绩效考核。为有效督促领导干部专心办案，省检察院在《江苏省检察人员年度绩效考核办法》中，将院领导办案数量、质量作为绩效考核重要指标，只要办案数量不达标、办案质量不过硬，就不得评为绩效一档或不得发放

绩效奖金。通过一系列刚性要求，有力保证了领导办案要求的落实。三是加大领导办案宣传力度。为营造领导办案良好氛围，省检察院注重谋划，制定全省检察机关领导办案宣传活动方案，每年确定"检察长出庭""检察长办案手记"等不同宣传专题，组织媒体记者深入基层采访，层层推进，全面展示，为领导办案起到了很好的助推作用。人民日报、检察日报、新华日报、江苏法制报等30多家媒体对入额院领导办案情况报道200余篇，有力提升了江苏检察机关领导带头办案的良好形象。

五 履职尽责，强化保护，全面推进公益诉讼改革

根据党中央"探索建立检察机关提起公益诉讼制度"的要求，省检察院突出加强公益诉讼工作，争取省委支持出台了《关于支持检察机关公益诉讼工作的意见》。2018年以来全省检察机关共办理公益诉讼案件9381件，其中提起公益诉讼320件，位居全国第一。

（一）在环境资源公益保护方面

坚决贯彻中央关于污染防治攻坚战决策部署，提起生态环境和资源保护公益诉讼案件122件，涉及非法排污、倾倒垃圾、非法采矿、乱伐林木等破坏资源环境的主要领域。认真落实中央关于长江大保护的战略部署，推动长江生态环境和资源立体式保护。共办理涉长江生态环境公益诉讼案件300余件。泰州市高港区检察院办理的"长江非法采砂"系列行政公益诉讼案，促使该区水利局依法查处13起非法采砂行为，被"两高"评为十大检察公益诉讼典型案例。

（二）在食品药品安全保护方面

以农贸市场、超市销售的食用农产品、食品和网络餐饮为监督重点，对严重危害人民群众身体健康的有毒有害食品制售者依法提起公益诉讼，开展"保障千家万户舌尖上的安全"专项监督，无锡市检察机关办理了徐某某生产销售有毒有害食品刑事附带民事公益诉讼案，法院判决其刑罚的同时判决其承担十倍惩罚性赔偿金并公开赔礼道歉的民事侵权责任。

（三）在国有财产保护方面

守好国有财产的司法防线，共办理国有财产保护类公益诉讼案件20余件，涉及违规发放"新网工程"、农机购置、病害猪无害化处理、中小企业技术改造扶持等国家专项资金补贴。保障国有土地安全，无锡锡山区检察院对市国土局提起公益诉讼，督促国土局收缴土地出让金1800余万元。苏州市吴江区检察院依法提起全省首例行政公益诉讼案，督促3名违法行为人恢复土地原状，获得法院支持。

（四）率先在全国引领英烈名誉权检察公益保护

2018年4月国家颁布《英雄烈士保护法》，将英烈保护纳入检察机关公益诉讼范围。江苏省检察机关迅速行动，淮安市检察院对曾云在微信群侮辱谢勇烈士名誉的违法行为，依法提起公益诉讼。该案是英烈保护法实施以来全国首例提起的公益诉讼案件，先后被中央电视台、人民日报等2000余个新闻媒体报道，得到最高检领导批示肯定。

六　推进改革中的问题和困难

2018年，全省检察改革工作取得了一定成绩，但是对照中央、省委关于改革的要求还存在一些问题与实际困难。一是有的改革举措还欠缺一些配套措施，改革的整体性、协调性、系统性需要进一步增强。如检察官助理和书记员职务序列相关配套措施需要尽快明确。员额检察官交流任职等机制有待进一步完善。二是司法责任制落实还有薄弱环节，专业化办案组织不够多、不够专，少数办案组织内部职责权限不够清晰，检察官、检察官助理、书记员之间衔接配合机制需要进一步健全。入额院领导办案工作落实不够好，办理实体性案件偏少，办案亲历性不够，办理有重大影响、具有示范指导意义的案件较少。检察官联席会议的参谋辅助作用发挥还不够充分。三是内设机构改革中部门深度融合需要一个过渡期。部门优化设置需要根据司法办案实践进一步完善。如基层院刑事检察二部、民事行政和控告申诉检察部和检察综合业务部等部门，由于从过去多个部门组合而来，包含的职能差异较大，形式上虽然融合，但实质上完全融合到一起难度较大，检察人员熟悉业务还需要一定时间。四是绩效考核工作需要进一步加强和完善。由于司法绩效考核及奖金分配是新生事物，相关考核评价机制还有待进一步完善，同时各地在奖金分配上还不够科学，公平公正、多劳多得的原则还没有完全得到体现。五是网络信息化应用有待进一步加强，智能辅助办案系统仍处于试点阶段，科技服务司法办案的作用有待进一步发挥。检察机关与其他执法司法机关的信息互联互通、资源共享工作推进缓慢。

七　深化检察改革2019年展望

2019年，全省检察机关推进全面深化司法体制改革，将在改革"精装修"和狠抓落实上下功夫，不断把新时代检察改革引向深入。

（一）抓好《关于加强法官检察官正规化专业化职业化建设全面落实司法责任制的意见》的贯彻落实

统筹党的十八大、十九大关于深化司法体制改革的目标任务，全面落实《关于加强法官检察官正规化专业化职业化建设全面落实司法责任制的意见》，打造适应新时代新要求的过硬检察官队伍。建立完善检察官政治轮训制度，探索政治督察和职业道德评价机制。完善检察官培养锻炼机制，建立检察官研修制度，完善办案部门检察官和综合业务部门检察官短期岗位交流机制，推行检察官与人民法院、公安机关、司法行政机关之间的互派挂职。按照比例常态化遴选检察官，严格执行检察官退出条件和程序，真正做到不办案就退额，进一步完善检察官职权利益回避制度。

（二）深化司法体制综合配套改革

进一步落实省委办公厅《关于在全省开展司法体制综合配套改革的框架意见》，加强任务分解，逐项抓好落实。加快完善司法监督、责任认定和追究、绩效考核制度，不断完善权责利统一的司法权运行新机制。依托现代科技手段，建立健全新型监管机制，实现检察官行使办案权与院领导及部门负责人行使办案管理权、监督权的全程留痕、相互监督和相互制约，做到有序放权与有效监管相统一。落实检察官联席会议制度。落实最高检制定的领导办案指导意见，坚持领导干部入额必办案，明确入额院领导主要办理实体性案件，完善办理重大、疑难、复杂案件工作机制，加强领导办案情况通报和考核。

（三）完善司法人员分类管理

进一步完善检察官员额管理，实现检察官岗位设置、岗位职责、员额配比和员额进出制度化。完善以案定额和以职能定额相结合的员额省级统筹和动态管理机制，加强精准配额。实行检察官逐级遴选制度，设区市检察院检察官助理初任检察官的，应当到基层检察院任职；省级院检察官助理初任检察官的，一般到基层检察院任职。员额制实施前在设区市级以上检察院的未入额检察官，可以在本院参加入额遴选。健全检察官职业保障体系，落实检察官、检察官助理和书记员职务序列以及与之相配套的工资待遇，畅通三类人员发展通道。

（四）深化内设机构改革

根据最高检内设机构改革要求，完善落实江苏省实施方案，全面推进全省各级院内设机构改革到位。结合内设机构改革后检察工作需要，加强检察职权内部优化配置，深化刑检部门"捕诉一体"模式，确保改革后内设部门运行顺畅。内设机构整合后，相关领导职数不核减，可用于配备专职党务干部或调剂给综合行政部门。制定明确人员分配、职能融合、运行管理的具体规定和措施，保障机构整合后工作平稳有序开展。认真落实人民检察院组织法，以员额检察官为核心，加强各类办案组织建设，加快推进新型办案团队培育，形成职责清晰、分工协作的团队工作模式，打造若干精品办案团队，提升检察专业化水平。

（五）以重点项目为抓手推进刑事诉讼制度改革

进一步落实"两高三部"关于办理刑事案件严格排除非法证据若干问题的规定，推进重大疑难案件侦查机关听取检察机关意见建议制度改革。

开展侦查机关违法不立案专项监督，提升立案监督的实效性。规范退回补充侦查、自行侦查工作，发挥审前主导作用。结合扫黑除恶专项斗争，健全完善重大刑事案件证据体系指引和常见犯罪案件基本证据标准指引，完善证据审查规则。探索开展重大刑事案件讯问合法性核查工作。加强人权司法保障，完善对限制人身自由司法措施和侦查手段的检察监督；探索开展刑事案件律师辩护全覆盖试点工作。落实认罪认罚从宽制度，建立健全被告人认罪认罚案件和不认罪案件分流机制，对认罪认罚案件依法简化起诉和庭审程序。依托大数据提高量刑建议的精准度，完善"一步到庭"诉讼模式，提高刑事办案效率。

（六）细化完善与监察委员会工作衔接机制

深入贯彻落实党中央关于深化国家监察体制改革决策部署，贯彻执行修改后刑诉法，推动建立与监察委员会的调查与检察机关刑事诉讼对接机制，健全完善退回补充调查与自行补充侦查衔接机制，规范检察机关办理职务犯罪案件司法程序，建立案件线索移送处置机制，形成监督合力。积极探索检察机关在职务犯罪类案件中保障证人出庭的有效举措。

（七）全面开展公益诉讼

坚持双赢多赢共赢监督理念，落实省委《关于支持检察机关公益诉讼工作的意见》和省人大常委会专题审议公益诉讼工作决议，全面推进公益诉讼工作。拓宽线索来源渠道，与环保、国资等重点领域职能部门定期会商。研究推动逐渐取消公益诉讼上级审批制。健全工作机制，在横向上，加强民行与控申线索移送协作，与刑检、法警部门在调查核实上配合协作；在纵向上，通过提办、指定管辖等方式，建立健全一体化办案机制，破解办案阻力，保证办案实效。及时发布一批社会效果好的公益诉讼典型案件，提升社会关注度、支持度。

（八）提升网络与信息化建设水平

参与检察大数据江苏分中心和全省政法大数据分享应用服务平台建设。加快全国检察机关大数据江苏分中心建设，构建以省级平台为主导、下级院个性化应用软件为补充的大数据体系。在省委政法委领导下，加快跨部门大数据办案平台建设，深度对接公安、法院、司法行政机关等司法信息数据，实现政法机关数据资源互联共享。深入推进"案管机器人"等智能化辅助办案系统和移动终端办案系统建设应用，推进服务管理网络化，建设高水平智慧检务。进一步研发应用绩效考核软件，探索建立考核数据模型，赋予检察官对检察辅助人员的奖惩建议权，积极推进形成考核制度经验。

（九）完善检务公开工作机制

加强对检务公开工作的督查指导。完善检察门户网站集群相关栏目和式样，从社会大众关心关注的角度提供更多鲜活的"检察故事"，拉近网站与老百姓的情感距离。完善新闻发言人、新媒体工作人员、舆情应对处置人员的培养锻炼机制。加快检察机关媒体资源库建设与应用进度。

Ⅴ 法治社会报告

Society with Rule of Law Reports

B.11

法治社会建设总报告

庞　正　周　恒　刘旭东[*]

摘　要： 2018 年我国法治社会建设在多个方面取得了显著进步。法治
宣传教育工作着力强化对法治理念的宣讲，细分法治宣传的
对象，实现了法宣方法与载体的多元化发展；基层社会治理
工作更加强调政府与社会组织的良性互动、构建有限政府和
服务型政府，村民与社区居民自治稳步推进；公共法律服务
工作不断普及实体、热线、网络三大平台，服务主体与服务
内容得到进一步的充实与丰富，各项保障措施全面到位；矛
盾纠纷化解工作手段更为多元，人民调解成功率、诉前纠纷
化解率不断提升，群众上访次数显著下降。

* 庞正，中国法治现代化研究院研究员，法学博士；周恒，南京师范大学法学理论专业博士
研究生；刘旭东，南京师范大学法学理论专业博士研究生。

关键词： 法治社会；法治宣传；基层社会治理；公共法律服务；矛盾纠纷化解

在我国社会政治经济发展新的历史时期，社会中的矛盾纠纷也日趋多样化与复杂化，这给社会治理工作带来了巨大的挑战。自党的十八大以来，以习近平同志为核心的党中央针对法治社会建设在顶层设计层面进行了重要部署，开启了法治国家伟大事业的新征程。作为法治建设工作的重要领域，法治社会与法治国家、法治政府建设共同构成了法治中国的完整面貌。加强法治社会建设，促进法治社会健康、有序发展，是新时期全面依法治国的必要组成部分，对法治中国的全面实现有着重要的意义。2018年以来，我国的法治社会建设工作重点集中在法治宣传教育、基层社会治理、公共法律服务和矛盾纠纷化解等四个领域，党中央对这四大领域积极展开了工作部署，坚持人民主体地位，不断提升法治社会建设的水平与实效，深化社会治理的法治化改革。一年来，广大领导干部和人民群众的法治观念更加牢固，基层社会治理主体更加多元，公共法律服务内容更加丰富，矛盾纠纷化解机制更加有效，我国法治社会的建设事业迈上了新的台阶。

一　法治宣传教育

法治宣传教育是指国家或社会将法律知识、法治信息等内容通过各种适当途径面向全社会广泛传播，促使广大社会成员通过学习和实践获得法律认知、培养法治意识、具备法律素质、形成法治能力，从而提高全社会法治水平的实践活动。[①] 2018年，我国法治宣传教育工作在巩固既有成绩的基础上，进一步深化对法治理念的宣传，实现了法治宣传对象与方法的专门化、精准化与多元化，显著地提升了各类主体的法律素养与法治思维。

（一）法治理念的弘扬与法治宣传内容的出新

在以往较长的一段时期，我国法治宣传教育工作偏重于对国家立法的

---

① 参见张光东主编《法制宣传教育全覆盖的理论与实践》，江苏人民出版社2014年版，第8页。

宣传和普及。这种"法条式"普法方式当然具备一定的实践合理性，因为法治建设在逻辑上必然要求以完备的法律条文为制度基础，同时也需要法律内容普遍被广大社会主体知晓。更重要的是，在我国这样一个缺乏法治传统的社会，"法条式"普法在历史的进程中对促进广大民众了解法律法规、提升民众的法律素养发挥着不可替代的积极功用，其实践价值不容否定。但是，在社会主义法治体系建设已经具备一定基础的今天，这一传统的法治宣传教育做法已无法满足时代的需求。首先，"法律不只是世俗政策的工具，它也是终极目的和生活意义的一部分"①，无形的、以维护权利为宗旨的法治理念在一个社会中的稳固存在至关重要，而"法条式"普法往往导致法治宣传教育过多地注重对法律义务的宣讲，忽视了法治理念的权利面向。在当下，"一味强调法治宣传教育的'义务'式宣讲功能，已经不足以满足民众的心理需求。因此，法治宣传教育需要正视法律的功能和价值，回归公民权利本位，宣传以尊重人的权利、保障人的权利为基础的现代法治精神"。② 其次，"法条式"普法在现实中事实上无法将所有法律法规都囊括其中，导致法治宣传教育活动在实践中往往成为对某几部法律的宣传活动，民众不可能也不必要对国家法律体系的全貌进行较为全面的把握；同时，这也遮盖了法律的动态面向，因为"法治是一个实践的概念"③，是一种动态的社会状态，单纯静态的法律文本并不足以展现法治的完整风貌，法治宣传教育的内容理应是对国家法治运行状态的跟进式反映。

进入 2018 年以来，我国法治宣传教育工作的鲜明特点是拓宽法治宣传教育的内容，进一步强化对法治理念的宣导，强化法治的权利底色及其依宪治国特质。"在法治的理论逻辑中，私权利是公权力的母体，公权力之创设乃是为了捍卫私权利之安全以及实现由私权利凝聚而成的社会公共福祉。无论国家政治权力产生的真实历史面貌如何，在现代民主政治体制下，这是对政治权力最易被接受的规范性诠释。"④ 简言之，限制公权力与保障私

---

① 〔美〕哈罗德·伯尔曼：《法律与宗教》，梁治平译，中国政法大学出版社 2003 年版，第 18 页。
② 龚廷泰主编《当代中国的法治社会建设》，法律出版社 2017 年版，第 57 页。
③ 庞正：《法治的社会之维——社会组织的法治功能研究》，法律出版社 2015 年版，第 28 页。
④ 庞正：《论权力制约的社会之维》，《社会科学战线》2016 年第 2 期。

权利是法治的精髓与实质。2018 年法治宣传教育工作尤为重视对这一法治理念的深入宣传，特别体现在宪法宣传工作上。因为依法治国首先是依宪治国，宪法是权力制约之法，"只有切实尊重和有效实施宪法，才能从法律上保障党和国家事业发展、人民群众幸福安康"。[①] 2018 年 11 月，中宣部、司法部和全国普法办公室联合发出通知，部署开展 2018 年的"宪法宣传周"活动，这是我国第一个"宪法宣传周"。通知要求："推动国家工作人员带头学习宪法、忠于宪法、遵守宪法、维护宪法。……要坚持宪法教育从娃娃抓起，全面落实相关规定，广泛深入开展青少年宪法教育，让宪法法治精神在青少年头脑中扎根。"[②] 对宪法的大力宣传无疑有助于推动权利本位的法治理念在全体社会大众心目中生根发芽，这是法治走向成熟的过程中必不可少的理念根基。

同时，2018 年的法治宣传教育工作也在继续既往守法教育的基础上，进一步着力强化对立法、执法、司法等各个环节的展示和宣导，鲜明地强化了对法治实践面向的整体反映，丰富了我国法宣工作的内容。这一工作背后的理念是，法治并不仅指单纯的法律制度的存在，它更要求法律获得运用，要求相关人员从立法、执法到司法的各个环节都严格按照法律的规定办事，这显然是一个动态的实践过程。例如，江西省人大常委会在 2018 年继续探索开门立法，并同时加大对立法活动的宣传，在江西省内主流媒体上开设了"人大立法在进行"栏目，"每年栏目启动之初，就把立法工作同宣传工作同研究、同部署、同实施。注重加强组织协调，积极引导，整合媒体资源，组织策划 20 多家中央、江西省级新闻媒体对立法活动进行了全方位采访报道，形成了'报纸有版面、广播有声音、电视有图像、网络有专题、公益有广告、百姓有参与'的人大立法宣传新格局"。[③] 又如，自 2018 年以来，河南省汝州市"城市管理规划执法大队不断强化宣传力度，丰富宣传形式，拓宽宣传渠道，及时、全面、准确地宣传城市管理规划执

---

① 全国"七五"普法统编教材编写组编《宪法学习读本》，法律出版社 2016 年版，第 13 页。

② 《我国将开展首个"宪法宣传周"活动》，载中国政府网，http://www.gov.cn/xinwen/2018 - 11/27/content_5343614.htm，最后访问日期：2018 年 12 月 14 日。

③ 《江西探索阳光立法 推动立法改革创新》，载立法网，http://www.lifawang.cn/show-138- 5718-1.html，最后访问日期：2018 年 12 月 11 日。

法工作，积极争取社会各界对城管工作的关心、支持和理解，有效引导市民主动参与城市管理，为建设人民满意城管营造了良好氛围"。① 这些富有特色的法治宣传教育工作加深了民众对法治实施过程的了解，强化了民众的主体地位，有助于实现民众在法治建设过程中从被动服从到主动参与的转变。

（二）法宣对象的专门化与精准化

根据全国普法办公室的部署，2018 年我国普法工作的一大亮点就在于"加强对重点对象的宪法宣传教育"，即"落实中组部、中宣部、司法部、人力资源和社会保障部《关于完善国家工作人员学法用法制度的意见》，加强国家工作人员宪法宣传教育，抓住'关键少数'，加强对领导干部的宪法知识和宪法意识教育，牢固树立宪法法律权威。落实教育部、司法部、全国普法办《青少年法治教育大纲》，把宪法教育融入国民教育全过程，进一步培养青少年对宪法的认同和尊崇"。② 实际上，上述宣传对象专门化与精准化的特质不仅局限于宪法宣传的领域，2018 年我国法治宣传教育工作在整体上都在追求宣传的针对性，其中，领导干部群体和青少年学生群体被列为两大重要宣传对象。法宣对象的日益专门化与精准化，表明了法治宣传教育活动的目的性和针对性，有助于提高法治宣传教育活动的实效。

领导干部是各项事业的组织者与管理者，"领导干部带头学法、模范守法是全社会树立法治意识的关键。领导干部特别是各地党委、人大、政府的主要领导干部如果法治观念强，在工作中能够时刻遵法、依法办事，本身就是对法治的很好宣传"。③ 2018 年，我国各个地区进一步加大对领导干部的法治宣传教育力度，着力培育领导干部的法治思维。如北京市怀柔区在 2018 年上半年即开展"全区领导干部和国家公职人员法治培训 100 余场次，14 名区政府组成部门行政一把手和新任法官、检察官参加了任前考法，

---

① 《加强规划执法宣传工作 营造良好执法环境》，载汝州市人民政府网，http://www.ruzhou.gov.cn/133/59217.html，最后访问日期：2018 年 12 月 11 日。
② 《2018 年全国普法依法治理工作要点有哪些？》，载中国网，http://guoqing.china.com.cn/zhuanti/2018－03/23/content_50740529.htm，最后访问日期：2018 年 12 月 13 日。
③ 《领导干部应成为普法重点》，载新华网，http://news.xinhuanet.com/2016－05/09/c_1118827589.htm，最后访问日期：2018 年 12 月 11 日。

区级讲师团以案释法 100 余场次。全区领导干部和国家公职人员在尊法学法守法用法方面发挥了较好的示范带动作用"。① 又如，内蒙古自治区"领导干部法治专题培训班"在包头市开班，"作为'宪法宣传周'系列活动之一，此次法治专题培训旨在紧紧抓住领导干部这个'关键少数'，推动他们带头尊崇宪法、学习宪法、遵守宪法、维护宪法、运用宪法。依法行使职权、履行职责、开展工作，提高运用法治思维和法治方式解决问题的能力和水平"。② 毫无疑问，领导干部的行为具有风向标的作用，提高公民的法治意识必须首先提高各级领导干部的法律素养。只有领导干部率先垂范，严格依法办事，自觉维护宪法和法律权威，人民群众才会主动相信法律、学习法律并信仰法律，逐步养成遵从法律、服从规则的良好习惯。

除领导干部群体以外，青少年群体的法治宣传教育工作则更具长远意义。作为国家未来的建设者，青少年群体参与法治宣传教育活动对于实施科教兴国战略、提高国民整体素质以及保障我国人才资源的持续发展具有重要的基础功用。"在一定意义上说，青少年法治教育的成效关系依法治国的走向、深度和持久性。"③ 2018 年，我国各地针对青少年展开的法治宣传教育活动更为多样。山东省青岛市狠抓"源头工程"，引领青少年尊法学法：一是抓牢法治教育进"第一课堂"，把法治宣传教育与其他课程同规划同部署；二是抓牢法治进校园活动，联合团市委开展 2018 年"彩虹伞"青岛市青少年法治宣传教育系列活动；三是抓牢参与式、体验式法治宣传教育，结合青少年的身心特点，将法律知识与智力游戏、互联网游戏、角色扮演相结合。④ 湖南省凤凰县在 2018 年则积极"组织送法进校园活动，安排法治副校长定期在任职学校开展法治教育课，讲述《未成年人保护法》等相关法律法规知识，教会孩子们在受到不法侵害时如何保护自己，以及

---

① 韩聪笑：《我区大力加强重点人群"精准普法"工作力度》，载北京市怀柔区人民政府网，http://www.bjhr.gov.cn/main/_133460/_137507/807194/index.html，最后访问日期：2018年12月11日。
② 《我区举办2018年度领导干部法治专题培训班》，《内蒙古日报》2018年12月7日第7版。
③ 董彪：《让青少年法治教育更有成效》，载中国共产党新闻网，http://theory.people.com.cn/n/2015/0806/c40531-27418897.html，最后访问日期：2018年12月27日。
④ 参见《青岛市开展青少年普法系列活动》，载搜狐网，http://www.sohu.com/a/278881495_120026934，最后访问日期：2018年12月14日。

应对盗窃、抢劫、诈骗的方式方法等，从而增强青少年依照法律保护自己的意识和能力"。[1] 根据《我国青少年法治教育发展报告（2018）》的调查结论，当下我国青少年的法治价值观已经初步养成，青少年的法治教育明显得到了强化，初步形成了遵守法律和运用法律的意识。[2]

（三）法宣方法和载体的多样化

创新是任何事业生生不息的动力源泉。2018 年我国法治宣传教育工作继续秉持创新的理念，紧扣时代脉搏，实现了法宣方法和载体的多样化，各级法宣职能部门努力以人民群众喜闻乐见的方式完成法治宣传教育的工作部署。

首先，法治宣传教育阵地在 2018 年获得了大规模的发展，全国各地基本都已建立了带有本地特色的法治文化公园、广场或示范村（见表 1）。根据媒体报道，"广东省司法厅、省普法办近年来联合多部门启动全省'青少年法治教育实践基地''法治文化建设示范企业''法治文化主题公园'创建活动。截至 2018 年 6 月，全省已建设青少年法治教育实践基地 50 个，到 2018 年底，将全面完成或提前完成'七五'普法规划确定的中期目标，全省基层公共法治文化设施的覆盖率将进一步提升"。[3] 安徽省黟县在 2018 年 9 月对该县漳河景观带公园进行了改造，建立了具有徽派建筑风格的法治文化广场，"整个法治文化广场里虽仅有 20 余块展板或宣传栏，但其内容却是非常丰富的，不仅有最新法律条文、法律名言警句，而且还汇集了《宪法》、依法治国、法治故事、法治典故、以案释法及法援、七五普法规划等内容"。[4] 法治宣传教育阵地的广泛建立使得法治宣传教育手段更为灵活、更接地气，促进了法治理

---

① 《凤凰多措并举开展青少年法治教育》，载湘西土家族苗族自治州司法局网，http://sfj. xxz. gov. cn/zwgk/gzdt/201806/t20180625_904497. html，最后访问日期：2018 年 12 月 14 日。

② 《〈我国青少年法治教育发展报告（2018）〉发布》，载中国人民广播电台网，http://china. cnr. cn/gdgg/20180417/t20180417_524201496. shtml，最后访问日期：2018 年 12 月 14 日。

③ 《法治教育 15 年：广州市青少年法治教育基地历久弥新》，载南方网，http://law. south-cn. com/c/2018 - 09/11/content_183271868. htm，最后访问日期：2018 年 12 月 14 日。

④ 《群众休闲、学法有了好去处 黟县精心打造最美"徽派式"法治文化广场》，载法制网，http://www. legaldaily. com. cn/locality/content/2018 - 10/12/content_7665905. htm，最后访问日期：2018 年 12 月 14 日。

念以润物细无声的方式在人们的日常生活中生根发芽，提高了法治宣传教育的效益。

表1 第七批"全国民主法治示范村（社区）"

单位：个

地区	数量	地区	数量	地区	数量
北京	10	安徽	22	重庆	16
天津	9	福建	20	贵州	24
河北	53	江西	24	云南	20
山西	36	山东	80	西藏	8
内蒙古	16	河南	50	陕西	35
辽宁	19	湖北	37	甘肃	20
吉林	13	湖南	48	青海	7
黑龙江	14	广东	31	宁夏	5
上海	8	广西	19	新疆	14
江苏	32	海南	5	新疆生产建设兵团	9
浙江	43	四川	55		

资料来源：《第七批"全国民主法治示范村（社区）"》，载中国普法网，http://www.legalinfo.gov.cn/index/content/2018－07/27/content_7603704.htm？node＝66698，最后访问日期：2018年12月15日。

其次，网络新媒体的运用在法治宣传教育方面实现了跳跃式发展。随着互联网和电子媒介的蓬勃发展，大量新兴网络媒体日益成为思想、信息的集散地，"特别是微博、微信等社交媒体的兴起，一幅'人人都是通讯社'、'个个都是麦克风'的社会图景已经呈现在我们面前"。① 2018年以来，全国法治宣传教育机构积极运用微博、微信、微视频以及各类客户端等新兴媒体传播法治理念，宣传地方法律政策，并为民众提出的法律问题答疑。例如，天津市河东区特别注重通过新媒体技术的运用在传统普法阵地之外开辟全新的普法领域。实践中，河东区"搭建新媒体'指尖'普法

① 《善用新媒体打造法治宣传教育新平台》，载云岭先锋网，http://wldj.yn.gov.cn/NewsView.aspx？NewsID＝54060，最后访问日期：2018年12月27日。

平台，充分运用'法治河东'微信公众号、今日头条、'河东区数字图书馆普法学习平台'与广大群众互动交流，开辟了新媒体普法阵地"。① 以网络新媒体为载体的法治宣传教育方式不仅使法治宣传教育更为便捷、生动，也有效提升了法宣主体与法宣对象、政府职能部门与社会成员之间的互动，增强了宣传教育方式的亲和力和时代性。

最后，充分借助社会组织的力量构建"大普法"格局也是 2018 年法治宣传教育活动的鲜明特点。"法治所涉及的既不只是社会的上层，也不是社会中的少数人。法治是一项宏大的事业，它影响到无以计数的普通人的生活。"② 在法治宣传教育活动中，各类社会组织理应充分发挥作为社会主体的巨大能量，积极配合相关法治宣传教育部门发挥协同合力，繁荣法治文化、弘扬法治精神，营造出政社共建的良好法治宣传教育氛围。2018 年，全国各地积极培育发展普法社会力量，先后成立了大量普法志愿者联合会、公益律师团、德法教育联合会等各类社会组织，为法治宣传教育工作提供了前所未有的社会能量。在社会组织较为活跃的上海，为进一步推进"七五"普法的进程，尤其是为加强对青少年群体的普法力度，该市"金桥镇司法所与中致社区金桥社工组携手以普法卡通形象'乔乔'为切入点开启'乔学法'项目，将普法活动形象化、生动化、有趣化。'乔学法'活动由金桥镇司法所主办，上海中致社区服务社协办。关注青少年普法工作，让法治精神生根发芽，使每一个同学心中装有法、脑中浮现法，处处维护法"。③ 不难预见的是，除法治宣传教育工作外，"作为法治'双向建构'下的民间动力，社会组织在法治精神培育、基层矛盾化解、社会共识凝聚、公共服务创新、政治生活社会化以及法治秩序构建等方面具有重要推动作用"。④

① 王浩：《弘扬法治精神 树立法治理念——河东区人大常委会开展"七五"普法中期推动工作纪实》，载天津人大网，http://www.tjrd.gov.cn/jdzh/system/2018/08/13/030010620.shtml，最后访问日期：2018 年 12 月 27 日。
② 梁治平：《法治：社会转型时期的制度建构——对中国法律现代化运动的一个内在观察》，载《法治在中国：制度、话语与实践》，中国政法大学出版社 2002 年版，第 88 页。
③ 《上海中致社区服务社开展入校普法活动》，载上海社会组织网，http://www.shstj.gov.cn/node1/n17/n95/n97/u1ai110813.html，最后访问日期：2018 年 12 月 27 日。
④ 姬艳涛、杨昌军：《社会组织在基层治理法治化中的功能及其实现——基于"枫桥经验"的调查和思考》，《中国人民公安大学学报》（社会科学版）2018 年第 4 期。

二　基层社会治理

在社会发展的不同阶段，由于社会主要矛盾的不同，社会治理的任务及其模式也会不同。基于"我国社会主要矛盾已经转化为人民日益增长的美好生活需要和不平衡不充分的发展之间的矛盾"这一科学认知，中共十九大报告明确提出要"打造共建共治共享的社会治理格局"，并作出"加强社区治理体系建设，推动社会治理重心向基层下移，发挥社会组织作用，实现政府治理和社会调节、居民自治良性互动"的战略部署①，将基层社会治理明确为我国新时代社会治理体制创新的重心。以此重要思想作为指引，我国开启了以基层社会治理为核心内容的社会建设。2018 年，我国基层社会治理工作不断深化，主体多元、形式多样、充满活力的基层社会治理格局逐渐形成。

（一）政社互动稳步推进

从"政社一体"到"政社互动"，是我国基层社会治理具有重大意义的转型。"政社互动"最初一般是指政府行政管理与基层群众自治的有效衔接和良性互动，近年来，随着实践领域的不断探索创新，"政社互动"这一概念具备了更为丰富的内涵。在今天，政社互动主要是指"尊重人民当家做主的政治权利，还政于民，鼓励基层群众自治组织、社会组织和居民等依法实行自我管理、自我服务、自我教育、自我监督，通过政府行政管理与基层群众自治有效衔接和良性互动，实现公共产品的有效供给"。② 政社互动的意义在于，在承认国家管理有限性的前提下，引导社会力量参与基层社会治理，通过政府与社会的双向互动实现"善治"。2018 年，政社互动模式在我国基层社会治理中不断扩大和深化——扩大意味着政社互动模式所涉及的社会治理领域不断扩张，深化则意味着政社互动模式在实践效果上

---

① 参见习近平《决胜全面建成小康社会 夺取新时代中国特色社会主义伟大胜利——在中国共产党第十九次全国代表大会上的报告》，人民出版社 2017 年版，第 49 页。

② 龚廷泰主编《当代中国的法治社会建设》，法律出版社 2017 年版，第 127 页。

的质的提高。

第一，多元共治理念深入人心，成为基层社会治理实践的重要指导思想。在政府层面，2018年以来，全国各地在以社区、村镇为单元的基层社会治理中，十分注重各类社会主体在基层社会治理中的利益表达乃至治理参与，强调建立扁平化的网格体系，以充分发挥社会主体的积极性与主动性；传统的管控思维不断淡化，政社不分、民主协商形式化、领导干部习惯性代民作主的现象逐步消失；在社会主体层面，各类社会主体的民主意识、参与意识、法治意识不断增强，他们不仅对自我管理、自我发展的居民自治生活充满期待，亦对政府工作的透明化与民主化提出了更为严格的要求。

第二，政社互动的机制不断创新，社会主体参与基层社会治理的渠道更加丰富。在各级党委的领导下，我国各地区积极探索政社互动的工作方式创新，形成了"民情恳谈会""矛盾协调会""党群议事会"等形式多样且稳定持久的政社互动机制，社区居民、农村村民同基层党委、地方政府之间的联系更加紧密。不仅如此，考虑到互联网信息技术的普及与民众线上生活时间的不断增长，各级政府亦积极运用互联网信息技术来丰富政社互动的形式，网络群聊、公众号、社区APP软件的开发与使用形成了一种全新的网上政社互动模式。在人民网和国家行政学院政治学部联合举办的2018年全国"创新社会治理典型案例"征集与评选活动中，重庆市永川区的"乡贤评理堂"、江苏省淮安市的"百群万家法润民生"工程、四川省成都市的"三个一"模式等被评选为2018年全国"创新社会治理典型案例"的最佳案例。①

第三，政社互动涉及的社会领域不断增多，越来越多的社会治理议题通过政社互动的方式加以解决。2018年，政社互动完成了由试点探索到全面推广的过渡。在江苏、浙江、上海等东部省份继续深入推进政社互动的同时，以吉林为代表的东北省份、以四川为代表的西南省份、以广东为代

---

① 参见《2018年全国"创新社会治理典型案例"征集活动专家评审结果》，载人民网，http://jl.people.com.cn/n2/2018/1214/c349771-32412263.html，最后访问日期：2018年12月15日。

表的南部省份、以湖北为代表的中部省份纷纷在基层社会治理中探索政社互动的有益模式，形成了一批典型的政社互动案例。在政社互动的空间规模不断扩大的同时，政社互动所覆及的社会关系类型亦大为增加，包括社会治安（浙江省嘉兴县"构建警民共建共治共享新家园"）、环境资源保护（四川省成都市武侯区"三个一"社区公益生态模式）、教育（江苏省昆山市"关爱明天、德法同行"阳光普照工程）、矛盾纠纷化解（重庆市永川区"乡贤评理堂"）等在内的社会问题都较大程度地开始经由政社互动得到改善。

（二）政府职能规范高效

在传统的政府管理模式下，政府往往被认为是理应无所不能的，它承载着公众对社会生活的全部期待，政府也习惯于对方方面面的社会事务进行统一化管理，包揽了许多市场、社会自身有能力解决的问题。然而，随着社会事务的日益繁多，传统的大包大揽的管理方式不仅给政府带来了沉重的管理压力，也不能很好地满足社会治理的各类要求。对当代中国社会而言，建立起一个适应中国特色社会主义市场经济、民主政治的社会治理体制是十分必要的，其中一个十分重要的理念就是"要转变政府职能，调整政府与社会的关系，完善政府社会管理职能"。[1] 以十八大为标志，党和国家开启了以转变政府职能、建构有限政府和服务型政府为核心要旨的行政体制改革。在十八届二中全会上，习近平同志明确指出："转变政府职能是深化行政体制改革的核心，实质上要解决的是政府应该做什么、不应该做什么，重点是政府、市场、社会的关系，即哪些事该由市场、社会、政府各自分担，哪些事应该由三者共同承担。"这一论断深刻指明了我国政府职能转变将主要围绕两项重点工作展开：一是要深入推进简政放权，将原本不应由政府管理，或者政府管理不好的事务，交由市场、社会解决，激发社会活力；二是要转变政府职能工作的重心，实现政府职能由管理型向服务型转变，不断提升政府的公共服务能力。

2018 年，党的十九届三中全会审议通过了《中共中央关于深化党和国

---

① 杜创国：《政府职能转变论纲》，中央编译出版社 2008 年版，第 155 页。

家机构改革的决定》。决定重申了党和国家机构改革的重要性，指出要以国家治理体系和治理能力的现代化为导向，改革机构设置，优化职能配置，深化转职能、转方式、转作风，提高效率效能，为实现中华民族伟大复兴的中国梦提供有力的制度保障。以此为指导，2018 年全国各地不断深化政府职能转变工作，在"放管服"改革方面取得了显著成效，各级权责边界清晰、服务规范高效的政府轮廓渐次清晰。

在中央层面，为深入推进简政放权，加快政府职能转变，国务院办公厅于 2018 年 7 月发布《国务院办公厅关于成立国务院推进政府职能转变和"放管服"改革协调小组的通知》（国办发〔2018〕65 号），决定改国务院推进职能转变协调小组为国务院推进政府职能转变和"放管服"改革协调小组，以更好地协调解决政府职能转变中遇到的重点难点问题，督促各地区积极落实相关改革举措。协调小组下设精简行政审批组、优化营商环境组、激励创业创新组、深化商事制度改革组、改善社会服务组五个专题组，分别对应政府职能转变的五项重要任务，同时设综合组、法治组、督查组、专家组四个专门小组负责政府职能转变的保障工作。此后，2018 年 8 月，国务院发布《国务院关于取消一批行政许可等事项的决定》（国发〔2018〕28 号），决定取消包括企业集团核准登记在内的 11 项行政许可。

在地方层面，以中央精神和顶层设计为指引，各地区积极落实各项改革举措，政府行政审批程序不断精简，行政服务能力不断提高。例如，2018 年以来，海南省将"极简审批"作为海南简政放权改革的一张名片加以推广，致力于通过政府权力的不断下放来换取经济市场的持久活力。在具体做法上，海南尝试以规划取代立项，以区域评估取代传统的单项目评估，极大地精简了项目审批程序，行政审批项目由原来的 70 个精简至 4 个，审批部门由原来的 22 个降低至 5 个，社会投资项目落地时长由原来的 429 个工作日缩短至 57 个工作日。行政审批的精简极大地提升了政府工作的效率与政府的服务能力，助推一批龙头企业快速集聚（见图 1）①。

---

① 参见《"极简审批"：海南简政放权改革新名片》，载中国机构编制网，http://www.sco-psr.gov.cn/ggts/jzfq/201812/t20181204_357695.html，最后访问日期：2018 年 12 月 15 日。

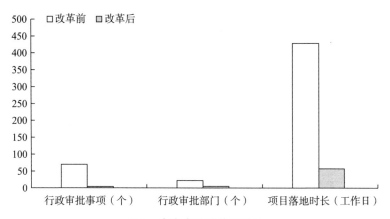

图 1 海南省改革前后对比
资料来源：课题组根据公开新闻报道和资料自行整理作图。

（三）村社自治实践有效展开

与传统的社会管理模式不同，在社会治理观念下，社会生活秩序是政府治理与社会自治合力作用的结果，二者具有同等重要的地位。在政府职能由管控向服务转变，不断简政放权的改革背景下，社会自治既是填补政府权力回撤留白的重要手段，也是政府向社会有序让渡权力的必然结果。可以说，社会民众的自我管理与自我发展乃是我国社会治理体制创新的核心要义之一。实践中，社会自治具体表现为村民和社区居民以乡村、社区两个基层社会单元作为自治的组织机构，依法开展自治生活。近年来，在地方党委的领导下，各地区在基层社会治理中持续不断地摸索村民与社区居民自治的有效实现形式，逐渐形成了一批卓有成效的自治模式。在此前探索经验的基础上，2018年各基层单位对村社自治路径进行了更为深入的探索。

在外部表现上，村社自治机制趋于完善和成熟，而且呈现出多元化的样态。一方面，各地区在基层社会治理中不断推出各类新型的村社自治机制。如昆山市千灯镇大潭村在乡村治理过程中，依据本村村民的不同人群归属，将村民分为老年代表组、中年代表组、妇女代表组、弱势群体代表组、本村居民代表组、非本村居民代表组等不同群体，由各个代表组自行收集本类别村民关心和需要解决的问题，形成提案并提交村委会与代表决策团进行听证，确保各种类型的村民都有机会参与涉及自身利益的各项决策。另一方面，各种既有的村社自治模式得到进一步完善，并被推广应用于解决多种新兴问题。例如，为了解决社区居民养犬导致的扰民与随地大小便问题，合肥市包河区滨湖世纪社区振杰居委会及时介入，将社区于2016 年起开始推广的社区微公益创投模式应用于上述问题的解决，设计并孵化了"文明养犬协会"这一社区社会组织，解决了社区养犬人与非养犬人之间的矛盾冲突。①

在规模上，我国村社自治路径探索的地理界线不断扩展，覆及绝大多数省份。严格来说，村民自治与居民自治并不是陌生的词，二者进入国家制度体系得到法律确认的时间可以追溯至 20 世纪 80 年代。这一探索与改革的历程大致可以分为五个阶段：①1982 年，我国《宪法》第一百一十一条明确规定"城市和农村按居民居住地区设立的居民委员会或者村民委员会是基层群众性自治组织"，确立了村民自治组织的法律地位；②1987 年 11 月 24日，第六届全国人民代表大会常务委员会第二十三次会议确定进行试点，决议通过了《中华人民共和国村民委员会组织法（试行）》，明确将村民委员会界定为"自我管理、自我教育、自我服务的基层群众性自治组织"；③1998年在中共中央十五届三中全会上，中央提出全面推进村民自治的决议，同年 11 月 4 日，第九届全国人民代表大会常务委员会第五次会议审议通过了《中华人民共和国村民委员会组织法》，将自然村改为建制村，明确了党对村民自治的领导地位，并对村民委员会的职责范围作出了非常具体的规定，以对农民的合法权益进行规范保护；④2010 年 10 月 28 日，第十一届全国人民代表大会常务委员会第十七次会议对《中华人民共和国村民委员会组织法》进行了修订，进一步细化了总则中对村民委员会民主管理与民主监督的内容；⑤自党的十八大以来，中共中央特别重视与强调村民自治组织自我教育、自我管理、自我服务的能力和水平，进一步积极地探索村民自治的有效实现形式，党的十九大提出了在村民自治的发展中将法治、自治、德治有效结合的实践规划。

可以说，2018 年以来，得益于前期的经验积累，村社自治的推进速度

---

① 参见《培育社区自治组织引导社区共治》，载搜狐网，https://www.sohu.com/a/233370935 _181366，最后访问日期：2018 年 12 月 17 日。

明显加快，村社自治路径探索的地理区域由少数试点地区扩展至全国更多区域。需要说明的是，本报告对村社自治概念的理解与使用，并不仅限于传统意义上的以村民委员会、居民委员会为载体的自治生活，还包括了村社居民对各种新型自治方式的探索。

除上述形式层面与规模层面的进步之外，我国村社自治的进步亦体现为基层民众自治能力的不断提升。民众的自治能力是开展基层社会自治的必要基础，与此同时，这一观点的反向推导亦能够得出另一个命题：公民自治生活的广度与深度也影响着公民自治能力的形成与发展。就此而言，村社自治生活的推广为社会民众提供了一个学习自治技能的社会学校，公民的自我管理与自我发展不可避免地对参与者产生一种教育效应，为更大规模和更深程度的居民自治生活打下坚实的基础。2018 年，随着村社自治探索的推进，更大规模的社会民众获得了自我管理与自我发展的生活体验，这种切身体验帮助他们学习如何更加规范、高效地开展自治生活，从而获得了能力上的提升。

（四）社会组织活力呈现

在基层社会治理体制创新过程中，社会组织是最为重要的主体力量之一。判断基层社会治理体制是否成熟完善的一项直观标准，即在于考察社会组织是否发达，社会组织是否充满活力。梳理党和国家自十八大以来的决策文件可以看出，党和国家关于法治社会建设和社会治理体制创新的决策部署始终强调社会组织的重要功能与地位。① 这是因为，在法治社会建设和社会治理创新的实践场域，"社会"这一抽象主体的具体化，就是广大的

---

① 例如十八届三中全会通过的《中共中央关于全面深化改革若干重大问题的决定》提出，要"正确处理政府和社会的关系，加快实施政社分开，推进社会组织明确权责、依法自治、发挥作用"。（《中共中央关于全面深化改革若干重大问题的决定》，人民出版社 2013 年版，第 50 页）十八届四中全会通过的《中共中央关于全面推进依法治国若干重大问题的决定》进行了更为详细的表述："发挥人民团体和社会组织在法治社会建设中的积极作用。建立健全社会组织参与社会事务、维护公共利益、救助困难群众、帮教特殊人群、预防违法犯罪的机制和制度化渠道。支持行业协会商会类社会组织发挥行业自律和专业服务功能。发挥社会组织对其成员的行为导引、规则约束、权益维护作用。"（《中共中央关于全面推进依法治国若干重大问题的决定》，人民出版社 2014 年版，第 28 页）

公民、法人与其他经济组织，以及极为重要的社会组织。所谓社会组织，简单来说就"是一定多数的社会成员，基于某种共同的社会目标，以一定的组织化形态自觉结合而成的社会群体"。[①] 社会组织也被称为"第三部门"，它的具体形式主要包括各种非政府组织、公民志愿性社团、协会、利益集体以及公民自发组织等。[②] 在国家层面，社会组织不仅能够积极参与国家立法决策，而且构成了监督政府权力的社会力量；在社会层面，社会组织能够团结原子化的社会个体，经由组织化实现社会的自我秩序化，同时，社会组织能够担负起诸多政府无力承担的社会公共事务，满足社会公众的公共产品需求。

在 2018 年 2 月召开的十九届三中全会上，决策层在明确党和国家机构改革的目标时指出，要"构建系统完备、科学规范、运行高效的党和国家机构职能体系，形成总揽全局、协调各方的党的领导体系，职责明确、依法行政的政府治理体系，中国特色、世界一流的武装力量体系，联系广泛、服务群众的群团工作体系，推动人大、政府、政协、监察机关、审判机关、检察机关、人民团体、企事业单位、社会组织等在党的统一领导下协调行动、增强合力，全面提高国家治理能力和治理水平"。这一表述对我国社会组织的发展具有重大意义，它意味着社会组织作为党和国家机构改革的一部分，被纳入国家最高层面的改革设计，成为党总揽全局、协调各方的重要力量之一。2018 年，在党和国家的重视与指导下，我国各地社会组织工作持续、稳步推进，社会组织的相关政策与法律体系不断完善，社会组织在法治社会建设中发挥出越来越鲜明的活力。

在数量规模层面，得益于健康成熟的孵化机制，自 2018 年 1 月 1 日以来我国新增社会组织 6.2 万个，其中社会团体 2.3 万个，民办非企业单位 3.8 万个，各类基金会 600 余个（见图 2）。截至 2018 年 12 月 18 日，我国各类社会组织数量已经超过 81 万个，形成了规模庞大的社会组织群体。当然需要注意的是，我国社会组织在地域分布上仍存在发展不均衡的问题。

---

① 龚廷泰主编《当代中国的法治社会建设》，法律出版社 2017 年版，第 110 页。
② 参见刘卫平《社会协同治理：现实困境与路径选择》，《湘潭大学学报》（哲学社会科学版）2013 年第 4 期。

以省份为单位来看，社会组织数量排名前十的省份为江苏、广东、浙江、山东、四川、河南、湖南、安徽、湖北、福建，这些省份拥有全国一半以上的社会组织，其中排名第一的江苏省的社会组织数量超过全国总数的1/10（见图3）。以区域为单位来看，华东区域所拥有的社会组织数量远远超过其他区域，而东北、西北等区域则相对较少。

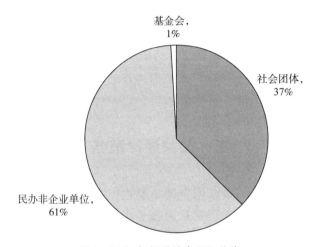

图2　2018年新增社会组织分类

资料来源：课题组根据中国社会组织公共服务平台查询系统有关数据整理而成，图3同。

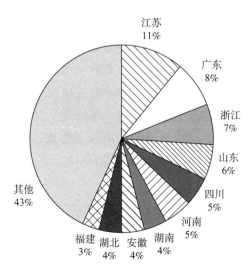

图3　我国社会组织的分布区域

同社会组织规模的不断扩大相适应，社会组织在我国社会生活中所扮演的角色也沿着参与和服务两条主线变得更加重要：在参与层面，社会组织被确认为广大人民群众有序政治参与的协商主体之一，广泛参与社会治理决策的制定与实施，成为基层政府创新社会治理体制的主要依靠力量之一，在"共建共治共享"的社会治理格局中发挥着重要作用①；在服务方面，随着政府以"放管服"为核心的改革工作不断推进，社会组织所拥有的社会服务功能受到重视，通过政府购买服务、设立项目资金、补贴活动经费等方式，各类社会组织尤其是社区社会组织，逐渐成为教育、医疗、就业、社保、养老等社会公共服务不可或缺的协作者，在帮扶老年人、儿童、妇女、失业人员、特殊人群、困难家庭等社会弱势群体方面发挥着重要作用。

三 公共法律服务

公共法律服务是政府公共服务的重要构成内容，是由各级司法行政机关提供的以维护公民权利、促进社会公平正义为宗旨的法律服务。步入新时代以后，我国社会的主要矛盾已经转化为人民日益增长的美好生活需要和不平衡不充分的发展之间的矛盾。物质生活条件的显著提高使得人们对美好生活的向往发生了内容上的变化，人们开始更为关注诸如公平、正义、法治以及环境权益等层面的问题，并在参与社会管理、维护社会公正方面表现出更大的积极性。在这个新的社会背景下，建立完善的公共法律服务体系乃是满足人民群众上述需求的一个必然选择。作为公共服务体系的一部分，公共法律服务对于改善民生、提升社会正义指数、推动国家治理体系和治理能力现代化具有基础性的功用。2018 年，我国各级政府努力构建完善的公共法律服务体系，整合公共法律服务资源，开展各类公共法律服务活动，为社会的稳步发展创造优良的法治环境。

（一）公共法律服务平台普及

公共法律服务平台是以满足社会公众的法律服务需求为目标，以实体、

---

① 参见《报告精读 | 社会组织蓝皮书：中国社会组织报告（2018）》，载搜狐网，http：//www.sohu.com/a/231892843_186085，最后访问日期：2018 年 12 月 18 日。

网络、热线为主要手段的法律服务介质。进入 2018 年，我国"公共法律服务实体平台建设进一步向基层延伸，县（市、区）、乡镇（街道）分别建立公共法律服务中心和公共法律服务工作站。截至 2018 年上半年，全国已建成 2200 多个县（市、区）公共法律服务中心、2.8 万多个乡镇（街道）公共法律服务工作站，覆盖率分别达到 81% 和 72%，12 个省份实现了县级实体平台全覆盖，7 个省份实现了乡镇实体平台全覆盖，为群众提供了方便快捷的'一站式'综合性法律服务"。①

2018 年 9 月，司法部印发《关于深入推进公共法律服务平台建设的指导意见》（以下简称《意见》），对全面建成公共法律服务平台并实现实体、热线、网络三大平台的有机融合作出了整体部署。《意见》要求："司法系统要在全面建成实体、热线、网络三大平台基础上，以便民利民惠民为目标，以融合发展为核心，以网络平台为统领，以信息技术为支撑，推动三大平台服务、监管和保障的融合，形成线上线下一体化公共法律服务平台。"② 在《意见》的指导下，2018 年下半年全国各地积极推动上述三大法律服务平台的融合建设。目前，大部分地区均已建立起实体平台，基层司法所基本配备了服务大厅，实现了宣传有资料、岗位有人员、服务有产品，一般法律问题基本可以在司法所得到解决。同时，各省份也已搭建起电话热线平台，拓宽了司法行政部门同人民群众的联系渠道。此外，中国法律服务网与全国所有省级法律服务网也已初步实现了互联互通，公共法律服务网络平台初具规模，极大地满足了民众对法律服务进行"网上定制"的需求，突破了实体平台空间固定和服务时间有限的局限，实现了线上、线下法律服务平台的"无缝对接"。

举例来说，四川省达州市积极搭建上述三大平台，实现了公共法律服务全覆盖，基本解决了"到哪里找公共法律服务"的问题。其一，该市积极拓展实体法律服务平台。在市级层面以政务服务中心为依托搭建公共法律服务中心，统筹全市公共法律服务平台的建设工作，在县级层面建立公

---

① 熊选国：《大力推进公共法律服务体系建设》，《时事报告》2018 年第 5 期。
② 《司法部印发深入推进公共法律服务平台建设指导意见 三大平台渐次实现普及化一体化精准化》，载法制网，http://www.legaldaily.com.cn/locality/content/2018－09/19/content_7648741.htm，最后访问日期：2018 年 12 月 15 日。

共法律服务中心 6 个，乡镇层面建立公共法律服务站 316 个。其二，全面升级全市公共法律服务热线平台，建立 24 小时响应机制，增设 1000 个虚拟座席，并将热线服务时间由工作日扩展到节假日。其三，构建具备互动性的网络平台，研发"达州司法"客户端，群众足不出户就可以在手机上寻找最近的法律服务机构及人员。上述热线平台与网络平台融入达州市、县两级公共法律服务中心，实现了三者的有机融合。① 事实上，这也是全国绝大部分设区市的基本做法。

（二）公共法律服务主体多样

公共法律服务是一项庞大的系统工程，这一工程固然需要依赖政府有关部门尤其是司法行政部门的统筹规划，但公共法律服务的开展显然不能仅仅依靠政府部门的努力，以各类社会组织为代表的社会力量也是推动公共法律服务逐步完善的重要资源。纵观 2018 年我国公共法律服务的建设情况，以下三个方面的力量对于公共法律服务的推广完善发挥了至关重要的作用。

首先，以司法行政部门为牵头单位的专门队伍发挥了构建公共法律服务体系的排头兵作用。2018 年以来，全国各地司法行政部门积极与相关职能部门构建联动工作机制，广泛动员司法行政工作人员和政法干警参与公共法律服务体系建设，充分发挥法治专门队伍的带头示范作用。其次，以律师协会、人民调解协会以及公证协会为代表的各地法律服务组织也为公共法律服务的开展注入了不可或缺的社会力量（见表 2）。公共法律服务的内容具备鲜明的专业特质，这些专业内容的提供需要从业者具备丰富的法律知识储备和娴熟的法律运用技能，上述专门法律服务组织以其专业性担负起提供公共法律服务的重任。各地司法行政机构在 2018 年加大了向上述社会组织购买服务的力度，有效地发挥了这类主体在传播法律知识、提供法律服务、促进社会稳定方面的积极功用。最后，具备法律知识的志愿者队伍也广泛地参与到 2018 年的公共法律服务建设进程中，进一步推动了公

---

① 参见《达州市召开公共法律服务体系建设新闻发布会》，载达州网，http：//www.dz169.net/2018/1030/103197.shtml，最后访问日期：2018 年 12 月 15 日。

共法律服务主体的多元化，健全了公共法律服务的参与机制。举如，2018年以来，江苏省江阴市司法局"广泛组织各类法律服务志愿者，以及律师、公证、司法鉴定、法律援助、人民调解等相关业务条线的工作人员，走进企业现场为企业员工解答咨询，发放法律服务联系卡，为企业职工提供法律服务"。① 这些活动充分发挥了公共法律服务主体多元化的实践优势，保障了公共法律服务的积极效果。

表 2　武汉市公共法律服务主体及数量

单位：个，人

主体	数量	主体	数量	主体	数量
律师事务所	345	法律援助机构	14	司法鉴定机构	32
律师	6006	法律援助工作人员	79	司法鉴定人	412
调解委员会	3392	公证机构	13	基层法律服务所	33
调解员	10891	公证员	99	基层法律服务工作者	297

资料来源：《武汉市公共法律服务主体及数量》，载武汉法律服务网，http:∥12348. sfj. wh. gov. cn/whsf/，最后访问日期：2018 年 12 月 15 日。

（三）公共法律服务内容丰富

公共法律服务内容的丰富是提升公共法律服务效能的重要举措。2018年，各地进一步拓展公共法律服务的领域、优化公共法律服务产品的供给、拓宽公共法律服务的内容种类，实现了公共法律服务内容的多样。

首先，法律援助便民措施进一步完善。部分地区在 2018 年进一步简化法律援助审批手续，拓宽申请渠道，实行网上申请制度，较好地增强了法律援助的便利性。例如，河北省司法厅早在 2018 年初就发出了关于简化优化法律援助流程的通知，要求法律援助机构对困难群众的法律援助申请当即审查，推行申请法律援助"最多跑一趟"；实行法律援助网上申请制度，群众可通过电脑、手机提交申请材料；丰富便民服务措施，根据群众的需

---

① 《江阴部署开展"春潮涌百企""4·8司法日"活动》，载法润江苏网，http:∥www. frjs. gov. cn/31022/31026/201804/t20180403_5254686. shtml，最后访问日期：2018 年 12 月 27 日。

求可以实行预约式、上门式、一站式服务等。[①]

其次，构建全方位的网上法律咨询制度，推行人工智能解答技术，使人民群众足不出户就可以享受到全天候的法律服务。例如，浙江省在2018年推出了较为完善的网上法律咨询服务，该服务由在线咨询、智能咨询、视频咨询三部分组成。在线咨询由律师进行抢单解答，如果30秒内没有律师进行抢单，那么系统将转入自动留言程序，由值班律师在24小时内进行兜底解答；智能咨询则是通过诸如智能问答库等数据模块为民众提供24小时智能解答；视频咨询是通过自动调度整合全省值班律师的资料，有效地为山区、海岛等交通不便地区的民众提供咨询服务。[②]

再次，构建"一站式"服务模式，通过多个窗口协同服务的方式尽可能地保证矛盾纠纷在基层便得到化解。山东省临沂市兰陵县在这方面树立了典范。2018年，兰陵县法律服务中心（站）加大司法行政内部资源的整合力度，"设立人民调解、法律援助、法律咨询等窗口，建设'一站式'综合服务窗口，努力做到'小事不出村，大事不出镇'。定期组织法律服务工作者开展法律惠民公益活动，通过开展'送法下村'等活动组织多个法律服务团队，定期深入村居，开展以案释法活动，在村头、地头和炕头为群众提供法律服务"。[③]

最后，除上述措施外，2018年以来，我国诸多省份还创造性地搭建了其他各具本地特色的公共法律服务模式，"上海市司法局搭建了'四纵三横'的普惠型公共法律服务网络；山东省牢固树立'方便群众'的工作理念，积极构建村居法律顾问微信群服务机制，切实将公共法律服务送到群众身边手上；'12348河北法网——冀法通'将网站、手机、新媒体等渠道整合，具备丰富的法律服务功能，上线以来为老百姓提供了更加便捷的法律服务，取得了良好的社会效果；内蒙古自治区司法厅立足地广人稀、农

---

① 《关于简化优化法律援助流程的通知》，载张家口市司法局网，http：//www. zjksfj. gov. cn/ws-bs/ShowArticle. asp？ArticleID=3347，最后访问日期：2018年12月27日。

② 《司法部全面推进公共法律服务体系建设》，载中国政府网，http：//www. gov. cn/xinwen/2018－07/24/content_5308764. htm，最后访问日期：2018年12月27日。

③ 《兰陵县司法局不断完善公共法律服务制度》，载山东法治网·齐鲁普法网，http：//www. sdfz. gov. cn/bencandy. php？fid=77&id=54680，最后访问日期：2018年12月27日。

村牧区公共法律服务资源匮乏的实际，创新开发了法律服务电视终端项目，通过电视这个最普遍的媒介'送法入户'，群众足不出户就能同优秀的律师对话，享受优质高效的法律服务，切实打通了公共法律服务'最后一公里'"。① 上述举措有效地繁荣了各地公共法律服务事业，增强了公共法律服务内容的多样性，为人民群众寻求公共法律服务提供了更为便捷的渠道。

（四）公共法律服务保障到位

作为一项庞大的系统工程，公共法律服务的顺利开展离不开人、财、物等各项保障措施。2018 年，各地进一步加强针对公共法律服务的队伍保障、资金保障、规范保障以及组织保障建设，促进公共法律服务事业持久、有序发展。

第一，公共法律服务的队伍保障建设在 2018 年获得了长足进步。正如前文所述，在 2018 年公共法律服务工作的开展进程中，除政府专门机构工作人员以外，基层法律工作者、调解员、公证员以及律师、志愿者都进行了广泛的参与，壮大了公共法律服务的人才队伍。实践中，部分地区还根据参与人员的专业、特长建立了法律服务人才库，切实增强了公共法律服务的专业性、针对性与匹配性。江苏省连云港市海州区在 2018 年就采取了"所所联动"的做法，深入强化公共法律服务的人才保障机制，"推进司法所与律师事务所、基层法律服务所联动共建，将律师、基层法律服务工作者等充实到镇街公共法律服务中心，壮大镇（街）专业力量"。②

第二，公共法律服务资金的保障工作不断加强。2018 年以来，各地不断加强对公共法律服务的政府财政支持力度，部分地方政府积极拓宽公共法律服务资金的来源渠道，并将公共法律服务的经费列入本级政府的财政预算，这些都为公共法律服务体系建设提供了坚实的经费支持。例如，江苏省南通市早在 2014 年就印发了《关于推进我市城乡公共服务体系建设的

---

① 《司法部全面推进公共法律服务体系建设》，载中国政府网，http：//www.gov.cn/xinwen/2018 - 07/24/content_5308764. htm，最后访问日期：2018 年 12 月 27 日。
② 《海州区"合""联""购"推进公共法律服务队伍专业化》，载中共连云港市委市级机关工作委员会网，http：//www.jgjy.gov.cn/newss/newsreport.asp? NewsID = 77295，最后访问日期：2018 年 12 月 27 日。

意见》，明确将公共法律服务纳入南通市政府公共服务体系，推动建立政府购买长效机制，在经费上对公共法律服务予以大力支持。截止到 2018 年，南通全市所有县（市、区）、乡镇（街道）、村（社区）均已建立公共法律服务中心（站），并将公共法律服务项目编入政府采购目录，经费列入财政预算。资金保障的不断加强夯实了我国公共法律服务的物质基础，确保了公共法律服务工作的长效推进。

第三，公共法律服务的规范保障在 2018 年也获得了显著提升。2018 年以来，公共法律服务的平台标准、建设标准以及服务标准获得了进一步的规范，各地普遍从场所建设、岗位设置、基本功能和人员配备等方面制定本地的建设标准，建构具备可操作性和可持续性的考评保障体系，为公共法律服务的开展提供切实的规范保障。尤其是在司法部 2018 年下半年制定了公共法律服务三大平台融合发展的建设标准以及三大平台融合共享数据交换的标准后，全国各省（区、市）司法厅（局）都严格按照这一要求细化了各自三大平台的运行内容，促使三大平台在管理制度、办事流程以及评价内容上具备统一的标准，保障了公共法律服务的规范运行。

第四，公共法律服务的组织保障工作在 2018 年得到进一步深化落实。公共法律服务体系建设事关全面依法治国战略目标的实现，这一工作的开展必然需要坚实的组织领导。2018 年以来，各地司法行政机关深化公共法律服务的组织保障工作，部分地区还成立了由一把手担任组长的领导小组，狠抓落实公共法律服务建设。举例来说，2018 年初，广东省肇庆市就成立了由局长任组长、三位副局长任副组长的公共法律服务工作领导小组，该领导小组主要负责落实司法部及广东省有关公共法律服务工作的决策和部署，研究规划全市的公共法律服务整体框架，指导、监督全市公共法律服务工作的落实、推进，形成了统筹公共法律服务工作的有效组织力量。

四　矛盾纠纷化解

对当代中国的法治社会建设而言，有效化解社会生活中的矛盾纠纷乃是重大任务之一，它直接关系到法治社会建设所形成的社会生活的有序、社会关系的和谐。2018 年以来，以矛盾纠纷化解面临的新情况、新问题为导向，我国各地区在法治社会建设过程中不断探索矛盾纠纷化解工作的创新路径，逐步形成了国家主导、法治推动、社会参与、多元并举、司法保障的工作格局。

（一）矛盾纠纷化解手段丰富

社会转型时期各种新问题、新情况不断出现，对我国社会治理体制的纠纷化解能力提出了更高的要求。"应当承认，任何社会都存在着大量矛盾，这不是当前中国所独有的问题。关键在于创设有针对性的和实效性的多元矛盾化解机制。"① 既往仅仅依靠司法来解决矛盾纠纷的方式未必能够达到良好的解纷效果，而通过司法增量来提升解纷能力的做法势必大大增加司法机关的运作成本与负担。② 为此，"已经有越来越多的人认识到，越是落实全面依法治国和全面深化改革，越是要重视建设多元化纠纷解决机制"。③ 构建多元化的纠纷解决机制不仅是一种客观的社会需要，也是我国治理体系与治理能力现代化的重要内容。所谓多元化纠纷解决机制，主要指一种用以满足社会主体秩序化需求的程序体系以及动态调整系统，在这一系统中，多样化的纠纷解决方式以其特定的功能相互协调、共同存在。④ 2018 年，各地在基层社会治理实践中不断探索矛盾纠纷的化解方式，矛盾纠纷化解的手段更加丰富。

第一，调解工作受到进一步重视，成为基层社会矛盾纠纷化解的基本手段。调解是我国特有的社会矛盾解决方式，它通常扎根于基层社会，具

---

① 江必新：《法治社会的制度逻辑与理性建构》，中国法制出版社 2014 年版，第 74 页。

② 对司法权力的过度依赖以及我国传统的实质正义价值观念的根深蒂固，造成现实生活中烂诉甚至恶意诉讼现象的频发。由于对恶意诉讼缺乏有效的制约机制，社会纠纷的解决成本超过了司法体制的承受能力，进而又容易陷入消解司法公信力的泥沼。这不仅体现出我国当前司法诉讼公共效益低下，国家司法服务资源被当事人过度消耗的尴尬处境，也构成了建立多元纠纷解决机制的重要动因。参见范愉《司法资源供求失衡的悖论与对策——以小额诉讼为切入点》，《法律适用》2011 年第 3 期；范愉《诉讼社会与无讼社会的辨析和启示》，《法学家》2013 年第 1 期。

③ 胡云腾：《大力提高对多元纠纷解决机制重要性的认识》，《人民法院报》2013 年 7 月 13 日第 5 版。

④ 参见范愉《纠纷解决的理论与实践》，清华大学出版社 2007 年版，第 221 页；周恒、庞正《法治社会的四维表征》，《河北法学》2018 年第 1 期。

有适用广泛、程序便捷等特点，被誉为解决社会矛盾的"东方经验"与"东方之花"。[①] 2018年，在以往的调解工作经验基础上，各地将调解作为社会矛盾纠纷化解的"第一道防线"加以深入推进，形成了许多有价值的工作经验。例如，为了应对社会矛盾高发、多发的现象，安徽省界首市构建起覆盖市、乡、村、组四级的矛盾纠纷排查调处网络，成立各级各类调解组织200余个，形成了横向到边、纵向到底、上下贯通、多方协作的调解网络体系[②]；江苏省昆山市准确把握"枫桥经验"的丰富内涵，积极构建以人民调解为基础的矛盾纠纷化解体系，通过"城市调解网""乡镇调解网""单位衔接调解网""行业专业调解网"实现了调解工作对社会矛盾纠纷的全覆盖。为了充分发挥先进典型的引领示范作用，推进调解工作的进一步发展，司法部于2018年5月对包括北京市西城区人民调解委员会、南京市栖霞区交通事故损害赔偿人民调解委员会、郑州市司法局基层处在内的500个全国人民调解工作先进集体与1000个全国人民调解工作先进个人予以通报表扬，肯定了基层调解工作所取得的重要进步。

第二，仲裁制度不断完善，仲裁公信力不断提升。20世纪90年代，《中华人民共和国仲裁法》的颁布实施标志着我国仲裁制度的正式确立，但在较长的一段时期内，仲裁制度的纠纷化解能力并没有得到充分运用。不仅仲裁制度本身有待进一步完善，广大人民群众也缺乏对仲裁制度的深入了解。近年来，随着我国对多元纠纷化解机制的探索，仲裁制度逐渐受到人们的重视，成为化解矛盾纠纷的重要手段之一。2018年，经全国人大常委会第二十九次会议修改的《中华人民共和国仲裁法》正式施行，以此为指导，我国仲裁工作进一步发展，仲裁制度的纠纷化解能力与公信力显著增强。在制度层面，各地区高度重视仲裁工作，通过科学完善的管理制度建设，规范仲裁工作的日常运行。例如，山东省于2018年7月下发山东省人力资源和社会保障厅等8部门《关于印发进一步加强劳动人事争议调解仲裁完善多元处理机制实施方案的通知》，就如何实现劳动人事争议仲裁工作的规范化、标准化、专业化制定了较为明确的实施方案。在队伍层面，

---

① 参见龚廷泰主编《当代中国的法治社会建设》，法律出版社2017年版，第256页。

② 参见孙中明《矛盾纠纷多元化解界首出"实招"》，《江淮时报》2018年6月8日第3版。

仲裁员数量不断增长,仲裁员的业务素质与职业操守不断增强。以北京、上海、南京、杭州为例,根据公开的仲裁员名册,2018年北京市仲裁委员会仲裁员数量达到543人,上海市仲裁委员会共聘请仲裁员586人,南京市仲裁委员会聘任仲裁员538人,杭州市仲裁委员会聘用的仲裁员超过600人,这些仲裁员多数在相关领域从事律师、教学研究等工作,有着较好的业务素质与法治素养。[1]

第三,多元化的纠纷解决方式互相衔接、互相配合。在多元化的矛盾化解机制中,不同的化解手段并非孤立存在的,而是互相衔接与配合的。事实上,我国在建立多元化矛盾纠纷化解机制的决策部署中始终注重不同手段之间的相互衔接,强调司法机关、仲裁机构、人民调解委员会、专业调解委员会、社会组织、企事业单位等多元力量的配合与全面发展。2018年以来,与不断丰富的矛盾化解手段相适应,各地区就如何实现诉调对接、诉裁对接进行了大量有益的探索。例如,北京市高级人民法院发布《北京法院关于民事案件繁简分流和诉调对接工作流程管理规定(试行)》,就诉调对接的适用范围与具体程序作出明确规定;上海市金融法院于2018年10月10日成立诉调对接中心,与银行、证券、保险等金融行业协会、调解组织签署《诉调对接工作协议》,实现了金融领域矛盾纠纷的诉调对接全覆盖。[2]

(二)矛盾纠纷化解成效显著

2018年,各地积极传承"枫桥经验",探索并推广"新枫桥经验"。20世纪60年代,浙江省诸暨市枫桥镇创造了"发动和依靠群众,坚持矛盾不上交,就地解决。实现捕人少,治安好"的"枫桥经验"。这一经验受到党和国家领导人的高度重视,并批示各地效仿与推广。2018年,适逢毛泽东同志批示学习"枫桥经验"55周年、习近平同志指示坚持发展"枫桥经验"15周年,全国各地以"枫桥经验"为指引,不断赋予"枫桥经验"新

[1] 数据来自北京市仲裁委员会、上海市仲裁委员会、南京市仲裁委员会、杭州市仲裁委员会官网的仲裁员名册。
[2] 参见《上海金融法院诉调对接中心成立》,载上海金融新闻网,http://www.shfinancial-news.com/xww/2009jrb/node5019/node5036/fz/u1ai208184.html,最后访问日期:2018年12月22日。

的时代内涵，积极探索新时期基层社会矛盾的化解方式。大力推广矛盾纠纷的非诉讼化解方式，不是要把矛盾从司法机关中推出去，而是要打造更加合理有效的社会秩序形塑机制。在实践中，人民调解成功率、诉前纠纷化解率不断提升，群众上访次数显著下降，基层社会治理中的多元化矛盾纠纷化解机制取得了显著成效。

第一，诉前纠纷调解率不断提升，越来越多的社会矛盾纠纷通过调解方式加以解决。2018 年，为了缓解司法机关的诉讼压力，我国多个地区的法院将诉前调解纳入多元纠纷解决机制的建设工作中，把大量的矛盾纠纷化解在诉前。从实践来看，诉前调解分流了司法机关的工作压力，展现出良好的纠纷解决效果。以深圳市为例，深圳市司法局信息公开数据显示，2018 年前三个季度，人民调解案件总数分别为 22728 件、26753 件、30426 件，案件涉及当事人分别为 61828 人、67270 人、73533 人（见图 4、图 5）。[①] 从数据的变化可以看到，越来越多的当事人选择调解作为矛盾纠纷的解决方式，这一现象反映了人民群众对多元化纠纷解决模式的认可。人民调解受案数量增长的直接益处是，大量矛盾纠纷在诉讼之外得到解决，诉前纠纷化解率不断提升。举如，浙江省台州市两级法院认真落实《关于开展一审民商事案件诉前调解前置工作的实施意见》，对包括家事纠纷、邻里

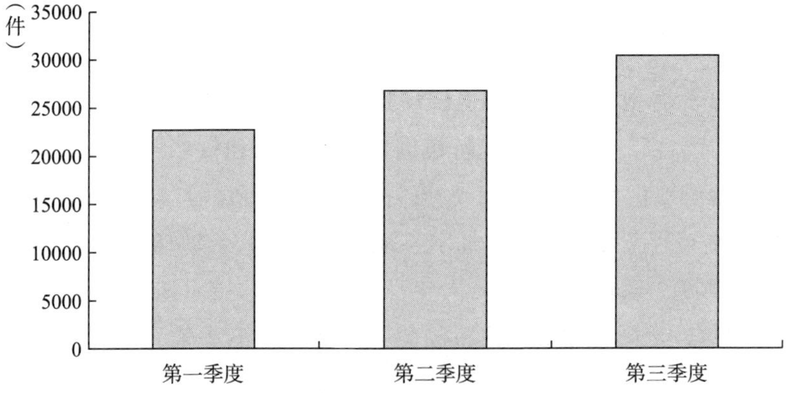

图 4　2018 年前三个季度深圳司法局调解案件数量

---

① 数据来源于深圳市司法局官网公布的关于人民调解工作的统计信息。

关系、交通事故、物业纠纷等适宜调解的案件，在当事人同意的基础上，引导其通过诉前调解加以解决，对解决不成的，再及时回流至法院立案处理。截至 2018 年 8 月，全市法院诉前纠纷化解率达到 23.3%，同比增长 12.45 个百分点；新收案件 138477 件（见图 6）。①

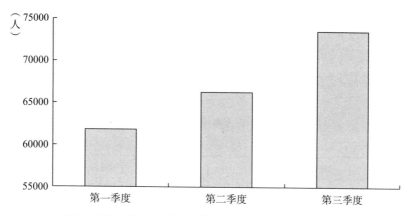

图 5　2018 年前三个季度深圳司法局调解涉及当事人数量

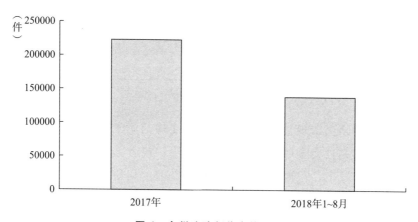

图 6　台州法院新收案件数量

第二，人民调解成效显著，调解成功率高。如果说受案数量的不断增长从"量"的层面说明了多元纠纷化解机制的解纷能力，那么较高的调解成功率则从"质"的层面进一步证实了多元纠纷化解机制的科学性与实效

---

① 参见《台州法院擦亮"枫桥牌"：完善矛盾纠纷多元化解机制成效显著》，载一点资讯，ht-tp：//www.yidianzixun.com/article/0K6VT4ex，最后访问日期：2018 年 12 月 23 日。

性。从各地的实践情况来看，非诉讼纠纷解决方式不仅分流了大量原本由司法职能解决的矛盾纠纷，而且保持着较高的调解成功率与群众满意度。各地司法系统公布的数据显示，各地人民调解成功率绝大多数达到90%以上（见表3）。2018年4月，在主题为"人民调解员队伍建设"的司法部新闻发布会上，司法部副部长刘振宇指出，近年来我国人民调解组织每年能够处理各类矛盾纠纷达900万件左右，并且能够保持96%以上的调解成功率。[①] 这些数据一方面证实了人民调解等多元手段的纠纷化解能力，另一方面也充分展现出多元纠纷解决机制的显著成效。

表3　我国各地区调解成功率

单位：%

地区	调解成功率
天津	98.4
江苏睢宁	99.6
甘肃天水	98.3
山西晋城	91
上海	93.8
浙江湖州	99.4

资料来源：数据分别来自各地政府官网公布的统计信息，表格由课题组编制。

第三，群众上访现象减少，信访部门受理信访案件数量不断下降。通常而言，信访是社会矛盾纠纷难以得到解决，或者人民群众对纠纷处理结果不满意的情况下，采取的诉诸政府特定部门的纠纷化解手段。一个特定时期信访案件的多少，在很大程度上反映了该地域的纠纷化解能力的强弱甚至社会生活秩序的和谐与否。2018年以来，各地区努力汲取"矛盾不上交"的"枫桥经验"，加大对基层社会的走访调查，对各种可能出现的社会矛盾隐患或者已经出现的矛盾纠纷运用多元纠纷化解机制加以解决，信访案件数量呈现明显下降趋势。根据相关数据统计和媒体报道，北京市昌平

---

① 参见《司法部：近年来人民调解成功率达96%以上》，载澎湃新闻，https：//www. thepa-per. cn/newsDetail_forward_2101128，最后访问日期：2018年12月23日。

区 2018 年 4 月信访总量较 2017 年同期下降 5.3%[①]；天津市信访部门 2018 年 8 月受访数比 2017 年同期下降 15.2%[②]；2018 年前 8 个月，辽宁省省市县三级信访总量同比下降 30.1%，到国家信访局上访同比下降 49.4%。[③] 信访案件数量的不断下降，在很大程度上应归功于多元纠纷化解机制的创建工作。这表明我国绝大多数的社会矛盾能够通过多元化的纠纷解决机制得到有效化解，间接体现了我国矛盾纠纷化解的显著成效。

（三）矛盾纠纷化解的难点与突破

日益丰富的矛盾纠纷化解手段与显著的矛盾纠纷化解成效表明，我国矛盾纠纷化解工作在 2018 年取得了长足进步。但与此同时，各地区在矛盾纠纷化解工作中也面临着一些难点，如何破解这些难点并实现新的突破，是我国矛盾纠纷化解工作今后的工作重点。

矛盾纠纷化解的第一个难点在于部分民众的法治观念仍有待进一步提高，遇事"信访不信法"的现象仍相当程度地存在。这说明，公民个体的现代法治意识尚未普遍确立，社会整体的法治氛围尚未完全形成，无论是领导干部还是普通民众的法治素养与国家法治建设的目标仍有距离。对于这一问题，一方面应加强矛盾纠纷化解工作与法治宣传教育工作的紧密结合，在普及基本法律常识的同时，更加注重提升民众的法治观念，培养依法解决矛盾纠纷的行为习惯与思维模式；另一方面要坚持以法治作为信访工作改革的方向，将信访纳入法治化轨道，用法治规范信访。

矛盾纠纷化解的第二个难点在于如何确保非诉讼纠纷解决方式的专业性与权威性，不断提升多元化纠纷解决机制的公信力。非诉讼纠纷解决方

---

① 参见"北京市政府信息公开专栏"，载北京市人民政府网，http：//www. beijing. gov. cn/zfxxgk/cpq11P046/xfxx52/2018 - 05/21/content _ 63a933a552224deca2cec0826c506841. shtml，最后访问日期：2019 年 3 月 22 日。

② 参见蔡长春、张驰《天津坚持发展"枫桥经验"努力实现矛盾不上交》，载法制网，ht-tp：//epaper. legaldaily. com. cn/fzrb/content/20180929/Articel02008GN. htm，最后访问日期：2019 年 3 月 22 日。

③ 参见张国强、韩宇《辽宁"五级书记抓信访"进入三年攻坚阶段》，载法制网，http：//epa-per. legaldaily. com. cn/fzrb/content/20180914/Articel07009GN. htm，最后访问日期：2019 年 3 月 22 日。

式的优势在于，它相比司法裁决手段更加灵活、柔和，能够有针对性地根据矛盾纠纷的性质与特点选择恰当的化解手段。但与此同时，非诉讼纠纷解决方式的灵活性与柔和性也有可能以对权威性的减损为代价。与司法解纷手段相比，非诉讼纠纷的化解主体并不需要通过专业的资格考试与技能考核，各种调解机构、仲裁机构、社会组织、个人皆可以成为纠纷化解的主体，并且纠纷化解的实现方式通常不存在严格的程序设定，可以采取调解、劝说等多种形式。这些特征决定了非诉讼纠纷解决方式必然无法具备国家司法的权威性与专业性。如何确保社会矛盾纠纷能够在非诉机制中获得中立、专业、正当地解决，便成为矛盾纠纷化解工作的一个重要问题。对此，应致力于提升非诉解纷主体的专业技能与专业知识，不断提高人民调解员的工作水平。

矛盾纠纷化解的第三个难点在于社会矛盾纠纷形态多样，部分矛盾调处难度大，激化因素较多。对身处转型时期的当下中国社会而言，由于社会变革的不断深化与利益格局的调整，基层社会矛盾纠纷出现了集中爆发的现象。不仅如此，许多社会矛盾的发生并非单纯的个体冲突，而是牵扯到社会结构、整体利益、生活秩序等深层次的社会问题。这些问题不仅调处难度较大，而且往往存在较多的激化因素，处理不当容易引发严重的社会问题。可以说，当前基层社会的矛盾纠纷存在多样化、复杂化、群体化、疑难化等趋势，单纯地通过司法或者调解等手段往往无法妥善有效化解。为此，今后的矛盾纠纷化解工作应当实现工作重心由多元到整合的递进，即多元纠纷解决机制不仅仅在于解纷手段的多样化，更重要的是在调解、仲裁、司法等多元手段之间构建有效的衔接机制，注重不同纠纷化解手段的协调配合，形成一套能够整合不同解纷力量的有机应对体系。

总体而言，2018 年是我国法治社会建设快速发展的一年。在党和国家的引领下，我国各级地方党委和政府十分重视以法治宣传教育、基层社会治理、公共法律服务、矛盾纠纷化解为主要内容的法治社会建设，进行了大量有益的实践探索。在观念上，法治社会的精神内涵得到更加精确的解读，法治思维开始广泛普及；在形式上，法治社会建设灵活多样，一个内在一致、形式多样的整体格局逐渐形成；在规模上，法治社会建设由试点走向全面推广，具体建设项目覆及的地理区域与社会关系领域不断扩展；

在效果上，社会生活不仅更加规范有序，而且充满活力，法治社会建设绩效得到了广大人民群众的认可。

在总结 2018 年法治社会建设的既有经验和基本路径的基础上，2019 年我国法治社会的建设预计将会在以下几个方面着力实现新的进步。第一，进一步将党的优良传统和新技术新手段相结合，创新组织群众、发动群众的机制，创新为民谋利、为民办事、为民解忧的机制，实现社会治理创新的持续进展。这一方面的实践目标乃是让天更蓝、水更清、空气更清新、食品更安全、交通更顺畅、社会更和谐有序。第二，进一步提升社会治理效能，完善党委领导、政府负责、社会协同、公众参与、法治保障的社会治理体制，打造共建共治共享的社会治理格局。重点在于深入推进村社治理创新，构建富有活力和效率的新型基层社会治理体系。第三，进一步大力弘扬社会主义核心价值观，加强思想教育、道德教化，改进见义勇为英雄模范评选表彰工作，让全社会充满正气、正义。这需要完善基层群众自治机制，调动城乡群众、企事业单位、社会组织自主自治的积极性，打造人人有责、人人尽责的社会治理共同体。与此紧密相关的是，为了实现上述目标，2019 年将会进一步健全社会心理服务体系和疏导机制、危机干预机制，塑造自尊自信、理性平和、亲善友爱的社会心态，同时加快推进立体化、信息化社会治安防控体系建设。第四，进一步深化公共法律服务体系建设，加快整合律师、公证、司法鉴定、仲裁、司法所、人民调解等法律服务资源，实现尽快建成覆盖全业务、全时空的法律服务网络的目标。

B.12
江苏省法治社会建设报告

杨建 李飞*

摘　要： 2018年，江苏省有序推进健全普法宣传教育机制、落实普法责任制和法治宣传教育工作创新，"七五"普法工作开创了新局面。江苏省首创设计的《江苏法治社会建设指标体系（试行）》被国家普法办正式批复确定试行，该指标体系的文本具有科学性、合理性、有效性与可操作性的特征，同时在设计理念、指标内容、指标权重以及末端指标表述等方面还存在一定的优化空间。在该指标体系的试行过程中，形成了许多各具特色的地方建设经验，但同时也存在一些外部障碍。江苏省广泛动员各地市对网格化社会治理模式开展了积极探索，其中具有典型意义的有"一体四翼"的新吴模式、"七个一"的海州模式、"四个凸显"的南通模式和"网格化管理＋组团式调解"的吴江模式。

关键词： 法治社会建设；"七五"普法；指标体系；网格化社会治理

　　早在2016年，江苏省第十三次党代会就提出了"努力让法治成为江苏

* 杨建，中国法治现代化研究院研究员，法学博士；李飞，南京师范大学法学理论专业博士研究生。

发展核心竞争力的重要标志"的目标，围绕这一目标，江苏省委、省政府在充分领会习近平同志关于法治建设系列重要讲话精神的基础上，对法治江苏建设作出再部署再推动，取得了不菲的成绩。作为法治江苏建设的重要组成部分，江苏省法治社会建设水平的高低在很大程度上影响着法治江苏建设水平的高低。2018 年，江苏省在法治宣传教育、法治社会建设指标体系以及网格化社会治理方面展开了积极探索，法治社会建设水平迎来了一个新的飞跃，法治江苏的建设绩效也随之大幅度提高，向"让法治成为江苏发展核心竞争力的重要标志"这一目标迈出了更为坚实的一步。

一 "七五"普法年度回顾

法治宣传教育在江苏省法治社会建设中处于基础性、先导性地位。深入开展法治宣传教育，是贯彻落实党的十九大精神和江苏省委十三届四次全会精神的重要任务，是实施"十三五"规划，促进江苏省经济社会持续健康发展，建设"强富美高"新江苏的重要保障。早在 2016 年 7 月，江苏省委、省政府就转发了《省委宣传部、省司法厅关于在全省公民中开展法治宣传教育的第七个五年规划（2016—2020 年）》（以下简称省"七五"普法规划）。省"七五"普法规划实施以来，江苏省各地各部门按照省委、省政府和司法部的总体部署，围绕"让法治成为江苏发展核心竞争力的重要标志"，紧扣"法治宣传教育水平居于全国领先行列"的目标，聚力打造"法润江苏"品牌，推进法治宣传与党委政府中心工作、社会主义核心价值观、精神文明创建活动、优秀传统文化、公民道德实践、群众生产生活的深度融合[①]，不断提升全民普法工作水平，努力探索富有江苏特色的普法工作新做法、新模式，为推动江苏高质量发展走在全国前列、建设"强富美高"新江苏营造了良好的法治环境。2018 年作为"七五"普法承先启后至为关键的一年，江苏省有序推进普法宣传教育机制的健全、普法责任制的落实和法治宣传教育工作的创新，为法治宣传教育工作开创了新局面。

---

① 李长山：《奋力开拓新时代普法新境界》，《中国司法》2018 年第 4 期。

（一）普法宣传教育机制的健全

普法宣传教育机制的健全能够推动法治宣传教育工作步入健康发展的轨道，是法治宣传教育取得全面胜利的关键所在。在 2018 年，江苏省委、省政府加强了对法治宣传教育工作的领导，法治宣传教育考核评估制度也得到了有效落实，从而进一步健全了普法宣传教育机制。

1. 党委和政府领导更为有力

2018 年，根据党和国家的顶层设计，江苏各级地方党委、政府均将法治宣传教育置于全局性、基础性和战略性的地位，列为本级地方经济社会发展规划和地方法治建设的重要内容。江苏依法治省领导小组办公室委托第三方评估的调查数据显示，党的十九大之后，尤其是 2018 年以来，一方面，江苏省各级地方党委政府对法治宣传教育工作的重视程度有了进一步提升，80.10% 的受访者认为本地党委政府十分重视法治宣传教育工作（见图 1）；另一方面，各级法治宣传教育领导小组及办公室进一步发挥出了应有作用，高达 96.6% 的受访相关部门表示本级法治宣传教育领导小组及办公室能够切实发挥牵头、指导、协调法治宣传各项工作职能（见图 2）。

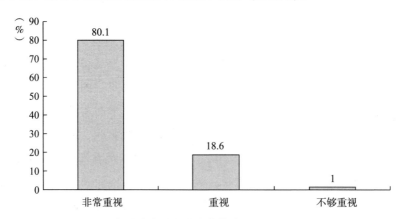

图 1　党委政府对法治宣传教育工作的重视程度

资料来源：根据江苏依法治省领导小组办公室委托第三方评估的调查数据编制。

不仅如此，各级地方党委在深刻领会省委"让法治成为江苏发展核心竞争力的重要标志"这一精神的思想基础上，在深入实践"法润江苏"这一品牌的行动过程中，逐步形成了具有连续性、可复制性的地方法治宣传

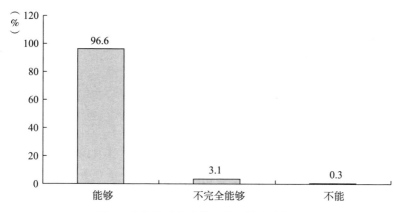

图2 各机构法治宣传工作职能完成情况

资料来源：根据江苏依法治省领导小组办公室委托第三方评估的调查数据编制。

教育工作思路。举如，常州市法治宣传教育领导小组办公室在"法润常州""法律六进""春风行动"等法宣实践总结中，形成了以"联合、融合、整合、聚合"这一"四合理念"为整体方略，以"抓谋划、促发展、重创新、见成效"为具体方向的地市级法治宣传工作领导思路；再如，泰州市法治宣传教育领导小组办公室在既定的"需求导向、问题导向、效果导向"法治宣传工作思路基础上，确立了以"高点定位、责任到位、考核进位"为内容的普法工作"三位法则"，形成了"在服务中心工作上聚力聚焦、在重点对象普法上聚力聚焦、在普法队伍建设上聚力聚焦"这一地方普法工作"六聚方案"；另外，淮安市委宣传部在健全完善法宣工作理念、机制、载体和方式方法的过程中，提出了在法治宣传教育中要"融入社会主义核心价值观，融入繁荣、宜居、安康、美好淮安建设，融入公民道德培育，融入精神文明建设"这一"四个融入"法治宣传工作理念。

2. 考核评估制度有效落实

2018年，江苏省强化普法办督查指导功能，设立科学全面的评估标准和量化指标，制定公开公平的评估办法和运行程序，形成环环相扣的责任"传导链"、考评"体系链"，实现法治宣传工作由软任务向硬指标转变、由单项检查向综合评估转变。① 大部分省辖市根据《江苏省法治宣传教育第七

---

① 参见李长山《奋力开拓新时代普法新境界》，《中国司法》2018年第4期。

个五年规划实施情况考核验收办法》制定了各自地方规划实施情况的考核验收办法，在实践层面形成了"任务有分工、工作有考核、计划有落实、质效有推进"的运作样态。举如，淮安市一方面制定出台了《淮安市法治宣传教育工作目标考核实施细则》，按照县区、园区、市直单位的不同主体分别设计了考核项目、考核内容和评分标准，将普法工作纳入党委政府目标考核，使得法治宣传教育任务得以细化分解、责任得以层层压实；另一方面还制定出台了《淮安市法治宣传教育第七个五年规划实施情况考核验收办法》，对各县区、经济技术开发区法治宣传教育开展情况进行考核评估。再如，泰州市制定了《泰州市"七五"普法规划实施情况考核验收办法》和《泰州市级机关部门"七五"普法工作考核细则》，为考核参与单位分别设置了考评内容、考核要素、检验方法和分值权重。

（二）普法责任制的落实

党的十八届四中全会审议通过的《中共中央关于全面推进依法治国若干重大问题的决定》，首次提出实行国家机关"谁执法谁普法"的普法责任制，体现出最高决策层对法治宣传教育模式的认识有了重大转变。2016 年，中共中央、国务院转发的《中央宣传部、司法部关于在公民中开展法治宣传教育的第七个五年规划（2016—2020 年）》和江苏省"七五"普法规划均对国家机关"谁执法谁普法"的普法责任制作出进一步强调。普法责任制度作为普法工作的重大创新，一方面有利于普法工作层层分解到具体机关和部门，实现普法工作从"虚"向"实"的转变；另一方面使得普法工作更有实效性和针对性，实现法律适用过程中的精准普法和实时普法。2018 年，江苏省以普法责任体系建设为抓手，一手推动责任清单制度落实，一手推动以案释法制度落实，使得普法责任制逐步健全。

第一，推动普法责任清单制度落实。2018 年，江苏省按照项目分解、清单管理、多元推进的思路，出台普法责任制考评办法，完善普法清单和任务指导目录，持续推动省法治宣传教育领导小组成员单位联动事项落实，形成了月季连贯的系列化、常态化工作机制。同时，江苏强化省法宣办协调指导督查功能，建立落实普法责任制联席会议制度，制定"谁执法谁普法"考评办法，依托省市县三级法宣信息化管理平台，实施"任务分解、组织实施、检查督促、评估反馈"的闭环管理。不仅如此,江苏依法治省领导小组办公室委托第三方评估的调查数据显示,在江苏各地,84.5%的法宣领导小组已经出台"谁执法谁普法"责任制清单,有力地推动了普法责任制的落实(见图3)。其中,常州市制定了囊括56个单位部门的《普法责任制清单》,逐一明确了普法工作的责任、内容、时间、形式、阵地等要素,出台了《常州市"七五"普法规划实施纲要》,将"七五"普法规划的目标任务分解成36项具体工作落实到各成员单位;泰州市注重考核方法科学化,将法治宣传教育工作列入年度党政综合绩效考核指标体系及政府年度目标考核指标,制定发布了《泰州市市级机关部门普法工作责任清单》,为101家市级普法责任单位量身定制了"个性化"的普法责任清单。[1] 此外,泰州还通过创建并推行普法责任清单动态考核管理制度,使得普法责任清单制度得以真正落实。

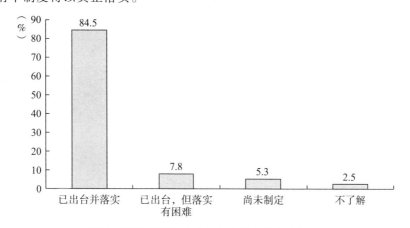

图3 谁执法谁普法责任制清单出台落实情况

资料来源:根据江苏依法治省领导小组办公室委托第三方评估的调查数据编制。

第二,推动以案释法制度落实。在法治宣传教育中,"以案释法"往往是最为直观、生动、有效的普法手段。推动以案释法制度落实的主要做法,是将法治宣传教育工作有机融入国家机关的执法和司法活动之中。2018年以来,江苏省健全典型案例分析研判、定期发布、集中宣讲等运行机制,

---

[1] 参见《泰州市制定普法责任清单 奏响全民普法"交响曲"》,载淮海网,http://www.huaihai.tv/special/folder2334/2018-10-18/618645.html,最后访问日期:2018年12月27日。

推动开展全程说理式执法，指导基层建立常用法律知识、常发矛盾纠纷典型案例库，推广庭审直播、旁听庭审、百案宣讲等形式，利用重大热点案（事）件开展普法，把依法办案的过程变成全民普法公开课，为基层群众提供便捷有效的学法路径。截至 2018 年 12 月，在江苏各地，各执法司法部门普遍建立以案释法工作机制，已发布学法典型案例 36719 个，组织以案释法基层行活动 5 万多场次。① 其中，仪征市是推动以案释法制度落实的典型。首先，仪征市筛选出针对性强、具有典型意义的案例作为释法的基本内容，尤其是选取非法集资、污染环境、征地拆迁补偿等关乎群众利益的案件作为释法重点，定期通过新闻媒体、政府网站向社会发布典型案例，建立起典型案例发布制度；其次，将以案释法汇编列为常规工作，定期整理收集各种典型案例，内容涉及与群众利益有关的各类民商事、刑事案件，编辑整理成册，定期向社会免费发放；最后，组建以律师、行政执法人员、法官、检察官为主的以案释法宣讲团，精选典型案例，定期通过法律大讲堂、法律一堂课等形式，向群众普及法律知识。

（三）法治宣传教育工作的创新

创新是引领发展的有效动力。2018 年，江苏各级普法职能部门通过创新普法方式方法，推动法治宣传教育工作迈上新的台阶。各地各部门借助主题活动、"互联网＋"路径、各类传媒、构筑法治文化建设高地、加强民主法治村（社区）创建等多种方式推进普法工作深入开展。全省"七五"普法活动在总体实施层面上呈现出"工作有方向、措施有方法"的良好态势。

第一，讲求举措创新，形成方法聚力。2018 年，以"法润江苏"为品牌引领，各省辖市打造了"法润淮安""法润泰州""法润常州"等品牌，各区县打造了诸如"法润洪泽""法润涟水""法润港城""法润泰兴"等品牌；在"12·4"国家宪法日、"宪法进万家"、"全省法治宣传月"、"美好生活德法相伴"等主题活动的基础上，通过创新活动形式，开展了各具特色的法治宣传活动。举如，淮安市开展了"法护人生、法进家庭、法润村居""爱祖国学法律创和谐法治文化基层行"等主题活动。又如，常州市

---

① 参见李长山《奋力开拓新时代普法新境界》，《中国司法》2018 年第 4 期。

开展了"春风行动""法企同行""五区同创""普法邮路""普法惠民村村行""公益普法社区行"等主题活动。再如，泰州市开展了"法治惠民村居行""以案释法基层行"等主题活动。此外，在常规普法主题活动之外，各地结合重大任务、重点节点、热点事件、传统节日和民风民俗活动，开展了富有地方特色的各式各样的法治宣传活动。江苏依法治省领导小组办公室委托第三方的调查数据显示，99.1%的受访者认为，本地在宪法宣传日等重要时间节点举办过法治宣传活动（见图4）。例如，常州市利用红梅公园梅花节、紫荆公园月季节等风俗活动，将法治宣传教育融入活动之中，使人民群众在观景赏花之余，受到了法律知识和法治文化的熏陶。

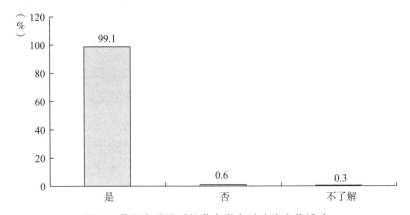

图4　是否在重要时间节点举办过法治宣传活动
资料来源：根据江苏依法治省领导小组办公室委托第三方评估的调查数据编制。

第二，推进"互联网＋法治宣传"工作。2018年，江苏各地法治宣传教育职能部门特别注重将新媒体技术运用到普法活动之中，充分利用微信、微博、微电影、抖音视频等新媒体手段开展法治宣传活动，取得了良好的普法效果。例如，泰州市法宣办通过微信，先后开展了"百名百灵人民调解员评选""民法总则在线学习"等活动，获得了30多万人次的关注；泰州市公安局通过"微警务""泰州警视"发布100余篇法治通讯，围绕民生热点强化普法宣传[①]；淮安市政法微信平台发布了68期262篇法治宣传文

---

① 参见《泰州推进"七五"普法工作综述：将法治精神浸润到群众心间》，载中共江苏省委新闻网，http://www.zgjssw.gov.cn/shixianchuanzhen/taizhou/201810/t20181009_5757003.shtml，最后访问日期：2018年12月24日。

章；盱眙县开通普法微博、普法微信；清江浦区建立了"百群万家智慧法务"平台，开展"微信＋普法"宣传法律知识；常州市武进区建立了普法微信公众号"法治绽放幸福花"。江苏依法治省领导小组办公室委托第三方的调查数据显示，90.30％的受访者表示本地开通了法治宣传教育微博、微信，并能够及时更新维护（见图5）。

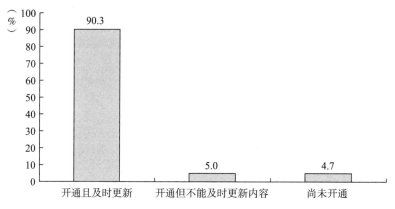

图5　微博、微信开通及更新情况

资料来源：根据江苏依法治省领导小组办公室委托第三方评估的调查数据编制。

第三，创新普法载体阵地，开展法治文化活动。江苏各地在普法形式与内容上努力推进法治宣传与社会公益服务相结合，法治文化与优秀传统文化相结合，法治教育与道德教育相结合，法治建设与精神文明创建相结合，通过营造浓厚的法治文化氛围，鼓励创新、培育典型，将普法工作与当地文化生态、生活方式相融合，打造法治文化阵地、创新法治文化产品、开展法治文化地方特色活动。举如，溧阳市在法治文化与旅游文化、传统文化、地方文化的"三融合"方面取得丰富经验，提出了"旅游牵手、文化搭台、法治唱戏"的普法思路；再如，常州市金坛区倡导文化阵地景观化，积极推进常州十大法治主题公园建设；另外，淮安市淮安区成立"法治农民画协会"，将地方书画传统优势转化为法治文化优势；再如，盱眙县设立露天法治影院，群众通过观看法治微电影，以娱乐方式实现法治文化的渲染。江苏依法治省领导小组办公室委托第三方的调查数据显示，91.90％的受访者表示，本地建立了法治文化阵地，并经常开展法治文化活动（见图6）。

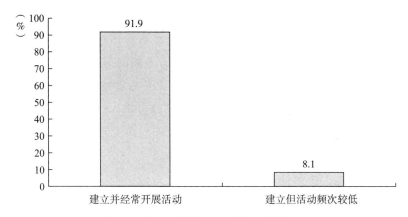

图 6 法治文化阵地建立及活动开展情况
资料来源：根据江苏依法治省领导小组办公室委托第三方评估的调查数据编制。

二 "法治社会建设指标体系"的完善与推广

党的十八届三中全会作出的《中共中央关于全面深化改革若干重大问题的决定》明确要求"建立科学的法治建设指标体系和考核标准"。① 这一开创性的决定，使法治建设指标体系的设计与运用成为法治中国建设与全面深化改革实践中不可或缺的一环。继而，十八届四中全会决定提出了"法治国家、法治政府、法治社会一体建设"的路径，并且明确要求"把法治建设成效作为衡量各级领导班子和领导干部工作实绩重要内容，纳入政绩考核指标体系"。② 法治社会建设在法治一体建设中具有前提性基础性的意义，对于我国现实条件而言，它是解决法治建设基础薄弱和社会内生动力不足的当务之急，甚至可以认为，法治社会建设在全面推进依法治国战略布局中具有一定的优先性。为此，江苏省专门研究设计出一套针对法治社会建设的评价指标体系，为法治社会建设实践提供了具体的规范性指引。

（一）法治社会建设指标体系的首创

在全国范围内，江苏是率先设计和推行法治社会建设指标体系的省份。

---

① 《中共中央关于全面深化改革若干重大问题的决定》，人民出版社 2013 年版，第 32 页。
② 《中共中央关于全面推进依法治国若干重大问题的决定》，人民出版社 2014 年版，第 36 页。

早在 2014 年，江苏省委十二届八次全会通过的贯彻落实十八届四中全会决定的意见，就明确要求制定出台法治江苏建设指标体系和考核标准，充分发挥其引导、激励和规范作用，推动依法治省不断向前发展。2015 年 1 月，江苏省人民政府以 1 号文件的形式出台了《江苏省法治政府建设指标体系》；同年 3 月，江苏省委发布了《法治江苏建设指标体系（试行）》。在法治建设一体化思想的指导下，研究制定法治社会建设指标体系被提上了江苏省有关部门的议事日程。从 2015 年 10 月起，江苏省法宣办和司法厅组织专门力量，开展"法治社会建设指标体系"专题研究，初步形成了与法治政府建设指标体系互为支撑的《江苏法治社会建设指标体系（试行）》（以下简称《指标体系》）。

2016 年 5 月 26～29 日，江苏省司法厅选择了省内宜兴、如皋和沭阳三个市（县），就《指标体系》展开实地试测，以实验手段检验该体系的科学性和可操作性。在试测结果的基础上，起草小组对《指标体系》进行修改、优化。2016 年 11 月，江苏省依法治省领导小组办公室和江苏省法制宣传教育工作领导小组联合下发了《关于在全省开展〈江苏法治社会建设指标体系（试行）〉测试的通知》，要求从 2017 年 2 月 1 日至 3 月 31 日，就该体系在全省范围内开展全面测试，进一步对指标体系中各个具体指标的独立性、客观性、可行性、可比性进行检验。以全面测试的数据为基础，结合专家论证的意见，《指标体系》得到了进一步完善。

如果说 2015～2017 年是法治社会建设指标体系初创发展期，2018 年则是法治社会建设指标体系全面落地的一年。2018 年 6 月，全国普法办正式批复确定在江苏试行《指标体系》，要求江苏"认真开展试点工作，及时反馈实施中的经验做法及存在问题，对指标体系作进一步修改完善，创造可复制、可推广的江苏经验"，从而在国家层面对"法治社会建设指标体系"的创设和推广提供了政策支撑。2018 年 10 月，"江苏法治社会建设指标体系的完善与推广"学术研讨会在南京召开，与会的专家学者和实务界代表围绕法治社会的理论意涵与实践重点、法治社会建设在全面依法治国中的地位和作用、法治指标体系与法治社会指标体系的关系、法治社会指标体系的应有要素和权重等理论问题，以及指标体系的科学性、合理性、可操作性和有效性，指标体系的运行现状与存在障碍等重要实践问题展开了充分的讨论，提出了许多建设性意见，从而为"法治社会建设指标体系"的运行和推广提供了充分的理论支撑。

（二）指标体系的优势与不足

通过对《指标体系》现行文本进行分析，我们可以看到，一方面，《指标体系》具有科学性、合理性、有效性与可操作性的优势，另一方面，《指标体系》在设计理念、指标内容、指标权重以及末端指标表述等方面还存在一定的优化空间。

1.《指标体系》的优势

《指标体系》无论在宏观的体系架构还是微观的指标设计上，都较好地体现了法治量化评估体系应当具有的科学性、合理性、有效性与可操作性，不仅将党和国家对法治社会建设的战略要求转化为十分具体的行动方案，也能够客观地结合江苏既有的地方法治基础，从江苏的实际情况和法治需求出发，为进一步建设法治江苏、提高江苏社会法治水平发挥规范性引领作用。具体而言，《指标体系》具有以下几点优势。

第一，《指标体系》的框架符合十八届四中全会战略部署。党的十八大以来，国家决策层将全面推进依法治国设定为四个全面战略布局之一，尤其是十八届四中全会决定对法治社会建设的总体要求作出了纲领性的安排。作为党和国家推进法治社会建设重大战略部署在江苏的具体化方案，《指标体系》的设计必然要以中央关于法治中国、法治社会建设的新理念、新思想、新战略为引领，与法治国家建设的总体目标、任务及要求保持一致，特别要反映出十八大以后党中央关于法治建设的重要文件如十八届三中全会决定、十八届四中全会决定的指导思想和具体要求。就现有的《指标体系》文本来看，从体例结构到具体内容再到基本术语的使用等，都高度反映了十八届四中全会决定等文件的规范性要求。也就是说，作为一项规范性文件，《指标体系》体现了与高阶规范性文件在制度上的从属关系和内容上的协调一致。这一规范性特质，保证了《指标体系》的科学性。

第二，《指标体系》的内容符合法治社会建设目标。《指标体系》通过层层指标设计，较好地体现了法治社会建设的目标。党的十八届四中全会决定指出，法治社会建设的目标，是要弘扬社会主义法治精神，建设社会主义法治文化，增强全社会厉行法治的积极性和主动性，形成守法光荣、违法可耻的社会氛围，使全体人民都成为社会主义法治的忠实崇尚者、自觉遵守者、坚定捍卫者。[①]《指标体系》一方面注重以人民为中心的法治社会建设途径和方案的设计，引导人民群众成为法治社会建设实践的主体力量；另一方面各项具体的建设指标都与人民群众对法治社会的期望密切相关，追求人民群众对法治社会建设的获得感。

第三，《指标体系》结构层次分明，逻辑清晰自洽。《指标体系》的具体指标设计采用了三级指标模式。其一级指标与十八届四中全会决定关于法治社会建设重点任务的部署相一致，保证了评价指标的内容在全面性和战略性上的科学性。二级指标乃是对一级指标的结构化展开，在充分理解一级指标内涵的基础上，将一级指标分解为几个基本要素。三级指标的设计，则具体落实在工作内容上，而且大多集中于可测量的关键工作任务。层级化的指标设计使得《指标体系》形成了从抽象到具体的逻辑体系，较为全面地反映了法治社会建设的一般工作内容。

第四，《指标体系》是现有多种法治社会建设举措的综合系统。在法治建设一体推进过程中，法治社会建设不是孤立而行的，必须结合诸多相关制度内容。由法治社会概念的丰富内涵所决定，法治社会的外部表征有着多重的指向。相对而言，法治社会更加以文化、风尚、观念的外观呈现于世。为此，若要建立一个能够对法治社会进行量化评估的指标体系，就必须尽可能地以相关制度、路径、举措为基础，通过对已有制度实施的程度和效果设定指数，来反映一地法治社会的建设状况。也就是说，评估体系的具体指标要体现与法治社会建设相关的各项制度要求，将其联结成有机的整体。不难看到，《指标体系》综合了许多现行的相关制度或举措，以系统化的方式把它们联结在一起。《指标体系》未来对这些制度或举措落实情况的检测与考评，不但能够反映一地法治社会建设的状况，同时也可能反向地呈现出某些制度、举措自身及其运行中存在的问题，从而有利于整个社会治理体系的进一步完善与发展。可以说，《指标体系》与其他关于法治

[①] 参见《中共中央关于全面推进依法治国若干重大问题的决定》，人民出版社2014年版，第26页。

社会实践的制度规范形成了必要的、合理的衔接，有利于形成有效的制度合力。

第五，《指标体系》权重配置比较合理，便于测评考核。《指标体系》根据不同指标在当前实践中的重要性和紧迫性、设计者已有的经验、评价对象的现有基础等因素，采用直接赋值法设定各个指标的权重，使得指标设计具有便于理解、易于操作的优势，同时也能使各个指标根据江苏本省的法治社会建设情况即时作出适当的调整，从而避免了以数学计算方式确定权重所带来的僵化固定、难以适应法治社会建设实践变化和社会发展需要的缺陷。

第六，《指标体系》文字表述清晰，具体指标量化程度较高。《指标体系》在文字表述和术语采用上与中央决策层关于社会主义法治建设的一系列重要文件保持了高度一致，文本内容规范易懂，尽可能地避免了用语模糊、标准化程度低的状况。在具体的指标设计上，《指标体系》大量采用数值、比例等标准来量化各项具体目标的实现情况。即使对于主观性较高、难于量化的评价指标，《指标体系》也力求通过社会调查统计的方式，以其他数据表现出来，从而将主观评价客观化，直观、具体地反映人民群众对法治社会建设情况的评价。

第七，《指标体系》结合前瞻性与可行性，对未来实践有直接指导功能。《指标体系》的前瞻性与创新性，不仅体现为江苏省在全国率先就法治社会建设这个领域专门制定评估指标体系，还体现为各级指标建立在对目前实践领域的法治社会建设各项工作充分、准确把握的基础上，进而合理、适度地在工作内容和方式上提出了更高水平的要求。这些指标既不是对现有工作成效和建设水平的简单确认，又不是脱离实践基础条件和建设能力的盲目要求，是现实可能性和目标理想性的统一。

2.《指标体系》的不足

目前，国内学界对法治社会建设量化评估的研究基本空白，这就使《指标体系》缺少必要的理论和方法上的支持，加之《指标体系》推行时间较短，还无法得出长期的实践经验和制度反馈。仅从文本上看，《指标体系》在设计理念、指标内容、指标权重以及末端指标表述等方面还存在一定的优化空间。具体而言，主要表现如下。

第一，法治社会建设的特质有待进一步突出。法治社会范畴中"社会"这一概念是与政治国家、公共领域相区分的，强调的是私人和私权领域的属性，重视的是非官方公共领域的功能。在"法治国家、法治政府、法治社会一体建设"的命题下，法治社会建设的主导主体应当是社会，政府更多承担协助者的职责。然而，《指标体系》在评价指标的设计，特别是三级指标的设计上往往将法治政府建设的指标也作为考评法治社会建设情况的指标，这就难免会对未来的测评考核工作带来指向不明、针对性不强的问题。

第二，一级指标的权重分配有待进一步优化。对一个科学有效的法治社会建设评估体系而言，各项一级指标在意义的重要性和建设任务的工作分量上应当大致均衡，这是法治社会建设在总体布局上统筹规划、各个方面协同推进的必然要求，也是评估体系自身结构协调、布局合理的科学化体现。就《指标体系》目前的设计而言，"推动全社会树立法治意识"与"健全依法维权和化解纠纷机制"两项一级指标占据了一半以上的权重，剩下三项一级指标的权重分配就显得不太协调。尤其是"推进多层次多领域依法治理"和"法治社会建设社会评价"两项一级指标所占权重过小。

第三，部分指标的可操作性有待进一步增强。一个科学的法治社会评估体系，具体的指标设计既要能够有的放矢、反映问题，具备评价的可操作性，又应旨在反映对法治社会建设起到关键作用的环节，防止过于烦琐的碎片化倾向，使指标体系清晰明了又不失完整。[①] 虽然《指标体系》一级指标的设置已经基本涵盖了法治社会建设的各个主要方面，但是《指标体系》的下级指标对上级指标的具体化程度仍显不足，各个上级指标的内涵仍有待于进一步解剖并以细化方式展开。在目前的《指标体系》当中，有部分三级指标表述仍显抽象，量化程度不够，往往以"落实""到位""畅通"等抽象描述词来设定指标，必然导致在未来的评价过程中出现认识不一致、标准不清晰、测评操作困难的后果，也难以体现出法治社会建设工作的具体成效。

[①] 参见徐汉明、张新平《社会治理法治建设指标体系的设计、内容及其评估》，《法学杂志》2016 年第 6 期。

第四，对社会组织主体功能的评价有待进一步强调。社会组织发达，社会组织的活力充分发挥，是社会治理水平得以提升的前提条件，也是法治社会成熟度的直观标准。在设计法治社会建设指标体系时，应当充分突显社会组织在法治社会建设中的主体地位和重要作用。《指标体系》虽然在三级指标中对社会组织有所提及，但这些指标实质上是对与社会组织密切相关的政府职能部门的考核评价，其落脚点不在社会组织本身。《指标体系》既没有将地方社会组织培育、发展、运行的状况作为评价法治社会建设的重要指标，也没有具体地就社会组织参与法治社会建设的成效进行评价，对这项指标所赋予的权重与社会组织在法治社会建设中应有的功用不相匹配。

（三）指标体系施行的成效和困难

2018年5月，全国普法办确定在江苏试行《指标体系》。在《指标体系》的试行过程中，一方面，江苏省各级司法行政部门高度重视，以现有指标设定的工作内容和权重为引领，狠抓落实、注重创新，形成了许多各具特色的地方建设经验。另一方面，在法治社会建设实践过程中也存在一些外部障碍，这为落实《指标体系》带来了不少困难。

1.2018年江苏各地法治社会建设工作亮点择要

在以落实《指标体系》为抓手推进法治社会建设的过程中，江苏许多地方的司法行政部门和其他相关主体充分发挥主观能动性，在《指标体系》设定的规范引领下，采取了诸多有利于落实这一体系的具体举措，形成了各具特色的工作亮点。

（1）江阴：大力发挥社会组织的参与功能

社会组织是法治社会的重要主体要素，担负着社会关系组织化、秩序化的功能。法治社会范畴的一个重要内涵，就是社会组织依法自主管理内部事务，依法主动参与公共事务。[①] 2018年，江阴市十分重视社会组织参与法治社会的建设，积累了可资借鉴的经验。举如，江阴市司法局扶持一家社会组织建立了"香山法治书屋"这一省级法治文化建设示范点，该书屋

---

① 参见黄文艺《法治中国的内涵分析》，《社会科学战线》2015年第1期。

以传播传统文化为公益目标，提供各种相关书籍，广泛开设各类传统文化课程，充分依赖义工的自愿参与，成为一支当地法治文化建设的生力军；再如，江阴本地的多家教育机构、法律服务机构和一些企业联合组成了江阴"德法教育联合会"，该联合会积极举办道德法治讲座，并把公益内容向社会治理领域拓展，积极参与社区公共管理，有效地促进了良好社区风尚的形成。①

（2）靖江：推动司法行政工作与信访工作相融合

随着社会矛盾数量的增加和类型的复杂化，信访乱象频繁出现，干扰了信访制度的正常运行，对社会矛盾纠纷的迅速有效解决带来了不利的影响。因此，实现信访法治化是一项十分迫切的任务。2018年，靖江市主动将司法行政机关的资源融入信访工作之中，形成了司法行政部门与信访部门合力联动的社会治理创新机制。一方面，各司法所以定期、重点、专项等规范手段排查矛盾纠纷，在重要节点和敏感时段进一步关注特定区域、重点人员的矛盾或隐患发展态势，并形成研判报告供信访部门参考；另一方面，通过设立综合接待大厅（窗口），由司法行政部门和信访部门的工作人员共同参与信访接待，充分发挥司法行政部门人员的法律知识储备优势，在对信访群众普法的同时，引导信访人员依法、理性地反映和解决利益诉求，形成了化解信访矛盾的合力机制。

（3）海安：积极将法治教育纳入国民教育体系

十八届四中全会决定明确提出"把法治教育纳入国民教育体系，从青少年抓起，在中小学设立法治知识课程"。② 海安市不等不靠，为落实中央这一精神在日常工作中积极发挥主观能动性。尤其是2018年，海安构建了多方参与、主题明确的青少年法治教育"532"格局，形成了鲜明的海安特色。其中，"5"是指实现教材、师资、课时、计划、考核五落实，以武汉大学出版社出版的《青少年法治教育读本》作为法治课程教材，实现了全市中小学生人手一册。在师资方面，从政法部门中遴选97名优秀干警担任

---

① 参见《江阴积极打造社会组织"1+3"普法新模式》，载江阴宣传文明网，http://www.jyxcc.gov.cn/2018-04/13/content_403022.htm，最后访问日期：2018年12月22日。

② 《中共中央关于全面推进依法治国若干重大问题的决定》，人民出版社2014年版，第26页。

各级中小学校的法治副校长；在授课模式上，各级中小学校每学期安排 10
课时，其中 8 课时由教师授课，2 课时由政法干警进行法治讲座。"3"是指
"学校、家庭、社会"三位一体的教育模式。一方面，海安建立了市、镇、
校三级家长学校平台与信息反馈制度，督促家长参与培育青少年的法治理
念；另一方面，海安司法行政部门每年定期与公、检、法以及教育、团委、
妇联等部门召开联席会议，专题研究青少年的法治教育工作。"2"是指探
索实施校园法治文化建设"双六一"工程，其中"双六一"是指法治文化
阵地"六个一"和法治活动"六个一"。2018 年，海安全市 79 所学校已全
部建立法治宣传栏、青少年维权站等"六个一"法治文化阵地，同时积极
落实每年开展一场法治讲座、一次校外法治基地参观等"六个一"活动责
任要求。

（4）昆山：通过政府购买服务引入第三方参与社会矛盾化解

目前，我国政府的职能转变尚未完全到位，服务市场化处于初级阶段。
这导致"政府的公共服务职能相对薄弱，公共服务供给不足、社会事业发
展滞后、公共服务的供需矛盾尤为突出"。[1] 政府建立起向社会购买公共服
务的机制，将更多的社会管理和社会服务领域向社会组织开放，从而提高
社会公共管理的效益，是提升社会治理水平的重要路径。2018 年，昆山
市在基层人民调解委员会的日常实践中，通过积极向各类社会组织、民办
非企业单位或基金会购买公共服务，大力引入主要由律师群体志愿组建的
具有专业知识、专业技能的社会组织参与人民调解工作，使得医患纠纷、
劳动纠纷、养老纠纷、继承纠纷等大量社会矛盾得到了迅速、有效的解
决，大大降低了社会治理成本，实现了社会矛盾化解的社会化、专业化与
高效化。

2.《指标体系》施行的困难

自《指标体系》在江苏全省范围内试行以来，实际工作中尚存在一些
主客观方面的推行障碍，主要体现为相关部门在落实《指标体系》过程中
存在认知上的偏差，以及现有制度条件和社会条件等因素的客观制约。具

---

① 高小平、王俊豪、张学栋：《政府职能转变与管理方式创新》，人民出版社 2010 年版，第
48 页。

体而言，《指标体系》的推行存在以下几个方面的外部障碍。

首先，法治社会建设的观念条件在短期内难以具备。法治社会应该是法治氛围浓厚的社会，它强调信奉法律的普遍观念、自觉守法的行为习惯、明确的权利意识、理性的思维方式等。只有当人们真正认可了法治的理念，并自觉将法治的理念外化为自己的行为时，法治社会的愿景才可能实现。但是，就目前的现实社会条件而言，法治尚未真正成为一种社会风尚，无论是社会公众还是党员领导干部，法治意识的观念都尚未普遍确立起来。这就反过来对《指标体系》的推行构成了观念障碍。可以预见的是，法治观念的形成是一个缓慢的过程，它依赖于社会政治经济长期稳定的发展，甚至需要经历几代人的时间。因此，法治观念基础形成的缓慢性为《指标体系》的推进工作带来了现实挑战。

其次，社会经济条件的地区差异，使得社会组织参与法治社会建设的程度参差不齐。法治社会这一概念特别强调社会成员作为法治的主体意义，强调发掘社会潜力、激发社会活力、健全社会组织、发展社会事业。[1] 在一定程度上，社会组织的发达程度标示着法治社会建设的水准。目前，不同地区社会组织在法治社会建设中发挥作用的状况，明显与地方经济发展水平和社会组织发达程度成正相关关系。社会组织的蓬勃发展依赖于地区经济的繁荣和民众的富足。在经济发展水平较高的苏南地区，相较而言人们有更充裕的物质条件和更高的责任意识投入社会组织的建立和运行之中，进而以社会组织的形式参与到法治社会建设活动中，发挥了较大的作用。相反，在经济欠发达地区，一方面社会组织较少，法治社会的建设任务主要依靠政府推进；另一方面社会组织缺乏必要的财力基础和专业人才的支撑，无法为当地法治社会建设提供专业化的、有针对性的服务，这也影响了当地法治社会建设的成效。

再次，法治社会建设在各地尚未形成有效的多主体联动推进机制。法治社会建设是一项复杂的系统工程，它依赖党委、政府、学校、基层组织、行业协会甚至社会大众的共同参与，从而形成共建、共治、共享的格局。然而，在各地的法治社会建设实践中，时而出现司法行政部门唱独角戏的

---

[1] 参见刘旭东、庞正《"法治社会"命题的理论澄清》，《甘肃政法学院学报》2017 年第 4 期。

状况，党委宣传部门、有执法权的行政机关、教育、民政、政府派出机构、社会基层组织等对法治社会建设工作的重要性和应负职责存在认识不够的情形，尚未形成不同主体之间的分工、协作、联动的机制，阻碍了法治社会建设工作的整体推进。

最后，在司法行政机关内部，《指标体系》的推进过分依赖于法宣部门。《指标体系》涉及法治宣传教育、多层次多领域依法治理、法律服务体系建设等多个方面，即便在司法行政机关内部，也与几乎所有部门的工作相关联，并不是法治宣传教育部门能够独立担当的任务。目前，司法行政机关的法宣处（科）工作任务重、人员少、压力大、难协调等是各地普遍存在的问题。但在实践中，《指标体系》的落实甚至涉及法治社会建设的许多具体工作都过分依赖于各级法宣部门，导致法宣部门不堪重负。客观上，法宣部门的人事编制与经费是极其有限的，以其相对薄弱的人力、财力来应对繁杂的《指标体系》推进工作，势必会导致小马拉大车的局面，致使《指标体系》本身缺乏应有的行政执行力支撑，从而使得法治社会建设难以在短期内看到成效，也缺乏长期的持续发展机制。

三　网格化社会治理模式的探索

早在 2013 年，党的十八届三中全会决定就已提出，要"以网格化管理、社会化服务为方向，健全基层综合服务管理平台，及时反映和协调人民群众各方面各层次利益诉求"。[1] 在社会治理机制问题上，习近平同志在党的十九大报告中明确要求"加强社区治理体系建设，推动社会治理重心向基层下移，发挥社会组织作用，实现政府治理和社会调节、居民自治良性互动"。[2] 网格化社会治理作为一种技术创新与制度变革相融合的基层治理模式，是一种以细分管理单元、治理资源下沉、数字信息化管理为主要特征的基层治理创新，实现对网格内人、物、事、情的全天候、实时化、动

---

① 《中共中央关于全面深化改革若干重大问题的决定》，人民出版社 2013 年版，第 50 页。
② 参见习近平《决胜全面建成小康社会 夺取新时代中国特色社会主义伟大胜利——在中国共产党第十九次全国代表大会上的报告》，人民出版社 2017 年版，第 49 页。

态化、智能化监控，最终形成一个全方位、多维度、高韧性的现代基层社会治理体系。[1] 2018 年，江苏省在充分理解最高决策层相关精神的基础之上，认真结合本省省情，广泛动员各地市对网格化社会治理模式开展了积极探索，并取得了令人瞩目的成就。

（一）"一体四翼"的新吴模式

伴随经济的快速发展，无锡市新吴区出现了一些新型社会问题，这些社会问题主要为大量外来人口涌入、大规模棚户区改造、大量的劳资纠纷等，给新吴区的社会治理带来很大挑战。2018 年，新吴区坚持"问题导向、服务应用"的工作思路，在广泛调研、充分论证的基础之上，立足本区的社会条件和经济条件，借鉴吸收外地的先进经验做法，探索出网格化社会治理"一体四翼"架构的新吴模式，切实提高了社会治理的水平。

所谓"一体"，是指构建高度契合新吴区"科技引领、创新发展、开放包容"特质的，以"扁平化、全覆盖、预建性、大联动"为主要特点的网格化治理、一体化联动的工作体系。所谓"四翼"，是指建立"四机制""四平台"。

首先，建立社会治理网格化管理机制，研发社情汇聚智能研判信息平台。一方面，该区通过有效汇聚视频监控、周界报警等固定终端技防信息，以及电梯安全、燃气报警、智能充电桩等智能应用传感数据等各类资源，建设"大数据＋云计算"的智能化信息平台；另一方面，整合优化现有管理力量，通过网格员及时、精准掌握基础情况，实现对社区各类异常情势的全覆盖和快速反应处置，实现从被动应对向主动发现的转变。

其次，建立社会诉求联动处置机制，开发社会诉求一体化联动处置管理平台。该区以不替代、不破坏、不新建诉求渠道为前提，对 12345、阳光信访、12348 等各种诉求平台上的数据自动实时抓取和反哺，并进行功能拓展，通过"信息化手段＋行政性工作机制"形成新的扁平化架构，优化部门协同联动，实现对群众诉求的精准、高效解决，做到闭环管理、全程留

---

[1] 参见唐皇凤、吴昌杰《构建网络化治理模式：新时代我国基本公共服务供给机制的优化路径》，《河南社会科学》2018 年第 9 期。

痕、限时督办、追责有据。①

再次，建立专项业务工作信息共享机制，研发贯通专项工作信息平台。该区建成了"四驱促进"的信访积案矛盾多元化解机制和信息系统，充分发挥"党政领导＋牵头单位＋第三方专业机构＋专案化解组"的四驱作用，推行星级评估分级管理和引入第三方参与，延伸了重点人员全覆盖管理、化解过程管控、诉求轨迹分析、涉访预警处置等特色功能，依托社区网格化确保精准稳控的常态化，以联动方式促进积案化解。

最后，建立综治中心三级联动机制，打造社会治理实战平台。该区进一步明确三级综治中心"规范化、智能化、品牌化、实战化"标准，将综治中心作为承载一体化大联动、社区网格化社情汇聚智能研判反应等智能化信息工作平台和各项社会治理机制的实战工作平台，构建全覆盖大联动协同工作网络，发挥"工作平台、研判平台、指挥平台、绩效平台"等多平台融合联动功效。②

（二）"七个一"的海州模式

2018年，为了有效整合公共服务管理资源，切实提高公共服务能力，连云港市海州区按照"打造城市建设服务管理示范区"的要求，制定出符合海州区区情的城市网格化综合服务管理建设方案。其一，该区成立了区级城市网格化综合服务管理中心，为网格化社会治理提供实体支撑。其二，建成了区级城市网格化综合服务管理信息平台，为网格化社会治理提供信息技术支撑。其三，健全城市网格化综合服务管理长效监督考评体系，为网格化社会治理成效的监督考评提供手段支撑。2018年以来，海州区通过不断探索，逐步形成了网格化社会治理"七个一"的海州模式。

第一个"一"是指建立一个组织架构。2018年，该区坚持上下对接和

---

① 参见《一体联动 高效治理——新吴区社会诉求一体化联动处置管理机制的研究与实践》，载无锡长安网，http://www.wxzf.org/news_show.aspx? id＝62151，最后访问日期：2018年12月29日。

② 参见《无锡市新吴区：网格化治理 一体化联动 全面提升社会治理水平》，载人民网，ht-tp://expo.people.com.cn/n1/2018/0124/c416760－29784540.html，最后访问日期：2018年12月29日。

全区联动，形成了"1＋18＋X"的城市网格化综合服务管理架构。"1"是指在区级层面建立城市网格化综合服务管理中心，主要职责是督促协调各镇（街道）、开发区、场、各部门依法履职，解决群众的各类问题和诉求。①"18"是指在镇（街道）、开发区、场层面设立18个实体化运行的服务管理分中心，负责统筹协调、推进网格中的服务管理事项，处理区级服务管理中心下发的工作指令、自身巡查发现的问题以及其他交办的事项。"X"是指在社区成立若干城市网格化综合服务管理工作站，工作站由党员骨干、业委会、小区物业、驻区单位、志愿者等社会力量组成，对社区内的群众诉求和矛盾纠纷进行及时处理。

第二个"一"是指梳理一份事件清单。该区按照"职责法定、权责一致、边界清晰、运行高效"的要求，梳理形成一份包含"6＋5"大类的事件和部件责任清单。其中，事件清单由各职能部门按照法定职责自行梳理，统一汇总报区政府审定后，以正式文件形式下发。部件清单则通过对全区范围内各类部件进行分类摸底、编码和普查形成，从而做到人、地、物、事、组织等信息清晰明了，为精准、快速、及时处置事项提供支撑。

第三个"一"是指搭建一个服务管理平台。首先，该区依托综治信息系统建立统一的服务管理平台，在服务管理中心信息平台的基础上，针对各级领导、巡查员、网格长和各职能部门开发不同的APP。其次，针对社会公众开发一个微信公众号，鼓励群众开展"随手拍"活动，提高平台的智能、高效运转能力，并由区级服务管理中心通过服务管理平台下发工作指令、督导工作进度、反馈工作结果。最后，依托大数据建设，实现对全区"人、地、事、物、组织"为核心的基础数据的实时调取，为高效实战提供强有力支撑，并通过服务管理平台，实现具体事件的集中受理、信息化分拨，使得事件处置更为高效。②

第四个"一"是指夯实一张基层网格。该区构建了"一张网"的网格体系，网格长由村（社区）领导班子成员担任，网格内包括网格指导员、

---

① 参见《连云港海州区建成全市首家智慧城市管理平台》，载百家号，https://baijiahao.baidu.com/s？id=1600786364830893082&wfr=spider&for=pc，最后访问时间：2018年12月30日。

② 参见《连云港海州"智慧城市"管理让城市更美好》，载连网，http://www.lyg01.net/news/lygxw/2018/0715/118718.shtml，最后访问日期：2018年12月30日。

网格专管员和网格参与员。其中，网格指导员是指导力量，由镇街、开发区、场职能部门下沉干部担任；网格专管员是专职力量，主要包括安监、环保、公安、人社、民政、城管、住建等单位人员，协助网格长工作；网格参与员是基础力量，主要包括党员骨干、村（居）民代表、小组长、"两代表一委员"、志愿者以及其他社会力量。

第五个"一"是指建立一支巡查队伍。该区建立了一支直属于区服务管理中心的巡查队伍，队伍中每名巡查员配备移动终端（巡查通）、电动车等设备，通过定岗定责，督促巡查员主动巡查发现问题，按照事件轻重缓急程度和安全系数，建立巡查事项标准化分级体系。在此基础上，对城市网格化综合服务管理中的疑难复杂问题，充分发挥服务管理中心和分中心指挥、协调作用，通过部门联动予以及时处理。

第六个"一"是指建立一套联动机制。首先，该区加强信息数据的分析研判，对民意走向、社会矛盾、安全隐患等趋势变化作出中长期预测，为科学决策提供数据支撑。其次，健全处置调度机制，根据受理的事件类型，及时发出处置指令，实行分级处置。最后，健全情况反馈机制，及时通过平台系统反馈工作情况。该区以这一联动运作机制，打造出信息收集汇聚、分流交办、处置反馈、监督考核的完整流程。

第七个"一"是指制定一套考核体系。该区将考评体系分为两个方面，一方面是针对服务管理中心座席员、巡查员的内部考核，另一方面是针对镇街、开发区、场、各职能部门的外部考核。按照考评体系的要求，通过对各镇街、开发区、场、各部门每月的工作绩效进行考核排名，督促各单位、各部门认真完成任务部署，从而提高了网格化社会治理的质效。

（三）"四个凸显"的南通模式

2018 年，南通市委市政府对网格化社会治理工作高度重视，成立由市委书记、市长担任组长的创新网格化社会治理机制工作领导小组，坚持全局性站位、系统性思维，坚持先行先试、示范引路，紧紧围绕网格划分、人员配备、平台开发、机制建立等四项重点工作，构筑网格化社会治理机制基础架构，形成特点鲜明的"四个凸显"的网格化社会治理模式。

第一，网格组织架构凸显"科学清晰"。首先，该市按照"一张网"全域覆盖、无缝对接要求，由综治会同民政等部门对原有各类网格进行全面梳理整合，形成省定标准网格（含专属网格）15109 个，实施统一编码和管理。①其次，该市以"突出主业、兼顾各方"为原则，落实部门申报、审核准入制度，将纪委、组织、综治、公安、民政、司法、人社、环保、城管、国土、卫计、工商、消防等 28 个部门涉及基层社会服务管理的相关职能整合，统一纳入网格。再次，该市建立市县镇村四级网格办，与同级综治办（综治中心）一体运行，履行牵头组织、任务分派、协调服务、督查指导、考核奖惩等职责，有效整合了综治中心、矛盾调解中心的资源。最后，该市根据"一张网、五统一"要求，统一整合原职能部门用于网格化管理的人力、财力资源，确保整合后的经费全部用于网格化服务管理工作，为网格化管理提供了物质保障。

第二，网格人员架构凸显"规范优化"。首先，该市进一步明确网格化管理的人力配备标准。网格长配备实行一人一格，不得一人多格，城镇社区网格配备"网格长＋专职网格员"，农村社区网格配备"网格长＋兼职网格员"。其次，该市进一步明确职责清单，督促网格长和网格员做好网格内基础信息采集、社情民意收集、政策法规宣传、市容环境维护、便民服务提供、矛盾纠纷和安全隐患排查化解、人口服务管理等工作。最后，该市合理确定网格员工资待遇标准，规定专职网格员的工资待遇要高出当地职工最低工资的 1.5 倍，兼职网格员的待遇每月不低于 200 元，并定期通过考核发放补贴。

第三，网格平台架构凸显"智能实用"。首先，该市按照"市级统建、部门协作、全市通用、个性定制"的建设思路和"建设服从需求、系统重在应用"的工作理念，统一建设社会治理大数据中心和业务系统协作平台，既立足市级顶层设计的站位，统筹考虑技术含量较高的内容，又从基层网格使用者的角度出发，积极打造"流程操作简单化""系统应用'傻瓜式'"的平台应用环境，最大程度为基层网格员减负增效，实现网格平台建设"最实用"。②

---

① 《南通四大基础架构筑实网格化社会治理体系》，载新浪网，http：∥k. sina. com. cn/article_1716182294_664add16020007pjf. html，最后访问日期：2018 年 12 月 30 日。

② 参见《南通四大基础架构筑实网格化社会治理体系》，载新浪网，http：∥k. sina. com. cn/article_1716182294_664add16020007pjf. html，最后访问日期：2018 年 12 月 30 日。

其次，该市一方面充分利用智能应用平台和全要素网格通，全面提升平台使用覆盖面，推进功能模块全应用、手机终端全覆盖、群众参与全程化；另一方面开发建设"南通网格"微信公众号，打通人民群众参与网格化服务管理的直接通道，增加来自群众的网格信息源，发挥群众有效参与和有力监督网格化服务管理的积极作用，实现平台利用"最充分"。最后，该市立足"服务＋管理"总体定位，充分依托信息化手段，聚焦平安稳定主业，紧紧围绕重点人员管控、公共安全监管、社情民意收集、涉黑涉恶犯罪防范打击、安全隐患排查整治和矛盾纠纷排查化解等社会治理重点方面，提高智能平台"综合应用"效能，实现平台应用"最优化"。

第四，网格机制架构凸显"系统创新"。首先，该市制定出培训纲要，定期开展组织轮训，举办骨干培训班、专题研讨班、技能大比武等，构建了系统化、常态化的业务培训机制。其次，该市探索和完善上岗公示、工作例会、AB角岗位等制度，加强岗位安全保密和廉政风险教育，树立网格员队伍的良好形象。再次，该市定期对网格长、网格员采集的信息和巡查走访中发现的问题进行分析研判，及时掌握网格内社会矛盾和社会风险的特点，预测分析发展态势，形成综合研判报告，及时向社会发布风险防范通告，并为党委、政府提出应对社会风险的决策建议，切实提升了社会风险的分析研判能力。最后，该市采用智能为主、人工为辅的方式，充分依托网格化智能应用平台中"网格考勤考核"功能模块，科学设置考核考勤指标内容，使得治理责任更为明确。

（四）"网格化管理＋组团式调解"的吴江模式

目前各地在网格化社会治理实践中更多地将注意力集中于政府服务和公共管理两大领域，没有意识到其实网格化社会治理本身既是法治社会建设的组成部分，也是法治社会建设极其有效的工作平台。2018年，苏州市吴江区率先将法治社会建设与社会治理新机制新手段结合起来，构筑了"网格化管理＋组团式调解"的吴江模式，使得矛盾纠纷得以及时化解，促进了社会的和谐与稳定。

2018年，吴江把全区划分为899个基层网格，每个网格配备巡查员、信息员、村民组长、楼道长等，积极推动人民调解员、兼职调解员"两员"

进网格，通过网格化管理机制提前采集风险信息，进而采取分级处置、对接专调、重点督调等方式，就地化解矛盾纠纷，开创性地实现了纠纷调解与网格化管理的有机融合。一方面，吴江将社会矛盾纠纷信息采集纳入全体基层网格巡查员、信息员的巡查和采集清单，借助全区构建社会治理网格化联动机制的契机，将矛盾纠纷信息收集、上报、预警等工作推到基层治理最前沿，把各类矛盾纠纷"网"在格子里，尽可能实现矛盾纠纷不出"格"；另一方面，吴江要求人民调解员、兼职调解员第一时间对网格内排查出的矛盾纠纷予以调解，真正实现社会治理重心下移。2018 年 5 月以来，吴江 90% 以上的矛盾纠纷实现了网格化精细定位和即时性排查化解，调解成功率达 98%，防止群体性事件 10 余起，信访总量同比下降 5%。①

需要强调的是，除了社会纠纷化解，网格化社会治理作为社会治理创新的重要形式，在法治社会建设领域仍有巨大的制度优势和行动空间，值得各地开动脑筋，充分利用这一治理模式，致力于将社会治理创新与法治社会建设相结合，以期挖掘社会潜力，激发社会活力，为社会治理注入更多的社会主体力量，同时也为法治社会建设提供一个有效的实践依托。

综上可见，2018 年是江苏法治社会建设收获累累硕果的一年。一年来江苏省在法治宣传教育、法治社会建设指标体系以及网格化社会治理等方面取得了巨大的进步。当然，法治社会建设远非一蹴而就，仍需继续以"让法治成为江苏发展核心竞争力的重要标志"为目标，全面加强法治社会建设各领域的理论研究，不断丰富法治社会建设实践经验，进一步推进江苏的法治社会和社会治理实践。

2019 年是新中国成立 70 周年，也是全面建成小康社会、实现第一个百年奋斗目标的关键之年。根据以习近平同志为核心的党中央的战略部署，根据法治社会建设的一般属性与规律，根据江苏省委省政府的总结与细化，2019 年江苏省法治社会建设将围绕以下几方面的工作取得更大的进展与成就。首先，进一步传承和发扬新时代"枫桥经验"，为社会治理创新的持续

---

① 参见《江苏苏州吴江区"大区域""小网格"引领城市区域治理实现共建共享共治善治》，载中国共产党新闻网，http://dangjian.people.com.cn/n1/2018/1026/c420318-30365209.html，最后访问日期：2018 年 12 月 31 日。

发展贡献江苏经验和江苏智慧，推进包括网格化社会治理方案在内的社区治理创新机制，构建更加富有活力和效率的新型基层社会治理体系。其次，按照"一体统筹、分类评价、突出重点、共享共治"原则，整合法治县（市、区）、法治社会考核资源，建立统一的评价体系，进一步完善和落实江苏法治社会建设指标体系的测评工作。再次，重点推进"市域社会治理"，在全省范围内进一步推进"减证便民"行动，探索深化公共法律服务体系建设，试点建立"城市法律服务云"，提高全省市域的治理水平。此外，江苏省在2019年的法治社会建设中预计还将进一步加强智能化建设，加快社会治理信息系统的整合，实现信息资源和基础设施的共建共享、互联互通，从而努力实现基层治理工作的业务融合、数据融合。在此基础上，江苏省会在2019年更加有力地推进弘扬社会主义核心价值观，将法治意识、法治观念、法治习惯、法治文化、法治精神以更加有效的方式推广到社会生活之中，融入全省党员领导干部和广大人民群众的日常行动之中，以促进人人有责、人人尽责的社会治理共同体的形成。

Ⅵ 区域法治发展报告

The Development of Regional Rule of Law Reports

B.13
区域法治发展总报告

王丽惠　倪　斐　孟星宇*

摘　要：　2018年我国区域法治在立法、法治政府、司法等领域的建
　　　　　设取得显著成效。区域立法亮点突出，规划合理；区域法
　　　　　治政府建设目标明确，举措得当；区域司法改革深化，协
　　　　　作取得成效。但仍面临区域立法空间有限，区域行政执法
　　　　　标准不统一，区域司法协作领域较窄等挑战，需进一步发
　　　　　挥区域立法主动性和创新性，规范区域行政执法标准，拓
　　　　　展区域司法协作领域。展望未来，区域法治在营商环境、
　　　　　执法改革、自主创新和生态保护等领域将获得更多的政策
　　　　　支持和发展机遇。

* 王丽惠，中国法治现代化研究院研究员，南京师范大学法学院讲师，法学博士；倪斐，中
国法治现代化研究院研究员，南京师范大学法学院教授，法学博士；孟星宇，中国法治现
代化研究院研究员，南京师范大学法学院讲师，法学博士。

关键词：　区域立法；区域法治政府；区域司法

　　各显各色、协调联动的区域法治发展是全面依法治国的国情基础。推进特色鲜明的区域发展，加强区域协同，促进各要素在区域间更加合理流动，都离不开法治的引领和推动。因此，将区域发展纳入法治轨道，建设法治区域的需求愈益提升。

　　2018 年是区域继续深化、优化发展的年度，体现为东北、华北、华东、中部、西南、西北、华南等地区的主要行政区立法质量大幅提升、法治政府建设积极推进、司法体制配套改革稳妥落实、法治社会共建共享格局形成。在"全国一盘棋"整体部署下，各主要行政区域因地制宜，积极探索法治发展有效路径，总结提炼法治发展经验，区域法治建设特色明显、亮点纷呈。此外，跨区域法治发展进入新阶段。长三角区域一体化驶入"快车道"，长三角一体化被宣布为国家战略；珠三角建立区域一体化先行先试示范区；粤港澳区域建设作为后起之秀异军突起，城乡区域发展格局更加均衡；京津冀协同发展、长江经济带环境保护法治合作、东北地区合力程度加深。2018 年，江浙沪皖"三省一市"明确提出建立"高质量平安法治长三角"并且出台了若干相关规范文件，筹划共同组建合作办公室，推进综合规划、协同立法，迈出了区域法治建设的关键一步。长江经济带 11 省（市）在生态环境法治保护方面形成上下联动、区域协同的高效共建机制。①

一　区域相关立法状况

　　区域法治相关立法状况主要体现在各主要行政区域、跨区域规章设立以及中央立法政策三个方面。

---

　　①　长江经济带 11 省（市）包括：上海、江苏、浙江、安徽、江西、湖北、湖南、重庆、四川、云南、贵州。

（一）各主要行政区域相关法规规章概况

1. 主要省域相关法规规章概况

（1）华南地区

华南地区的广东省、福建省、广西壮族自治区、海南省立法亮点纷呈。福建省审议法规草案 23 项，通过 17 项，听取和审议专题工作报告 18 项。2018 年福建省立法以"绿色发展"为关键词，生态立法成为重头戏，新增审议《福建省大气污染防治条例》《福建省城乡生活垃圾管理条例》，还有涉及生态文明建设和环境保护地方性法规（海域使用管理条例、城市园林绿化管理条例、农业生态环境保护条例、森林条例等法规）的一揽子修改。同时，还将继续审议福建省生态公益林条例。此外，福建省通过立法创新提高立法质量，如《福建省物业管理条例》赋予公共租赁住房承租人准业主地位，在全国省级地方立法中属于首创。①

广东省以保障人民美好生活需要为原则，以"立法为民"为宗旨。2018 年 4 月 19 日，广东省立法工作会议指出，"要坚持立人民需要的法、立管用的法，不断提高立法质量"。② 2018 年广东省立法规划 45 件，具体如下。

继续审议的法规案 7 件：《广东省法制宣传教育条例（修改）》《广东省职业教育条例》《广东省地方志工作条例》《广东省养老服务条例》《广东省防汛防旱防风条例》《广东省铁路安全管理条例》《广东省土壤污染防治条例》。

初次审议的法规案 13 件：《广东省各级人民代表大会常务委员会规范性文件备案审查条例》《广东省实施〈中华人民共和国残疾人保障法〉办法（修改）》《广东省爱国卫生工作条例（修改）》《广东省人才发展促进条例》《广东省实施〈中华人民共和国招标投标法〉办法（修改）》《广东省化妆品安全条例》《广东省固体废物污染环境防治条例（修改）》《广东省红十

---

① 郑昭：《2018 年福建省十三届人大常委会工作综述（上）》，载东南网，http://fjnews.fjse-n.com/2019-01/10/content_21864992.htm，最后访问日期：2019 年 2 月 16 日。

② 《广东省 2018 年立法工作会议召开 李玉妹强调要以习近平新时代中国特色社会主义思想为指导切实加强和改进地方立法工作》，载广东省人大网，http://www.rd.gd.cn/pub/gdrd2012/rdgz/lfjj/201806/t20180612_165088.html，最后访问日期：2019 年 2 月 25 日。

字会条例（修改）》《广东省农村公路条例》《广东省企业职工基本养老保险条例》《广东省全民健身条例》《广东省河道采砂管理条例（修改）》《广东省无线电管理条例（修改）》。

预备审议项目25件：《广东省促进中小企业发展条例（修改）》《广东省深汕特别合作区发展条例》《广东省种子条例》《广东省统计条例》《广东省标准化条例》《广东省实施〈中华人民共和国计量法〉办法（修改）》《广东省版权条例》《广东省航道条例》《广东省各级人民代表大会代表建议、批评和意见办理规定（修改）》《广东省预算审批监督条例（修改）》《广东省城市管理综合执法条例》《广东省政府非税收入管理条例》《广东省行政执法与刑事司法衔接条例》《广东省国防教育条例》《广东省全民阅读促进条例》《广东省公共场所和工作场所控制吸烟条例》《广东省实施〈中华人民共和国反家庭暴力法〉办法》《广东省民用建筑节能条例（修改）》《广东省大气污染防治条例》《广东省建筑废弃物处理条例》《广东省海岛管理条例》《广东省海域使用管理条例（修改）》《广东省饮用水源水质保护条例（修改）》《广东省湿地保护条例（修改）》《广东省河道管理条例》。

（2）华东地区

整体而言，华东地区区域法治发展整体水平较高。2018年，上海市人大常委会审议法规10件，积极推动重点领域立法，涉及消防管理、住宅物业、宗教事务、社会救助、自贸试验区条例等多项内容。[1]上海市《公共数据和一网通办管理办法》施行，提升了政府治理能力和公共服务水平。

2018年浙江省在"放管服"、环境保护和金融管理上进行了颇有成效的改革创新，走在全国前列，出台《保障"最多跑一次"改革规定》，成为全国"放管服"改革领域的首部综合性地方法规，《浙江省地方金融条例（草案）》审议通过，作出了具体的防控金融风险的制度设计。浙江省还出台了《浙江省建设项目占用水域管理办法》《浙江省实施〈中华人民共和国种子法〉办法》《浙江省无障碍环境建设实施办法》等多项法规，对水资源等自

---

[1] 《上海市人大常委会2018年度立法工作计划》，载上海人大网，http://www.spcsc.sh.cn/n1939/n1944/n1946/n2029/u1ai172503.html，最后访问日期：2019年2月16日。

然资源加强保护。

2018 年，江苏省人大常委会审议法规 16 项，立法围绕江苏高质量发展要求，从推动全面深化改革、促进经济转型升级、保障改善民生、保护资源环境、维护社会和谐稳定等方面，发挥引领和推动作用，为建设"强富美高"新江苏提供有力支撑和保障。2018 年江苏省人大常委会审议法规具体如下。

继续审议的项目 3 件：《江苏省实施〈中华人民共和国妇女权益保障法〉办法》《江苏省农村集体资产管理条例》《江苏省城乡生活垃圾处理条例》。

正式项目 13 件：《集中修改〈江苏省大气污染防治条例〉等十七件地方性法规》《江苏省奖励和保护见义勇为人员条例（修改）》《江苏省家庭教育促进条例》《江苏省水路交通运输管理条例》《江苏省广告条例（修改）》《江苏省海洋经济促进条例》《江苏省职业教育校企合作促进条例》《江苏省地方志工作条例》《江苏省不动产登记条例》《江苏省实施宪法宣誓制度办法（修改）》《江苏省人民代表大会常务委员会工作条例（修改）》《江苏省街道人大工作委员会工作条例》《江苏省授予荣誉公民称号条例（修改）》。

（3）华中、西南地区

西南地区是我国精准扶贫的重点区域，四川、云南、贵州等省份都加强了脱贫攻坚领域重点立法，在其他事项的立法上同样四面开花。2018 年，四川省共审议通过地方性法规 26 件，其中新制定 6 件、修改 18 件、废止 2件；批准市（州）人大常委会制定的地方性法规文件 32 件，把省委确定的企业和企业家权益保护条例、自由贸易试验区条例、禁毒条例等 8 件法规项目，纳入立法规划并积极推动立法进程。[①] 贵州省提议审议立法项目 10 件，内容涉及大扶贫、大数据、大生态三大战略行动和乡村振兴、文化教育、公共服务、社会事务管理等方面。具体见表 1。

---

① 陈淋：《四川省人大常委会 2018 年共审议通过地方性法规 26 件》，载四川省新闻网，http://scnews. newssc. org/system/20190111/000936413. html，最后访问日期：2019 年 2 月 16 日。

表1　2018年贵州省人大常委会立法项目

法规名称	牵头起草单位
《贵州省固体废物污染环境防治条例》	环资委、环保厅
《贵州省环境保护条例（修改）》	法制办、环保厅
《贵州省大数据安全监督管理条例》	法工委、内司委、公安厅、大数据局
《贵州省河道管理条例（修改）》	法制办、水利厅
《贵州省无线电管理条例》	法制办、经信委
《贵州省全民阅读条例》	法制办、新闻出版广电局
《贵州省燃气管理条例（修改）》	财经委、住建厅
《贵州省电梯安全管理条例》	法制办、质监局
《贵州省林木种苗管理条例（修改）》	农业与农村委、林业厅
《贵州省宗教事务条例（修改）》	省人大常委会、民宗委

资料来源：课题组根据公开新闻报道和资料自行整理制表。

2018年，湖北省人大常委会着重加大生态保护立法的力度，制定、修订了以下涉及环境和资源保护的法规——《河道采砂管理条例》《天然林保护条例》《大气污染防治条例》，并对涉及生态环境的地方性法规进行全面清理，严格按照上位法要求，对野生动物保护法办法、地质环境管理条例、水污染防治条例等规范进行打包修改，把住生态保护这条红线。《神农架国家公园保护条例》明确规定，在神农架国家公园的严格保护区内违规建设设施的，处50万元以上100万元以下罚款。此外，湖北省人大常委会还通过了《广播电视条例》《公共文化服务保障条例》等法规。湖南省在重点领域地方立法上力度较大，制定和修改湘江保护、高新技术发展、乡镇人大工作、地质环境保护、森林防火、南山国家公园等地方性法规；开展洞庭湖保护、长株潭城市群生态绿心地区保护、环境保护、绿色建筑发展、土壤污染防治、企业和企业家合法权益保护、司法鉴定条例、规范文件备案审查等立法调研。①

---

① 《关于印发〈2018年法治湖南建设工作要点〉的通知》，载法治湖南网，http://www.fzhnw.com/Info.aspx? ModelId＝1&Id＝346951，最后访问日期：2019年2月16日。

（4）华北地区

2018 年，北京市立法以落实城市总体规划，提升首都"四个中心"功能，完善超大城市治理体系，保障和改善民生提供法治保障为目标。2018 年北京市共审议 9 项立法规范，包括：统筹把握居住停车和出行停车、有偿使用和共享利用、当前需求和长远规划等重要关系的实际情况，继续审议机动车停车条例草案；围绕加强非机动车管理，保障道路交通安全，审议非机动车管理条例草案；围绕规范客运市场秩序，保障乘客安全，审议查处非法客运若干规定草案；围绕加强危险废物管理，保护和改善环境，保障人体健康，审议危险废物污染环境防治条例草案；围绕规范小型食品业生产经营行为，保证食品安全，审议小型食品业生产经营规定草案；围绕加强非物质文化遗产的传承和保护，审议非物质文化遗产条例草案；围绕落实新版北京城市总体规划，发挥规划的战略引领和刚性管控作用，审议修订城乡规划条例草案；根据 2017 年全国人大常委会关于生态和环境法规专项清理的工作要求，审议关于修改《北京市大气污染防治条例》等七部地方性法规的决定，对大气污染防治条例、水污染防治条例、水利工程保护管理条例、森林资源保护管理条例、实施防洪法办法、实施种子法办法、实施野生动物保护法办法等法规进行修改；根据全国人大常委会关于实行宪法宣誓制度决定的修改情况，审议关于修改《北京市国家工作人员宪法宣誓组织办法》的决定，对北京市国家工作人员宪法宣誓组织办法进行修改。[1] 2018 年河北省人大审议法规草案 13 项，涉及经济建设、生态建设、社会建设、保障民生等领域，加强推进京津冀协同发展战略、行政执法监督、文明行为促进等重点领域立法。[2]

除以上列举省份立法状况以外，2018 年其他各省份立法也可圈可点。许多省份根据区域情况，制定了颇具特色的省级立法。例如陕西省 10 部门联合印发《关于鼓励和规范互联网租赁自行车发展的实施意见》，推进互联网自行车规范管理，引导公众文明使用互联网租赁自行车，切实解决出行

---

[1] 《北京市人大常委会 2018 年工作安排》，载北京市人大常委会门户网站，http://www.bjrd.gov.cn/zdgz/zyfb/gzjh/201803/t20180305_181018.html，最后访问日期：2019 年 2 月 16 日。

[2] 《河北省人大常委会 2018 年立法计划出炉》，载河北新闻网，http://hebei.hebnews.cn/2018-02/08/content_6774536.htm，最后访问日期：2019 年 2 月 8 日。

"最后一公里"问题。甘肃省出台《治理高价彩礼推动移风易俗的指导意见》遏制高价彩礼，努力塑造文明婚嫁新风尚。

2.主要市域、县域相关法规规章概况

2018年，主要市、县探索建立地方立法新机制，良法善治渐入佳境、地方立法得到进一步规范。2017年底国务院颁布《行政法规制定程序条例》，各地区根据该条例，加强行政立法的程序性要求，推进了立法的科学化与民主化。除了省级"规范政府立法活动的法"陆续出台外，市县也加强对立法程序规范化的管理。例如2018年6月，《威海市政府立法工作责任制规定》出台，针对一些部门立法积极性不高、职责不明确、沟通不顺畅、征求意见不规范，推诿扯皮、敷衍塞责等问题，厘清部门在政府立法工作中的职责，强化责任落实。黑龙江省哈尔滨市建立了立法联系点制度，并在立法联系点的选聘方式、工作内容以及相关保障方面作出具体规定。2018年12月，《连云港市公众参与政府立法办法》对起草阶段公众参与的具体方式、参与时限，特别是对起草阶段的专家论证、涉及公众重大利益的必须听证等参与方式进行了明确。

此外，市、县逐渐填补因地区立法空白、修订等情势变迁导致的立法滞后问题，及时回应地方立法需求。例如2018年通过的《南京市国家公祭保障条例》，以地方立法的形式保障公祭活动顺利进行。武汉颁布《未成年人保护条例》，规定未成年人担任视频直播网站主播须征得父母同意，所有学校将设家长代表参与校园欺凌多方联合处置工作小组。

（二）跨区域相关法规规章概况

2018年，各省份也相继出台了一系列法规规章，促进区域一体化发展。例如，2018年长三角区域合作有了实质性突破，江苏省、浙江省、安徽省、上海市分别出台了《江苏省人大常委会关于支持和保障长三角地区更高质量一体化发展的决定》《浙江省人大常委会关于支持和保障长三角地区更高质量一体化发展的决定》《安徽省人大常委会关于支持和保障长三角地区更高质量一体化发展的决定》《上海市人大常委会关于支持和保障长三角地区更高质量一体化发展的决定》。2018年珠三角进行了区域一体化体制创新，广东省人民政府出台《设立广东省创建珠三角"中国制造2025"国家级示范区专责工作组的通知》，统筹推进创建珠三角"中国制造2025"国家级示范区各项工作。珠三角区域、京津冀区域在市场经济要素流动、公共基础服务共享等领域持续深化，已在既有区域影响力基础上产生一定的区域辐射能力，实现了本区域与其他区域联动合作发展。

2018年，京津冀地区共出台区域协作法规规章9部，主要内容涉及区域合作机制、公共文化服务、种业发展、人才流动、投资贸易、医疗卫生等方面。以发展视角观察，近几年京津冀区域合作不断深化，法规规章出台数量2017年、2018年达到高峰（见图1）。2018年，河北省将全面推进京津冀协同发展战略，水污染防治条例、机动车污染防治条例被列为京津冀协同立法重点项目。

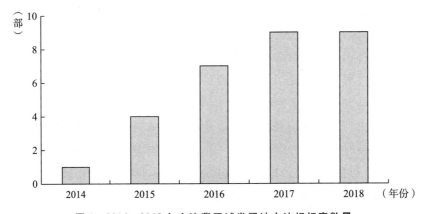

图1　2014～2018年京津冀区域发展地方法规规章数量

资料来源：课题组根据北大法宝地方性法规数据库统计、分析制作完成，余同。

2018年，长三角区域合作一体化程度加深。江苏省、浙江省、安徽省、上海市人大常委会分别出台了《支持和保障长三角地区更高质量一体化发展的决定》，其中江苏省、浙江省明确长三角区域建设的推进路径应以"上海进一步发挥龙头带动作用，苏浙皖各扬其长"为重心，提出"共同把长三角建设成为我国发展强劲活跃的增长极、全球资源配置的亚太门户、具有全球竞争力的世界级城市群，为推动长三角地区更高质量一体化发展、更好引领长江经济带建设、更好为国家发展大局作出贡献"。从历史发展来看，近几年长三角区域一体化的地方法规规章数量并不多，但在2017年与2018年出现了明显增长，区域合作进一步加强（见图2）。

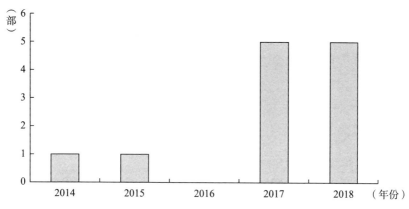

图2　2014~2018年长三角区域一体化地方法规规章数量

2018年，珠三角区域一体化主要围绕统筹推进创建珠三角国家资助创新示范区先行先试工作展开。从历史发展来看，近几年珠三角区域辐射范围逐渐扩大，云南省、四川省、贵州省等先后印发地方法规规章，构建泛珠三角格局（见图3）。

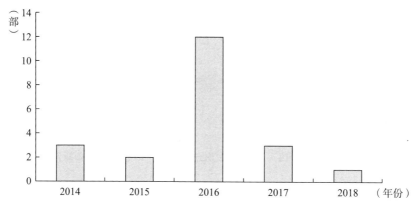

图3　2014~2018年珠三角区域一体化地方法规规章数量

2018年，东北地区出台区域相关的地方法规规章1部。从近几年的发展情况看，东北地区区域一体化的地方法规规章数量居各区域之首，尤其是2017年（出台21部）与2016年（出台12部）数量较多，体现出东北各省份实施国家新一轮东北振兴战略的情况（见图4）。

2018年，（环）渤海地区没有出台区域相关的地方法规规章。从近几年的

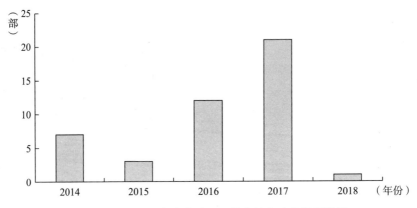

图4　2014～2018年东北地区一体化地方法规规章数量

发展来看，（环）渤海地区出台的地方法规规章内容主要是合作发展、粮仓科技示范工程和渔业管理，区域合作紧密程度相较其他区域偏低（见图5）。

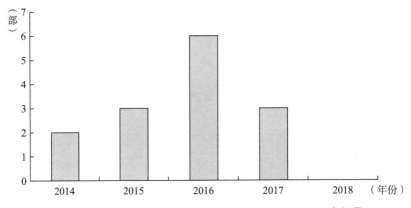

图5　2014～2018年（环）渤海地区一体化地方法规规章数量

2018年，长江经济带出台区域相关的地方法规规章5部。从历史发展来看，近几年长江经济带区域发展的立法合作较为瞩目，地方法规规章内容主要是综合立体交通、生态环境整治、区域经济发展等，区域整合不断加强（见图6）。

2018年，粤港澳地区没有出台区域相关的地方法规规章。从历史发展来看，粤港澳地区出台的地方法规规章最少，仅2016年广东省教育厅出台了1部联合性文件，除此之外，近几年都没有出台相关区域合作的地方法规规章。

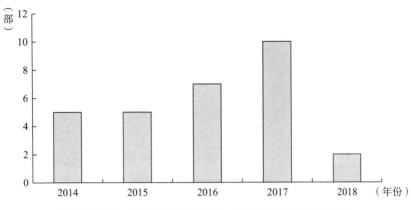

图 6　2014～2018 年长江经济带一体化地方法规规章数量

（三）跨区域相关中央法规规章与政策概况

从中央法规规章、规范性文件来看，国家对统筹区域协同发展的立法越来越重视，近年围绕区域发展的相关立法也明显增加，已有整体性加强区域发展、促进区域合作的明确法规政策，有《京津冀协同发展规划纲要（2015）》、《长江经济带发展规划纲要（2016）》、《国务院关于深化泛珠三角区域合作的指导意见》（国发〔2016〕18 号）、《国家发展改革委员会关于印发环渤海地区合作发展纲要的通知》（发改地区〔2015〕2310 号）、《国务院关于依托黄金水道推动长江经济带发展的指导意见》（国发〔2014〕39 号）、《国务院关于晋陕豫黄河金三角区域合作规划的批复》（国函〔2014〕40 号）等。2018 年 11 月 5 日，在首届中国国际进口博览会上，长三角一体化被宣布为国家战略。

关于区域的中央立法政策的考察，以国务院出台的规范性文件为主。2018 年，国务院出台的有关区域的规范性文件 9 部①，主要集中于区域基础设施建设、环境执法、经济贸易发展、技术创新、自然资源保护、知识产权保护、区域合作等方面。从立法发展比较来看，2018 年区域规范性文件

---

① 统计时间为 2018 年 1 月 1 日至 12 月 20 日，统计的是以京津冀、长三角、珠三角、东北地区、长江经济带、环渤海、粤港澳等有影响力、初步形成一体化格局的区域为内容的国务院法规、规章和规范性文件。

更加具有宏观统筹性，主要是关于空气环境治理、基础设施补短板和贸易创新发展的。在特定区域方面，东北地区、京津冀地区是区域立法的主要板块。2018年，国务院各部门出台的有关"区域"部门规章、规范性文件、工作文件共14部（见图7）。

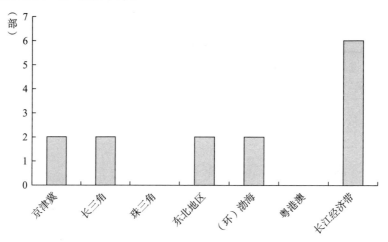

图7　2018年国务院出台的关于各区域的部门规章、规范性文件和工作文件等数量

从历史比较来看，有关区域发展的国务院规范性文件和部门规章、政策等在近几年逐渐增多，2017年、2018年的数量最多，均为14部，2015年只有5部（见图8）。

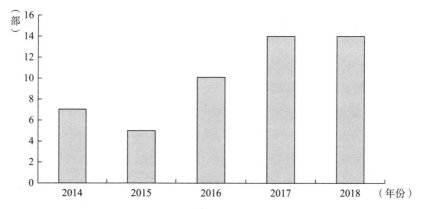

图8　2014～2018年区域相关的国务院规范性文件、部门规章、政策数量总计

从区域比较来看，2014～2018年的五年中，京津冀和长江经济带相关的国务院规范性文件、部门规范最多，皆为 14 件，充分体现出两个地区协同发展战略部署。不过整体而言，关于区域发展的中央层面规范性文件、政策并不多，区域相关立法滞后于区域一体化的实践。

城乡区域立法方面，2018 年出台了多部关于乡村振兴的立法政策。2018 年颁布了两项重要文件即《中共中央、国务院关于实施乡村振兴战略的意见》（中发〔2018〕1 号）和《中共中央、国务院印发〈乡村振兴战略规划（2018—2022 年）〉》。在此基础上，国务院出台了乡村振兴规范性文件 1 部，国务院各部门出台乡村振兴规范性文件、工作文件等 8 部，内容主要是关于城乡教育、医疗卫生、基本公共服务的均等化发展和乡村经济发展的，具体统计见表 2。

表 2　2018 年国务院及其各部门关于乡村振兴的规范性文件、政策文件

序号	规范性文件、政策文件名称	效力级别
1	《国务院办公厅关于全面加强乡村小规模学校和乡镇寄宿制学校建设的指导意见》（国办发〔2018〕27 号）	国务院规范性文件
2	《国家卫生健康委员会、国家发改委、工业和信息化部等关于印发地方病防治专项三年攻坚行动方案（2018—2020 年）的通知》	部门工作文件
3	《农业农村部办公厅关于印发〈乡村振兴科技支撑行动实施方案〉的通知》（农办科〔2018〕22 号）	部门工作文件
4	《财政部贯彻落实实施乡村振兴战略的意见》（财办〔2018〕34 号）	部门工作文件
5	《审计署关于在乡村振兴战略实施中加强审计监督的意见》（审农发〔2018〕27 号）	部门规范性文件
6	《中共科学技术部党组关于创新驱动乡村振兴发展的意见》（国科党组发〔2018〕36 号）	部门工作文件
7	《商务部关于推进农商互联助力乡村振兴的通知》	部门规范性文件
8	《农业农村部、中国邮政储蓄银行关于加强农业产业化领域金融合作助推实施乡村振兴战略的意见》（农经发〔2018〕3 号）	部门规范性文件
9	《农业部关于大力实施乡村振兴战略加快推进农业转型升级的意见》（农发〔2018〕1 号）	部门规范性文件

资料来源：课题组根据公开新闻报道和资料自行整理制表。

二　区域法治政府建设状况

2018 年区域法治政府建设持续推进，主要体现在主要行政区域以及跨区域法治政府建设两个方面。

（一）主要行政区域法治政府建设状况

1. 主要省域法治政府建设状况

自中共中央、国务院《法治政府建设实施纲要（2012—2020 年）》发布以后，各省份根据该实施纲要陆续出台了本省、自治区、直辖市的法治政府实施纲要。如广东省、山东省、陕西省、河南省、贵州省、四川省、江苏省、河北省等全国大部分省、自治区、直辖市都结合本地情况制定了法治政府实施纲要，全面推进法治政府建设。

（1）华南地区

2018 年，广东省政府根据《广东省法治政府建设实施纲要（2016—2020 年）》（简称《实施纲要》），深化推进法治政府改革与法治政府建设。《实施纲要》是首次以省委、省政府文件的形式，出台部署法治政府建设的重要文件。《实施纲要》确定法治政府的总体目标是："到 2018 年，珠三角地区各级政府率先基本建成职能科学、权责法定、执法严明、公开公正、廉洁高效、守法诚信的法治政府；到 2020 年，全省基本建成法治政府，依法行政工作处于全国前列。"① 广东省建立了法治政府建设情况定期报告制度，各职能部门根据规定积极履行法治政府建设。2018 年广东省司法厅依照"简政放权、放管结合、优化服务"的要求，依法全面履行政府职能，深化行政审批制度改革、大力推行权责清单制度、加强信用监管科学编制制度建设规划、健全重大行政决策机制、严格落实重大行政决策程序等。②

---

① 《广东省法治政府建设实施纲要（2016—2020 年）》，载广东省人民政府法制办公室网站，ht-tp：∥zwgk. gd. gov. cn/006940263/201612/t20161201_683077. html，最后访问日期：2019 年 2 月 17 日。

② 《广东省司法厅关于 2018 年度法治政府建设情况的报告》，载广东省司法厅门户网，http：∥pufa. gdsf. gov. cn/tzgg/201902/t20190213_989761. htm，最后访问日期：2019 年 2 月 13 日。

广东省发改委印发了《城镇管道燃气配气定价成本监审办法》《广东省价格听证目录（2018 年版）》《天然气管道运输价格管理办法》等 15 件规范性文件。同时，制定《广东省发展改革委重大行政执法决定法制审核工作规则》，健全完全行政执法制度；深化投资体制改革，优化投资项目审批流程，夯实信用体系建设数据基础，完善社会信用体系建设。① 此外，广东省住房和城乡建设厅、广东省统计局、广东省工业和信息化厅、广东省市场监督管理局等各职能部门都发布了法治政府建设情况报告。法治政府建设迈入正规化时期，法治政府建设体制机制形成。

2018 年，广西壮族自治区印发了《2018 年全区法治政府建设工作任务（要点）》的通知，要求全区全面推进依法行政，为持续营造"三大生态"、加快实现"两个建成"、扎实推进富民兴桂、奋力谱写新时代广西发展新篇章，提供强有力的法治保障。2018 年，广西壮族自治区制定基本建成法治政府的指标体系，严格执行《广西贯彻〈党政主要负责人履行推进法治建设第一责任人职责规定〉实施办法》，将建设法治政府摆在工作全局的重要位置。②

（2）华东地区

2018 年江苏省围绕深化改革、整合部门资源、推进政务公开等方面持续发力。提出 32 项法治政府建设工作，其中 8 项为重点任务，包括：优化政府组织结构，全面深化机构改革；深化行政体制改革；加强政府规章和规范性文件管理；整合政府部门内部和部门间相同相近的执法职能和资源，归并执法队伍；贯彻落实行政执法程序规范；推进政务公开；深入推进行政权力网上公开透明运行；健全行政裁决制度。此外，转变政府职能、推进行政决策科学民主法治化、加强重点领域立法、依法有效化解社会矛盾等 24 项工作也持续推进。③

2018 年，浙江省法治政府着力于"放管服"领域改革，深化"最多跑

---

① 《广东省发改委关于 2018 年度法治政府建设情况的报告》，载广东省发展和改革委员会门户网站，http：//www. gddrc. gov. cn/zwgk/gggs/ywgg/201901/t20190115_482159. shtml，最后访问日期：2019 年 2 月 17 日。

② 《关于印发〈2018 年全区法治政府建设工作任务（要点）〉的通知》，载广西政府法制网，http：//www. gx-law. gov. cn/gg/46973. jhtml，最后访问日期：2019 年 2 月 15 日。

③ 《江苏省发布 2018 年法治政府建设工作计划》，载中国政府网，http：//www. gov. cn/xinwen/2018-04/04/content_5279812. htm，最后访问日期：2019 年 2 月 16 日。

一次"改革，依法全面履行政府职能。加快"互联网＋政务服务"建设，全面推广"一窗受理、集成服务"，除法律法规对群众和企业办事程序有特别规定的事项外，2018年底前所有民生事项和企业事项实现"一次办结"，其中80%以上的民生事项开通网上办理，50%以上的民生事项实现"一证通办"。全面推行村（社区）代办制，实现省市县乡村五级"最多跑一次"改革全覆盖。全面推进"最多跑一次"政务服务标准体系，持续优化投资项目在线审批监管平台，推广企业投资项目发展改革部门牵头服务制度等，法治政府建设亮点突出。①

（3）华北、西北地区

2018年北京市政府基层法治建设成果亮眼。北京市积极推进"街乡吹哨、部门报到"改革，在16个区169个街乡进行试点，探索建立基层治理的应急机制、服务群众的响应机制、打通抓落实"最后一公里"的工作机制，得到中央深改委肯定。实施城市安全隐患治理三年行动计划，开展城乡接合部100个市级挂账重点地区综合整治，累计治理"三合一"场所和高风险群租房安全隐患2.6万余项。②

天津市出台《政务公开工作要点》，大力推进决策、执行、管理、服务、结果公开，不断提升政务公开的质量和实效，推动转变政府职能、深化简政放权、创新监管方式，具体包括：做好权责清单调整和公开，建立市场准入负面清单信息公开机制，推进公共资源配置领域政府信息公开，推进公益事业建设领域政府信息公开，建立开放统一平台等。

2018年，陕西省开展创建法治政府示范活动，印发《陕西省建设法治政府示范创建活动安排意见》，对示范创建进行部署，召开全省建设法治政府推进大会。明确建设法治政府示范创建最直接的目的是如期实现到2020年法治政府基本建成目标，形成以点带面、上下联动、创优争先、你追我

---

① 《浙江省人民政府办公厅关于印发2018年浙江省法治政府建设工作要点的通知》，载浙江省自然资源厅官网，http://www.zjdlr.gov.cn/art/2018/4/10/art_1228220_685.html，最后访问日期：2019年2月17日。

② 《2019年北京市人民政府工作报告全文》，载北京市人民政府网，http://www.bei-jing.gov.cn/zfxxgk/11B000/zfgzbg33/2019-02-26/content_24b8d320cbd848768fa88cad8e04a5e8.shtml，最后访问日期：2019年2月17日。

赶的法治政府建设良好环境和浓厚氛围，基本建成的法治政府应是比较平衡和比较充分的法治政府。此次创建活动更加全面、深入，2018 年 12 月 18 日，向社会公布了评选的 30 个全省建设法治政府示范单位。[①]

（4）华中、西南部地区

2018 年，湖南省法治政府建设主要从以下几方面展开。第一，加强政府制度建设。开展全省规范性文件管理专项检查，切实推进省直部门和市州政府规范性文件全面清理后的整改。第二，推进政府全面依法履职。深化行政机构和行政体制改革，整合公共行政资源，完善政府部门权责清单，增强政府的执行能力。加快推进"互联网＋政务服务"，完善线上线下服务功能，推行"一号申请""一窗受理""一网通办"。市、县两级政府全面建立政务服务中心，实行政府服务、电子政务、政府信息公开一体化运行。建立健全政府购买公共服务制度。第三，改革创新行政执法。相对集中行政执法权，深入推进相关重点领域综合执法改革试点，支持有条件的地方和领域推行跨部门综合执法，继续在乡镇开展综合执法改革试点。第四，着力化解行政争议。加大行政复议应诉办案力度，完善办案工作机制，增强办案的效率和质量。加大对全省行政复议应诉工作的指导和监督。强化行政机关与司法机关的沟通协调和互动。[②]

2018 年，四川省法治政府建设突出重点、狠抓关键，为推进治蜀兴川再上新台阶提供坚强的法治保障。四川省政府深入推进和完善权责清单制度，积极推进权责清单标准化、规范化建设，促进"两单合一"。各地根据全省统一的清单指导目录，按照"只减不增"原则，确定权责清单，实现同一行政职权事项省市县三级的名称、类型、依据、编码等要素统一。同时，持续深化行政审批制度改革，对应做好中央制定地方实施行政许可事项的取消和调整，全面清理并取消没有法律法规依据的群众、企业办事各类证明，公布证明材料保留清单。着力破解投资项目和建筑施工审批两大难题。

贵州省根据全面履行政府职能、完善依法行政制度体系、健全依法决

---

① 《关于建设法治政府示范创建活动的思考》，载陕西政府法制信息网，http：//www. sxz-ffz. gov. cn/search. html？id = 9722&lmid = 109&masterid = 109，最后访问日期：2019 年 2 月 8 日。

② 《关于印发〈2018 年法治湖南建设工作要点〉的通知》，载法治湖南网，http：//www. fzh-nw. com/Info. aspx？ModelId = 1&Id = 346951，最后访问日期：2019 年 2 月 16 日。

策机制、坚持严格规范公正文明执法、强化对行政权力的制约和监督、依法有效化解社会矛盾纠纷、全面提高政府工作人员法治思维和依法行政能力、组织保障和落实机制8个方面，29项具体任务进行法治政府建设。首先，创新行政执法方式，建立完善行政执法信息收集、部门互联互通和共享机制。探索建立法治建设云平台，完善执法办案系统及信息网上查询功能，强化行政执法信息统计和运用功能，推动行政执法信息化建设。加强互联网政务信息数据服务平台和便民服务平台建设，推进贵州省网上办事大厅应用全覆盖。依法及时办理公民、法人或其他组织根据自身生产、生活、科研等特殊需要提出的政府信息公开申请。其次，推行"互联网+政务服务"，建设覆盖省市县乡村五级的新版贵州省网上办事大厅系统平台，整合打通各级各部门自建政务服务信息系统和专网系统，增强政务服务协同效率，为企业和群众提供更加便捷的政务服务。①

2. 主要市域、县域法治政府建设状况

市域、县域法治政府建设体现在以下几个方面。

第一，积极服务民生，打造便民利民政府。广州住房公积金管理中心出台《广州市住房公积金缴存管理办法》，提出将广州市稳定就业的港澳台居民居住证持有人纳入在职职工范围，可在广州缴纳住房公积金。

第二，推进"放管服"改革，积极转变政府职能，促进市场健康发展。深圳市出台《关于以更大力度支持民营经济发展的若干措施》，支持民营企业缓解融资难融资贵等痛点，营造良好营商环境，助力企业创新创业。厦门市法制局多措并举，为进一步优化营商环境提供坚实法治保障。进一步推进权责清单规范化、信息化和动态化管理，依法公开政府部门权责清单，推动权责清单便利企业、群众办事。建立完善行政许可"全事项、全过程、各环节"相互配套协调的标准体系，以标准化促进行政许可规范化，不断优化政府公共服务。② 2018年，南昌县印发《南昌县第一批"一次不跑"

---

① 《省人民政府关于印发贵州省2018年法治政府建设工作要点的通知》（黔府发〔2018〕11号），载贵州省人民政府门户网站，http://www.guizhou.gov.cn/xxgk/jbxxgk/fgwj/szfwj_8191/qff_8193/201804/t20180417_1114167.html，最后访问日期：2019年2月16日。

② 《厦门市法制局三举措助力工程建设项目审批制度改革》，载福建政府法制信息网，http://fzb.fj.gov.cn/fzdt/sms/201809/t20180914_4503114.htm，最后访问日期：2019年2月15日。

政府服务事项目录清单》和《南昌县第一批"最多跑一次"政务服务事项目录清单》，将"一次不跑"审批模式制度化，并第一时间将23项"一次不跑"事项和63项"最多跑一次"事项清单向广大企业和群众公开发布。2018年12月，为破解"放管服"改革领域存在的问题，深化"互联网+政务服务"，银川市出台了15条措施，对破解"信息壁垒"、市场主体失信治理难、过时法规条款成为改革"绊马索"等问题提出具体应对之策。

第三，国家级新区南京江北新区法治政府先行先试。2018年4月3日，《南京江北新区法治政府建设实施规划（2018—2020）》发布，按照规划到2020年南京江北新区将基本建成职能科学、权责法定、执法严明、公开公正、廉洁高效、守法诚信的法治政府，依法行政和法治政府建设水平处于国家级新区前列，人民群众对法治政府建设满意度达到92%以上。南京江北新区是江苏省第一个、全国第十三个国家级新区，也是国务院明确批复要求法治先行先试的国家级新区。

第四，建立健全多元化纠纷解决机制体制，促进社会和谐发展。杭州市健全完善矛盾纠纷多元化调解机制。进一步推动行政调解与司法调解、人民调解衔接互动机制建设，与市法院联合推进行政调解中心建设。规范行政调解程序，推动提升行政调解能力和水平。以推动仲裁国际化为抓手，做强"跨境电商国际仲裁"品牌，大力推进国际仲裁中心建设，深化与国际商会仲裁院合作，探索建立国际仲裁学院，加快完善网络贸易国际仲裁，提升杭州国际仲裁工作水准。开展网上仲裁实践，努力取得仲裁工作新突破。

（二）跨区域法治政府建设状况

2018年区域法治政府建设主要在协同立法、综合规划、法律规范适用统一、标准制定统一、平安法治、环境执法、放管服等领域开展，体现区域法治政府一体化不断深化发展。长三角、京津冀在法治政府建设上出台的举措较多，尤其是长三角地区法治政府建设机制体制形成且组建了协作机构。2018年区域法治政府建设主要在以下重点领域展开。

1.跨区域综合规划、立法协同和标准统一实质性推进

上海市、江苏省、浙江省、安徽省"三省一市"分别制定的《支持和

保障长三角地区更高质量一体化发展的决定》提出共同组建长三角区域合作办公室，发挥其统筹谋划、综合协调和督促落实作用，并且在各省市重要议题、规划和政策措施出台上进行区域综合规划，逐步做到"标准协同、监管协同"；同时各省市人大执行《关于深化长三角地区人大工作协作机制的协议》，优先安排推动长三角区域一体化发展的立法项目，推进立法工作协同常态化。2018 年 6 月，司法部出台《关于全面推动长江经济带司法鉴定协同发展的实施意见》，指出，长江经济带 11 省（市）统一司法鉴定管理体制是改变长期以来司法鉴定管理理念差异、区域分割、体制不顺问题的需要，由司法部司法鉴定管理局牵头、11 省（市）司法厅（局）参加，成立长江经济带司法鉴定协同发展工作组，推动适用统一鉴定标准，组织开展联合执业检查和文书质量评估等，有效促进了司法鉴定职能的发挥。

2. 跨区域平安法治亮点突显

2018 年 5 月 26 日，沪苏浙皖四地政法系统在上海召开长三角政法系统推进平安建设、法治建设座谈会，签订了《沪苏浙皖政法协同关于推进更高质量平安长三角法治长三角建设总体方案》，力求突破行政区划壁垒和行政体制约束，实现区域法治和政法合作。[①] 长三角政法系统加强区域合作的工作目标是：坚持联动融合、开放共治，加强创新和协作，建立更加完备、更加便捷、更加有效的政法系统区域合作协调发展机制，逐步形成"政策措施共商、平台载体共建、风险隐患共防、突出问题共治、政法资源共享"的工作格局，打造国家平安建设区域协同样板区，为长三角更高质量一体化发展创造安全稳定的社会环境，提供公正高效的法治保障。

3. 跨区域"放管服"一体化深度展开

2018 年北京市推出"京津冀"人力资源服务协同标准政策[②]，"三地协同标准"是落实京津冀协同发展战略部署、促进三地人力资源市场互联互通的重要途径，将有利于为京津冀区域打造公平、透明的人力资源服务业

---

① 余东明：《长江生态司法保护：发挥龙头效应加强区域协作》，载中国法院网，https://www.chinacourt.org/article/detail/2018/06/id/3367482.shtml，最后访问日期：2018 年 12 月 6 日。

② 《北京市人力资源和社会保障局关于贯彻实施人力资源服务京津冀区域协同地方标准的通知》（京人社市场发〔2018〕129 号）。

营商环境，为广大群众提供优质高效的人力资源服务。交通部办公厅、上海市政府办公厅、江苏省政府办公厅联合出台《关于协同推进长三角港航一体化发展六大行动方案》（交办水〔2018〕161号），提出深化供给侧结构性改革，统筹协调推进港航内河航道网络化、区域港口一体化、运输船舶标准化；实现信息资源共享、航运中心建设联动；推动形成上海国际航运中心、舟山江海联运服务中心和南京长江区域性航运物流中心联动发展的格局。

4.区域环境执法保护绿色发展

2018年4月26日，习近平总书记在武汉主持召开深入推动长江经济带发展座谈会，为新时代推动长江经济带发展作出重要战略部署，并将生态环境保护作为重点任务。湖北省成立了长江经济带绿色发展十大战略举措指挥部和专项举措指挥部，制定具体实施方案、路线图、任务书，开展明察暗访和督办检查，加强长江经济带生态环境保护力度。①5月11日，湖南省出台了《关于坚持生态优先绿色发展深入实施长江经济带发展战略大力推动湖南高质量发展的决议》，要求加强长江流域专项整治，落实《洞庭湖生态经济区规划》，继续实施湘江保护和治理"一号重点工程"，推进农村人居环境综合治理等。

三　区域司法发展状况

2018年区域司法发展持续深化，主要体现在各主要省域司法发展以及跨区域司法发展两个方面。

（一）主要省域司法发展状况

2018年全国主要省域司法发展情况如下。

首先，积极推进司法体制综合配套改革。湖南省高级人民法院联合省人民检察院、省公安厅、省国家安全厅、省司法厅印发《〈关于推进以审判

---

① 《湖北省人民政府办公厅关于成立湖北长江经济带绿色发展十大战略性举措指挥部和专项举措指挥部的通知》（鄂政办函〔2018〕67号）。

为中心的刑事诉讼制度改革的实施意见〉的通知》，落实省委深化改革领导小组的部署。河北省高级人民法院与省人民检察院、省公安厅联合印发《关于办理拒不执行判决、裁定刑事案件若干问题的指导意见（试行）》，依法及时有效打击拒不执行判决、裁定犯罪，维护司法权威和法律严肃性，决战决胜"基本解决执行难"。河北省委办公厅、省政府办公厅印发《关于进一步完善执行联动机制构建综合治理执行难大格局的意见》，旨在切实解决执行难问题，保障人民法院生效裁判及其他法律文书的执行，实现当事人合法权益，维护法律尊严。海南出台法官惩戒办法，经海南省委全面深化改革领导小组司法体制和社会治理改革专项小组 2018 年第二次会议审议通过，《海南省法官惩戒实施办法（试行）》已印发全省各级人民法院实施。这标志着海南法院司法体制改革又向前迈出了坚实一步。

其次，推进公益诉讼，加强司法合作，发挥司法促进社会发展的功能。浙江省检察院和省食药监局制定《关于加强食品药品安全领域公益诉讼工作协作的意见》，明确规定双方建立日常信息交换、重大情况通报、案件线索移送、专业支持等四大协作机制。食药监部门应积极配合检察机关调查核实有关证据，协作加强诉前检察建议的整改落实。对检察机关提起行政公益诉讼的，食药监部门要积极应诉和参加庭审，被诉部门负责人应当出庭应诉。食药监部门在诉讼过程中应继续推动问题整改落实。检察机关依法提起民事公益诉讼的，食药监部门应积极配合，协助做好证人、鉴定人出庭等工作。此外，该规定还就双方协作加强建议工作、加强协作保障、建立联席会议、业务培训和研究协作、宣传联动机制等事项做了明确规定。湖南省出台《湖南省人民政府关于支持检察机关依法开展公益诉讼工作的意见》，支持检察机关依法开展公益诉讼工作。明确指出，各级行政机关负责人不得插手、干预检察机关依法开展公益诉讼工作，要积极支持检察机关排除、抵制不当干预，相关情况要纳入党风廉政建设主体责任检查内容。各有关行政执法单位要完善行政信息共享机制，为检察机关获取行政执法信息和数据提供便利条件，对于检察机关调阅执法案卷、档案和其他资料，调查了解情况、收集证据要大力支持和配合。有关部门要与检察机关、审判机关一同研究建立健全民事公益诉讼生态环境损害赔偿制度。黑龙江省委办公厅、省政府办公厅正式印发《关于支持检察机关依法开展公益诉讼工作的意见》，黑龙江省委全面深化改革委员会第 1 次会议审定了《黑龙江省人民检察院关于检察建议宣告、公告的规定》。11 月 8 日，黑龙江省检察院召开新闻发布会，就此两部规范性文件进行解读和宣传。

此外，多省司法机关出台司法服务举措，保障民营经济高质量发展。江苏省检察院发布了《关于充分发挥检察机关职能作用服务保障民营企业发展的意见》，进一步细化了具体的服务和保障措施，为全省检察机关办理涉企案件提供了具体办案和监督指引。湖南省司法厅出台《关于充分发挥职能作用为民营企业发展营造良好法治环境的实施意见》，共拟定 24 条支持和服务民营企业发展的具体措施，要求全省各级司法行政部门主动聚焦民营企业发展中的难点、痛点、堵点，担当作为，靠前服务，发挥司法行政职能作用，助力湖南民营企业在优质的法治氛围、优良的营商环境中发展壮大。据悉，这是湖南司法行政部门助推湖南高质量发展的又一举措。山东省检察院印发《关于充分发挥检察职能依法服务和保障民营经济高质量发展的意见》，要求该省检察机关开辟办理涉民营企业和民营企业家案件和信访的"绿色通道"，为民营企业和企业家寻求法律咨询、司法救济等提供便捷高效的服务，努力做到涉及民营企业的各类诉求"一次就办好"。

（二）跨区域司法发展状况

1.跨区域司法合作新发展

2018 年是最高人民法院支持区域合作发展的重点年，发布司法服务和保障意见、多例典型案例促进区域合作。最高人民法院将依法保障区域协调发展、可持续发展等国家重大战略顺利实施，服务京津冀协同发展、长江经济带发展、雄安新区建设作为 2018 年工作要点。① 最高人民法院第二巡回法庭提出为新时代东北振兴提供强有力的司法服务和保障。② 最高法还积极推动党和国家政策的区域司法落实，如最高人民法院出台《关于深入学习贯彻习近平生态文明思想为新时代生态环境保护提供司法服务和保障

---

① 最高人民法院关于印发《2018 年人民法院工作要点的通知》（法发〔2018〕3 号）。
② 邹涛：《贺小荣在最高法院二巡回点工作座谈会上强调立足改革发展大局 履行巡回审判职能 为新时代东北振兴提供强有力的司法服务和保障》，载最高人民法院网，http：//www.court.gov.cn/zixun-xiangqing-124431.html，最后访问日期：2018 年 12 月 6 日。

的意见》（法发〔2018〕7号），指出"加大京津冀及周边、长三角、汾渭平原等重点区域的大气污染纠纷案件审理力度，为打赢蓝天保卫战提供坚强司法后盾"。

2018年，区域司法在司法合作实践、人才共享、要素流动上也有新的发展。2018年5月，《沪苏浙皖政法系统关于推进更高质量平安长三角法治长三角建设总体方案》中提出建立互补共赢的区域政法队伍建设和人才培养交流合作机制，建立区域政法干部交流轮岗挂职机制，促进法律适用标准统一、推动重点领域执法司法合作、加强跨区域法律服务和惠民便民合作、推进司法体制改革深度合作、开展重大法治问题联合攻坚。① 2018年7月9~10日，长江沿线11个省（市）检察院负责人在武汉召开长江经济带检察工作座谈会，要求深化跨区域合作。7月22日，最高人民法院印发《关于进一步加强人民法院队伍建设基层基础工作的实施方案》的通知，要求"推行上下级法院之间、东西部地区法院之间、京津冀法院之间法官的挂职锻炼、交流任职机制"。

区域司法协助体制机制探索建立。2018年11月28日，第十届长三角地区人民法院司法协作工作会议召开，出台了《关于全面加强长江三角洲地区人民法院司法协助交流工作的协议》，协议围绕强化重大案事件防范处置合作机制建设、深化司法执行联动协作机制建设、加强跨区域司法服务协作机制建设、探索创新跨区域司法大数据应用工作机制、建立促进法律适用统一的互动交流机制、建立司法体制改革深度合作工作机制、加强区域服务保障大局经验交流合作机制等提出了8个方面26条任务措施，为更高质量一体化发展提供更加优质的司法服务和保障。②

在城乡区域司法服务方面，2018年最高人民法院出台《关于为实施乡村振兴战略提供司法服务和保障的意见》，并确定人民司法工作坚持农业农村优先发展，加大对乡村地区司法资源投入力度，提高乡村司法服务的覆

---

① 《四地政法系统齐聚上海签署推进更高质量平安长三角法治长三角建设总体方案》，载上海政法综治网，http://gov.eastday.com/renda/tyzt/pafzcsj/index.html，最后访问日期：2018年12月8日。

② 《建设更高质量法治长三角》，载新浪网，http://sh.sina.com.cn/zw/c/2018-11-29/detailzw-ihpevhcm2622356.shtml，最后访问日期：2018年12月8日。

盖面和便利性，着力维护农民权益，助推城乡融合发展和破除城乡交易壁垒等。江苏省人民法院印发《关于精心打造高质量司法服务和保障江苏高质量发展走在前列的实施意见》，要求妥善审理涉及农村承包地、宅基地"三权分置"案件，完善农村基本经营制度，促进农村土地制度改革；加强对农业高新技术研究开发、农业科技创新和科技成果转化的司法保护；妥善审理破坏农村社会秩序、扰乱农村市场秩序等刑事案件。

不过，区域司法合作尚处于探索起步阶段，全方位、多格局的区域司法合作模式仍未形成。从合作内容来看，区域司法合作仅在生态环境保护领域形成了广泛覆盖网络，除此之外的领域只是小范围联动，而且大部分合作领域仍属空白，如网络执法、金融借贷、刑事案件等区域司法合作缺乏。

2.跨区域司法合作重点领域

生态环境保护的区域司法合作全面铺开。2018年5月，沪苏浙皖四地检察机关签署《关于建立长三角生态环境保护司法协作机制的意见》，决定建立日常工作联络、信息资源共享、案件办理、研讨交流以及新闻宣传等5项司法协作机制，共同打击破坏生态环境的犯罪。[1]6月，"长三角环境资源司法保护论坛"在上海合作组织国际司法交流合作培训基地举办，上海、浙江、江苏、安徽12家法院共同签署《长三角环境资源司法保护协作备忘录》。[2]2018年10月，辽宁、吉林、黑龙江及内蒙古"三省一区"生态环境资源保护检察机关区域协作座谈会在长春召开，会议深入贯彻落实习近平总书记在深入推进东北振兴座谈会上的重要讲话精神，加强生态环境和资源保护跨省区检察协作，促进东北振兴。[3]此外，2018年9月，河北省承德市、辽宁省朝阳市、内蒙古自治区赤峰市共同签署《关于建立跨区域生态环境保护检察司法协作机制的意见》，深化了华北东北地区生态环境保护

---

① 彭波：《加强司法协作 合力保护长江》，《人民日报》2018年6月20日第19版。
② 江跃中：《开展跨区域司法协作》，载新民网，http://newsxmwb. xinmin. cn/shizheng/szt/2018/06/02/31393308. html，最后访问日期：2018年12月9日。
③ 《东北三省一区生态环境资源保护检察机关区域协作座谈会在长春召开》，载法制网，http://www. legaldaily. com. cn/index/content/201810/21/content_7671852. htm? from = singlemessage&isappinstalled = 0，最后访问日期：2018年12月9日。

司法协作。①

最高法、最高检也积极统筹推动区域环境司法保护的协作。2018年7月，最高人民检察院出台《关于充分发挥检察职能作用助力打好污染防治攻坚战的通知》。2018年11月，最高法发布10起人民法院环境资源审判保障长江经济带高质量发展典型案例，成为继2017年最高法公布10起人民法院为京津冀协同发展提供司法服务和保障参考性案例之后又一次公布专门促进区域司法发展的典型案例，并成为区域环境司法审判的重要指导。

知识产权保护的区域司法合作加强。2018年9月，北京市高级人民法院发布《关于加强知识产权审判促进创新发展的若干意见》，提出"统一知识产权裁判标准规则体系建设，为京津冀一体化发展提供司法保障"。10月，渤海地区的青岛、东营、烟台、潍坊、威海、日照六市中级人民法院签订了《关于跨区域知识产权司法保护协作的框架协议》，协议内容包括：加强送达保全和执行协作，建立相互委托代为送达、调查取证、采取保全措施、财产执行的快速协作通道；加强巡回审判、诉调对接等，合力加强知识产权保护。②

多元化纠纷解决的区域司法合作体制机制初步探索。2018年北京市高院出台《北京法院在线调解工作办法》（京高法发〔2018〕134号），规定"立足京津冀一体化建设和首都国际化发展需要，适应互联网时代的必然要求，进一步促进多元化纠纷解决机制的信息化发展，创新在线纠纷解决方式"。多元化纠纷解决机制区域合作的构建，丰富了当下中国多元化纠纷解决体制，为提供更加高效、便捷的纠纷解决创造了条件。

海事法院推出跨区域司法合作。上海海事法院是管辖江苏、上海地区海事海商纠纷案件的专门法院。2018年，上海海事法院先后与江苏省盐城市中院、南通市中院签署了在案件管辖、巡回审判、涉外商事海事审判、

---

① 《河北承德市、辽宁朝阳市、内蒙古赤峰市检察院联合建立跨区域生态环境司法保护检察司法协作机制》，载最高人民检察院门户网站，http://www.spp.gov.cn/spp/zhuanlan/201809/t20180904_392503.shtml，最后访问时期：2018年12月23日。

② 闫继勇、于军波：《服务创新驱动发展战略，山东六地法院签订跨区域知识产权司法保护协议》，载中国法院网，https://www.chinacourt.org/article/detail/2018/10/id/3551673.shtml，最后访问日期：2018年12月13日。

执行工作、诉调对接、交流合作等方面开展交流与协作的司法合作协议，共同为长三角区域一体化发展等国家战略提供海事司法和服务保障。①

海上丝路和自贸区司法协作拉开序幕。2018 年 10 月在浙江舟山召开了海上丝路暨自贸区建设与检察工作研讨会。沪、津、浙、粤、闽、琼六省（市）检察机关联合发布了自贸检察的《舟山宣言》，标志着自贸试验区法治保障区域合作进入新的探索创新阶段。六省（市）检察机关将通过共同建立自贸检察工作平台、共同推进资源共享、共同办好一批案件、共同开展理论调研、共同培养一批人才等，全方位推进区域自贸检察工作合作，共同打造重点突出、协同发展、优势互补、合作共赢的中国特色"自贸检察"。②

四 区域法治发展面临的挑战与对策建议

从主要行政区域法治以及跨行政区域法治发展情况来看，当前的区域法治在实践中仍面临挑战。

（一）主要行政区域内法治发展

1. 省域县域法治发展面临挑战

就省域法治发展而言，主要存在三方面问题。一是地方立法重复现象突出。地方性法规重复是指地方性法规条文在表述上直接援用了上位法条文，或者地方性法规条文在内容上与上位法基本一致。③产生这一现象的原因一方面在于上位法日益详尽的规定，另一方面在于我国单一制的政治体制以及与之相伴的省级地方立法机关的谨慎。省级地方立法机关通常选择尽量避免创新，因为任何创新都可能带来风险，产生越界的问题，而在篇

---

① 《服务保障长三角区域一体化发展战略 上海海事法院推出跨区域司法合作"组合拳"》，载中国上海海事法院网，http://shhsfy.gov.cn/hsfyytwx/hsfyytwx/xwzx1340/hfzx1441/2018/11/28/2c93809966f248d50167598274e56626.html，最后访问日期：2018 年 12 月 13 日。

② 《张军对海上丝路暨自贸区建设与检察工作研讨会作出批示要求 加强区域协作为推进自贸区建设提供有力司法保障》，载检察宣传文化网，http://jcwh.spp.gov.cn/jcwh/gcsy/201810/t20181027_396891.shtml，最后访问日期：2018 年 12 月 16 日。

③ 参见俞祺《重复、细化还是创制：中国地方立法与上位法关系考察》，《政治与法律》2017年第 9 期。

章结构、条文表述上跟着上位法走会安全得多。[1] 二是存在地方立法与上位法冲突的现象。地方性法规与上位法冲突主要指地方立法机关在起草地方性法规时可能为解决本地区特有的客观情况，在条文表述或者指导原则上与其上位法存在冲突，包括地方性法规对上位法已有明确规定的内容作出相反的规定，或者变相限缩、扩大上位法的既有内容。三是以破坏法治为代价发展地方经济。部分省域存在以破坏法治为代价发展经济的问题，如破坏环境发展经济、GDP 数据造假，追求官员个人晋升等问题。

就县域法治发展而言，现阶段我国县域法治建设仍处于起步阶段，其治理体系和治理能力与迅速发展的县域经济社会现状还很不相称。具体问题表现在两方面。一是存在不依法行政现象。当前，县域法治建设中政府不依法行政现象突出，例如，某些县域通过印发文件直接指定某农险作为全县唯一的小麦承保机构，影响了保险机构作为市场经营主体参与公平竞争的市场秩序；通过发布公告明确本行政区域内企业参加相关项目招投标准入条件之一，限制了域外有关企业参与域内相关工程业务招投标的竞争，不利于促进相关市场充分竞争；通过印发文件在招标项目中指定招标代理公司，违反了《反垄断法》第 32 条，构成滥用行政权力排除、限制竞争行为；在组织公立医疗机构药品、耗材采购过程中，为全县乡镇医疗机构药品耗材的配送选定唯一配送企业，违反了《反垄断法》第 32、37 条，排除、限制了竞争等。[2] 二是司法资源紧张。2018 年最高人民法院出台《关于为实施乡村振兴战略提供司法服务和保障的意见》，提出将加大对乡村地区司法资源投入力度。但现阶段，我国县级司法机关"案多人少"问题仍然突出。

2. 省域县域法治发展对策建议

针对省域法治发展存在的问题，建议如下。第一，充分发挥地方立法自主权。针对地方立法重复问题，需要由全国人大常委会明确"不抵触"和"地方性事务"的标准，划定地方立法机关可以自由活动的范围，充分发挥地方立法机构的自主立法权，形成央地立法体制的动态平衡。[3] 第二，

---

[1] 参见向立力《地方立法发展的权限困境与出路试探》，《政治与法律》2015 年第 1 期。

[2] 相关素材来源于原国家发改委价格监督检查与反垄断局官方网站。

[3] 参见俞祺《重复、细化还是创制：中国地方立法与上位法关系考察》，《政治与法律》2017 年第 9 期。

恪守法制统一原则。一方面需要下位法保持一种谦抑性态度，尊重并依据上位法制定地方性法规；另一方面上位法也必须充分考虑到现实的客观情况，及时修订和完善相关立法规定，为下位法处理应对各种复杂的社会事务提供立法空间和法律依据。① 第三，增强法治观念，树立正确的政绩观。针对地方政府以破坏法治为代价发展本行政区域内经济的突出问题，地方政府要坚持增强科学发展能力，树立正确的政绩观，在经济社会发展的实践中贯彻落实创新、协调、绿色、开放、共享五大发展理念。

针对县域法治发展存在的问题，建议如下。第一，严格公正文明执法。县域法治政府建设必须运用法治思维与法治方式来实现县域内的科学立法、严格执法、公正司法、全民守法，引领改革发展破障闯关，推动民生改善和社会公正，在法治化的制度安排下用好权、履好职、有作为。第二，强化监督和行政问责。完善人民政协对政府工作民主协商、民主监督制度，加强各专门机关监督，加强司法监督，加强公众监督和舆论监督，通过公布权力清单等方式推进政务公开，进一步对有令不行、有禁不止、行政不作为和消极作为、失职渎职、违法行政等行为进行严格问责，积极创造条件让人民群众更好地了解政府运行、更广泛地参与政府管理、更直接地监督政府行为。第三，有效推进司法资源下沉。加强巡回审判、社区法律咨询、宣传及讲座、诉前调解及指导、常规化的便民诉讼服务等司法资源下沉活动。司法资源下沉应坚持集中审判与专业审判相结合原则。②

3. 特定行政区域法治建设面临的挑战

在区域法治发展的过程中，国家级新区、国家级综合改革试验区、自由贸易试验区等肩负社会发展使命的区域发挥着重要的价值。截至 2018 年底，中国国家级新区总数共有 20 个③，新区的建设已初显规模。国务院批准了系列国家级综合改革试验区，涵盖不同的主题，如开发开放、统筹城

---

① 参见郭胜习《地方立法与"三法"的冲突与协调》，《西部法学评论》2018 年第 4 期。
② 参见王亚明《司法资源下沉的实证分析与理性思考——以基层法院为视角》，《上海政法学院学报》2012 年第 3 期。
③ 20 个国家级新区包括：上海浦东新区、天津滨海新区、珠海横琴新区、重庆两江新区、浙江舟山群岛新区、兰州新区、广州南沙新区、陕西西咸新区、贵州贵安新区、青岛西海岸新区、大连金普新区、四川天府新区、湖南湘江新区、南京江北新区、福建福州新区、云南滇中新区、哈尔滨新区、长春新区、江西赣江新区、河北雄安新区。

乡、新型工业化道路探索、资源型经济转型等，此外还有区别于综合试验区的金融试验区、华侨试验区等。当前特定行政区域法治建设面临的挑战主要集中在以下三个方面。

一是不同国家级新区之间立法不平衡现象突出。不同新区政府对法治建设的投入和重视度存在差别（见图9）。

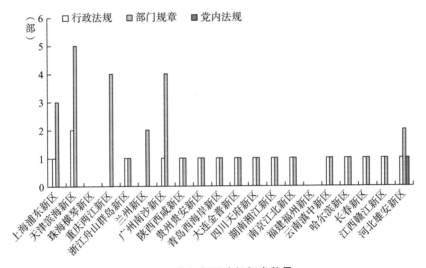

图9　国家级新区法规规章数量

二是区域法治创新切入点难以把握。在国家规划层面，给予了区域一定的政策先行试验权利，各地区可以在权利范围内充分发挥先行先试权利，去除一些限制相关产业发展的障碍，但这种创新的切口要适当，不能过小也不能过大。① 切入点过大，容易增加聚集经济投资的风险；切入口过小，又起不到创新所带来的红利。

三是区域发展差异大，经验的复制受限制。上海自贸试验区对融资租赁企业监督管理办法的创新和突破，与该区域经济发展和司法实践的需求相关，对于其他区域而言不能忽略现实背景而盲目复制该经验。

4.特定区域法治建设提升建议

首先，应当充分发挥区域法治建设的自主能动性。区域内的法治化发

---

① 参见薄文广、殷广卫《国家级新区发展困境分析与可持续发展思考》，《南京社会科学》2017 年第 11 期。

展不能被动等待国家政策的专门化照顾。国家在批准划定特殊区域时,已经下放了其区域内的特殊权限,因而在发展过程中,区域需要充分发挥权限范围内的能动性,谋求更积极主动的发展空间。其次,要增强区域法治发展的内在动力,探索有效创新。区域法治的发展需要探索出区域内部的自发性,才会具备持久动力。结合区域发展特点,在绿色科学发展的理念指导下,尊重市场发展规律,给予市场合理的自由空间,激发区域发展的市场动力。在此基础上,结合发展中的切实需要,寻找适当的切入点,在法治允许的权限内进行相关革新。最后,区域法治创新应立足于本地实际。不为创新而创新,创新思路可以借鉴其他区域的成熟经验,但在应用的过程中不能脱离区域的现状盲目套用。

(二)跨行政区域的法治协同

区域规划快速发展带来跨行政区域间经济活动联系紧密,但矛盾问题也逐渐凸显,各个行政区划内部原有地方立法难以应对跨省域的问题。

1. 跨行政区域法治协同发展中的立法问题

跨区域性经济社会问题的解决离不开立法协调。自 2006 年辽宁、吉林与黑龙江签订《东北三省政府立法协作框架协议》到近年来京津冀区域的协同立法,目前已形成了紧密型、半紧密型和松散型的协作立法模式(见表 3)①,在立法数量上也呈整体增长趋势(见图 10)。

表 3 现行协作立法模式及成果

协作立法模式	协作立法模式特定	实际立法成果
分散型协作立法模式	对于各个省份有共识的其他项目,由各省份单独立法,结果区域内共享	《北京市大气污染防治条例》
半紧密型协作立法模式	对于共性的立法项目,由一省份牵头组织起草,其他省份予以配合	《河北省大气污染防治条例》
紧密型协作立法模式	对于备受政府和群众关心的重点立法项目,区域内省份组成联合工作组,协作立法	《酉水河保护条例》

---

① 参见王腊生《地方立法协作重大问题探讨》,《法治论丛》2008 年第 3 期。

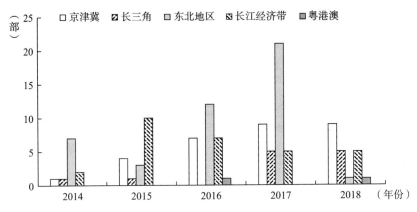

图 10　2014～2018 年跨省域地方法规规章数量

目前跨行政区域协同立法的动力机制、立法方式和立法领域仍面临不少挑战。一是在动力机制上，跨区域联合立法内容受不同行政区域政府力量对比影响。例如京津冀区域一体化进展缓慢，区域内治理主体的积极性和自主性不足，协同立法依赖于国家公权力的强力推进。① 二是跨区域协同立法缺乏上位法依据。跨区域联合立法虽然在理论上与实践上都具有必要性，但我国《立法法》没有对区域协同立法加以规定。跨区域政府间的合作协议以及宣言其对缔约主体的拘束力主要源于政府的诚实信用原则，存在长效性与规范性不足的弊端，很难满足区域发展长远化的要求。② 三是在立法领域，虽然区域一体化地方法规规章数量增加，但主要停留在利益关系冲突矛盾较少、各方利益较为一致的领域，如环境保护，而涉及各个行政区划内部根本利益的产业转移以及基础设施的一体化等方面的立法则较少。

2．跨行政区域法治协同发展中的执法问题

跨行政区域执法问题主要表现在以下几个方面。一是跨行政区域联合执法管理机构不健全。目前，跨区域联合执法工作的管理与协调多采用行政主体间的联席会议进行协商加以确立，但是联席会议作为会议协商的机制不可避免地面临着缺少强制力和责任追求机制的弊端，强制力以及权威性的缺乏使得联席会议很难担起各方利益协调的重任。二是跨区域联合执

---

① 叶必丰：《区域经济一体化的法律治理》，《中国社会科学》2012 年第 8 期。
② 叶必丰：《区域合作协议的法律效力》，《法学家》2014 年第 6 期。

法中的执法标准统一性问题。跨区域协同立法发展的不完善使得区域联合执法中难免遇到缺乏法律依据的问题，行政区划内部的法律法规存在的差异性，使得执法工作很难找到统一的标准和准则贯穿区域内的各个行政区划。

3. 跨行政区域法治协同发展的完善建议

在跨区域立法上，首先，应当在坚持法制统一原则和维护地方法治的多样性中寻找到合理的黄金分割点，在同当地的经济发展水平以及对实际情况相适用的前提下允许区域进行一定程度的联合立法。[①] 其次，由全国人大或国务院授权设立专门的跨区域法律委员会负责跨区域立法的立项和合法性审查工作，解决跨区域内立法的碎片化和地方化问题。最后，统一跨区域执法标准。加强区域执法沟通，加强对现有执法人员的培训，提升执法人员法治能力。

五　区域法治发展的展望

区域法治发展是全面推进依法治国战略的重要组成部分。区域法治发展中形成的创新性探索对于全国的法治推进具有重要意义。中共中央、国务院在对雄安新区的支持意见中指出，新区的发展要"坚持高点站位、统筹谋划。坚持问题导向，在重点领域和关键环节改革创新上集中发力，争取早日取得实效"，"坚持大胆探索、先行先试。坚持敢为天下先，坚决破除不合时宜的思想观念、条条框框和利益藩篱，根据新区实际情况和特点，推动各领域改革开放前沿政策措施和具有前瞻性的创新试点示范项目在新区落地、先行先试，为全国提供可复制可推广的经验"。[②]区域法治今后的发展，将呈现以下几个特点。

第一，不断优化区域营商环境，凸显区域法治建设核心竞争力。营商环境是建设现代化经济体系、促进高质量发展的重要基础，是一个地区市

[①]　朱苏力：《当代中国的中央与地方分权——重读〈论十大关系〉第五节》，《中国社会科学》2004 年第 2 期。

[②]　《中共中央 国务院关于支持河北雄安新区全面深化改革和扩大开放的指导意见》，载中国政府网，http://www.gov.cn/zhengce/2019 - 01/24/content _ 5360927.htm，最后访问日期：2019 年 1 月 27 日。

场环境、政务环境、法治环境、社会环境等的综合体现。持续优化营商环境，是一个地区吸引要素集聚的关键，最终影响地区发展的进程。① 营商环境的优化，为地区的经济发展提供了优良的经济基础，而经济的高质量发展是法治优化的坚实基础。尊重市场规律，调动市场活力，限缩政府行政范围，鼓励产业转型，推动科技创新等都是优化营商环境的有效举措。

第二，继续深化"放管服"改革，积累区域服务型法治政府建设经验。特定区域在法治建设中围绕中央改革精神，形成的具有创新性的法治行政举措，将为其他区域乃至全国政府管理体制改革提供宝贵经验。以南京设立的"智慧南京"中心为例。该中心整合了近百个部门单位的数据和近300项服务事项，融合线上信息系统和线下服务窗口，使85%的事项全程可以网上办理，实现了"不见面审批"。"不见面审批"已成为江苏的一张亮丽名片，是"放管服"改革的一大突破。

第三，积极发挥区域优势，为自主创新提供法治保障。创新是区域发展的持续动力所在。当前我国经济正处在转变发展方式、优化经济结构、转换增长动力的攻关期，保持经济平稳运行、促进高质量发展，必须更好发挥创新引领作用。② 特定行政区域内的资源具有统一规划性，在区域发展的新兴和转型阶段，切实加强对创新的重视，能够为区域发展提供具有持续自发性的动力，为法治的推进提供更为坚实的经济和科技基础。

第四，探索"无废城市"建设，加强区域生态环境法律保护和治理。2018年12月29日国务院办公厅印发《关于印发"无废城市"建设试点工作方案的通知》。"无废城市"是以创新、协调、绿色、开放、共享的新发展理念为引领，通过推动形成绿色发展方式和生活方式，持续推进固体废物源头减量和资源化利用，最大限度减少填埋量，将固体废物环境影响降至最低的城市发展模式。③ 为实现这一目标任务，2019年将制定更科学有效

---

① 裴相春：《优化营商环境 推动高质量发展》，《北海日报》2018年12月27日第7版。

② 《李克强在国家科学技术奖励大会上的讲话》，载中国政府网，http：//www.gov.cn/premier/2019-01/08/content_5355891.htm，最后访问日期：2019年1月25日。

③ 《国务院办公厅关于印发"无废城市"建设试点工作方案的通知》，载中国政府网，http：//www.gov.cn/zhengce/content/2019-01/21/content_5359620.htm，最后访问日期：2019年1月25日。

的监管体系，完善收费政策，保障环境公益诉讼的实践性，严格环境执法和问责，实现生态环境的保护和治理工作的法治支撑，切实推动生态环境质量提升。

第五，粤港澳大湾区法治将成为跨区域法治建设样本。2017 年 7 月 1 日，国家发改委会同粤、港、澳三地政府在香港签署《深化粤港澳合作推进大湾区建设框架协议》，粤港澳大湾区建设正式开始。2019 年 2 月 18 日，中共中央、国务院印发了《粤港澳大湾区发展规划纲要》，粤港澳大湾区作为中国对外开放程度最高和经济活力最强的区域之一，将充分利用"一国两制"优势、港澳独特优势和广东改革开放先行先试优势，建设成为世界级城市群和引领国家经济发展及对外开放的重要战略支撑。按照纲要布局，可以预见的是，粤港澳大湾区将在国际科技创新、基础设施互联互通、现代产业体系、生态文明、营商环境以及深化改革、扩大开放、促进合作等领域的法治建设中起到引领全国的试验示范作用。

B.14
京津冀区域法治发展报告

王彦强　孟星宇*

摘　要： 京津冀区域协同发展，是国家战略部署的重要组成，是我国区域法治发展的重心。2018年京津冀区域法治发展得到进一步深化，逐渐形成了以区域协同立法坚固法治统一，以行政协议推动区域协同执法，以协同司法营造法治环境，以合作法治教研增强协同发展软实力的区域法治发展进路。

关键词： 京津冀；协同立法；协同执法；协同司法

京津冀协同发展，是以习近平同志为核心的党中央在新的历史条件下作出的重大决策部署。2014年2月26日，习近平总书记在北京主持召开座谈会，专题听取京津冀协同发展工作汇报，强调实现京津冀协同发展，是面向未来打造新的首都经济圈、推进区域发展体制机制创新的需要，是探索完善城市群布局和形态、为优化开发区域发展提供示范和样板的需要，是探索生态文明建设有效路径、促进人口经济资源环境相协调的需要，是实现京津冀优势互补、促进环渤海经济区发展、带动北方腹地发展的需要，是一个重大的国家战略，要坚持优势互补、互利共赢、扎实推进，加快走

---

* 王彦强，中国法治现代化研究院研究员，南京师范大学法学院副教授，法学博士；孟星宇，中国法治现代化研究院研究员，南京师范大学法学院讲师，法学博士。

出一条科学持续的协同发展路子来。2015 年 3 月 23 日，中央财经领导小组第九次会议审议研究了《京津冀协同发展规划纲要》；中共中央政治局 2015 年 4 月 30 日召开会议，审议通过《京津冀协同发展规划纲要》。从 2014 年 2 月习近平总书记听取专题汇报到中央政治局会议审议并通过规划纲要，经过一年多的时间准备，京津冀协同发展的顶层设计基本完成，推动实施这一战略的总体方针已经明确。纲要指出，推动京津冀协同发展是一个重大的国家战略。战略的核心是有序疏解北京非首都功能，调整经济结构和空间结构，走出一条内涵集约发展的新路子，探索出一种人口经济密集地区优化开发的模式，促进区域协调发展，形成新增长极。

2019 年 1 月 16 ～ 18 日，习近平总书记深入河北雄安新区、天津、北京，实地视察京津冀协同发展情况，再次主持召开京津冀协同发展座谈会并发表重要讲话。习近平充分肯定京津冀协同发展战略实施以来取得的显著成效。他强调，京津冀协同发展是一个系统工程，不可能一蹴而就，要从全局的高度和更长远的考虑来认识和做好京津冀协同发展工作，增强协同发展的自觉性、主动性、创造性，保持历史耐心和战略定力，稳扎稳打，勇于担当，敢于创新，善作善成，下更大气力推动京津冀协同发展取得新的更大进展。过去几年，京津冀协同发展总体上处于谋思路、打基础、寻突破的阶段，当前和今后一个时期进入滚石上山、爬坡过坎、攻坚克难的关键阶段，需要下更大气力推进工作。①

确保京津冀协同发展有序推进、取得预期效果，离不开强有力的法治保障。法治具有权威性、稳定性和规范性，是经济社会健康有序发展的基石。法治能够把好办法、好经验制度化，减少发展阻力，为改革清"路障"，为发展树"路标"，无疑会对科学有序推进京津冀协同发展起到重要引领和保障作用。京津冀协同发展必须坚持法治先行，通过法治建设凝聚发展共识、化解发展矛盾、保障发展秩序。②

---

① 《习近平在京津冀三省市考察并主持召开京津冀协同发展座谈会》，载新华网，http://www.xinhuanet.com/politics/2019－01/18/c_1124011707.htm，最后访问日期：2019 年 1 月 19 日。
② 孟庆瑜、刘显：《筑牢京津冀协同发展的法治基石》，《人民日报》2015 年 8 月 6 日第 7 版。

一 坚持法治统一，推进京津冀区域协同立法

协同立法是推进京津冀协同发展的有力保障。《中共中央关于全面推进依法治国若干重大问题的决定》明确指出，要"坚持立法先行，发挥立法的引领和推动作用"，"实现立法和改革决策相衔接，做到重大改革于法有据、立法主动适应改革和经济社会发展需要"。京津冀协同发展重大国家战略确立之后，京津冀三省市人大积极探索协同立法工作机制，就协同立法定期或不定期开展交流与协作，在理论与实践的结合上力求有所创新，取得了初步成果，一些方面有了实质性突破。

1. 形成并逐渐完善立法协同工作机制，完成京津冀三省市协同立法"顶层设计"

早在 2014 年 5～8 月，京津冀三省市人大常委会和法制工作机构分别就《关于加强京津冀人大协同立法的若干意见（征求意见稿）》进行交流和磋商。2015 年 3 月，三省市在天津市召开京津冀协同立法工作座谈会，并在此次座谈会上形成《关于加强京津冀人大协同立法的若干意见（草案）》。同年 5 月，京津冀三省市人大常委会先后出台《关于加强京津冀人大协同立法的若干意见》。意见明确，三省市将加强立法沟通协商和信息共享，结合京津冀协同发展需要来制定立法规划和年度计划，在立法时要注意吸收彼此意见，要加强重大立法项目联合攻关，要加强地方立法理论研究协作，要加强立法工作经验和立法成果的交流互鉴。与此同时，京津冀协同立法工作机制初步确立，涵盖立法动态通报工作机制、立法规划协调对接机制、重大项目联合攻关立法机制、立法协调例会工作机制、公众参与立法协调机制、法规清理协同机制等方面。①

2017 年 2 月 14 日，京津冀协同立法工作会议在石家庄市平山县召开，三地人大常委会就深入推进京津冀协同立法工作开展协商，原则上通过

---

① 参见《河北省人大常委会积极推进京津冀协同立法 为京津冀协同发展提供法制保障》，载中国人大网，http://www.npc.gov.cn/npc/lfzt/rlyw/2016-09/18/content_1997596.htm，最后访问日期：2018 年 12 月 28 日。

《京津冀人大立法项目协同办法》（以下简称《协同办法》）。同年 3 月，经分别提交各自人大常委会主任会议研究、批准后，《协同办法》开始施行。《协同办法》是根据《关于加强京津冀人大协同立法的若干意见》的规定而制定的。《协同办法》规定，京津冀三方应当按照《京津冀协同发展规划纲要》要求，围绕有序疏解北京非首都功能这一核心，在交通一体化、生态环保、产业升级转移等重点领域，选择关联度高的重要立法项目进行协同。《协同办法》还规定，京津冀三方在拟定五年立法规划或者年度立法计划时，应当将涉及京津冀协同发展重点领域的立法项目优先安排，并且分别提出需要三方协同的立法建议项目。三方应当相互通报立法规划或者计划内容。①

2017 年 9 月 15 日，在天津召开的第四次京津冀协同立法工作座谈会上，讨论并原则通过了《京津冀人大法制工作机构联系办法》（以下简称《联系办法》），分别提请三省市人大常委会主任会议通过，用制度保障促进三地立法协同。《联系办法》明确，京津冀人大法制委员会和常委会法制工作机构是推进京津冀立法工作协同的综合部门。对确定的协同立法项目，京津冀人大法制工作机构要推动本地政府有关部门、人大有关专门委员会和常委会工作机构在调研、论证、修改等环节，与其他两方协调推进工作。每年第四季度召开京津冀人大法制工作机构联席会议，由三方轮流负责召集和组织。为了进一步提升立法协同成效，《联系办法》明确，任何一方可以根据实际需要或者有关方面的建议，临时邀请其他方召开会议，研究立法工作协同中的重点、难点问题。任何一方可以将本地立法项目法规草案，发送其他方征求意见。接受征求意见方要认真研究，及时回复意见。对于本地正在审议的法规草案中的重要制度与其他方存在明显差异的，法制工作机构要及时向对方通报情况、征求意见，必要时可以进行三方会商。此外，《联系办法》对信息通报和学习走访制度也作出了规定，促进共享立法和研究成果，进一步提升青年立法干部的立法工作协同能力和水平。②

---

① 参见《〈京津冀人大立法项目协同办法〉开始施行》，载新浪网，http://news.sina.com.cn/sf/news/flfg/2017-03-22/doc-ifycnpiu9454296.shtml，最后访问日期：2019 年 2 月 13 日。

② 参见《〈京津冀人大法制工作机构联系办法〉原则通过》，载天津人大网，http://www.tjrd.gov.cn/lfjj/system/2017/09/18/030009159.shtml，最后访问日期：2019 年 2 月 14 日。

2018 年 7 月 13 日，京津冀人大立法工作协同座谈会第五次会议在北京召开。三方就《京津冀人大立法项目协同实施细则》（简称《实施细则》）等文件进行了充分的讨论和沟通。

《关于加强京津冀人大协同立法的若干意见》《协同办法》《联系办法》《实施细则》等的先后出台，标志着京津冀协同立法工作机制确立并日趋完善，完成了京津冀协同立法的"顶层设计"，为京津冀协同立法工作的顺利开展提供了制度保障。

2. 京津冀协同立法合作稳步推进，立法实践探索如火如荼

首先，在国家立法层面，包括全国人大及其常委会制定的法律和国务院制定的行政法规。三地人大提出立法建议，为京津冀协同发展发挥立法引领和保障作用，包括"京津冀区域规划法""京津冀区域大气污染防治特别应对法""京津冀区域生态补偿法""京津冀促进产业集群发展法""雄安新区立法""京津冀区域环境保护条例""京津冀基本公共服务均等化促进条例""京津冀交通一体化促进条例""京津冀区域土壤污染防治条例"等多项国家层面的立法。①

其次，在三地人大协同立法层面，在大气污染防治、交通管理、国土保护与治理等领域，三地人大在修订本地区相关条例的过程中，不仅充分沟通、密切协作，积极征求和吸收其他两地人大的意见，实现信息共享，而且还在相关条例中专门设立"联合防治""防治协作"专章，为协同工作的开展提供立法保障。以大气污染防治立法为例，2015 年 1 月 30 日，天津市第十六届人民代表大会第三次会议通过的《天津市大气污染防治条例》中首次将"区域大气污染防治协作"专设一章，并征求和吸收了京冀两地人大的意见。2016 年 1 月 13 日，河北省第十二届人民代表大会第四次会议通过的《河北省大气污染防治条例》，从立法宗旨到规范内容，最大限度地体现协同要求，不仅在制定过程中充分征求了京津两地人大的意见，而且在内容上进行了专门性规定，设"重点区域联合防治"一章，对大气污染

---

① 参见天津市人大法制委员会、天津市人大常委会法制工作委员会《京津冀协同发展立法引领与保障的研究与实践》，载中国人大网，http://www.npc.gov.cn/npc/lfzt/rlyw/2017-09/13/content_2028885.htm，最后访问日期：2018 年 12 月 28 日。

京津冀协同防治问题予以全面细致规范。2018 年 7 月,在北京召开的京津冀人大立法工作协同座谈会第五次会议上,与会人员就三地环保条例、机动车污染防治条例等立法协同工作制定初步方案,展开了充分的沟通和交流。

再次,积极完成法规清理工作,对与京津冀协同发展不相适应的甚至抵触的现行法规及时予以废止,如《河北省儿童计划免疫条例》等。

二 建立区域行政协议,推动区域协同执法

区域行政协议作为地方政府机关推动区域经济一体化的法制安排和法制协调,已成为区域经济一体化进程中运用最为广泛的一种法律治理机制。[①] 自 2014 年京津冀协同发展上升为国家战略以来,区域内行政协议的数量快速增加,涉及的领域不断扩展。

一方面,三地政府积极探索协同机制,三地政府法制机构逐步建立起联席会议制度,并在 2015 年签订了《京津冀政府法制工作区域合作协议》。[②] 确定了不同领域的合作项目计划,为政府立法协同的深入开展奠定了基础。2017 年 11 月,三地在北京召开了京津冀政府法制工作区域协同发展研讨会,进一步明确了三地政府法制工作协同发展的思路和重点。[③] 在这次会议上达成了对加强政府立法协同的共识,建立立法计划协商和信息通报机制,明确立法协作重点领域以及开展立法后评估工作是三地开展协同立法的工作重点。另一方面,三地政府职能部门之间的协同执法、联合执法工作开展得如火如荼,城管、渔政、民政、环保、警务、交通等各个行业、各个方面的协同执法工作稳步开展,有效地优化整合了三地资源、提高了执法工作效率。

例如,在公安机关执法办案协作方面,2017 年 7 月,京津冀警方在北

---

① 叶必丰:《区域经济一体化的法律治理》,《中国社会科学》2012 年第 8 期。
② 参见王桂梅《以思想解放引领政府法制实现新突破》,载中国政府法制信息网,http://www.chinalaw.gov.cn/art/2015/12/15/art_18_86542.html,最后访问日期:2018 年 12 月 25 日。
③ 《京津冀政府法制工作区域协同发展研讨会在京召开 在加强政府立法协同等方面达成共识》,载河北法制网,http://www.hbfzb.gov.cn/detail_sousuo.aspx? t = 23&v = 28117,最后访问日期:2018 年 12 月 27 日。

京举行首次执法办案协作联席会议，审议通过京津冀公安机关法制部门《关于建立执法办案协作联席会议机制的意见》《京津冀跨区域办案协作框架协议》。为贯彻中央关于京津冀协同发展的战略部署，三地公安机关进一步落实京津冀警务协同发展领导小组会议精神，在前期《京津冀警务协同发展框架协议》下，突出法制工作对执法办案引领支撑、协调服务的职能作用，深化法制部门对口合作，不断推进京津冀警务协作向纵深发展。本次会议通过的两个文件固化了"一个平台、两项机制"，即在京津冀三地公安机关间搭建"执法办案协作联席会议平台"，并借助此平台建立完善"长效联络机制"和"跨区域打击犯罪协作机制"。京津冀三地公安机关各办案单位将在法制部门牵动下，以执法办案联席会议为载体，对执法办案过程中出现的新情况、新问题进行及时沟通，打破"个案协作""个体协作"的办案定式，通过分层级、网格化的联络系统，进行便捷有效对接，有的放矢解决办案协作中出现的突出性、瓶颈性问题，对跨区域犯罪案件从追逃追赃、查询抓捕、调查取证等方面，形成有机衔接、相互配合、良性互动、优势互补的运行模式，最大限度发挥区域整体作战的实战效能。[1]

在环保执法方面，2014 ～ 2018 年，京津冀三地每年召开联席会议，共商京津冀环境执法联动重点工作和重大活动环境保障相关事宜，日常协调处理跨区域、跨流域环境污染问题，取得了不错的效果。京津冀三地联席会议明确了三地环保部门将继续深化区域污染联防联控，开展联动执法，共同排查、处置跨区域、流域的环境污染问题和环境违法案件，加大对重点地区、重点行业的执法检查力度，共同打击区域环境违法行为。京津冀三地生态环境部门每年以一个区域为轮值组长，积极开展水污染防治联防联控应急演练，制定了水污染突发事件联防联控工作方案，在龙河、凤河、潮白河等跨界水流域进行突发环境事件应急演练，联防联控机制有效提升了京津冀三地应对突发水环境事件协同指挥与处置的能力。[2]

---

① 《京津冀首次执法办案协作联席会议举行》，载中华人民共和国公安部官网，http://www.mps.gov.cn/n2255079/n4242954/n4841045/n4841055/c5740178/content.html，最后访问日期：2019 年 2 月 21 日。

② 韩爱青：《共享"环境执法信息"京津冀加强联动执法》，载北方网，http://news.enorth.com.cn/system/2019/02/19/036864485.shtml，最后访问日期：2019 年 2 月 21 日。

在民政执法方面，2017年6月29～30日，京津冀三地民政部门在河北召开京津冀民政执法监察联席会第一次会议暨民政执法监察培训班。会上，京津冀三地民政执法部门签署了《京津冀民政执法监察合作意向书》。意向书涵盖工作交流、人员培训、信息共享、执法协同等诸多层面，是三地民政执法部门共同的工作指南和行动纲领。在意向书的框架下，三地民政部门进一步加强信息交流与共享、强化联合执法协同，为协同发展提供更加优质的法治保障。

在城管协同执法方面，2017年12月20日，京津冀三地城管协同执法研讨会在京召开。会上，京津冀三地城管执法部门负责人重点就三地城管执法部门协同执法的组织领导、协作内容、保障机制等进行充分研讨，具体包括加强问题预警、推进交界区域执法联动、推动执法标准逐步趋同、整合三地执法资源手段、统筹部署宣传工作和强化人员交流培训等多个方面。①

三　协作司法，为京津冀协同发展营造良好法治环境

在推进京津冀协同发展过程中，法治是重要保障，司法的作用不可或缺。在京津冀协同发展过程中，一些纠纷可能会进入诉讼渠道，而这些案件的办理，都需要当地法院准确把握服务和保障京津冀协同发展的原则，保证司法尺度的统一，实现审判工作法律效果与社会效果的统一。

对此，为更好地疏解北京非首都功能，服务保障京津冀协同发展，2015年底，北京市高级人民法院、河北省高级人民法院分别出台《北京市高级人民法院关于为落实京津冀协同发展战略提供司法保障的意见》《河北省高级人民法院关于为京津冀协同发展提供司法保障和服务的指导意见》。2016年2月18日，最高人民法院出台《关于为京津冀协同发展提供司法服务和保障的意见》，意见根据功能疏解、产业升级转移等要求，作出了具体规定。如依法惩罚阻挠破坏承接非首都功能重大建设项目的犯罪，确保重大

---

① 《京津冀城管协同执法研讨会在京召开》，载人民网，http://bj.people.com.cn/n2/2017/1221/c233088-31058131.html，最后访问日期：2019年2月21日。

建设项目的顺利开展；及时审理因部分企业搬迁和区域性物流基地、区域性专业市场外迁引发的租赁合同、补偿安置、劳动争议纠纷；依法审理因产业结构调整升级、淘汰落后产能引发的企业重组、破产、强制清算、股东权益纠纷等案件；围绕疏解公共服务功能，妥善审理京津冀公共服务领域的教育文化、医疗卫生、社会保障等民生案件。[①] 2017 年，天津市高级人民法院也根据《最高人民法院关于为京津冀协同发展提供司法服务和保障的意见》和《天津市贯彻落实〈京津冀协同发展规划纲要〉实施方案（2015—2020 年)》，结合工作实际，制定《天津市高级人民法院关于为京津冀协同发展提供司法服务和保障的实施意见》。

并且，三地法院之间加强区域协同，随着三地法院《北京、天津、河北法院执行工作联动协作协议书》《京津冀法院跨域立案工作办法》等规范性文件的签署，建立京津冀法院联席会议制度，在"推进跨区域立案工作，建立京津冀案例库，搭建一体化执行指挥体系，打造三地互联互通、资源共享、标准统一的审判执行平台，推进诉讼服务一体化、审判标准统一化、执行工作联动化"等方面为全国法院提供了协同发展的典型经验。2017 年 6 月，北京法院全辖区及河北、天津两地的 5 家试点法院已实现跨域立案服务，当事人可以就近在这些协作法院的自助立案平台远程"交互"立案。

同时，三地检察机关共同签署《京津冀检察机关服务和保障京津冀协同发展的合作框架意见》和《京津冀检察机关服务和保障京津冀协同发展的合作框架补充意见》等规范性文件，就加强检察办案协作、服务保障疏解北京非首都功能、健全完善便民服务机制、深化办案资源共享、规范检察业务合作、建立常态化调研协作等多个方面作出了具体规定。明确检察机关服务京津冀协同发展的责任感和主动性，加强司法合作，推动信息共享、重大案件通报、调查取证协作、司法文书送达、环境生态保护、跨行政区划案件办理等重点任务措施落地落实。进一步提高司法能力水平，努力为京津冀协同发展创造安全的政治环境、稳定的社会环境、公正的司法

---

① 《发挥司法职能 服务协同发展——人民法院推动京津冀协同发展工作综述》，载中华人民共和国最高人民法院官网，http://www.court.gov.cn/zixun-xiangqing-84102.html，最后访问日期：2019 年 2 月 21 日。

环境、优质的服务环境。①

2018 年，京津冀三地人民法院服务京津冀协同发展取得突出成绩。北京市人民法院围绕实施新一版北京城市总体规划、疏解非首都功能，对有关企业和市场疏解、大棚房整治中的解除租赁、劳动争议、拆迁腾退等案件，依法快立、快调、快审、快执，努力为"疏解整治促提升"专项行动提供司法保障，全年审结相关案件 4095 件。发挥行政审判职能作用，支持行政机关依法履责，保障城市副中心、北京大兴国际机场建设和棚户区改造、中轴线申遗等重点工作、重点工程有序推进；围绕冬奥会、冬残奥会和世园会筹办，建立相关案件专项办理机制，审结涉冬奥会、世园会场馆建设和涉冰雪运动、园艺产业案件 167 件。② 天津市人民法院系统，深化服务保障大局，审结涉外、涉港澳台和涉自贸区案件 633 件，审结金融借款、民间借贷、融资租赁、商业保理等案件 28958 件，审结涉环境资源案件 411件，妥善审理"渤钢系"企业破产重整案件和强制清算案件 189 件。同时服务民营企业发展，优化营商环境，全市法院领导干部深入企业走访调研264 次，与市工商联联合召开服务民营企业发展座谈会，组织开展改善投资环境角色定位大讨论，制定企业家权益保障、民营企业发展等司法服务举措 23 项，审结涉企案件 249860 件，强化产权司法保护。发挥知识产权司法保护主导作用，审结涉"长城葡萄酒"商标纠纷、雅迪电动车专利纠纷等案件 4434 件，保护创新创业成果。③ 河北省法院系统服务雄安新区规划建设和京津冀协同发展，加强对下指导，推动新区法院全面融入管控维稳、政策研究、法治建设等重要工作部署，妥善化解一批涉及新区房屋买卖、规划建设、村民土地争议等重大敏感案件。按照精简、高效、集约、扁平的设置理念，高标准组建雄安新区中级人民法院。依托京津冀法院联席会

---

① 《服务保障京津冀协同发展 三地检察机关会签〈合作框架补充意见〉》，载中华人民共和国最高人民检察院官网，http://www.spp.gov.cn/spp/dfjcdt/201810/t20181001_394315.shtml，最后访问日期：2018 年 12 月 28 日。

② 参见《2019 年北京市高级人民法院工作报告》，载北京市人民政府官网，http://www.beijing.gov.cn/gongkai/jihua/6890/1705880/1573634/index.html，最后访问日期：2019 年 2 月20 日。

③ 《一图读懂天津市高级人民法院工作报告》，载快报网，http://kuaibao.qq.com/s/20190118A15WZA00？refer=spider，最后访问日期：2019 年 2 月 20 日。

议，为协同发展共谋法治良策，审结涉北京非首都功能疏解、京津冀协同发展案件 4.58 万件，涉冬奥会案件 61 件，跨域立案、跨域远程提讯、跨域执行协作等机制取得新进展。服务保障"一带一路"建设，审结涉外、涉港澳台民商事案件 120 件。①

检察机关方面，2018 年，北京市检察机关围绕精心组织实施北京城市总体规划，从条线、区域和专项入手，积极构建"一纵一横多项"检察工作新格局，研究制定《服务保障北京"四个中心"建设和城市总体规划实施方案》，明确 18 项重点工作和 7 个专项工作；围绕以疏解北京非首都功能为"牛鼻子"推进京津冀协同发展，与天津、河北检察机关会签《服务和保障京津冀协同发展的合作框架补充意见》，纵深推进跨区域检察协作。围绕冬奥会、冬残奥会筹办，深入京张高铁等重点建设项目，联合排查安全隐患，开展法治宣传；延庆区人民检察院出台专门意见，强化生态保护，营造赛会优良环境。② 天津市检察机关坚持以新发展理念为引领，主动服务大局，相继出台了服务企业家创业发展的"津检十条"和配套细则，开展形式多样的服务举措，保障经济高质量发展。加强与京、冀检察机关的协作配合，完善服务保障京津冀协同发展合作框架意见，在资源共享、调查取证、环境保护等方面深化合作，共同为京津冀协同发展、雄安新区建设提供司法保障。推动建立"公益诉讼京津冀＋"和"环渤海公益诉讼"机制，加强与行政执法部门的协作配合，共同保护国家利益和社会公共利益。③ 河北省检察机关着力服务京津冀协同发展、雄安新区规划建设和冬奥会筹办工作，深入实施服务京津冀协同发展、保障雄安新区规划建设等工作指导意见，与京津检察机关签署加强司法协作的补充意见，紧紧围绕京津产业转移，依法化解土地征用、房屋征收、利益补偿引发的矛盾纠纷 51起。成立河北省人民检察院雄安新区分院，助力打造法治新高地。积极服

① 参见卫彦明《河北省高级人民法院工作报告——2019 年 1 月 15 日在河北省第十三届人民代表大会第二次会议上》，《河北日报》2019 年 2 月 2 日第 7 版。
② 参见《2019 年北京市人民检察院工作报告》，载北京市人民政府官网，http://www.beijing.gov.cn/gongkai/jihua/6890/1705880/1573639/index.html，最后访问日期：2019 年 2 月 20 日。
③ 陶强：《为京津冀协同发展提供司法保障》，《检察日报》2019 年 1 月 24 日第 4 版。

务冬奥会筹办工作，开展涉奥地区小矿山、小煤窑、小采石厂集中治理专项行动，成立涉奥涉外检察室，提升检察服务水平。[①]

四　合作开展法治宣传教育、法学研究活动，增强协同发展软实力

作为增强京津冀协同发展软实力的重要途径，法治宣传教育工作、法学研究工作应主动适应新的历史任务，认真贯彻落实中央关于京津冀协同发展重大战略部署的具体行动和实际举措，自觉把法治宣传教育、法学研究工作置于京津冀协同发展大局中来谋划、来推进，着力提升服务京津冀协同发展的质量和水平。

2015 年 9 月，京津冀三省市司法行政厅（局）签署包括《京津冀法治宣传教育工作区域合作协议》在内的"1 + 4"合作协议，联合成立"京津冀司法行政协同发展"工作协调领导小组，建立工作协作联席会议制度，标志着三地法治宣传教育工作开启统筹推进模式。三地携手围绕"冬奥会""雄安新区建设"等重大活动、重要契机开展研讨会，成立专家顾问团，主动服务京津冀协同发展。[②] 2017 年 8 月，为深入贯彻落实党中央、国务院决策部署，进一步增强"四个意识"，全面践行新发展理念，充分发挥法治宣传教育作用，努力为雄安新区建设营造良好法治环境，京津冀三地法治宣传教育工作服务雄安新区建设研讨会在河北省保定市举办。此次会议是贯彻落实《京津冀法治宣传教育工作区域合作协议》的具体举措，更是服务和保障雄安新区发展的重要途径。会议强调要充分发挥法治宣传教育的基础性和先导性作用，为京津冀司法行政事业改革发展注入新的动力，力争抓出三地建设的"增长点"，跑出协同发展的"加速度"。会上，京津冀三地司法厅（局）共同签订了《法治宣传教育工作服务雄安新区建设协议

[①]　参见卫彦明《河北省人民检察院工作报告——2019 年 1 月 15 日在河北省第十三届人民代表大会第二次会议上》，《河北日报》2019 年 2 月 2 日第 7 版。

[②]　天津市司法局法治宣传处：《京津冀协同发展背景下的法治宣传教育工作展望》，载天津市司法局官网，http://sf.tj.gov.cn/system/2018/01/19/012298973.shtml，最后访问日期：2018 年 12 月 29 日。

书》，并组织参会人员赴保定市保师附校青少年法治教育基地和河北大学"法律进校园"活动现场进行了观摩学习。①

2018年1月8～10日，天津市司法局、北京市司法局、河北省司法厅在天津市滨海新区开展"学习贯彻十九大精神 谱写新时代法治篇章"京津冀协同发展法治宣传教育活动。活动中，与会人员就法治宣传教育有关工作进行了深入的学习交流。三地在滨海新区文化中心共同举办了"学习贯彻十九大精神 谱写新时代法治篇章"——京津冀打击传销法治文艺演出，为进一步推进三地法治文化创作和交流，营造浓厚的法治文化氛围起到良好的促进作用。②2018年7月31日至8月2日，京津冀三地法治宣传教育骨干培训暨法治文化建设交流活动在北京举办。此次三地法治宣传教育骨干培训，呈现三个特点。一是参与人数最多，总人数超过170人，为历年之最。二是师资力量强。三是京津冀三地法治宣传教育合作实现由量到质的飞跃。充分总结近年合作经验，在新一轮法治宣传教育三地合作中，由成立共同宣讲团队等载体形式层次向共同提升工作理念、加强法治文化建设等深层次发展，进入层次更深、规格更高、互动更强的新阶段，也是京津冀三地法治宣传教育工作的一次整体创新。③

京津冀协同发展、法治建设，同样离不开法学研究的助力，近年来，有关京津冀法治发展的法学研究工作开展得如火如荼，主要表现在三个方面。一是具有专属性的"京津冀协同发展法治问题"研究会的成立。例如，2018年9月8日下午，北京市京津冀协同发展法律问题研究会成立大会暨第一次会员大会在首都经济贸易大学隆重召开。研究会旨在在京津冀区域建设发展中，结合各单位在法学研究、司法实践等方面的人才优势、专业优势、行业优势，以京津冀协同发展过程中的具体法律问题为研究对象，

---

① 《京津冀三地法治宣传教育工作服务雄安新区建设研讨会成功举办》，载天津市人民政府官网，http://www.tj.gov.cn/xw/bum/201708/t20170802_3609010.html，最后访问日期：2019年2月20日。

② 《京津冀协同发展法治宣传教育活动》，载搜狐网，http://www.sohu.com/a/216008492_274663，最后访问日期：2019年2月20日。

③ 《举办骨干培训暨法治文化建设交流活动 提升京津冀三地法治宣传教育整体工作水平》，载中国普法网，http://www.legalinfo.gov.cn/index/content/2019-01/16/content_7747155.htm，最后访问日期：2019年2月20日。

共同探讨、研究、践行，将法学研究与社会实际经济活动相结合，实现法律服务社会、服务党和国家建设。① 二是"京津冀法治发展"专题学术会议的举办。例如，2017 年 10 月 23 日，由中国法学会立法学研究会主办，河北经贸大学法学院、河北经贸大学地方法治建设研究中心承办的京津冀协同发展立法高层论坛的召开。2018 年 11 月 8 日，由北京市、天津市、河北省法学会共同主办，河北省法学会承办、河北大学政法学院协办的第四届京津冀法学交流研讨会在保定隆重召开。2018 年 11 月 25 日，由河北省法学会经济法学研究会、河北省法学会世界贸易组织法研究会、河北省法学会财税法研究会主办，河北经贸大学法学院、"一带一路"商事法律制度研究中心和中国仲裁法学研究会中立专家与诉讼结合专业委员会承办，河北智律律师事务所协办的京津冀法治论坛暨河北省经济法、财税法、世界贸易组织法 2018 年年会在河北经贸大学隆重召开。三是与"京津冀协同发展法律问题"有关的学术论文的发表和科研项目的立项。论文方面，截至2019 年 2 月 20 日，在中国知网上，以"京津冀"作为搜索项，进行"主题"搜索，共搜到法学类文献 468 篇，其中期刊论文 311 篇，核心期刊、CSSCI 期刊论文 69 篇；科研项目如 2018 年北京市市级法学研究课题"京津冀协同发展中的社会法问题研究""京津冀协同监管体系下食品欺诈规制研究"等。

---

① 《北京市京津冀协同发展法律问题研究会成立大会暨第一次会员大会隆重召开》，载首都法学网，http://bjfxh.org.cn/bjfxh/453337/453368/515527/index.html，最后访问日期：2018 年 12 月 29 日。

VII 法治影响力事件

Influence Event of Rule of Law

B.15
2018年中国十大法治影响力事件报告[*]

张　镭[**]

"年度中国十大法治影响力事件评选与发布"是中国法治现代化研究院持续开展的重要项目，自2015年首次发布以来，已经连续发布四年。年度中国法治影响力事件的持续关注和评选发布，已经在法学界、法律实务界和智库领域产生了较为广泛的影响。2018年，该项目在光明日报智库研究与发布中心和南京大学中国智库研究与评价中心联合举办的"2017CTTI-BPA智库最佳实践奖"评选活动中荣获智库最佳活动一等奖。

中国十大法治影响力事件的评选宗旨是：以具有法治影响力的重大事件来观察中国法治发展的社会现实状况，把握中国法治发展的具体路径，揭示中国法治发展的方向。以评选活动促进社会对于当代中国法治发展的

---

* 本报告涉及事件信息内容表述参考了人民日报、法制日报、人民网、新华网、法制网等媒体的报道。

** 张镭，南京师范大学法学院教授、中国法治现代化研究院中国法治国情调查中心副主任，法学博士。

关注和认识，引导社会法治共识的形成。

评选事件选取的标准如下。第一，社会影响力。入选事件应当在社会上产生过广泛的影响，在全国性媒体上有过较为集中的报道，引起过公共舆论的关注，或者在网络媒体上引起过公众的激烈讨论。第二，对于法治的价值意义。入选事件应当涉及宪法、国家权力、公民权利、法律意识等重要的法治因素，关涉中国当下法治建设的重大问题，具有重大的法治意义。第三，对于推动中国法治未来发展的价值意义。入选事件应当或者本身已经对中国的法治发展起到了推动作用，或者指出了中国法治发展的方向和路径，或者客观表现出了中国法治发展中急需解决的重大问题，从而具有为未来中国法治发展指示方向的价值意义。第四，事件选取期间。入选的应当是评选年度公历1月1日至12月31日已经发生，且其社会影响和价值意义已经充分表现出来的法治事件。

事件的评选程序如下。首先，由项目组成员根据评选标准，对当年发生的重大事件进行梳理，讨论法治意义后，确定30个法治影响力事件作为预选事件。其次，将30项预选事件的书面预选材料提交中国法治现代化研究院院务（扩大）会议，由该会议从中确定20项作为当年十大法治事件的候选事件。再次，将20项候选事件的评选材料分别送法学界与法律实务界共50名评选委员会专家评选。复次，项目组根据投票评选的结果，以得票前10位当选的原则，确定年度十大法治影响力事件。最后，通过媒体公布年度十大法治影响力事件评选结果，并且在有关媒体上披露相关评选信息。

一　2018年度"中国十大法治影响力事件"入选事件

（一）全国人大通过宪法修正案（五）

1. 事件描述

2018年2月25日，新华社受权发布了中国共产党中央委员会于2018年1月26日向全国人民代表大会常务委员会提请审议的《关于修改宪法部分内容的建议》全文。建议主要内容包括：将习近平新时代中国特色社会主义思想写入宪法，将党的十九大确定的重大理论观点和重大方针政策载入宪法；修改部分宪法条款；增加有关监察委员会的各项规定。

2018年3月5日，十二届全国人大常委会副委员长兼秘书长王晨向十三届全国人大一次会议作关于《中华人民共和国宪法修正案（草案）》的说明时报告了此次修改宪法的过程：2017年9月29日，习近平总书记主持召开中央政治局会议，决定启动宪法修改工作，成立了宪法修改小组，张德江任组长，栗战书、王沪宁任副组长；11月13日，党中央向各地区各部门各方面发出征求对修改宪法部分内容意见的通知，各地区各部门各方面共提交书面报告118份，梳理出修改意见2639条，宪法修改小组经反复修改形成了中央修宪建议草案稿，中央政治局常委会会议、中央政治局会议分别审议了中央修宪建议草案稿；12月12日，中共中央办公厅发出通知，将中央修宪建议草案稿下发党内一定范围征求意见，各地区各部门各方面反馈书面报告118份，共提出修改意见230条，党中央还以适当方式征求了党内部分老同志的意见；12月15日，习近平总书记主持召开党外人士座谈会，当面听取各民主党派中央、全国工商联负责人和无党派人士代表的意见和建议，党外人士提交了书面发言稿10份；2018年1月2~3日，张德江主持召开4场座谈会，分别听取中央和国家机关有关部门党委（党组）负责同志、智库和专家学者、各省区市人大常委会党组负责同志的意见和建议，与会者提交书面材料52份。

2018年1月18~19日，中共十九届二中全会审议并通过了《中共中央关于修改宪法部分内容的建议》，1月26日，中共中央向全国人大常委会提出建议。1月29~30日，栗战书受中共中央委托就修宪建议向十二届全国人大常委会第三十二次会议作了说明，全国人大常委会法制工作委员会以中央修宪建议为基础拟订了《中华人民共和国宪法修正案（草案）》，经会议审议和表决，决定提请十三届全国人大一次会议审议。

2018年3月11日，第十三届全国人民代表大会第一次会议以2958票赞成、2票反对、3票弃权的表决结果通过了《中华人民共和国宪法修正案》。

2. 法治意义

宪法是法治之根本，是治国安邦的总章程。我国八二宪法制定以来经历的五次修正集中表达着改革开放以来中国社会在各个历史阶段所发生的重大变化，在社会主义法治发展中均具有里程碑的意义。本次宪法修正案明确了中国特色社会主义最本质的特征，确立了习近平新时代中国特色社会主义思想在国家政治和社会生活中的指导地位，把党的十九大提出的重大理论观点、重大政治判断、重大战略方针载入国家根本大法，为新时代伟大社会革命提供了坚强的宪法保障，对于确保党和国家长治久安，实现中华民族伟大复兴，具有重大而深远的历史意义。

（二）习近平主持召开中央全面依法治国委员会第一次会议并作重要讲话

1. 事件描述

2018年8月24日，中共中央总书记、国家主席、中央军委主席、中央全面依法治国委员会主任习近平主持召开中央全面依法治国委员会第一次会议并发表重要讲话。

会议审议通过了《中央全面依法治国委员会工作规则》《中央全面依法治国委员会2018年工作要点》，审议了《中华人民共和国人民法院组织法（修订草案）》《中华人民共和国人民检察院组织法（修订草案）》。

习近平指出，党中央决定成立中央全面依法治国委员会，是贯彻落实党的十九大精神、加强党对全面依法治国集中统一领导的需要，是研究解决依法治国重大事项重大问题、协调推进中国特色社会主义法治体系和社会主义法治国家建设的需要，是推动实现"两个一百年"奋斗目标、为中华民族伟大复兴中国梦提供法治保障的需要。

习近平强调，全面依法治国具有基础性、保障性作用。强调要坚持加强党对依法治国的领导，坚持人民主体地位，坚持中国特色社会主义法治道路，坚持建设中国特色社会主义法治体系，坚持依法治国、依法执政、依法行政共同推进，法治国家、法治政府、法治社会一体建设，坚持依宪治国、依宪执政，坚持全面推进科学立法、严格执法、公正司法、全民守法，坚持处理好全面依法治国的辩证关系，坚持建设德才兼备的高素质法治工作队伍，坚持抓住领导干部这个"关键少数"。

习近平指出，委员会2018年的工作要点是研究制定法治中国建设规划、全面贯彻实施宪法、推进科学立法工作、加强法治政府建设、深化司法体制改革、推进法治社会建设，加强法治工作队伍建设和法治人才培养。

习近平指出，要把主要精力放在顶层设计上，要增强"四个意识"，坚定"四个自信"，要推动把社会主义核心价值观贯穿立法、执法、司法、守法各环节，要支持人大、政府、政协、监察机关、审判机关、检察机关依法依章程履行职责，要压实地方落实全面依法治国的责任，要加强对工作落实情况的指导督促、考核评价。

2. 法治意义

中央全面依法治国委员会的成立，是以习近平同志为核心的党中央作出的重大决策，是推进新时代全面依法治国的重要战略举措，在社会主义法治建设史上具有重大意义。本次会议上，习近平对中央全面依法治国委员会的工作进行了全面规划部署，明确中央全面依法治国委员会要管宏观、谋全局、抓大事，将主要精力放在顶层设计上。会议强调了全面依法治国的重要意义和新理念新思想新战略，明确了中央全面依法治国委员会的顶层设计及工作要点等重大部署，为加快建设社会主义法治国家进一步指明了方向和道路。

（三）《中共中央关于深化党和国家机构改革的决定》发布

1. 事件描述

2018 年 2 月 28 日，中国共产党第十九届中央委员会第三次全体会议通过了《中共中央关于深化党和国家机构改革的决定》（以下简称《决定》）和《深化党和国家机构改革方案》（以下简称《方案》）。

《决定》指出，深化党和国家机构改革，目标是构建系统完备、科学规范、运行高效的党和国家机构职能体系，必须坚持党的全面领导原则、坚持以人民为中心原则、坚持优化协同高效原则、坚持全面依法治国原则。《决定》提出，建立健全党对重大工作的领导体制机制、强化党的组织在同级组织中的领导地位、更好发挥党的职能部门作用、统筹设置党政机构等。合理配置宏观管理部门职能、深入推进简政放权、完善市场监管和执法体制、改革自然资源和生态环境管理体制等。统筹党政军群机构改革。完善党政机构布局，深化人大、政协和司法机构改革，加快推进事业单位改革等。合理设置地方机构，确保集中统一领导，赋予省级及以下机构更多自主权，构建简约高效的基层管理体制等。推进机构编制法定化。完善党和国家机构法规制度、强化机构编制管理刚性约束等。

《方案》指出，深化党和国家机构改革，应适应新时代中国特色社会主义发展要求，坚持稳中求进工作总基调，坚持正确改革方向，坚持以人民为中心，坚持全面依法治国，以加强党的全面领导为统领，以国家治理体系和治理能力现代化为导向，以推进党和国家机构职能优化协同高效为着力点。《方案》对深化党中央机构改革、深化全国人大机构改革、深化国务院机构改革、深化全国政协机构改革、深化行政执法体制改革、深化跨军地改革、深化群团组织改革、深化地方机构改革等均作出了具体部署。《方案》决定，组建国家监察委员会，同中央纪律检查委员会合署办公，履行纪检、监察两项职责。组建中央全面依法治国委员会，作为党中央决策议事协调机构，中央全面依法治国委员会办公室设在司法部。决定调整中央政法委和公安部的职责范围，不再设立中央社会治安综合治理委员会和中央维护稳定工作领导小组及其办公室，有关职责交由中央政法委员会承担。将中央防范和处理邪教问题领导小组及其办公室职责划归中央政法委员会、公安部。决定将司法部和国务院法制办公室的职责整合，重新组建司法部，作为国务院组成部门。

2. 法治意义

深化党和国家机构改革是建设法治中国的必然要求。深化党和国家机构改革坚持全面依法治国原则，有利于实现改革和法治相统一、相促进，做到重大改革于法有据，在改革中完善和强化法治。组建全面依法治国委员会有利于加强党中央对法治中国建设的集中统一领导，健全党领导全面依法治国的制度和工作机制，更好落实全面依法治国基本方略。重新组建司法部有利于加强党对法治政府建设的集中统一领导，推动政府工作进入法治轨道。组建监察委员会有利于加强党对反腐败工作的集中统一领导，实现对所有行使公权力的公职人员监察全覆盖。调整中央政法委和公安部的职责，有利于加强党对政法工作的集中统一领导，统筹协调执政安全与社会稳定工作和社会治安综合治理等工作。《决定》和《方案》为国家治理体系和治理能力现代化和法治中国的实现提供了有力的制度保障。

（四）《中华人民共和国监察法》颁行

1.事件描述

2018年3月20日，《中华人民共和国监察法》由十三届全国人大一次会议第八次全体会议表决通过。该法共9章，包括总则、监察机关及其职责、监察范围和管辖、监察权限、监察程序、反腐败国际合作、对监察机关和监察人员的监督、法律责任和附则，共69条。主要内容包括：确定了监察委员会的性质与职责，明确国家监察委员会作为行使国家监察职能的专责机关，是实现党和国家自我监督的政治机关，不是行政机关也不是司法机关。监察委员会与纪委合署办公，从而实现党对国家监察工作的领导；规定监察委员会必须依法履行监督权。监察机关在本级人大及其常委会监督下开展工作，下级监察机关接受上级监察机关的领导和监督。明确规定了监察委的职能，包括对所有公职人员进行监察监督。调查职务违法和职务犯罪并作出处置。开展廉政建设和反腐败工作。规定了各级监察委可以派驻、派出监察机构、监察专员及派出方式。规定了监察委员会监察范围全覆盖的对象。规定了监察委员会行使监察权的具体方式和程序，包括收集证据的权限，以留置取代以往的"两规"方式，技侦等手段的具体使用以及行使处置权的方式。规定了被调查人的义务，规定监察机关可以要求被调查人就其涉嫌违法行为作出陈述，对涉嫌犯罪的可以进行讯问，要求其如实供述，如果被调查人沉默不配合，也可以对该不配合行为单独作出处置。规定了对监察机关及其人员的监督等。

2.法治意义

党的十八大以来所开展的反腐败斗争已经取得压倒性胜利。作为反腐败斗争的经验总结和制度构建，《中华人民共和国监察法》最终完成了立法程序。这是党中央领导下深化国家监察体制改革的重要举措，对于坚持中国共产党对国家监察工作的领导，实现国家监察全面覆盖，深入开展反腐败工作，构建集中统一、权威高效的中国特色国家监察体制，推进国家治理体系和治理能力现代化具有重要的法治意义。

（五）全国范围内开展扫黑除恶专项斗争

1. 事件描述

2018 年 1 月，中共中央、国务院发布了《关于开展扫黑除恶专项斗争的通知》，并成立了全国扫黑除恶专项斗争领导小组，决定在全国开展为期三年的扫黑除恶专项斗争，至 2020 年底结束。通知将深挖黑恶势力"保护伞"作为重点工作内容，并列明了需要重点打击的 12 种"黑恶势力"。

2018 年 1 月 16 日，最高人民法院、最高人民检察院、公安部、司法部联合发布了《关于办理黑恶势力犯罪案件若干问题的指导意见》，以统一执法思想，提高执法效能，依法、准确、有力惩处黑恶势力犯罪，严厉打击村霸、宗族恶势力、保护伞以及软暴力等形式的犯罪。

2018 年 7 月，中共中央办公厅、国务院办公厅印发《全国扫黑除恶专项斗争督导工作方案》，明确主要对各省（自治区、直辖市）党委和政府及其有关部门开展督导，并下沉至部分市地级党委和政府及其有关部门。对涉及的重点案件，直接到县、乡、村进行督导，对存在突出问题的地方等进行重点督导。

此后，各地纷纷展开扫黑除恶专项斗争，采取各种宣传奖励措施，将扫黑除恶专项斗争向纵深推进。

2. 法治意义

黑恶势力犯罪以其组织性、控制性、向政权组织的渗透性等特征区别于其他刑事犯罪，成为寄生于社会肌体中的毒瘤。在现代法治社会中，黑恶势力是法治的破坏者。事件从国家维护法治的决心、开展专项斗争、净化公权力等多个不同侧面，表达了国家权力机关的法治意志和观念，是中国法治发展中的重要事件。

（六）个人所得税法作出重大修改

1. 事件描述

2018 年 8 月 31 日下午，备受关注的关于修改个人所得税法的决定经十三届全国人大常委会第五次会议表决通过。这是《个人所得税法》自 1980 年出台以来的第七次修改。

修改后的《个人所得税法》将个人所得税起征点从 3500 元/月上调至 5000 元/月（6 万元/年）；将工资、薪金所得、劳务报酬所得、稿酬所得、特许权使用费所得等个人劳动所得归并为综合所得，居民按纳税年度合并计算个人所得税，非居民个人按月或者按次分项计算个人所得税；新增了专项扣除项，居民综合收入在扣除基本减除费用标准和"三险一金"等专项扣除以后，子女教育、继续教育、大病医疗、住房贷款利息、住房租金、赡养老人等支出可以按规定在税前抵扣；调整了税率结构，扩大 3%、10%、20% 三档低税率的级距，缩小 25% 税率的级距，30%、35%、45% 三档较高税率级距不变。

修改后的《个人所得税法》自公布之日起施行。财政部副部长程丽华表示，实施后个人所得税的纳税人占城镇就业人员的比例将由现在的 44% 降至 15%，国家税收一年大致要减 3200 亿元。据此推算，全国将有超过 1 亿人无须再缴纳个税。

2018 年 12 月 18 日国务院总理李克强签署国务院第 707 号令，公布修订后的《中华人民共和国个人所得税法实施条例》，自 2019 年 1 月 1 日起施行。实施条例对修改后的《个人所得税法》的实施作了具体规定，并对新增的专项扣除作了明确的规定。

2. 法治意义

个人所得税是我国税收体系中为数不多的税权归全国人大专享的税种，本次个人所得税法修改具有重大的法治意义：在外部环境发生重大变化的背景下，以立法手段实施拉动内需的宏观经济政策；首次实行"三险一金"以外的专项扣除制度标志着我国个人所得税制度开始向更为公平的方向发展；更为重要的是，专项扣除申报、年终汇算清缴等制度的实施将改变过去代扣代缴制度下纳税人对于纳税无意识的状况，将大大提高公民的纳税意识和纳税人意识，对中国法治发展产生深远的影响。

（七）最高人民法院判决张文中无罪

1. 事件描述

2008 年 10 月 9 日，河北省衡水市中级人民法院对张文中案作出一审判决，认定张文中等人于 2002 年初担任物美集团高管期间，通过申报虚假项目骗取国债技改贴息资金3190万元；2003年至2004年，物美集团在收购泰康人寿保险股份有限公司股份过程中有行贿行为；1997年，张文中与其他人共同挪用泰康公司4000万元资金申购新股为个人谋利。据此，一审法院以诈骗罪、单位行贿罪、挪用资金罪判处张文中有期徒刑18年，并处罚金人民币50万元，并追究了其他责任人及物美集团的刑事责任。

宣判后，张文中等人均提出上诉。河北省高级人民法院于2009年3月30日作出终审判决，认定张文中犯诈骗罪、单位行贿罪和挪用资金罪，决定执行有期徒刑12年，并处罚金人民币50万元。

2016年10月，张文中向最高人民法院提出申诉。最高人民法院于2018年2月12日公开开庭审理了此案。经审理法院认为，物美集团所申报的项目均属于国债技改贴息重点支持对象，符合国家当时的经济发展形势和产业政策，张文中等人在申报过程中的行为属于违规行为而非诈骗行为，不构成诈骗罪；物美集团在收购泰康公司股份过程中的行为不属于行贿行为，不构成单位行贿罪；张文中挪用泰康公司资金归个人使用、为个人谋利的事实不清、证据不足，原判决应当依法予以纠正。

2018年5月31日，最高人民法院撤销原审判决，改判张文中无罪，同时改判原审同案其他被告人及物美集团无罪，并返还罚没财产。

2. 法治意义

改革开放所引发的社会大变革使得法律、政策、观念、意识都处在不断的变化中，司法者如何把握社会变革的方向和本质，保持恪守法律的信念，排除非本质的、阶段性的外部干扰，进一步提升司法权威，也是我国法治建设面临的重要课题。本案是在实现对民营企业财产权平等保护原则的大背景下出现的一个示范性案例，当然具有标志性的法治意义。案件改判过程充分表达了我国宪法所确立的人民法院独立行使审判权原则在司法实践中的发展和完善。

（八）长春长生生物公司疫苗造假事件

1. 事件描述

2018年7月22日，国家药监局通报了长春长生生物科技有限公司违法违规生产冻干人用狂犬病疫苗案件的有关情况，称根据举报人提供的线索，

7月5日，国家药监局会同吉林省食药监局对长生公司进行飞行检查，发现企业编造生产记录和产品检验记录，随意变更工艺参数和设备。7月15日，国家药监局会同吉林省局组成调查组进驻企业全面开展调查。该企业上述行为严重违反了《中华人民共和国药品管理法》《药品生产质量管理规范》有关规定，国家药监局已责令其停止生产，收回其药品 GMP 证书，召回尚未使用的狂犬病疫苗，涉嫌犯罪的移送公安机关追究刑事责任。

2018 年 8 月 3 日，深圳证券交易所发布多个公告，公开谴责长生公司董事、高级管理人员的违规行为，并启动了对长生公司的强制退市程序。

2018 年 8 月 16 日，习近平总书记主持中央政治局常务委员会会议，听取关于长生公司问题疫苗案件调查及有关问责情况的汇报。同日，李克强总理主持召开国务院常务会议，听取长生公司问题疫苗案件调查情况汇报并作出相关处置决定。

2018 年 10 月 16 日，国家药监局和吉林省食药监局分别对长生公司作出多项行政处罚。行政处罚决定书认定长生公司存在以下 8 项违法事实：将不同批次的原液进行勾兑配制，再对勾兑合批后的原液重新编造生产批号；更改部分批次涉案产品的生产批号或实际生产日期；使用过期原液生产部分涉案产品；未按规定方法对成品制剂进行效价测定；生产药品使用的离心机变更未按规定备案；销毁生产原始记录，编造虚假的批生产记录；提交虚假资料骗取生物制品批签发合格证；为掩盖违法事实而销毁硬盘等证据。国家药品监督管理局决定撤销长生公司狂犬病疫苗药品批准证明文件，撤销涉案产品的生物制品批签发合格证，并处罚款 1203 万元。吉林省食药监局吊销长生公司药品生产许可证；没收违法所得并罚款共计 91 亿元；对涉案的主管人员和其他直接责任人员作出依法行政处罚，并追究其刑事责任。

2. 法治意义

事件在全国范围内引发了普遍关注和讨论，对事件处理过程也引发了重大关注，是监管机关对负有社会责任的企业，以市场退出、剥夺资格的方式严厉处罚其违反质量规定行为的一个范例。事件的处理表明国家机关职能转变取得积极进展，其与市场的关系已经开始从管理市场准入转向监管市场行为，从控制市场主体转向维护市场秩序。从这一意义上说，事件彰显了政府在依法治理方向上取得的重要进展。

（九）昆山男子行凶反杀案

1.事件描述

2018年8月27日，刘海龙驾驶宝马轿车在昆山市内与同向骑自行车的于海明发生争执。刘海龙从车中取出一把砍刀连续击打于海明，后被于海明反抢砍刀并捅刺、砍击数刀，刘海龙身受重伤，经抢救无效死亡。警方到达后，对于海明实施刑事强制措施并立案侦查。

2018年9月1日，昆山市公安官方微博发布警方通报称：8月27日21时30分许，刘海龙醉酒（检测血液酒精含量87mg/100ml）驾驶皖AP9G57宝马轿车，载刘某某、刘某等沿昆山市震川路西行至顺帆路路口时，向右强行闯入非机动车道，与正常骑自行车的于海明险些碰擦，刘某某先下车与于海明发生争执，经同行人员劝解返回车辆时，刘海龙突然下车，上前推搡、踢打于海明，后返回宝马轿车取出一把砍刀（该刀为尖角双面开刃，全长59厘米，经鉴定系管制刀具），连续用刀击打于海明颈部、腰部、腿部。击打中砍刀甩脱，于海明抢到砍刀，并在争夺中捅刺刘海龙腹部、臀部，砍击右胸、左肩、左肘，刺砍过程持续7秒。刘海龙受伤后跑向宝马轿车，于海明继续追砍2刀均未砍中。随后于海明返至宝马轿车，将车内刘海龙手机取出放入自己口袋。民警到达现场后，于海明将手机和砍刀主动交给处警民警。刘海龙逃离后，倒在距宝马轿车东北侧30余米处的绿化带内，后经送医抢救无效于当日死亡，死因为失血性休克。于海明经人身检查，见左颈部条形挫伤1处，左胸季肋部条形挫伤1处。

通报称，根据侦查查明的事实，并听取检察机关意见和建议，依据《中华人民共和国刑法》之相关规定，于海明的行为属于正当防卫，不负刑事责任，公安机关依法撤销于海明案件。昆山市人民检察院官方公众号发布检察通报认为，我国《刑法》第20条第3款规定"对正在进行行凶、杀人、抢劫、强奸、绑架以及其他严重危及人身安全的暴力犯罪，采取防卫行为，造成不法侵害人伤亡的，不属于防卫过当，不负刑事责任。"根据上述规定和查明的事实，本案中，死者刘海龙持刀行凶，于海明为使本人人身权利免受正在进行的暴力侵害，对侵害人刘海龙采取制止暴力侵害的行为，属于正当防卫，其防卫行为造成刘海龙死亡，不负刑事责任。公安机关对此案作撤案处理符合法律规定。

2.法治意义

在现代法治国家中，当公民把追诉犯罪的权利交给国家后，法律为公民保留了防卫的权利，以使公民在面对正在发生的犯罪侵害时，能够保护自己或他人的人身及财产权利免受或少受损失，同时也为防卫的正当性及其限度作出了严格的规定。本案以致加害人死亡这样一个极端的方式将正当防卫的限度问题展现在司法机关和社会公众面前，引发了一场交织着伦理道德、法律规范、程序设定等复杂因素的碰撞。奉法者强则国强。法律的价值，在于剥离开感性纷繁的舆论情绪，探究民意背后的积极取向，作出理性公正的裁决。本案的最终结论，维护了正当防卫权利，体现的正是对"以正压邪"价值的弘扬和宣示。

（十）贺建奎宣布世界首例基因编辑婴儿诞生引发广泛关注

1.事件描述

2018年11月26日，南方科技大学副教授贺建奎宣布：世界首例艾滋病免疫"基因编辑婴儿"于11月在中国诞生，立即引发全球关注。

当日，南方科技大学声明对该研究不知情，并认为其严重违背了学术伦理和学术规范。2018年11月27日，中国国家卫生健康委员会指示广东省卫生委员会对此进行调查。同日，中国科学院发表声明，谴责贺建奎的工作；中国遗传学会与中国细胞生物学会干细胞生物学分会联合发表声明，认为该实验违反了国际公认的规范人类实验的伦理原则和人权法；中国科协取消贺建奎第十五届"中国青年科技奖"参评资格；涉事的和美妇儿科医院也在中国临床试验注册中心网站否认曾给予该实验伦理审批。

2018年11月28日，贺建奎出席了第二届人类基因编辑国际峰会，在演讲中解释了实验目的和相关细节，引发与会学者广泛批评。11月29日，峰会发表声明，认为该研究程序不当，不符合道德标准和国际准则。同日，国家卫生健康委员会、科学技术部、中国科学技术协会三机构表示：此事件性质极其恶劣，已要求有关单位暂停相关人员的科研活动。

2018年12月18日，贺建奎入选《自然》杂志发布的2018年度十大科学人物，并以"CRISPR rogue"为标题介绍其入选理由。

2. 法治意义

科学技术的高速发展产生了许多法律空白领域，然而法治之所以不同于法制，原因之一就是基于法治理念而产生的社会自治机制能够在法律空白领域为人们的行为提供一种基础性的规范指引。胚胎基因编辑并非复杂技术，却无一科学家将其用于婴儿的诞生。这一现象的背后，科学界公认的科学伦理、群体自治的意识、医学伦理审查制度，甚至科学家的良知，都起着重要的约束作用。贺建奎的试验引发包括国家机关、社会组织和科学工作者的强烈谴责，为我们提供了观察这一领域中社会法律意识状态的样本。

二　2018年度"中国十大法治影响力事件"提名事件

（一）鸿茅药酒事件

1. 事件描述

2017年12月19日，医生谭秦东在网络上发表《中国神酒"鸿毛药酒"，来自天堂的毒药》一文，称患有高血压、糖尿病的老人不适合饮用鸿毛药酒。12月22日，内蒙古鸿茅药业有限公司向凉城县公安局报案，称谭秦东通过互联网对"鸿茅药酒"恶意抹黑，称其为"毒药"，严重诽谤鸿茅药酒声誉，导致多家经销商退货退款，造成公司经济损失总金额达827712元。

2018年1月10日，内蒙古凉城县公安局办案人员跨省至广州对谭秦东实施抓捕。1月25日，内蒙古凉城县检察机关批准以涉嫌损害商品声誉罪对谭秦东实施逮捕。鸿茅药业同时以侵权为由将谭秦东诉至凉城县人民法院，案件于2018年4月9日开庭审理。4月13日，凉城县公安局将谭案移送凉城县人民检察院审查起诉。

案件经媒体披露后，在全国引起巨大反响，引发了关于鸿茅药业有限公司的经营活动是否违法违规，谭秦东的行为是否构成损害商品声誉罪，以及凉城县公安、检察机关是否正确行使权力的讨论。

2018年4月17日，内蒙古人民检察院通报，该院根据最高人民检察院指示，听取了凉城县检察院案件承办人的汇报，查阅了案卷材料，并经研究后认为，案件事实不清、证据不足，据此指令凉城县检察院将该案退回公安机关补充侦查，并变更强制措施。同日，谭秦东被取保候审。4月26日，鸿茅药业发布企业自查报告，向社会公众致歉。5月17日，谭秦东向鸿茅药业和社会公众发表道歉声明。鸿茅药业表示接受谭秦东所做的致歉声明，向凉城县公安局撤回报案并向凉城县人民法院撤回侵权诉讼。

2. 法治意义

在2018年的时点上，因公安机关"跨省抓捕"而引发社会高度关注的事件已经极为罕见。然而，此事件却再次提醒我们：以国家追诉犯罪的公权力介入私域纠纷的行为在我国并未绝迹。事件的发展过程表明，这是一起地方经济力量裹挟公权力机关实施的国家公权力地方私用事件。其导致的结果是对罪刑法定原则的破坏，是对国家公权力权威性的破坏，是对公民权利的公然侵害，更是对公众法治信念的严重贬损。

（二）国家税务总局要求影视行业从业者补交税款事件

1. 事件描述

继范冰冰偷逃税被严厉处罚后，2018年6月，中央宣传部、文化和旅游部、国家税务总局、国家广播电视总局、国家电影局等联合印发通知，要求加强对影视行业天价片酬、"阴阳合同"、偷逃税等问题的治理，控制不合理片酬，推进依法纳税，促进影视业健康发展。

2018年10月2日，国家税务总局发布《关于进一步规范影视行业税收秩序有关工作的通知》，要求影视行业从2018年10月10日起对2016年以来的申报纳税情况进行自查自纠，凡在2018年12月底前认真自查自纠、主动补缴税款的影视企业及从业人员，免予行政处罚，不予罚款。

2018年12月1日，中国电影导演协会发布《依法合理规范影视业税务秩序的倡议》，提出有关国家税收法律和地方优惠政策有所矛盾的问题，认为应当保证法律和政策的连续性，避免朝令夕改。

2. 法治意义

在表面层次上，事件指向行政机关依法行使权力的责任和义务，如此大规模偷漏税现象的存在已经表明了税收征管机关怠于行使其权力的事实；

而在更深的层面上，地方税收政策的合法性、税收法律和地方税收政策的连续性与稳定性、地方税收政策指引下市场主体行为的合法性和可预期性，以及因地方税收政策指引而导致的利益损失的救济手段等一系列问题都指向制度构建问题。所有这一切，都表明我们在税权和税收法治化的道路上才刚刚起步。

（三）重庆公交坠江事件

1.事件描述

2018年10月28日上午10时许，重庆公交公司驾驶员冉某驾驶22路公交车正常行驶。因道路维修，22路改道不再经过乘客刘某的目的地。刘某发现错过了自己的目的地时要求下车，但附近无公交车站，驾驶员冉某未停车。当车行驶至万州长江二桥桥上时，刘某与驾驶员冉某发生了互殴行为，造成公交车失控，致使车辆与对向正常行驶的小轿车撞击后冲破护栏坠入长江，造成重大人员伤亡。作为一起典型的公交纠纷案件，引起社会对于公交出行安全的广泛关注。

事故发生后，重庆市、万州区两级党委政府高度重视，紧急组织相关部门全力搜救和调查。10月31日，坠江的公交车被打捞出水面。截至11月1日15时，共找到13名遇难者遗体，身份已全部确认，仍有2人失联。

根据调查查清的事实，警方表示乘客刘某和驾驶员冉某的互殴行为与危害后果具有刑法意义上的因果关系，两人的行为严重危害公共安全，已触犯《刑法》第115条之规定，涉嫌犯罪。

2018年11月9日，交通运输部针对重庆公交车坠江事件，印发了《关于进一步加强城市公共汽车和电车运行安全保障工作的通知》，就进一步加强城市公共汽电车运行安全保障工作提出了四项具体要求。11月22日，交通运输部新闻发言人吴春耕在交通运输部例行新闻发布会上表示，正在研究并将采取一系列专项行动和工作措施，不断提升公交安全水平。

2.法治意义

事件为我们观察现阶段中国公民的权利意识和法律意识提供了一个极端的样本。私人权利与公共空间的关系，原本根植于人本主义的理念之中，但在其发展过程中，却在时间上表现出私人权利意识的唤醒和公共空间行为规则的建立之间的先后顺序。以个人（包括所有社会成员在内的个体）权利意识和公共空间规则为基础的个人主义是法治社会的根基，相反，以自我权利为核心的个人主义却是法治的天敌。从这个意义上说，建立中国法治发展的社会法律意识基础还有很长的路要走。

（四）《市场准入负面清单（2018年版）》正式发布

1. 事件描述

2018年12月25日，经中共中央、国务院批准，国家发展改革委、商务部发布《市场准入负面清单（2018年版）》。清单包括"禁止准入类"和"许可准入类"两大类，共151个事项581条具体管理措施。与此前的试点版负面清单相比，事项减少了177个，具体管理措施减少了288条。

清单中设定的禁止准入类事项共4个，分别是与法律法规明确禁止性规定相关的项目、《产业结构调整指导目录》中禁止投资和禁止新建的项目，以及"禁止违规开展金融相关经营活动""禁止违规开展互联网相关经营活动"。对于禁止类事项，市场主体不得进入，行政机关不予审批。

许可准入类事项共147个，涉及国民经济20个行业分类中的18个行业128个事项，《政府核准的投资项目目录》事项10个，《互联网市场准入禁止许可目录》事项6个，信用惩戒等其他事项3个。对于许可准入类事项，由市场主体提出申请，行政机关依法依规作出是否予以准入的决定，或由市场主体依照政府规定的准入条件和准入方式合规进入。

2016年3月，我国制定《市场准入负面清单草案（试点版）》，在天津、上海、福建、广东4个省份先行试点。2017年，试点范围扩大到15个省份。在认真总结试点经验基础上，形成了2018年版负面清单。

2. 法治意义

市场准入负面清单是政府管理市场准入的权力边界，是理清政府与市场关系的重要文件。市场准入负面清单制度在我国的全面实施，标志着政府与市场的关系进入了更加公开、透明的新阶段，而《市场准入负面清单（2018年版）》的正式发布，则更进一步表明中国政府加快了行政权力退出市场准入领域的步伐，更多地将进入或退出市场的权利交给市场主体自由行使。毫无疑问，这是政府与市场关系演变的重要步骤，必将对中国的法治建设产生重大影响。

（五）国务院公布关于修改《行政法规制定程序条例》和《规章制定程序条例》的决定

1. 事件描述

2018 年 1 月 16 日，国务院总理李克强签署国务院令，公布《国务院关于修改〈行政法规制定程序条例〉的决定》和《国务院关于修改〈规章制定程序条例〉的决定》，自 2018 年 5 月 1 日起施行。

决定的主要内容包括以下几点。

一是全面坚持党对行政法规和规章制定工作的领导。制定政治方面法律的配套行政法规，应当按照有关规定及时报告党中央；制定经济、文化、社会、生态文明等方面重大体制和重大政策调整的重要行政法规，应当将行政法规草案或者行政法规草案涉及的重大问题按照有关规定及时报告党中央。制定政治方面法律的配套规章，应当按照有关规定及时报告党中央或者同级党委（党组）；制定重大经济社会方面的规章，应当按照有关规定及时报告同级党委（党组）。国务院年度立法工作计划应当报党中央、国务院批准后向社会公布。

二是将"放管服"等方面改革的成熟经验上升为制度规定。明确行政法规、规章应当科学规范行政行为，促进政府职能向宏观调控、市场监管、社会管理、公共服务、环境保护等方面转变。

三是深入推进科学立法、民主立法、依法立法。规定行政法规、规章起草时应当向社会公布征求意见，审查时可以将送审稿或者修改稿及其说明等向社会公布征求意见，征求意见的期限一般不少于 30 日。建立了立法后评估制度、委托第三方起草制度、重大利益调整论证咨询制度等相关制度。

四是进一步完善解释和废止程序。明确了行政法规解释的具体情形，规定了行政法规、规章的废止程序，并规定行政法规、规章废止后应当及时公布。

2. 法治意义

在我国的法律体系中，行政法规是法律渊源之一，行政规章也是规范政府权力运行的重要文件，二者均关乎作为行政相对人的公民的权利和利益。两个条例的修改从规范制定程序的角度推进行政法规和行政规章制定法治化的进程，表达了条例制定者的程序意识和法治思维，也重塑了党在行政法规和规章制定中的地位和作用。

（六）《最高人民法院关于审理涉及夫妻债务纠纷案件适用法律有关问题的解释》发布

1. 事件描述

2003年，最高人民法院颁布的《关于适用〈中华人民共和国婚姻法〉若干问题的解释（二）》第24条规定，认定夫妻共同债务主要以该债务发生于"婚姻关系存续期间"为条件。针对这一条款适用中出现的一方当事人在夫妻关系存续期间恶意借债，从而使其配偶承担巨额债务的案件，最高人民法院于2017年2月28日公布《关于适用〈中华人民共和国婚姻法〉若干问题的解释（二）的补充规定》，规定"夫妻一方与第三人串通，虚构债务，第三人主张权利的，人民法院不予支持"，"夫妻一方在从事赌博、吸毒等违法犯罪活动中所负债务，第三人主张权利的，人民法院不予支持"。

2018年1月8日，最高人民法院审判委员会第1731次会议通过了《最高人民法院关于审理涉及夫妻债务纠纷案件适用法律有关问题的解释》，自2018年1月18日起施行。该司法解释规定："一、夫妻双方共同签字或者夫妻一方事后追认等共同意思表示所负的债务，应当认定为夫妻共同债务。二、夫妻一方在婚姻关系存续期间以个人名义为家庭日常生活需要所负的债务，债权人以属于夫妻共同债务为由主张权利的，人民法院应予支持。三、夫妻一方在婚姻关系存续期间以个人名义超出家庭日常生活需要所负的债务，债权人以属于夫妻共同债务为由主张权利的，人民法院不予支持，但债权人能够证明该债务用于夫妻共同生活、共同生产经营或者基于夫妻双方共同意思表示的除外。"同时明确规定"本解释施行后，最高人民法院此前作出的相关司法解释与本解释相抵触的，以本解释为准"。

新的司法解释更好地保护了无过错方的权利，受到普遍的肯定。

2. 法治意义

作为我国法律渊源的一部分，司法解释有其独特的制度性功能。尤其是对处于大变革时期的中国而言，司法解释充分发挥其及时回应制度进步和社会变化的作用，成为我国法律发展最重要的活力来源之一。然而，作为我国法律渊源的一部分，司法解释也构成立法的组成部分。在及时回应社会权利要求的同时，也应当遵循合理性、稳定性和连续性的原则。夫妻共同债务问题涉及每一个家庭的安定，更关乎广泛的财产关系的安定，规则的制定不仅具有普遍的规范意义，而且关系到全社会对法律的信念，具有法治意义。

（七）中央芭蕾舞团就北京西城区法院相关判决在官微发表声明

1. 事件描述

作家梁信 20 世纪 50 年代末创作了电影文学剧本《红色娘子军》，20 世纪 60 年代中央芭蕾舞团（简称"中芭"）经梁信口头同意并参与改编，排演了芭蕾舞剧《红色娘子军》，公演后经久不衰、享誉中外。1993 年，梁信与中芭双方补订了一份为期 10 年的著作权许可协议，约定中芭一次性支付梁信 5000 元，并负有为其署名的义务。2003 年 6 月协议期满后，中芭一直未与梁信协商续约，亦不再按原合同约定为梁信署名。因此，梁信诉至法院，请求判令中芭停止侵权、赔礼道歉，并赔偿经济损失及合理费用共计 55 万元。

2015 年 5 月 18 日北京市西城区人民法院一审认定被告中芭自 2003 年 6 月后至本判决作出之日前，持续演出芭蕾舞剧《红色娘子军》未向原告支付表演改编作品报酬的事实，判决中芭赔偿原告梁信经济损失人民币 10 万元及诉讼合理支出 2 万元，共计人民币 12 万元；认定中芭官方网站介绍涉案剧目《红色娘子军》时未给原告署名的事实，判决其向原告梁信书面赔礼道歉。双方都对判决不服并提起上诉。2015 年 12 月 28 日北京市知识产权法院作出二审判决，驳回上诉，维持原判。

判决生效后，中芭未主动履行生效判决确定的法律义务。2017 年 1 月 28 日，梁信去世，其配偶殷淑敏根据其遗嘱继承本案所涉权益。2017 年 12 月 27 日，法院向中芭再次送达了执行通知书，要求其立即履行生效判决。

中芭收到执行通知书后仍不履行。2017 年 12 月 28 日，西城区人民法院依法扣划被执行人中芭款项 138763 元。

2018 年 1 月 2 日，中央芭蕾舞团在其官方微博发表严正声明，称："由于北京西城区法院错误地强制执行渎职法官的枉法判决，已对深植于广大人民群众心中的芭蕾舞剧《红色娘子军》造成严重伤害……为捍卫无数先烈用生命和热血染红的《红色娘子军》不被司法腐败玷污……中央芭蕾舞团强烈谴责北京市西城区人民法院枉法判案法官孙敬肆意践踏国家法律、破坏社会法治的恶劣行径！"

2. 法治意义

一个中央级文化艺术团体公开谴责人民法院审判案件的承办法官，立即引起社会的高度关注。声明从多重角度深刻地折射出当下中国公民的法律意识状况：对司法权威的蔑视和不信任；对于可能存在的司法错误采取寻求公共舆论帮助的方式公开对抗；以宏大道德叙事对抗他人的私权利。而在所有这一切的背后，则是声明者对法律和权利的无知与漠视：既不关心他人的权利，也不知道自己的权利，更不知道法律为保护自己的权利而设置的救济途径。声明者生活在一个道德的，而非法律的语境当中，因而无法去面对法律，更不可能建立起对法律的信仰。

（八）王成忠涉嫌民事枉法裁判案

1. 事件描述

2016 年 12 月，郭永贵因林地林权转让纠纷向吉林省辽源市东辽县人民法院起诉郭长兴，请求判令郭长兴偿还转让林权林地款 542 万元。东辽县人民法院于 2017 年 3 月 23 日作出一审判决，支持了郭永贵的诉讼请求。郭长兴不服一审判决提起上诉。二审由辽源市中级人民法院民三庭庭长王成忠任审判长，与王涛、王诣渊组成合议庭。2017 年 6 月 26 日，二审法院作出终审判决，驳回上诉，维持原判。

2017 年 9 月 1 日，辽源市中级人民法院审判委员会认为该案二审判决确有错误，作出对该案进行再审的裁定。两天后，王成忠因涉嫌民事枉法裁判罪被刑事拘留。2018 年 1 月 16 日，辽源市西安区人民法院对王成忠涉民事枉法裁判一案公开审理。2018 年 2 月 9 日，辽源市西安区人民法院在该案所涉民事再审程序尚未结束的情况下作出一审判决，认定王成忠犯民事枉法裁判罪，判处有期徒刑三年。王成忠不服一审判决，提出上诉。二审由辽源市中级人民法院审理。

2018年11月8日上午9时30分，吉林法院庭审直播网开始直播该案的开庭审理。法庭调查前，审判长在庭前会议报告中称，对于案件管辖和回避问题，控辩双方存在争议。合议庭认为，本院不存在不宜行使管辖权的情形，也不存在应当回避的情形，对管辖异议和回避申请予以驳回，不得申请复议。王成忠随即再次提出管辖异议，要求全体合议庭成员回避。审判长当庭予以驳回，表示不得申请复议，继续进行庭审。再次提出回避遭拒后王成忠情绪激动，要求法警将其铐上，并试图离开被告人席。在出庭检察员和王成忠辩护律师的建议下，审判长宣布休庭。休庭后审判长表示对于回避申请的问题一时无法做决定，将在研究之后再做决定，下次开庭时间将另行通知。

2018年11月12日，辽源市中级人民法院书面请示吉林省高级人民法院将案件指定其他法院审理。11月22日，吉林省高级人民法院作出决定，将王成忠涉嫌民事枉法裁判案指定通化市中级人民法院依照刑事第二审程序审判。案件至今仍在审理中。

2. 法治意义

程序公正是实体公正的基础和保障，二者共同构成司法公正的核心价值。本应恪守正当程序理念、秉持程序公正价值的审判机关，在当事人主张其法定程序权利的时候，却表现出如此的漠视和轻率，令观察者汗颜。司法者的法治意识清楚地表明，法治中国建设目标的实现尚不具备坚实的社会法治意识基础。

（九）浙江高考英语成绩赋权加分事件

1. 事件描述

2018年11月1~3日，浙江省举行2018年下半年高考选考。英语科目考试结束后，省教育厅、省教育考试院收到部分考生及家长关于本次考试难度偏大的反映，遂决定参照2017年同期试题难度，对部分试题进行了加权赋分。11月24日，高考英语科目成绩公布后，考试成绩和加权赋分方式受到一些学生和家长质疑，引发社会广泛关注。

2018年12月1日，浙江省委决定成立省政府调查组对事件进行调查。12月4日，省委召开常委会听取调查组汇报并进行专题研究。12月5日下午，浙江省政府新闻办召开新闻发布会，公布浙江省2018年11月高考英语科目加权赋分情况调查结果，认定此次高考英语科目加权赋分是一起因决策严重错误造成的重大责任事故。

调查组认为，此次高考英语科目加权赋分决策依据不充分、决策严重错误，导致结果不公正、不合理。省教育厅主要负责人和省教育考试院混淆了加权赋分与评分细则的概念，在具体操作中，省教育考试院又没有进行充分的技术论证，仅作模拟推演，导致不同考生同题加权赋分值存在差别。同时，此次事件中，省教育厅主要负责人未能按照《浙江省重大行政决策程序》规定的程序进行充分论证、仔细研究、集体决策，违反民主集中制原则，不经过集体研究，个人决定了事关全局和稳定的重大问题。省教育考试院有关负责同志在院长办公会议多数人持不同意见的情况下，不坚持原则，违规通过和执行了加权赋分的错误决定。

浙江省委、省政府经研究后决定，依据《中国共产党问责条例》《中华人民共和国监察法》《党政领导干部辞职暂行规定》等规定，对相关职能单位和有关责任人分别追究责任。

2.法治意义

在中国，高考不仅是公民受教育权的体现，而且是国家选拔人才的制度，不仅涉及公民的切身利益，甚至影响国家的兴衰，因而国家对破坏高考公平性的行为规定了刑事责任。尽管事件最终被定性为决策失误，但是导致决策者出现失误的理念仍然为我们所关注。什么是公平和公正，实体的，抑或是程序的？规则的制定者可以在事后改变规则吗？行政权力的拥有者真的有权力去任意改变成千上万人的权利状态吗？

（十）央视《开学第一课》风波

1.事件描述

2018年8月22日，教育部印发《关于组织中小学生上好2018年〈开学第一课〉的通知》，定于9月1日晚8点在中央广播电视总台央视综合频道（CCTV-1）播出《开学第一课》节目，要求各地"将《开学第一课》作为学习贯彻习近平新时代中国特色社会主义思想和开学教育的重要组成部分"，"及时把《开学第一课》播出时间及频道通知到各中小学校，并要求学校通知到每一位学生及其家长，让其在家与家长共同观看"。

9月1日晚8点，中央电视台在播出《开学第一课》之前插播广告，历时13分钟，其中"一对一在线辅导""作业帮""海风教育"等中小学生在线辅导教育机构的广告多次出现。此事迅速引起部分家长和社会公众的关注和讨论，许多参与讨论者对教育节目不准时播放、插播过多广告及广告内容提出了异议。

9月2日午间，教育部新闻发言人、办公厅巡视员续梅回应称："我们正在与央视方面联系，教育部只参与了（《开学第一课》）节目本身的制作，节目编排等其他事情我们还不太清楚。"

9月2日下午，中央电视台广告经营管理中心在微信平台发布一则《诚恳道歉》，称：《开学第一课》播出前广告太多，影响了家长和同学们准时收看，谨向家长和同学们表示诚挚歉意。

网易新闻9月2日转发《都市快报》的文章《〈开学第一课〉15分钟广告被批》，搜狐网则在9月3日以《〈开学第一课〉2018被疯狂吐槽，到底做错了什么？》为题，对该事件中家长和学生的反映进行了报道。

2. 法治意义

教育部是国家行政机关，发文组织《开学第一课》的活动是其行政行为。然而，中央电视台虽然是事业单位，但其在播出节目中插播广告却是商业活动。显然，面对行政行为而导致的收视率大幅攀升预期，中央电视台有针对性地加大了广告投放量。在这一事件中，行政权力的边界、权力的行使方式、公权力与市场的关系，都成为我们观察中国法治现状的视角。

附　录

大事记

1月6日，全国首届人工智慧与未来法治学术研讨会在西北政法大学举行。

1月16日，李克强总理签署国务院令，公布《国务院关于修改〈行政法规制定程序条例〉的决定》和《国务院关于修改〈规章制定程序条例〉的决定》。

1月18~19日，中国共产党第十九届中央委员会第二次全体会议在北京举行。全会审议通过了《中共中央关于修改宪法部分内容的建议》。

1月22~23日，中央政法工作会议在北京召开，习近平总书记发表重要讲话。

1月24日，中共中央国务院发出《关于开展扫黑除恶专项斗争的通知》。

1月26日，国务院新闻办公室发表《中国的北极政策》白皮书。

2月2日，国家互联网信息办公室公布《微博客信息服务管理规定》。

2月24日，中国共产党第十九届中央政治局就我国宪法和推进全面依法治国进行第四次集体学习。

2月26~28日，中国共产党第十九届中央委员会第三次全体会议在北京举行。

2月28日，中国共产党第十九届中央委员会第三次全体会议通过《中共中央关于深化党和国家机构改革的决定》。

3月11日，第十三届全国人民代表大会第一次会议通过《中华人民共和国宪法修正案》。

3月13日，"法学法律界学习宣传贯彻宪法座谈会"在北京召开。

3月20日，《中华人民共和国监察法》公布施行。

4月3日，国务院新闻办公室发表《中国保障宗教信仰自由的政策和实践》白皮书。

4月21~22日，"新时代社会主要矛盾深刻变化与法治现代化"高端智库论坛在南京召开。

4月27日，《中华人民共和国人民陪审员法》和《中华人民共和国英雄烈士保护法》公布施行。

4月28日，《国家统一法律职业资格考试实施办法（印发稿)》发布。

5月7日，中国法治论坛（2018）在深圳举办。

5月25日，"法律与女性发展"圆桌论坛在北京召开。

6月17~22日，国际宪法学协会在韩国首尔召开第十届世界宪法大会。

6月28日，国务院新闻办公室发表《中国与世界贸易组织》白皮书。

7月2~3日，"一带一路"法治合作国际论坛在北京举行。

7月8日，第十三届中国法学青年论坛在上海举行。

7月19日，第七届两岸和平发展法学论坛在京举行。

7月20~21日，"法学范畴与法理研究"学术研讨会在长春召开。

7月24日，全国司法体制改革推进会在深圳召开。

7月28~29日，中日韩"以审判为中心的诉讼制度改革"学术研讨会在京举办。

7月30日，2018年香港与内地青年法律交流周开幕。

7月31日，中央政治局会议审议了新修订的《中国共产党纪律处分条例》。

8月24日，中央全面依法治国委员会第一次会议在北京召开，习近平总书记发表重要讲话。

8月27日，十三届全国人大常委会第五次会议举行，初次审议民法典各分编草案。

8月31日，《中华人民共和国电子商务法》和《中华人民共和国土壤污染防治法》颁布。

9月26日，第十三届中国法学家论坛在京举办。

10月26日，《刑事诉讼法》完成第三次修改。

10月26日，我国制定《国际刑事司法协助法》。

11月7日，最高人民法院发布《关于为实施乡村振兴战略提供司法服务和保障的意见》。

11月12日，纪念毛泽东同志批示学习推广"枫桥经验"55周年暨习近平总书记指示坚持发展"枫桥经验"15周年大会在浙江绍兴召开。中共中央政治局委员、中央政法委书记郭声琨出席会议并讲话。

11月15日，第三届"中英法治圆桌会议"在海口召开。

12月3～5日，第八届中美司法与人权研讨会在北京举行。

12月5日，最高人民法院发布"一带一路"国际商事争端解决机制配套文件。

12月5日，最高人民法院印发《关于进一步全面落实司法责任制的实施意见》。

12月10日，习近平致信纪念《世界人权宣言》发表70周年座谈会，强调坚持走符合国情的人权发展道路。

12月11日上午，中央全面依法治国委员会办公室会同中宣部、中央政法委、教育部、中国法学会组织召开"坚持以习近平总书记全面依法治国新理念新思想新战略为指导 推进全面依法治国"理论研讨会。中央依法治国办副主任、司法部部长傅政华主持会议并讲话。

12月18日上午，庆祝改革开放40周年大会在北京人民大会堂隆重举行。中共中央总书记、国家主席、中央军委主席习近平在大会上发表重要讲话。

Contents

Ⅰ General Report

Abstract: The process of realizing the modernization of the rule of law in China is the process of establishing and perfecting the socialist rule of law system with Chinese characteristics. The process involves not only the static legal norm system, but also the dynamic operation system of the rule of law. It includes not only the requirement for the systematization of the legal norm guaranteed by the state's compulsory force, but also the expectation for the systematization of the inner-party laws and regulations formulated by the ruling party with the nature of political. It not only puts forward higher requirements for the supervision system of the rule of law, but also pays high attention to the guarantee system of the rule of law. Therefore, promoting the modernization of the rule of law in China is a social systematic project with different elements, different links and processes of the rule of law organically linked and dialectically unified. We realize the grand vision of the modernization of the rule of law in China as soon as possible by the complete legal norm system, the efficient implementation system of the rule of law, the rigorous supervision system of the rule of law, the strong guarantee system of the rule of law and the perfect system of inner-party laws and regulations.

Keywords: Modernization of the Rule of Law; Rule of Law System; Legal

Norm System; Implementation System of the Rule of Law; Supervision System of the Rule of Law; Guarantee System of the Rule of Law; System of Inner-party Laws and Regulations

II Legislative Development Reports

B. 2 Overall Report on Legislative Development

Zhang Peng, Tang Shanpeng, Du Weichao, Zhang Honglu / 042

Abstract: 2018 was the first year in which the 13th National People's Congress and its Standing Committee performed their duties according to law. It was also the year in which the number of legal cases examined and approved by the previous Standing Committees was the highest in the first year. The Constitutional Amendment and the Supervision Law were reviewed and approved by the National People's Congress. In the legislative work of the provincial people's congresses and their standing committees, the revision of laws and regulations has been taken seriously, which has confirmed from the side that the local gradually changed from large-scale legislation to moderate revision mode. Among them, the fiscal and economic local legislation ranks first, reflecting the need for high-quality legislation in the process of China's economy from high-speed growth to high-quality development. The local legislation of the district has made significant progress, and it has the characteristics of large number, Comprehensive coverage, outstanding focus and distinctive features.

Keywords: Legislation; Legislative Changes; High Quality Legislation; Local Legislation

B. 3 Report on the Legislative Development of Jiangsu Province

Wang Lasheng, Tong Chungang, Yu Wenlin, Zhang Peng / 072

Abstract: In 2018, Jiangsu held legislative work conference to coordinate a new blueprint for legislative planning in the new era. In order to provide a strong rule of law guarantee for the promoting high-quality development in the forefront and building a "strong, rich and beautiful" new Jiangsu, Jiangsu Provincial People's Congress and its Standing Committee made new progress, including: a five-year legislative plan was enacted; Jiangsu local legislative projects were scientifically arranged; key areas legislations were promoted; ecological environmental protection regulations were comprehensively cleaned up; "two norms and one opinion" was enacted to provide practical means for promoting high-quality legislation; the review of regulatory documents were strengthened; legislative advices were given to cities divided into districts; the legislation of the Yangtze River Delta region was actively promoted; Jiangsu legislative plan for 2019 was formulated.

Keywords: Local Legislation; Scientific Legislation; Democratic Legislation; Legislation According to Law; Legal Guarantee

B. 4　Report On the Legislative Development Of Guangdong Province

Tang Shanpeng, Yang Mingfeng, Zhang Peng / 105

Abstract: As the pioneering area of China's reform and opening up, Guangdong Province has always attached importance to the leading role of legislation in the construction of the rule of law. In 2018, the legislations of Guangdong Provincial People's Congress and its Standing Committee, and the municipal legislation of Guangdong Province have the following characteristics: legislative matters are relatively broad; legislative issues are prominent, and provincial legislation has focus on environmental protection and people's livelihood; local and creative characteristics are addressed; the timelyness of regulations are payed attention to, the combination of creation, reform and annulment. The main contents of the two levels local legislation in Guangdong Province are focused on: speeding up the construction of an open economic system; standardizing urban and rural construction and management, realizing urban governance innovation; strengthening environmental protection and historical and cultural protection; strengthening legislation in the field of people's livelihood; implementing talent development strategies and vigorously developing vocational education; enhance the awareness of the rule of law and strengthen the building of a government under the rule of law.

Keywords: Guangdong Province; Local Legislation; Progress of Legislation

Ⅲ　Government Under the Rule of Law Reports

B. 5　Overall Report on Building a Law-based Government

Yin Peipei, *Wu Huan* / 126

Abstract: In 2018, China has made steady progress in the development of law-based government construction, with remarkable results. We made innovations in developing the system and mechanism of administrative legislation. The process of making administrative decisions by law has been significantly accelerated. The scope of major administrative decisions has been constantly clarified. Reform experimentation of administrative law enforcement reform were carried out nationwide. Significant progress has been made in making government affairs public. The practice of building a law-based government in 2018 has laid a solid foundation for the important goal of completing the building of a moderately prosperous society in all respects on schedule, and is an important deepening and vivid interpretation of the practice of comprehensively governing the country by law in the New Era.

Keywords: Administrative Legislation; Administrative Decision-making; Administrative Law Enforcement; Openness of Government Affairs; Law-based Government Construction

B. 6　Reform in Key Areas of Law-based Governance

Meng Xingyu, *Qiang Hui* / 147

Abstract: 2018 is an important year for adjusting the governance structure of the rule of law. There have been major adjustments in the construction of the rule of law at all levels. At the level of government governance, in order to optimize synergies between the party and national institutions, the reforms of government institutions have adjusted the establishment of government agencies and the allocation of power systematically and structurally. At the level of the means of government governance, the reform of administrative examination and approval has optimized and improved the administrative approval in the general public domain and foreign investment fields. Administrative dispute resolution mechanism has been optimized in the administrative litigation system and administrative dispute mediation system. The government has strengthen the supervision and use of the Internet and data.

Keywords: Reforms of Government Institutions; Law-based Governance Adjust; Network Comprehensive Management; Social Credit Supervision.

B. 7　Report on the Construction of a Law-based Government in Jiangsu Province　　　　　　　*Ma Taijian, Shi Junning, Qiang Hui* / 177

Abstract: In 2018, government of Jiangsu Province focused on building rule of law government in 2020, has made so many achievements on reform of administrative examination and approval system and institutions of party and government, on standardization construction of list of powers, on completing basic level of government service system and constructing of social credit system.

Keywords: Rule of Law Government; Change of Functional; System Construction; Law Enforcement; Resolve of Conflicts

IV Judicial Reform Reports

B. 8　Overall Report on Judicial Reform

Qiang Hui, Pan Xi, Han Yuting / 190

Abstract: The "Decision of the Central Committee of the Communist Party of China on Comprehensively Deepening the Reform of Some Major Issues", which was considered and adopted by the Third Plenary Session of the 18th CPC Central Committee, made a comprehensive deployment of deepening the reform of the judicial system. Keywords: Judicial Responsibility System, Internal Organization, Wisdom Court, Judicial Career Protection. Judicial reform has achieved remarkable results in many aspects in 2018. The reform of the judicial responsibility system has achieved the successful implementation of the responsibility system for handling cases, the further optimization of the judicial personnel allocation structure, and the continuous improvement of the judicial team's guarantee mechanism. Several localities have initiated third-party assessment of judicial responsibility system and adopted accelerated staffing reform. Implementation measures. The reform of the internal system of the court system and the procuratorate system has basically formed a basic and unified reform idea and several reform methods of "adapting to local conditions". The construction of the Wisdom Court has seized the development opportunities of emerging technologies, adhered to the integration of judicial laws, institutional reforms and technological changes, and achieved innovation, greatly improving the efficiency of judicial activities and the degree of judicial openness. In 2018, China formulated a number of policies on judicial professional security, and strived to accelerate the process of legalization, diversification and rationalization of judicial professional security.

Keywords: Judicial Responsibility System; Internal Organization; Wisdom Court; Judicial Career Protection

B. 9　Report on Court Reform in Jiangsu Province

Shen Minglei, Xie Xinzhu, Wang Lihui / 213

Abstract: In 2018, Courts in Jiangsu in accordance with the deployment requirements of the CPC Central Committee, Supreme People's court, the Provincial Party Committee of Jiangsu, the Jiangsu Court closely focused on the goal of "letting the people feel fair and justice in every judicial case", fully implementing the judicial responsibility system, and standardizing the operation of judicial power, deepening the classification management of court personnel and the reform of occupational security system, diversifying ADR mechanism, deepening the reform of the mechanism of diversion of complicated and simple cases, deepening the reform of the judicial decision implementation mechanism, and firmly promoting the reform of relevant key areas (pilot projects). On the basis of clarifying the difficulties and problems, this paper puts forward a work plan for further deepening judicial reform.

Keywords: Personnel Classification; Career Protection; ADR; Judicial Decision Implementation Mechanism

Abstract: In 2018, Jiangsu's procuratorial reform work made progress in many aspects. The pilot reform of the institutional reforms in the grass-roots procuratorates has been carried out smoothly, and the functions have been optimized and integrated. The reform of the judicial responsibility system has been further deepened, the post system reform has been optimized, the new procuratorial power operation supervision and control mechanism has been continuously improved, and the performance appraisal and case quality appraisal system has been continuously improved. Strengthen the construction of professional case-handling teams, standardize and set up according to local conditions, and pay attention to personnel training. A group of professional teams with accurate business positioning and strong case handling ability are being formed, and actively play the role of team demonstration. The leading-in case handling mechanism of the hospital is more complete, the standards are more stringent, and the quality of handling cases is further improved. In the areas of environmental resource protection, food and drug safety protection, state-owned property protection, etc., we have promoted public interest litigation in an all-round way, and took the lead in leading the public security protection in the country. In 2018, the number of public interest litigation cases filed by Jiangsu procuratorates ranked first in the country.

Keywords: Institutional Reform; Judicial Responsibility System; Professional Case Handling Team, Leading the Case; Public Interest Litigation

V Society with Rule of Law Reports

B. 11 Overall Report on the Construction of a Law-Based Society

Pang Zheng, Zhou Heng, Liu Xudong / 246

Abstract: In 2018, the construction of a society under the rule of law in China has made remarkable progress in many aspects. The propaganda and education of the rule of law focuses on strengthening the preaching of the concept of the rule of law, refining the object of the propaganda of the rule of law, and realizing the diversified development of the method and carrier of the law. Grassroots social governance work emphasizes the benign interaction between government and social organizations, building a limited government and a service-oriented government, the autonomy of villagers and community residents is also more mature. The public legal service work has continuously popularized the three platforms of entity, hotline and network. The service subject and service content have been further enriched, and various safeguard measures are fully in place. The means of resolving contradictions and disputes are more diversified, the success rate of people's mediation, the rate of resolution of disputes before litigation continue to increase, and the number of petitions by the people has dropped significantly.

Keywords: Society Under the Rule of Law; Propaganda of the Rule of Law; Grassroots Social Governance; Public Legal Service; Conflict Resolution

B. 12 Report on the Construction of a Law-based Society in Jiangsu Province

Yang Jian, Li Fei / 280

Abstract: In 2018, Jiangsu province orderly promoted the education mechanism of law popularization and propaganda, the implementation of the responsibility system for law popularization and the innovation of education work of law popularization and propaganda. The work of "law popularization" in the seventh five-year plan created a new situation. Pioneering design by Jiangsu province of Jiangsu construction index system of the society based on the rule of law (the version of implementation) by the National Office of Law Popularization formal approval to determine on a trial basis in Jiangsu, the text of the index system has the advantages of scientific、reasonability、validity and maneuverability , at the same time the design theory, content, weight of index and the of indication of the end index still exist optimizing space. During the trial of the index system, many distinctive local construction experiences have been formed, but at the same time, there are some external obstacles in the practice. Jiangsu province has extensively mobilized local cities to actively explore the pattern of grid social governance , including the Xinwu pattern of "one body with four wings", the Haizhou pattern of "seven one", the Nantong pattern of "four prominence" and the Wujiang pattern of "grid management + group conciliation"

Keywords: Construction of the Society Based on the Rule of Law; Law Popularization in the Seventh Five-year Plan; Index System; Grid Social Governance

Ⅵ The Development of Regional Rule of Law Reports

Abstract: in 2018, China's regional rule of law has achieved remarkable results in legislation, law-based government and judicial construction. Regional legislation had highlights and reasonable planning; Regional government under the rule of law hadclear objectives and appropriate measures. Regional judicial reform was deepened and effective coordination was achieved. However, it still faces challenges such as limited space for regional legislation, inconsistent standards for regional administrative law enforcement, and narrow areas of regional judicial cooperation. It is necessary to further exert regional legislative initiative and innovation, standardize regional administrative law enforcement standards, and expand the field of regional judicial cooperation. Looking ahead, regional rule of law will enjoy more policy support and development opportunities in such areas as the business environment, law enforcement reform, independent innovation and ecological protection.

Keywords: Regional Legislation; Regional Government by Law; Regional Judicial

Abstract: the coordinated development of the Jing-Jin-Ji region is an important component of the national strategic deployment and the focus of the development of the regional rule of law in China. In 2018, the development of regional rule of law in the Jing-Jin-Ji region was further. Collaborative legislation, collaborative law enforcement, collaborative judicial and collaborative rule of law education have gradually become the main path of the development of the regional rule of law.

Keywords: Jing-Jin-Ji Region; Collaborative Legislation; Collaborative Law Enforcement; Collaborative Judicial

Ⅶ Influence Event of Rule of Law

图书在版编目（CIP）数据

中国法治现代化报告. 2019 / 公丕祥主编. -- 北京：
社会科学文献出版社，2019.8
ISBN 978 - 7 - 5201 - 5112 - 2

Ⅰ.①中… Ⅱ.①公… Ⅲ.①社会主义法治 - 研究报
告 - 中国 - 2019 Ⅳ.①D920.0

中国版本图书馆 CIP 数据核字（2019）第 137124 号

中国法治现代化报告（2019）

主　　编／公丕祥
副 主 编／李　力　睢鸿明　庞　正

出 版 人／谢寿光
组稿编辑／刘骁军
责任编辑／关晶焱
文稿编辑／刘　翠

出　　版／社会科学文献出版社（010）59367161
　　　　　地址：北京市北三环中路甲 29 号院华龙大厦　邮编：100029
　　　　　网址：www. ssap. com. cn
发　　行／市场营销中心（010）59367081　59367083
印　　装／三河市龙林印务有限公司

规　　格／开 本：787mm × 1092mm　1/16
　　　　　印 张：26　字 数：407 千字
版　　次／2019 年 8 月第 1 版　2019 年 8 月第 1 次印刷
书　　号／ISBN 978 - 7 - 5201 - 5112 - 2
定　　价／128.00 元

本书如有印装质量问题，请与读者服务中心（010 - 59367028）联系